从大山走来

小学毕业证

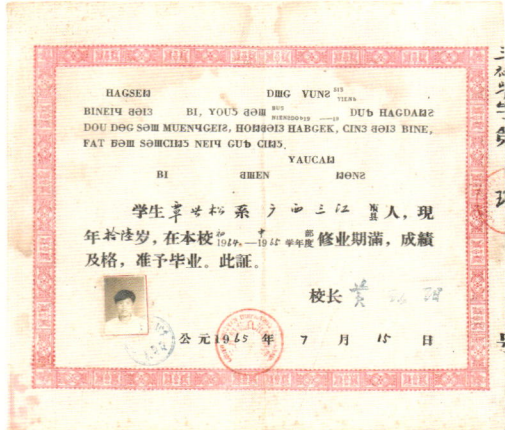

初中毕业证

广西师范大学中文专业一九八六届本科函授生毕业留影

不到长城非好汉

在日本东京

桂产酒品进京

参加中国酿酒工业协会黄酒分会成立大会

逐梦岁月

覃世松

著

ZHUMENG SUIYUE

广西师范大学出版社

·桂林·

图书在版编目（CIP）数据

逐梦岁月 / 覃世松著. —桂林：广西师范大学出版社，
2019.10
ISBN 978-7-5598-2147-8

Ⅰ. ①逐… Ⅱ. ①覃… Ⅲ. ①覃世松－自传 Ⅳ. ①K825.38

中国版本图书馆 CIP 数据核字（2019）第 190034 号

广西师范大学出版社出版发行

（ 广西桂林市五里店路 9 号　邮政编码：541004 ）

　　网址：http://www.bbtpress.com
出版人：张艺兵
全国新华书店经销
广西广大印务有限责任公司印刷
（桂林市临桂区秧塘工业园西城大道北侧广西师范大学出版社
集团有限公司创意产业园内　邮政编码：541199）
开本：720 mm × 1 000 mm　1/16
印张：28　　　字数：400 千字
2019 年 10 月第 1 版　　2019 年 10 月第 1 次印刷
定价：60.00 元

如发现印装质量问题，影响阅读，请与出版社发行部门联系调换。

目　录

第一章……………………………………… 1

第二章……………………………………… 21

第三章……………………………………… 27

第四章……………………………………… 42

第五章……………………………………… 58

第六章……………………………………… 73

第七章……………………………………… 81

第八章……………………………………… 91

第九章……………………………………… 99

第十章……………………………………… 118

第十一章…………………………………… 132

第十二章…………………………………… 142

第十三章…………………………………… 153

第十四章…………………………………… 156

第十五章…………………………………… 161

第十六章…………………………………… 168

第十七章…………………………………… 174

第十八章…………………………………… 190

第十九章…………………………………… 223

第二十章…………………………………… 232

第二十一章 ………………………………… 239

第二十二章 ………………………………… 242

第二十三章 ………………………………… 247

第二十四章 ………………………………… 263

第二十五章 ………………………………… 271

第二十六章 ………………………………… 275

第二十七章 ………………………………… 277

第二十八章 ………………………………… 285

第二十九章 ………………………………… 289

第三十章 …………………………………… 295

第三十一章 ………………………………… 322

第三十二章 ………………………………… 324

第三十三章 ………………………………… 328

第三十四章 ………………………………… 337

第三十五章 ………………………………… 349

第三十六章 ………………………………… 360

第三十七章 ………………………………… 363

第三十八章 ………………………………… 371

第三十九章 ………………………………… 377

第四十章 …………………………………… 386

第四十一章 ………………………………… 405

第四十二章 ………………………………… 412

第四十三章 ………………………………… 421

第四十四章 ………………………………… 425

第四十五章 ………………………………… 433

附录一 ……………………………………… 439

附录二 ……………………………………… 442

附录三 ……………………………………… 444

第一章

1

桂北山区，一个少数民族杂居的地方。这里的壮族同胞和侗族同胞散居在白镐河两岸。

我的故乡就在这桂北崇山峻岭之中。老屋前面是高高的笔架山。笔架山与白口村的测量尺山、牙洞街的古平岭，组成一条大山系，横亘在白镐河畔。我就出生在那高高的笔架山下。

笔架山下流出一条小溪，叫碾子弯，碾子弯溪的溪水从笔架山流下来，经过长长的碾子弯冲，流过大田塅，流入白镐河。

笔架山对面是田边大界山。田边大界山与笔架山隔着白镐河对峙。

田边大界山上有大坪山和更棚山。

田边大界山脚下还有田边滩底村和田边龙转弯村。

田边大界山上，祖父过去曾经开垦种植茶油和楠竹，还有杉木林。祖父一生的财富来源于茶油、楠竹和杉木。祖父在田边大界山开荒种了几千亩油茶树，长势喜人，但1944年的一场山火把满山遍野的油茶树化为乌有，家道败落。土地改革时，家里被定为富农，否则就是白镐河的大地主了。

田边大界山上还有一处叫大坪山。大坪山是田边大界山上的一块平坦窝地，父母亲在山上开垦出一大片茶油林和一片菜园。

田边大界山上还有一条山梁，蜿蜒而下，到了白镐河边突然把头一转，像一只凤凰的头，伸到白镐河里，山梁就叫金凤下山。寨脉村覃家开基祖的祖坟就在这凤凰头上。

太阳每天从田边大界山上升起，从笔架山落下。月亮每晚从田边大界山上升起，从笔架山落下。沧海桑田，亘古不变。

我的家就在笔架山和田边大界山之间的河谷上。河谷狭长而平坦，宽三五里，长五六十里，白镐河沿着河谷蜿蜒流去。

白镐河流经牙洞街、寨方村、板妙村、寨六村、新寨村、靖州村、东岭村，流到笔架山下的寨脉村、板坡村，再经过板廖村、大寨村、三湘村，然后流过下塘弯，流过石门塘，流过九江滩，在板八村与高基桐叶河汇合，再流下扶平村、牙林村、坡令村、小龙胜村、大办村，流到斗江街。

白镐河在斗江街拐了个90度大弯后，与龙胜县来的大河汇合。

从斗江街起，河流称浔江。

浔江，流经旋盆村，至古宜镇，与八江林溪河汇合。浔江从古宜镇流下，到大洲头，一分为二，两条支流合抱形成一个小岛，这个小岛名叫大洲。浔江在这里拐了一个弯向南流去，至老堡镇，与从贵州远道而来的都柳江汇合。

从老堡镇起，河流称融江。

融江，流经丹洲街，至融安、融水县。融水县古称融州，是一座古老的县城。融江从融水县一路流下，至柳城县，与从宜州远道而来的龙江汇合。

汇合后的河流称柳江。

柳江，从柳城流至柳州，在柳州拐了九曲十八弯。唐代柳宗元在柳州任刺史时曾形容柳江"江流曲似九回肠"。

柳江，从柳州直下象州、武宣，与红水河汇合，流过贵港后称西江。

西江，经桂平、梧州，汇入珠江，直奔大海。

2

寨脉村依山傍水，寨子依缓坡一级一级地建房子，全寨50多户人家，都是一个大祖宗血脉下来的兄弟。

寨脉村的右边是拉敢村，拉敢村紧邻拉谢，拉谢便是金凤下山吸水的凤头，是一块风水宝地，覃氏的老祖宗就葬在拉谢金凤头上。

寨脉村的左边上游叫九盘村。九盘村过去也是一个大村寨，村屯之中专门修了石板路，那石板路延伸到白镐河的上塘，供村民挑水洗菜。上塘是白镐河在这里打了一个弯形成的一口深水塘。九盘村全村人都到这上塘取水用水。但后来九盘村废弃了。

覃龙文的老祖屋占了寨脉村的半边寨。老祖屋前有一块地坪。地坪边是一个高坎。老祖屋是一座三间泥墙房，二层高。正间有大堂和香火牌，香火牌背后是火炉堂。大堂左右两边是房间。

老祖屋正堂大门上挂着"九品登仕郎""贡生及第"两块牌匾，这是覃龙文的顶子。覃龙文曾是贡生。

覃龙文有两个儿子，分别叫覃凤鸣、覃凤飞。覃凤鸣的儿子是覃贵林。覃贵林的儿子叫覃启豪，覃启豪就是我父亲。

祖父之父为曾祖，曾祖之父为高祖。覃龙文是我的高祖。

高祖覃龙文最早在寨脉村创建了东张纸厂。纸厂建在寨脉村边，挖两个大坑用来浸泡从山上砍下来的楠竹，在大坑边建有一个厂棚，厂棚里制作粗纸。浸泡后的楠竹，用大石碾碾成竹浆，然后用竹浆过筛便制成粗纸。纸厂生产的纸用于日常生活，用于祭祀，很畅销。为了解决纸厂40多人的吃饭问题，高祖覃龙文在河边修建了一个水推式的米碾。米碾同时还解决了附近几个寨子的碾米困难。后来，在米碾的基础上，高祖覃龙文的儿子覃凤鸣又建起了油榨、油碾。

覃凤鸣子承父业，将产业扩大到斗江的沙宜街，在沙宜街的大山里包山砍山种香菇，还到江边村、江荷村去做生意，后来在那里去世，葬在了江边村。覃凤鸣的骸骨被后人迁回，安葬在三湘对面的小冲半坡。

覃凤鸣的儿子覃贵林，又子承父业，除了经营油榨、油碾、米碾，还开了一家广万隆商号，下长安和柳州贩卖桐油、茶油和杉木。我的父亲覃启豪常与我祖父覃贵林去柳州做生意。

覃龙文的老祖屋传到第三代由覃贵福和覃贵义居住，再传下一代由覃启国和覃启全合住。

3

覃凤鸣修建油榨的同时，修建了板坡村大垴中的祖屋，后来由覃贵林居住，这便是祖父覃贵林的老屋。

祖父的老屋在白镐河的西面，与寨脉村隔河相望，在马路边，在十字路下，在一片开阔的田垴中。

祖父的老屋为五开间二层木楼，在我父亲老屋的屋背，连通，但低两级台阶。五开间中另有两间是油榨房。

祖父老屋的大堂朝东，大堂有香火牌，香火牌后面是一个暗暗的小房，我天祖母姚氏睡在那里，里面不开灯根本看不清东西。

在大堂边有一房间，房间垒高了一尺，然后是木质楼板，这便是祖父祖母的房间。房间很暗，暗房中还有暗房。在房间的里面还有一个门，通过一个小房，这个小房与香火牌背后的小房相隔，但从大堂却无门进去。小房里面四壁无窗，只是天花板上有一个倒立的四方大漏斗，木质，从屋顶瓦面直接采光。里面有两张床相对，中间案头有一张桌子，这是祖父的秘密卧室。

祖父老屋的火炉堂长方形，与我父亲老屋相连。祖父的火炉堂，有座土灶台，一个黑色的碗柜在土灶台的后面。祖父的火炉堂，是全家大大小小烤火取暖的地方。

在祖父老屋的大堂屋另一边，还有三个小房，曾经住过我的丽云姑、三叔、四叔、小叔，房间的窗户都朝南，窗外是一片菜园。

祖父老屋大门是二进大门，即堂屋有一层大门，屋檐外面还有一层大门。屋檐间，有楼梯上二楼。那楼上曾经是覃贵林的母亲、我的曾祖母姚氏住的地方。她用一口大锅填泥巴，下面用砖支撑着隔开木楼板，大锅里的泥土层上置放一个铁三脚，在那上面烧火煮饭炒菜。曾祖母姚氏一个人生活，我七八岁时，经常与曾祖母在楼上吃饭，还与她去河边睡米碾，守米碾。

祖父门口地坪边，是一条石板路，一头过姚家门口到十字路，一头经过大田塅，到碾子弯溪边的柚子树，然后弯进小学，进村公所。这条路，也是唯一的一条乡村通道。后来，在父亲老屋前面又开了一条大马路，上通到十字路，下到村公所。

祖父老屋山头是一片大菜园，紧邻是姚家。姚家是曾祖母的娘家，曾祖母姚氏就是从姚家嫁过来的。姚家为三开间老屋。姚家的两兄弟六斤和六一各住一间。姚家门口是一大菜园，菜园有柚子树、柿子树、李子树。从姚家菜园走过去还有一片菜园，那是祖父的，里面有几株很大的柚子树和柿子树。菜园呈三角形，菜园里有几座祖坟。一条石板老路，从姚家菜园边到三角菜园，再上到十字路。

祖父老屋下边不远处有一条小水沟，一条小水筒，是我们好几户人家洗菜的水头。但我们吃的水都是从水井里挑来的。水井在村公所门口。

祖父老屋朝东的门口，有一块用三合土填成的地坪，很是光滑。站在祖父老屋门口的地坪上，往东看，是一大片田塅。田塅边便是白镐河。白镐河边各有一座米碾和油碾，是我祖父的。白镐河对岸那边便是寨脉村，寨脉村是祖父家族的发祥地。

那地坪，就是我听祖父讲故事的地方。多少个夏天的夜晚，月明星稀，清风阵阵，祖父一边含着烟斗，一边给我讲故事。祖父讲了很多很多的故事，它们消失在斗转星移的岁月中，却深深烙印在我的脑海里。

4

父亲的老屋为二开间二层木楼，门口正对着高高的笔架山，门前是大路，上通牙洞街，下通斗江街。

从门口进来到堂屋，堂屋进来有一条通道进火炉堂。在堂屋边有一个房间，房里面有一个楼梯上二楼。堂屋的另一边是偏屋，关鸡关鸭，偏屋出去就是菜园。我父亲的老屋的火炉堂连着睡觉的房间，这是一种直接在地面上开铺的房间，春天异常潮湿。山墙外是菜园，厕所就建在菜园里。

父亲的老屋后是一个小天井，小天井里有石磨。小天井连着祖父的老屋。

父亲的老屋和祖父的老屋全是在一片田塅之中，在一片开阔的水田之中。每年春夏之季，地面潮湿，那是肯定的了，所有木质家具的腿，过不了几年都会腐烂。

我们在老屋里住了很久，直到1962年，我们才又搬回到寨脉拉敢村另建新屋。

5

笔架山、白镐河是我魂牵梦绕的地方，我童年的多少趣事，就是发生在那个神奇的地方；童年的多少美好回忆，都发生在那一片老屋。山水田园是永恒的，世道却变了，在我的印象里，祖父老屋，父亲老屋，菜园，柿子树，地坪，油榨，米碾，水车，鱼钩，竹子做的老鼠夹，一切一切，都好像在昨天，而我们已经老了。

童年多少有趣的故事发生在故乡的那条白镐河上，人生多少激动人心的故事发生在故乡的那条浔江河畔，多少有趣的生活切面一直印在脑海里，这些景象经常浮现出来——

扛碗是我童年中最尴尬的习惯。几十年过去了，那情景永远留印在脑海中。

那时，我七八岁。

我父母亲已经与祖父母分家住。我们住在上屋，祖父住在下屋，中间隔一个天井和一条通道，还有两级台阶，通道下头是祖父母家的火炉堂。

那天中午，吃中午饭了，祖父、祖母、三叔、四叔、小叔、丽云姑一齐围坐在火炉堂边吃火锅，三脚铁撑上架着锅头，锅头上面放一块菜板，菜板上置放着菜碗，菜碗里是煎鱼。

早在中午前，我已经下去了几趟祖父的火炉堂，祖母正在那火炉上煎鱼，每条鱼有手拇指粗，煎得黄黄的香香的，馋得我直吞口水，这是祖父他们去撒网捕得的河鱼。

就在此时，我父母家也吃中午饭了。我扛着饭碗，拿着筷条，走过天井通道，来到祖父火炉堂的门边，身子靠着门柱，筷子含在嘴巴里，眼巴巴地望着祖父火炉堂那锅头上面菜碗里的煎鱼，不吭声，默默地站着。还是祖母忍不住，又说话了："老赵，来，扛碗来。"我的小名叫老赵，我等的就是这一声叫，立刻把筷子从嘴里抽出来，走下台阶，到火炉边，靠近祖母，祖母用筷子夹住一条黄得油亮的鱼，放到我碗里。目的已经达到，我心满意足地回我的火炉堂去。此时，又是小叔，习惯性地白了我一眼。但我已经习惯了。

扛碗伴随我的童年。

扛碗渐渐在长大中消失。

那上屋下屋之间的通道我走过不知多少次，下屋火堂那扇门柱我依偎过不知多少次，以至于一个傻乎乎的愣仔，扛着碗站在通道头倚着门柱的情景，在我脑海中已经定格成一幅图画。这幅图画，留下了我美好的童年。

我父亲老家斜对面有一片田墩叫同伴，靠山边的山名叫同伴坡，同伴坡整个坡面像一只扑下地的蝴蝶，中间有一条凸出来的山脊梁，在山脊梁的两边是三角形的翅膀。

整个同伴坡有一大片油茶树，油茶树的边沿是小杂树、小杂竹、野草。正因为山坡边是荒芜的杂树野草，才成为老鼠的窝。

油茶树是人工种植，十年开花结果，十年到二十年的油茶树结果最旺盛，二十年后油茶树逐渐衰老，直到慢慢死去。油茶果是榨油的料，桂北乃至广西湖南广东，树科油茶是重要的油料之一。

冬天，油茶籽成熟掉落下地，也是老鼠最美最丰盛的大餐。老鼠从鼠洞出来，穿过杂草杂树，到油茶树林里啃油茶果。在油茶林边，一道道老鼠路，非常清晰。老鼠不喜欢走新路，它们每次都走老路，路上一个一个鼠脚印，密密麻麻。

每到冬天，我就去找那些老鼠路，在路口装捕鼠夹，捕捉老鼠，俗称装老鼠。

那鼠夹是我自己做的，用拳头那么大的楠竹尾取二节，下面，用柴刀削去两面竹皮，制成一个空心夹筒，然后，再用两块长约一尺的竹片，削成刀口形状，在两块竹刀片的末端，穿一小孔，打进一根竹钉，这竹钉固定一端，而另一端可以开合，开与合，行动自如。然后把两块竹刀片夹在竹筒下端，用竹钉固定，竹刀片可以在竹夹筒里上下开合，装在老鼠路口，一旦老鼠走过，触动机关，竹弓会把上块竹刀片往下压，两块竹刀片合在一起，就把老鼠夹住了。

我每到冬天做竹鼠夹，少说也要做二三十把。到了傍晚天将黑时，我扛着一大捆竹鼠夹，往同伴坡的茶油林去，寻找一条一条的老鼠路，辨认路口，找好一个口子，装一个捕鼠夹，从山脚到山顶，弄完就天黑了，我回家了。

夜间越冷越好，冷了，老鼠不敢乱走，只走它那条路。如果天暖，老鼠就会乱走。

第二天早上，天蒙蒙亮起床，不顾冷也不顾雪，兴冲冲地赶往同伴坡茶树林。看到第一个捕鼠夹已经夹住一只老鼠。第二、第三个捕鼠夹，往往一早可以捕住三四只老鼠。

拎着猎物回家了。

接下来将得来的老鼠加工：先用热火灰包它一下子，然后手工把老鼠毛拔光，再拿到小溪洗干净，剖开，把内脏拉出来不要了，再后来把老鼠沾上盐，沤半天，然后晾起来，火烤干，制作成腊干老鼠。

每到冬天我总会有很多的腊干老鼠，腊干老鼠的美味，那根本不用说。

每年过年前夕，全家都在忙碌，我父母亲家与祖父母家合着做一些年前的准备活动。筹备过年及整个春节期间用的柴米油盐等生活用品。

各家各户都在忙着自己的事，但也还有公益的事。

村长发话了："明天集中马路除草，每家来一人，不管大小。"

第二天，我们家我去。这马路，据说是民国时开的，能跑马，叫马路。那时没有通汽车，修马路能走通马已经是非常不简单的事。这条马路又宽又直，每年过年前，各村各寨都要修一修，除草填坑，养护一下。这天我出工了，全村二十多家来了二十多人，从板坡寨头阿屎冲修到板坡小学下面的石梁桥，也就是板廖村前的桥，就算完成任务。

我们家由我一个小孩子来顶工，全村人是理解的，因为我妈妈这几天都要到坡顶去值班，这也是轮流的。在小村边的坡顶上搭了一个防空哨瞭望棚。所谓瞭望棚，是在山顶上平整一小块地，像模像样地搭成一个棚，各家各户到了逢年过节，特别是重要的节日就要派人上去值班，主要任务是防空。那年代防空，是防国民党从台湾派飞机来轰炸村庄，如果有飞机来，在防空哨值班的人就敲起锣，锣声响起，全村人都会躲起来，躲避飞机轰炸。

但是，在新中国成立后的若干年里，从来没有看到台湾国民党的飞机来过，所以也没敲过锣，只不过刚解放不久，人们心里还有战争的阴影罢了。

全村人都在忙碌着。越是忙碌那就越近年节了。

杀年猪了。

打年粑粑了。

过年了。

早上起来，家里父母杀了几只鸡，煮熟后，一个重要的仪式：去三界庙敬神。

三界庙在地名叫阿屎冲的对面，小河边，是一座三进间有天井的砖瓦房，里面供着神灵。据说这三界庙很灵，过门口的人，文官要下轿，武官要下马，几个村庄的人逢年过节都来敬神。神庙里，有一位江西日都人守着，没有姓名，大家都叫他阿突突。阿突突在庙里吃住，守着神庙。

过年敬神是最隆重的仪式，我的爸妈准备了鸡、鸭、鱼、猪肉、果、酒、杯、筷、香、纸、炮，还有粑粑和米，装满了一篮子。我提着一篮子的东西，与底下屋的四叔同去。四叔也是一篮子的祭品。走不远，到了庙宇，还在庙门口，就感觉到那肃穆庄严的气氛，心里紧张得不敢乱说话，庙里是络绎不绝的敬神的人，前一拨走了，后一拨又来。我和四叔进了庙，神台前还有人摆供品仪式未完，我们还得等一下。我和四叔在两厢房的长凳上坐等。

庙堂，正屋里间正中灵台上供奉着一尊大神像，神台前边是香台、供台，左右两边摆着鼓和锣，两边有对联，还挂满红布。阿突突和村上的道公这几天都在庙里值班，道公对敬神许愿的人们不断地打宝卦，敲锣打鼓，一派神圣的气象，似乎你许什么愿，明年就实现什么了。再有，两边厢房摆放着一副副黑色的或白色的大棺材。村上的人提前为家里的长者备下杉木大棺材，木工制作完工后总是抬到这庙里存放着，这是规矩。我当年还很小，看着那一副副大棺材，棺材头还画着什么图案，心里很惧畏，不敢正眼望。

轮到我和四叔摆供品了。我先是点燃香，插上香，摆上酒杯，斟上酒，摆上供品——鸡、鸭、鱼、肉、果、粑粑，然后鞠躬作揖三次，道公为我祈福求财做保佑，酒过三巡，然后烧纸钱，仪式就算完毕了，然后收拾供品。但是，那些粑粑、米和果，规定要留给庙里的道公和阿突突的，酒也要留一些，肉也要留一点，茶油也要给一点。据说，每年过年，庙里要用大箩筐来装那些祭品粑粑，守庙的人几个月也吃不完。仪式最后是放鞭炮，我和四叔在鞭炮声中撤出神庙。今年的仪式就算完成了。

我回到家，在家里还要进行一次敬神的仪式，这是敬奉祖宗，隆重、热烈，放了很多鞭炮。

然后是丰盛的年夜饭，这就算过年了。

年夜饭之后是守岁。本来守岁是大人的事，但我每年都参加，我对守岁很感兴趣。守岁的时候，家家户户的火炉堂通宵达旦不能停了炉火，而且要用好柴火，火才旺。

我在上头屋坐坐，又到底下屋坐坐，就这样坐着、守着，守着、坐着。

6

1958年，大批外地工人来到板廖村和板坡村，吃住在村子里，这几百号人白天全部进大山里砍竹子，连砍几个月，砍倒了几片大山的竹子。

我的故乡盛产竹子，满山满岭都是竹子，我们叫楠竹。楠竹长得很快，一年成竹林，二年可以砍伐。在我的故乡，在那很远很远的麻风山，在高高的笔架山山底山背，在板廖冲里的付田冲，都是望不到边的竹林竹海。

外地工人天天进山砍竹子，一边砍一边扛出来，扛出来的竹子放到河边，然后扎成竹排，顺着白镐河放下斗江，由斗江公社供销社收购。

砍呀，扛呀，毕竟从十几里的大山里扛出竹子不容易，日积月累，山里便积留了大量砍倒的竹子没运出来。

不久，政策变了。外地工人要撤走了。他们卷起铺盖，走了。

于是，留下了满山满岭满沟砍倒的楠竹。几个月下来，那些竹子便干枯了，变成干柴火了，满山满岭的。

学校放假了，我们几位小伙伴便相约去板廖冲讨柴火，讨那干竹子回来做柴火。

妈妈知道我与小伙伴去板廖冲讨柴火，煮了两个鸡蛋给我做午饭。平时，妈妈总是以鸡蛋奖励我，每讨回一担柴火就煎一个鸡蛋给我。这天我吃饱了早饭，背一把柴刀，约了来发、荣生、贤春几个小伙伴出发了。午饭是用竹笋壳叶子包着，一人一包，进山了。

我们几个小伙伴是好友。贤春姓韦，胖胖矮矮的，说话有些结巴，慢。荣生姓姚，就住我家隔壁，身材单细。来发比我大两岁，我经常去他家，和他同床睡。

我们沿着板廖溪边的山路进山。

山溪弯弯曲曲，山路也弯弯曲曲。板廖溪水不算小，源头来自笔架山背的麻风山。麻风山是大山，路难走，又很远，很少人去。那山里近乎原始森林，全是杂木和楠竹，楠竹长得密，一株挨一株，密得难通过一个人去。

板廖溪，也像白镐河两岸几十条溪水一样，从两边的大山里流出来，汇进白镐河。板廖溪溪水比较大，可以撑得竹排在溪水中游走，能走竹排的溪水可谓不小了。

我们几个伙伴走了小半天，进到板廖冲里叫銮坡的地方。銮坡脚下就是板廖溪。

我们进到銮坡脚，迎面是一片密密麻麻望不到边的竹林。但可惜，竹子倒得满地皆是。枯竹已变黄色了，横七竖八，我们几个人砍呀拉呀，不费什么力气每人就弄得了十五株左右，然后我们从两边的山坡上顺着放到溪边。一时间，溪边全是我们几个人弄来的枯竹。

我们下来了，各人从半山坡下到溪边，活已经完成了一半，吃午饭吧，就着溪水，各人打开竹笋壳包的饭菜，各家的菜不同，于是伙着吃，美味、新鲜、好玩、过瘾。

吃饱饭，我们便扎排了。枯竹轻，我们以往总是扎成竹排顺水放到溪口。

对于扎排，我们是会的，每年夏季，村上的大人砍楠竹，从山上扛到河边，扎成竹排，拖下白镐河放到斗江街，那里有供销社收竹子。

我们把每根枯竹的根部都砍出一个洞，然后用一根横木把十五根枯竹一根一根穿扎起来，再用一根横木把竹尾那头扎紧，但竹尾扎时不打洞，只是把横木摆在枯竹上面，然后用山藤一穿一卷地将竹子扎紧。这一头一尾扎好，一张竹排便扎成了。

我问："来发，快点，你的排扎成了吗?"

"成了，早成了，"来发说，"只是贤春还没搞完，我去帮他一下。"

我再望荣生，他的也完成了。

不一会儿，四个人四张竹排，顺流先后下溪了。我们像撑船的艄公手拿一根小竹篙当船桨，用它来左右竹排下行方向。

我站在排头，溪水哗哗地拍打着竹排，惬意极了，溪水不深，就是跌下竹排，溪水也只不过到膝盖而已。

从銮坡脚下小溪出来，过板廖冲大塅田，这一带平直，好走，我们还唱歌了，高兴啊。但险滩到了，在板廖石梁边，有一道落差1米多高的水滩。水很急，我紧张了，拿好竹篙，竹排哗的一声滑过水坎，一头扎进一米多高下面的水塘里，我立即变换姿势，由站变坐，双手拿紧竹排，跟着竹排沉下水里，但马上又浮了上来，过关了，竹排漂流在水面了。险，但没有什么可怕，平时我们河边洗凉，不就是喜欢从高高的岸上跳下去吗？

我回头一看，来发也像我一样，坐着竹排下坎了。

不久，出到溪口，溪口有一片沙石滩，旁边就是板廖村。

我们把竹排拉上岸边。解排了，用柴刀砍断山藤，抽出横木条，竹排散了。

太阳西下了，我们全身湿了现在又干了。我们各自扛着竹子回家，每次扛一根，来发是每次扛两根。十五根竹子也不容易搬，太阳落山前，大家总算都搬完了。

我讨回了一大堆柴火。晚饭，妈妈又煎了两个鸡蛋，还炒了几条干鱼和黄豆，这在当时，已经是最好的饭菜了，高兴，这是妈妈的奖赏。

童年的我沉迷于钓鱼，趣味盎然，回味无穷。

整套渔具：钓钩，必须买，每年都有杂货佬挑着杂货进村来，也有鱼钩，很多时候就在我家住宿，我买了钓钩。钓鱼竿，自己做的，到山上找到几根细长的竹竿，砍回来，用油灯或小火将弯曲的部位烤软拉直。铅粒，偷父亲或祖父的渔网网脚的铅粒。鱼丝线，是自己制作的，孩提时代的我，自己养蚕、编鱼线。一套渔具，就这样做成了。

鱼饵，用蚯蚓，在菜园里挖，用一个竹筒盛着养着。

白镐河边米碾沟那一段河，是我钓鱼最有瘾的地方。

我拿着钓竿到米碾沟边，到那棵常去的柳树旁。柳树是从河岸结合的地方长出来的，树枝树叶很大，遮阴了一大团河面，柳树荫下的河里长着密密的丝草，鲫鱼就喜欢在柳树成荫又有丝草的地方。

天蓝蓝的，有几朵浮云，太阳照着大地。

我轻手轻脚，瞄住一个机会，轻轻把套上蚯蚓的钓钩放下去，蚯蚓在水中轻轻蠕动，鲫鱼看见了，出来了，而且出来了几条，一只大鲫鱼张口就吞食蚯蚓，我敏捷地抽起钓竿，那条鲫鱼便被勾住，在水中游了几下，我一下子把它拉出水面，成功了。就这样，那一大群鲫鱼，被我一条一条钓上岸来。一两个钟头，我的鱼串居然有十多条了。

回家，晚饭又有香喷喷的鱼吃了。

7

白镐河，是那样的清澈纯净。到了夏秋时节，天高气爽，晴天少雨，那水清得河底的石头都数得出。河中有小滩小波小浪花，潺潺的流水声更衬托了周围的静谧。

这样的季节，是装拦江钓的最佳季节。

拦江钓，就是一种将钓具置放到小河里钓沙鳖的钓鱼方式。

拦江钓也是我自己制作的。先用麻线三根合成一根，才够粗，长约10米，这是主线。主线两端再制作竹筒浮子。然后在主线上每隔一米绑一段小线，小线的末端绑定一枚大鱼钩。不用问，那麻线是偷拿妈妈的专做布鞋的麻线。

傍晚，我拿蚯蚓做鱼饵，装好，脱光衣裤裸身下水，走到河中间，选择河水只到腿深的地方，布局拦江钓。拦江钓的一端捆着一个较重的石头，将石头沉下水去。然后将拦江钓慢慢地展开到河边，同样也用一个较大的石头捆住拦江钓的一端，沉下水，留着竹筒浮子在水面做标志。

拦江钓上的蚯蚓在水中摆动，出来觅食的沙鳖很容易看见。沙鳖吃下蚯蚓，便中钩了，它咬不断那麻线。

第二天早上，天蒙蒙亮起床下河边，找到浮筒标志，解掉石头，慢慢拉过来，此时，会看见三四只沙鳖在拦江钓上翻滚，那高兴没法形容，大丰收。当晚全家人一享美味的脚鱼大餐。

我们下钩的地点不断变换。

在一个深秋时节，我与小伙伴来发两人离家去四五里路远的下塘湾装拦江钓。

我们一人手提一个小竹篓，里面装着五六组拦江钓，还有分装成

· 14 ·

四五包的糯米饭，糯米饭里夹有干炒黄豆，外用包装物是春天收回、晾干了的楠竹笋的外壳，透气，干净。

中午饭后出发了，沿着河边小路走，走了很久很久，来到下塘湾。

这一带，没有人家，在这长达20里的狭长山谷中，没有村庄。两岸都是连绵不断的大山大树，河流到这一段变深变大，形成几个大水塘，水深莫测。

我与来发找好地点，布下拦江钓，一连布下四五根，天黑了。

我和来发就在那一带找个落脚过夜的地方，下塘湾不远处的喇叭溪口有几块田，田边有个牛栏，空着，我们先在河边用清凉干净的河水拌着吃下第一包糯米饭，然后，到牛栏过夜。

天完全黑了下来，两岸的青山在月光下显得特别阴森，山风呼呼地吹，树林沙沙地响，河里的水哗哗地流，夜空中不时传来几声山羊的叫声，还有猫头鹰的鸣啼。孤零零的两个人，心里有些害怕，很不是滋味，小伙伴来发找来些柴火，点起一堆篝火，一是取暖，山区的深夜没有棉被棉衣有些凉；二是壮胆，两个人默默地坐在火边不说话，也没有话说，一切的希望都在等明早的收获。慢慢地，我们睡了一下，半夜刚过，便醒来了，等天亮。

天蒙蒙亮了，我们走下河边收拾我们的拦江钓，果然有大收获。

第二天白天，玩，等天黑。

天黑了，按照昨晚的程序，又布下拦江钩。

我们在牛栏住了两个夜晚，装了两个夜晚的拦江钓，我们每人的竹篓装满了沙鳖，少说有三十只，收获巨大。

几十年后，那山风、那山林沙沙声、那山羊叫声、那猫头鹰鸣声，一直萦绕心中。终生忘不掉儿时的趣味。

8

春末夏初，一场大雨，白镐河涨水了，河水变浑浊了，变黄了。两三天后，水慢慢退去，变小，水也变成绿色了，我们称它绿豆水。

白镐河涨大水时，鱼群沿河游上来。这些鱼群大都是生长在下游的下塘湾那狭长20里的一带深水塘中。涨水了，浑浊了，鱼也趁浑水往上游觅食。原生态的河流任凭鱼群畅游。但洪水过后到绿豆水时，鱼群也开始往下退，沿路往下退回去。

祖父覃贵林，凭着几十年在这白镐河边生活，凭着几十年在这白镐河里捕鱼，凭直觉，凭经验，最懂得这个规律。于是绿豆水后期，祖父覃贵林带着三叔、四叔、小叔以及我，到河滩上选好地点制作鱼梁。

首先选准一个浅滩，将浅滩的两边，倒八字形打桩子，围树枝树叶砌石头，制成倒八字的两道水中围墙，目的是让鱼群不能往两边乱走，只准走中间的口子。中间口子大约留两米宽，在口子里从河底堆起石头，制成一道假河滩，假河坎，然后在假河坎下面，铺制一个大大的竹栅网。

这个竹栅网能漏下河水，从口子上流下来的水可以从筷子粗的缝隙中漏下去。鱼群也顺着水退下来，到假河坎不经意滚到这竹栅上，鱼被晾住了。竹栅的四周还用渔网罩住，防止鱼被竹栅晾住时乱蹦乱跳跑掉。

这就叫鱼梁。

我们做了整整一天，到傍晚时分制作成功了。

晚饭后，夜色笼罩着整条河。鱼群整体地撤退下来，退下去的鱼群乖乖地顺着那口子游下来，它们不走两边，因为两边已经用树枝树叶石头拦住了，只走这口子，而这口子却是一口天大的陷阱，下了这口子过了这假河坎，就被晾到竹栅上去了。可怜的鱼儿不知情，全部都钻进了祖父做的鱼梁中。

晚上，我和四叔来到河边值班守鱼梁。我和四叔选择了河边的一棵大柳树。我们从家里扛来了一张大竹椅做床铺，还带了蚊帐，两叔侄躲在蚊帐里，睡不着，望着天空，听着水声。天已经暗下来了，远山已经模糊不清了，一层层山的轮廓慢慢消失了，远处的村寨沉入夜色中。近处，田塅中早已没有人影。这是春末夏初之际，一切都显得那样沉寂。天空灰蒙蒙的，星星月亮还没有出来，大地静静的，这在那乡村的初夜，如此静谧，我感受着故乡的美，感受着家乡的纯净，感受着人生的美，感受着人生启蒙的憧憬，而那鱼梁流水一直哗哗在流。我知道，也正是这流水哗哗的声音，误导了鱼群的本能判断力，它们有听力，可以听到流水声，但是它们以为这是很正常的水下滩的响声，所以毫无顾忌地往下游，谁知，一头撞进了像一张大网似的鱼梁。

我们悄悄望着鱼梁，凭着微弱的光可以辨认，那鱼梁上已经晾住了很多鱼，还有几条在蹦跳。

第二天早上，天刚泛白，我和四叔拿着竹篓去拾鱼，拾呀拾呀，少说也有二十斤，一个夜晚，大丰收。

这样的鱼梁，只能装三五天，绿豆水退完了，没有鱼退下来了，便只好收工了。鱼梁守夜，给我留下了极深的印象。

9

火把赶鱼是传统捕鱼方法，我祖父运用得炉火纯青。

夏末，是白镐河鱼类最活跃的季节，也是火把赶鱼的季节。

夏末的一个夜晚，我得知祖父又要去火把赶鱼，我安心等待。将近半夜时分，祖父带三位叔父和我出发了。我们提一个小灯笼——那时候还没有手电筒，走过田埂来到河边。祖父和三叔最会选择地点，我们第一站是在米碾沟。祖父和四叔以及小叔，先悄悄地走到米碾沟尾撒开渔网，祖父提起渔网一角，四叔则走到那边提起渔网另一角，渔网变成张开的一个大口袋，等着鱼进来。

我和三叔在米碾沟上游，距祖父张网处也就是500米吧。不能喊话，不能有声响，一切都静悄悄的，只凭听到那唰的一声就知道祖父已经张开大网了。

整个村庄都沉浸在伸手不见五指的黑夜里，没有一点亮光，也没有人走动，劳动了一天的人们早已睡着，偶尔有几声狗叫，一切笼罩在黑沉沉的夜幕中，万籁沉静无声。那情景与今天不可比，今天人类文明程度已经很高，有电灯，有音响，有手电，这一切完全改变了几十年前那沉静夜晚的景象。

我和三叔听到祖父撒网的声响后，便用火柴点燃楠竹破片扎成的火把。火把亮了起来，火把发出了吧叽吧叽的响声，即刻惊动了夜半时分沉静的白镐河。三叔卷起裤子，一手举起火把照在水中，另一手拿起一端装着一个铁头的拐棍。一下一下猛力地冲击河床，铁头与石头撞击发出吧吧的声音，在这沉静的夜晚格外响亮，还不时用拐棍打水。火光、响声，惊动了似醒非醒似睡非睡的鱼群，它们不知是什么怪兽来了，赶紧跑，三叔追着鱼儿跑，我沿着岸边陪伴走，将近祖父的渔网，三叔跑得更急了，追赶跑过去，不能让鱼儿跑到网底发现有障碍物又回头溜，就在鱼儿还不知道是怎么回事的时候，祖父和四叔同时放下渔网。罩住了，一网的鱼全罩住了。

此时，我们才说话，才笑着收网，清点战利品。

一个夜晚，要赶三四场，赶完这场，又悄悄地沿着河边走，去赶另一场。

终于结束了今夜的火把赶鱼，我们带着一竹篓的鱼回家了，还是那盏小小的灯笼照路。夜已经很深了，夜风吹来，阵阵寒战。

回到家，已是半夜，最丰盛的犒劳是我们几个人吃一顿水煮鲜鱼的消夜。吃饱美味，我洗了澡，换了湿衣服，然后美美地睡去了。

10

我十岁的一个夜晚，皓月当空，清风拂面。

"咚咚呛，咚咚呛……"彩调的开场锣鼓响起了，在这静谧的山村的夜晚显得格外的清脆。接着，又是小旦的唱腔："相公哪，走也，哪嗬嗨咿嗬嗨，咿子嗬嗨。……"

韦德卿家的彩调班开练了，我要去看学调子，父母不吭声，入夜，天黑，我一个小娃仔，不敢走。韦德卿家在学校边，离我们家不远，锣鼓声唱调声听得清清楚楚，很撩人。我想去看，去不了只有哭。我吵着要去，父亲无奈，只好带我去，其实就是几百米远几分钟的路程。

韦德卿，祖上是江源村人。我祖母韦桂兰也是江源村人，与韦德卿同祖，但我祖母小了韦德卿一辈。韦德卿家从江源村迁到板坡村那是早年的事。现在韦德卿一家人住一座泥墙房，二开间，一层，屋背搭一个后拖做厨房。

韦德卿生有两子两女。那时候，韦德卿的两个女儿已长大成人，落落大方，人才俊秀，引来了上村下寨不少年轻人的眼光。

一天晚上，韦德卿在堂屋教年轻人唱彩调，他大女儿在屋背洗澡。那洗澡房很简陋，从厨房开一个门往屋背一个角落，在角落里竖几块木皮作围，天面上没有遮盖，紧靠屋背一块大水田的田埂，田埂也与人一样高。洗澡房没有灯，洗澡时总是趁夜光。那晚月亮特别亮，时值五六月，田里的稻谷也长到人的腰间了。韦德卿大女儿埋着头洗澡，什么也没有注意，她洗好了站起擦身，偶然抬头望望月亮，这一望她惊叫一声："啊呀！有人哪。"这一喊，吓得那人"刷刷刷"赶紧回头小跑，踩着田里的禾苗跑走了。那个人不知何时悄悄地从田里走到洗澡房边，在洗澡房边的田埂上详详细细地透视了"贵妃沐浴"。在堂屋学戏的姑娘们惊闻叫声，跑到屋背洗澡房救美女时，那人已没了踪影。

屋背平静了下来，堂屋学彩调的又唱了起来。

韦德卿是江源人，祖上是大地主，江源村的韦家地主大院连绵几百米，进了大门，摸不着方向。江源村人开明，读书人很多，出了很多文人官员。江源村离融安板榄街很近，板榄街当时是桂北重镇，很热闹，商业文化很发达。街镇上有戏班子也有彩调班子。韦德卿年轻时就是去板榄街学的彩调，现迁居板坡村当起师傅了。

你看韦德卿多认真，手拿一把纸扇，合着锣鼓的拍子，手把手教几个男女青年走彩调台步，一步一板眼。"哪嗬嗨，咿嗬嗨""咚呛、咚呛、咚咚呛"，锣鼓声、二胡声、走台唱词声，飘荡在山村的夜空。

除了彩调班子之外还有戏班子。戏班子比彩调班子高一级。

戏班子在白镐河一河上下就只有白言村有，每逢过年正月或者重大节日如八月十五时才唱戏。

这年正月，白言村戏班子唱戏三天，上村下寨的人都去看。

从板坡村到白言村有十五里路——马路，清早出发要走两个钟头才到，当然，肯定是穿新衣服去，因为是过年正月头。

白言村戏台在一个大庙里。庙是常见的那些庙，也和我们村的三界庙一样，不同的是庙两边是两层楼，第二层楼是厢房，等于看戏的包厢。与庙正对面是戏台。戏台也是两层，底下空着，二楼是戏台，其格式也和彩调台子的布局一模一样，左出右进，左相右将，但是，气派比彩调台子高雅得多了。

白言村戏班子很大，唱文戏也唱武打戏。我们今天来看的，就是一曲古戏《包公铡陈世美》。那时候我不懂什么包公，不懂什么陈世美，更不懂为什么陈世美抛弃农村老婆遭杀头。几十年来才慢慢省悟了：东方文化道德观念与西方不同。

白言戏班子的武打很不简单，他们的枪就是一根长长的竹竿，杆头有装饰的假刀假矛。两个武生对打那是武功，太有吸引力了，我们看完之后模仿很久。

看戏当天的中午饭我们总是到亲戚家去混吃的。

太阳西下，戏演完了，散场了，白言村各条路上都是回去的人，人流黑压压一片，场面壮观。

这就是20世纪50年代农村文化生活的缩影。

20世纪50年代，最令人难以忘怀的还有马戏团到村上演出。

马戏团是桂林城里的，他们走路去龙胜，过斗江，一路演来。马戏团到来那是全村最热闹的事。

马戏团住在学校和村公所里，演出就在学校操场上，白天黑夜都演。真正有马有猴有狗，还有扬琴等乐器。当马戏开场演出时，音乐响起，悦耳的音乐声，真叫人心旷神怡。

已经过去了几十年，马戏团的乐曲声还萦绕在我心头。也许那时的文化生活太枯燥，山村根本没有什么高雅娱乐，而马戏团与村里的彩调戏班相比，那简直就是天壤之别，所以几十年过去，久久不能忘怀曾来到我们村演出的马戏团。

第二章

1

我上学了，在板坡小学读一年级。

板坡小学就在我父亲老屋不到200米的地方，那里原来是大地主姚家的一大片房子，政府没收后改为板坡小学。学校里有一排泥墙房做教室，中间有一个大操场。当时只开三个班，学生不到100人。操场有一根大旗杆，上面挂着五星红旗。操场外面是马路，马路下面是一口水井。学校隔壁的房子也是泥墙房，那是政府解放初期没收大地主姚家的房子用作村公所，那时叫作"板木村"，"板"是板坡村的板，"木"是杉木寨村的木，也就是说当时这村公所管辖到杉木寨村。

小学老师是曹绍斌老师。他是古宜西游村人，从解放初就分配到这里教书，一直教到1960年。还有一位姓陈的老师，也是古宜人，陈老师上高年级的课。

2

1957年春天，二叔和二婶回到板坡老家，全家人无比高兴，因为二叔在外面当大干部，从河池县回来探亲的。

二叔覃启武，排行老二，我父亲是老大。二叔解放前在古宜的三江国立中学读书，中共地下党罗家阔老师发展培养二叔为进步分子。四野解放军大部队南下时，二叔和启源叔由学校地下党介绍随大军南下，从三江一路到融安、柳州，直到凭祥。全国解放了，二叔在部队当文化教员。解放不久，二叔又北上参加抗美援朝，据说在东北与朝鲜边境集训，因为二叔有文化，任文化教员，就留在东北这边专门给入朝的部队做出国前培训。

抗美援朝胜利了，二叔从东北调回驻桂林陆军某部，还是任文化教员，那几年祖父覃贵林经常到桂林二叔所在部队住很久很久。

后来二叔转业了，分配到金城江，任河池县委秘书。那时的秘书是配驳壳枪的。

再后来，在河池，二叔与二婶认识并结婚了。

二叔瘦高个子，脸相略长，很像祖父的脸，因为人长得特别高，回老家过门坎总要低头，否则头会撞到门楣。

二婶不高，漂亮，留着两条长长的辫子，穿着城市女装，在银行工作。

二叔二婶结婚不久，还没有小孩。他们这次回来，看见小叔启强和我都长高了，读小学了，就跟我父母及祖母商量，想带我们两个去河池县金城江读书。我母亲不乐意我去，说是年纪太小，不放心，不舍得。但我与小叔是同意去的。于是全家勉强通过让我们去，当时祖父不在家。

这天早上，全家吃过早饭，二叔和二婶带着小叔和我，拿些简单行李出发了。我们出门口时，我看见我母亲哭了。

1957年，去斗江的路还是土路，很难走，我们走到扶平村下面的斗江团结水利工地时已经中午了。当年的团结水利，就是在板八村下面的白镐河上筑一座水坝，拦起水，抬高水位，然后从坝首沿山开水渠，从扶平村直开到斗江街，长达十里，引板八村河水去灌溉斗江街那一片很宽很大的良田，当时称为团结水利。从斗江公社和桐叶公社的各个大队和生产队，抽调一些人集中到工地劳动，同时还把两个公社的所谓四类分子即地主分子、富农分子、反革命分子、坏分子四种人全部集中到水利工地劳动。我祖父覃贵林解放后被定为富农，自然也在其中。

我们走过扶平村下面那段工地时，很凑巧，看见祖父覃贵林在水利工地劳动。二叔走上前去跟祖父说了几句安慰的话，便不忍心地带我们继续赶路了。我还小，没有太多的联想，但二叔就不同了。二叔心中不是滋味，因为他本身是从军队转业的国家党员干部，而他父亲却在所谓四类分子的行列之中。前几年还是军属多么光荣，而就那么几年，世事变得太快了，今天居然变成被管制的对象了。我看见二叔眼中含着泪水，那时刻、那情景，我终生难忘。

　　夜了，走到斗江街。

　　斗江街是小镇。那时的故乡，贫瘠、闭塞、偏僻、交通阻隔。全县只有一条沙石公路从桂林经龙胜、瓢里，过斗江，斗江还要坐渡船，再下到县城古宜。进古宜也要坐渡船，也没有汽车站，班车就停在那时的沙石广场上。当年全三江县去桂林只有经斗江街、过龙胜县这一条公路，斗江街这里还有一个渡口。公路穿街而过，旅社就在公路街边。

　　我们一行四人在公路边的一个木房旅社住下。睡觉前，我与小叔打了一盆热水在旅社正堂大厅里洗脚，此时，一辆汽车从县城方向开过来往渡口去，我平生第一次看见汽车，惊奇、好奇，马上赤着脚追出去看车子，汽车下渡口，我又赤脚踩着那沙石路追下去，零距离地看到了汽车，二叔不放心，追出门口喊："老赵，回来，晚上不穿鞋子跑什么？"我一步一回头地走回旅社，那夜晚，我一直在想着汽车的事。

　　第二天早上，早早起床，吃些东西后拿着行李在门口等车。不一会儿，车来了，班车从县城开过来去桂林，我们要坐的就是这趟车。我们上车了。

　　那天，下着蒙蒙细雨，我坐在汽车上，什么都新鲜，什么都好奇，一路上望着窗外的景物，丝毫没有倦意。

　　车过龙胜，爬金竹山了，这山岭很高，公路盘山而上。

　　雨雾中，来到了桂林城，我们在火车站附近的旅社又住了一宿。第二天，坐火车去柳州。那时三江没有公路直通柳州，去金城江必须先坐汽车到桂林，从桂林坐火车到柳州，再从柳州坐火车经宜山到达金城江。

我平生第一次坐汽车，第一次进桂林市，第一次坐火车，第一次进柳州市，第一次来到了相当于一个城市规模的河池县金城江镇。

美丽的龙江从金城江穿城而过，龙江从西向东，城在河两岸，河在城中间，而这一河一城又全部包裹在两边的大石山中。在城中可望见城市两边的高山，上了城边的高山可鸟瞰金城江全城。

20世纪50年代广西只有两条铁路，一条从衡阳经柳州到南宁，一条从柳州起点途经金城江到贵阳。铁路的穿行带动了金城江的繁荣，当时金城江已有火力发电站，全城用上了电灯电话，而我的老家还谈不上用电。

二叔的家，具体地说是干部宿舍，在金城江城区靠南边的高山之下的县印刷厂宿舍区。我不明白为什么当时二叔住在印刷厂，也许是公房吧。二叔分得两间房，我和小叔住一间，二叔二婶住一间。但没有厨房，我们开饭是在离宿舍不远的百货公司的食堂。每到午饭和晚饭时间，我和小叔都会自觉抬一只竹篮，去食堂打饭回来。食堂用饭票，饭票是二叔早就办好放在家里的，我们打饭时得带着饭票去。

到金城江后的第三天，二婶便带我和小叔去学校了。

金城江第二小学，在广场附近，离我二叔家不远，我读二年级，小叔读三年级。

我平生第一次到城市读小学，很幼稚，来到繁华的城市，什么都新鲜。

但是，毕竟太小，我所在的金城江二小，有多少同学，老师有什么特征，学校如何，已经淡忘了。毕竟第一次出远门读书，要适应的东西太多了。

记得有几个星期天，金城江二小有几位同班同学带我去火车站那边的荒地上割马草。我们几个小学生去割半天，每人得了半竹篮，然后拿到马场出售，得几分钱，零用。

二叔当时在河池县委当秘书，那时秘书是配枪的，一支驳壳枪。

有一天夜晚，二叔刚发工资，他的一沓钱就放在窗户下的办公桌上，半夜里，突然听见二叔爬起床，喊道："抓小偷，抓小偷。"我也从房里冲过来，只见二叔穿一条短裤，打赤脚，手拿驳壳枪，追出宿舍大门外。不一会儿，又折回来，二叔说："小偷用夹子从窗户伸到办公桌上，偷那沓钱，朦胧中听见窗户沙沙有响声，睁开眼，打开灯，那小偷便往外逃跑，我拔出驳壳枪就追出去，但不见人了，追不上。"

二叔家是平房，仅一层而已，窗户就着地，那时谈不上六层七层楼，有二层也就算洋楼了。

十字街的百货公司就是二层楼，当时，那里是金城江最热闹的地方，百货公司里面什么东西都有，二婶经常在下班后的晚上带我们去逛商场，百货，百货，当然远不止一百种货，当时是计划经济，百货公司是国有的，卖什么东西全凭计委和商业局的计划，1957年的金城江的繁荣全部浓缩在百货公司里面，到处是彩色的灯笼，还有不断播放歌曲的高音喇叭："社会主义好，社会主义好，社会主义国家人民当家了，反动派被打倒，帝国主义夹着尾巴逃跑了……"这首激昂的社会主义颂歌是当时高音喇叭播放的主要曲目。

我年纪太小，生活不会自理，读了几个月的书，头上长了虱子，上课时，往头上随手抓一把就是好几只，放在课本里摁死，弄得课本里斑斑点点全是虱子的血痕，不几天二婶带我上街理发，理成光头了。

3

不久，二叔二婶在机关里忙得团团转，再加上我生虱子，于是二叔二婶决定给我们转回老家读书。

二叔忙，二婶送我们回家。

路过桂林时，二婶、小叔和我三人去照相馆照了一张相片留念。相片上的我是光头，就因为虱子。这张相片我还珍藏着，几十年过去，还在我的相册里。这张相片记录了我一个山娃娃当时走出大山寻梦，寻求启迪开发、寻求进步提高、寻求开阔视野的历程。

二叔一生都是在河池工作，在河池成家立业。1951年至1952年的"三反五反"运动，二叔是"三反"工作队成员，跑外调，跑遍全国，每到一地都留下许多照片。当时我很小，看到二叔在北京、上海、广州的留影，羡慕极了。1957年搞"整风"，二叔又成了整风工作队成员。后来，他下到保平公社当秘书，因身体欠佳，不久又调回河池县人民医院当党委书记，那是1965年前后的事了。

几年后，二叔又调回河池县轻工业局当领导，这则是20世纪70年代的事了。

二叔有一子二女，都在河池成家，几十年来我们全家把河池当第二故乡，常常去河池玩，二叔二婶也常回老家来住，特别退休后每年都回来，二叔心中有着深深的故乡情结。

二叔于1999年因病去世。

二叔的一生对我影响很大，早期的启蒙奠定了我一生的基础，我终生难忘二叔的恩德。在我的心中，河池也是早年开阔我眼界的城市，后来我的成长发展，离不开河池的启蒙。

终生怀念二叔二婶，终生怀念第二故乡河池金城江。

第三章

1

1958年，我从河池金城江回到老家，转学到板坡小学，读小学三年级。

当时，"大跃进"的气息已经扑面而来，整个学校洋溢着快马加鞭十五年赶超美国英国的气氛。学生也去劳动，板坡小学去板廖村后的山冲开山种树，劳动的场面很感人，到处红旗飘飘，歌声阵阵。学校还出黑板报、墙报，登载诗歌文章。我从一些报纸书刊上寻章摘句、抄袭模仿，修改成一首首诗歌（其实就是山歌、顺口溜），发表在墙报上。一时间，我成为写诗高手，"三年级有个小诗人"在校园里传开了，其实我知道那些都是抄袭作品，虽然也费了我一番剪裁、改造功夫，但毕竟是抄袭模仿。我当年写的山歌现在一首也记不起了，原因就是口号化格式化，是假话、空话拼凑成的四句式，再押点韵，如此而已。

1959年10月1日，建国十周年国庆。

秋天的早晨，格外凉爽。这天，我起得很早，天气晴朗，太阳已经从东山的山界上射出了道道光芒。

我们板坡小学，昨晚放学排队时校长宣布："明天，全校师生去桐叶公社参加国庆十周年活动，考虑到各村寨远近散居，决定不集中行动，各位学生各自跟随大人前去。"

我们全家匆忙吃过早饭，父母亲不去，我是肯定要去的。我昨天已经约好了小伙伴：来发、荣生、斌烈、贤春、心黄等。我和来发、荣生走到学校寻伴等人，不一会儿，寨脉村的心黄和他祖父也来了，有了一个大人似多了一份依靠，我们便跟随出发啦。

六七个小伙伴很高兴，精神焕发，过板廖村、大寨村、向家坳、白口村、白言村、弄三村，拐进九江村的山路。我从来没到过九江村，居然在这里还有这样大一个村子。过了九江村，前面就是在当地很出名的九江瀑布。

九江瀑布我早就听说过，但没到过，今天才看到其真面目：两岸都是陡峭高矗的山石，长着阴森森的树木，瀑布高达几十米，白花花的水流下去，在很远就听到哗哗巨响，令人心怵。小伙伴心黄的祖父还恶作剧地说一些鬼话，使得气氛更加恐怖，一行人都不敢作声，只管走路，我更加提心吊胆、低眉垂目，不敢正面望那瀑布。

过了九江瀑布，九江溪到这里流入白镐河。

我们沿着白镐河走过几里路，到了白镐河与高基河汇合处的板八村。板八村在两河交汇的那边岸上，这小小板八村，人杰地灵，后来的后来，出了父子两届副县长。

从板八村口再沿高基河往上游走，又是几里路，到了桐叶村，这便是当时的桐叶公社所在地。

桐叶公社所在地其实也就是一大片木楼瓦房的村子。公社设在过去一家地主的大房子里。桐叶村依山傍水，村子前面是一片很宽阔的沙坪。小河对岸是桐叶小学。

今天，庆典会场就设在沙坪上。

会场正中搭起了一座木板台子，上面横幅写着：桐叶公社庆祝建国十周年大会。两边是一副歌颂"大跃进"的对联，会场上的人越来越多，很是热闹，我们也夹在人群堆中。

庆祝大会开始，鸣炮，领导讲话，结束。会议主持人宣布晚上公映电影《国庆十点钟》。

散会后，我随着荣生到他的一位远房姑婆家吃晚饭，当然，我是怯生生的，什么话也不敢说。晚饭后，我们随着潮水般的人流，去到沙坪上看电影。

1959年国庆，在这样的一个偏僻的山村，庆祝活动就是一个庆祝大会和一场电影，参加庆典的人们都是从各生产队走路来的，虽然简朴，却很有意义。

2

6月1日，国际儿童节。

板坡小学全校师生都穿上节日的盛装，在学校操场集中排队。校长讲话了："今天是六一儿童节，根据学区的统一布置，全学区各学校的师生全部集中到学区的和平中心小学校，在和平中心校开展六一儿童节活动。"校长宣布后，少先队大队长章杨升站在队列前发口令："全体，向右转，按年级按班级顺序跟进，向和平中心校出发。"少先队的队鼓响起来了，锣鼓声震动人心。走在最前面的是少先队大队的队旗。

从板坡小学出发走了两个钟头，到了和平街，和平街俗称牙洞街。牙洞街的两边是高山，街头街尾都有一座石山，白镐河沿街边流下。民间传说过去江源村的人与牙洞街的人斗嘴，牙洞街的人说："你们江源是山冲冲，哪比得上我们牙洞街。"江源人不服，编山歌骂牙洞街的人："你的嘴巴是个腮，牙洞也讲是条街，两边都是岩岜岜，问你通船把哪来？"骂得牙洞街的人哑口无言。

这意思就是说，牙洞街很小。

虽然牙洞街很小，但在白镐河一带，也只有这里成集成街，有几家商店，还有裁缝店，麻雀虽小，五脏俱全，于是便成为白镐河一带的政治、商业、文化的中心。和平中心校就建在牙洞街头。

我第一次到和平高小，刚进校园，觉得这里是白镐河最高学府，多么神圣，我心中涌起一股敬意。

六一儿童节的节目很多，先是庆祝大会，还有新少先队员入队仪式，大会之后，有篮球、乒乓球等各种体育比赛，还有猜谜游园活动。

不久，板坡小学撤销高年级班级，也就是不设五年级和六年级，

五、六年级学生划归到和平中心校读书。我和我的同班同学，从1959年的9月1日起，离开了板坡小学，并入和平中心校去读五年级。

板坡村的小学生去和平中心校，因为太远，年纪又小，走读不方便，学校要求统一去和平小学住校了。我们几个同班同学同住在一个学生宿舍里。

和平中心校校园呈长方形，校门朝街头。进了校门，便是教师宿舍楼，再走过去便是学校办公室。中间是一个大操场，大操场的边沿靠农田那一边是一排长长的泥墙房的教室。从一年级到六年级一字排过去，教室隔着大操场的对面，是一排学生宿舍，木板房。宿舍前头是师生合用的食堂。宿舍的另一头再过去一点便是厕所。厕所是木结构，粪坑在土坎的下面，坎面即平着厕所木板楼，厕所分为两端，男厕女厕各在一端。

住校要花钱，每个星期要几角钱，有些家长实在没有钱，第二学期便有几个学生不来住校了，住校人少了，学校不便管理，于是取消学生住校，改为走读。

我们板坡村的几个学生开始走读。

我与同村的贤春、家升、斌烈、梁韬，还有板廖村的凡信、寨脉村的启林，一共七个人去和平走读，而且是同班。

刚开始，家里还给我们5分钱在牙洞街上吃碗粉当午饭。因为困难，后来只好早上从家里带中午饭到学校。

我带的中午饭是一个精致的楠竹筒装的，里面分两层，上层装菜，下层装饭。早饭时，母亲便把我的中午饭装在竹筒里，我一边背着书包，一边背着饭筒，去和平中心校读书，中午上完课了，几个人在教室里吃午饭。

从板坡村去和平街，要过东岭村、靖州村、新寨村。从新寨村上去有一个地方名叫兰桥冲，有一条小溪水，溪上建了一座桥，叫兰桥，是木质盖瓦结构，桥面是木板，两边有坐凳，相当于一个凉亭，也就是桂北流行的风雨桥。

从板坡村到和平街约15里路，这兰桥是从板坡村到和平街的中点，从兰桥上去，过板六村、寨方村，便到和平街了。走到了兰桥也就走过了一半路。我们七位走读生，随着时间的推移也进步了，我们商议：中午饭不带到学校，我们在兰桥吃掉，大家同意了。

我们从家里到兰桥也就九点多钟吧，也算小中午了，我们便在兰桥上把各自的中午饭吃掉，然后把饭筒收藏在兰桥头的一条小水沟里，并且用草盖上。中午在学校不吃午饭，我们用打乒乓球来消磨时间。晚上放学回家，走回到兰桥，又把那饭筒拿起来，背回家。

天天如此。

几十年过去了，那兰桥已拆掉了，是前些年修公路拆的。桥已不见，那收藏饭筒的小水沟也填平为公路了。但我每年回家，小车路过兰桥时，儿时的情景又浮现出来，令人回味无穷，无限感慨。

1961年，我小学毕业，小学毕业证是一张粗糙的纸。

小学升初中考过了，又是学校鉴定，又是政审，我考上了斗江初中。

中学录取通知书仍是一张粗糙的纸。但就凭这张粗糙的纸，我一步一步地走进文化的殿堂，接受一层比一层更高更深的教育，一步一步走向人生的高峰。

3

斗江初中当时按全县排名为三江四中。当时全县只有四所中学，县城的叫三江一中，八江公社的八江初中称三江二中，良口公社的良口初中称三江三中。

1961年9月开学那天，因为年纪小，挑不了行李，母亲挑上行李送我去上学。上学的行李是头一天就准备好了的：一只大木箱，一床棉被，一顶蚊帐，一张席子，以及换洗的衣服等，收拾成一担。

清早，母亲带着我下斗江街。那时就是一条马路，没有车，我和母亲一前一后朝学校走去。

当时从斗江街过学校没有桥，要在斗江街尾过船渡。斗江初中设在斗江街河对面的营盘坡上。学校前面是一片水田，后面是一座大山，学校在一个土坡上。早年，清兵在那里驻扎，把坡铲平，扎了营房，坡上四周还依稀可见营垒的断垣残壁，那土墙原来很厚很高，于今已面目全非，只剩下些土坎泥埂罢了。

母亲送我到学校后，便回家了，我开始了独立的中学生活。

学校，从斗江街过河后要经过田塅中一段黄泥土路，然后爬小坡，那小坡修了泥土台阶，一级一级往上走，走到坡顶，迎面是校门，接着便是一个大操场。操场左边是教室，一排一层砖房结构。教室过去是男生宿舍，也是一排一层砖房结构。操场后面是教师宿舍，一溜儿砖房，分隔成独门独窗的单间。操场右边是女生宿舍，一层砖房结构。学校食堂厨房建在大操场往下低一个层次的地方，是木楼。

我在初五班。前面有初一到初四班。我们村上的覃启能在初四班，高我一个年级；还有韦孝昌、高基的曾秉扬的老弟曾秉荣也都在初四班；高基还有一个叫曹富聪，也在初四班，算是大哥。

安顿下来之后，第三天，星期六，我去斗江街买洗脸盆。1961年正值三年困难时期，日用工业品少得可怜。在斗江街上，买一个洗脸盆要12元。我还在斗江街上吃了一碗米粉，肉粉是5分钱一碗，素粉是3分钱一碗。

我的班主任是韦德柱老师，教数学。当时学校有一位年轻教师叫荣成方，刚从师范院校毕业，朝气蓬勃。我记忆最深的是他把当时最时髦的广西本土壮族元素的歌曲，抄在一张纸上，摆在他宿舍里，天天练唱，也拿来教我们唱："尼罗尼罗，桂花开咧贵人来，贵人来咧幸福来，尼罗、尼罗。"这是歌颂毛主席1958年到广西，在南宁召开南宁会议，在南宁人民公园雨中接见广西人民的情景。"尼罗、尼罗"，壮话就是"好啊、好啊"的意思。

几十年过去了，荣成方老师这首"尼罗、尼罗"的歌曲仍回响在我耳边。而荣成方老师早已不在人世。他后来从斗江初中调到三江县中，后来又到县教育局教研室分管教学仪器，再后来是调到柳州地区教育局教研室，分管全地区的教学仪器，最后因病在柳州去世。斯人已逝，但他二十多岁风华正茂之时，在斗江中学教唱的"尼罗、尼罗"的歌声仍回荡在我的心中。

4

　　1961年正值三年困难时期，父母亲的红薯、芋头、竹筷条、家织布情深似海。

　　我们吃得很苦也吃不饱，妈妈到河边、到山沟，开荒种红薯、种芋头、种芭蕉芋。妈妈常把红薯、芋头、芭蕉芋煮熟了，用一个小竹篓装着，专门送到斗江送到学校给我。每次在学校见到妈妈专程从家走45里路赶到斗江送来的红薯、芋头、芭蕉芋，我感动不已。我把这些东西锁在我那个木箱里，我的衣服不值钱，在那饥饿的年代，那红薯芋头才弥足珍贵。几十年过去了，我在斗江读初中的往事，母亲在饥饿中送来的红薯、芋头、芭蕉芋，我记在心中，可以说是终生难忘这种母爱。

　　那是最艰难的岁月，家里没有钱供我读书。但父母又一定要供我读书，三四个村子拢共只有两三个中学生，所以，父母不得不拼力供我。父亲要正常出工做生产队的活路，收工后，晚上就加班削竹筷条。父亲先用手锯把楠竹锯成筷子长度的一节节，然后用柴刀剖开，竹筷条形状是上方下圆，开始，父亲用刀削那圆形，很慢，后来他用一把旧柴刀，在刀口上凿成一个半圆形的刮口，把柴刀安装在一个木凳上，削筷条下半段圆柱形时，就将竹筷坯子用手压着拉过来，反复几次就成圆了；同时，他也用那柴刀利口平板部分来过细筷条上段的四方形剖面。一桌筷子是8双共16支，一桌筷子16支收购价是5分钱。10桌筷子5角钱，100桌筷子是5块钱，而100桌的筷子已经是一大挑了。竹筷收购站在桐叶公社供销社，通常是父亲自己拿去卖。有一次过什么节，学校放假，我回家了，那天我便与丽云姑、美秀大姐、丽琼姑几个人去桐叶出卖筷条，回来时过白言村已经天黑了，过向家坳时，大家很怕，于是就故意大声说话，几个人乱说一通才过完那一段路，我也因此感觉到父亲卖筷子的艰辛。

　　母亲除了开荒种红薯、芋头、芭蕉芋补充全家吃食以外，还种了几片辣椒地。种辣椒为的是出卖辣椒种，当时板榄街收购辣椒种，一市斤12块钱，但辣椒种很细很轻，要一担箩筐的辣椒才掏得出一市斤辣椒种子。一担箩筐的辣椒那是多少哇！而且还要走一天路拿到板榄街去卖，我的天！

父母这样的艰辛，都是为供我上学。

读了一年，放暑假了，学校留几位学生守校，我也留下了，还有罗同学、韦同学。留校主要任务是守校，白天夜晚轮流值班，每班二至四人。夜深了，月亮高高挂在天空，四周一片宁静，偶尔从斗江村传来几声狗叫。我和罗同学去巡逻，学校没有围墙，黑夜里走在那寂静得可怕的校园，我心里忐忑不安，怕。学校周围还有勤工俭学种的玉米地，那玉米叶沙沙作响，吓得人心里发怵。

整个国家的经济不景气，经济的不景气直接影响到社会的教育，加上其他种种原因，斗江初中撤销了，我们只读了初中一年级，二年级刚开学，便全校撤到县城去，并入三江县中。并校后，斗江初中全部教师也转入三江一中，当然有些也调到其他学校，斗江初中的杨校长到三江县中后便改任副校长。

1962年9月，斗江初中即三江四中整建制地并入了三江县中，我也随着学校的合并转到三江中学读初中二年级。

家里弟妹多，更困难了。母亲种棉花织布给我做衣服，那种土布叫家织布，是手工织的，不像机织那样紧密，所以穿不久便稀松了。再则白棉花纺线织出来是白色的布，还要用自己种植的蓝靛草染成黑色，但人工染色的家织布穿不久洗了几次也容易褪色，特别是刚穿第一次第二次洗衣服时，洗脱出来的全是黑色，很容易掉色，洗衣服还必须单独洗，否则其他衣服也被染黑了。我穿着母亲织的家织布做成的裤子和衣服去县城读书。裤子屁股和膝盖烂了补了一块补丁在外面。有一次我穿着有补丁的裤子回家，恰好我祖母在家门口站着，看见我从县城方向的马路穿着补丁裤子回来，刚到门口，她便一把拉住我，抱住我的头，哭了，连声说："可怜孙仔，可怜孙仔，穿补丁衣裳从县城读书回来。"祖母感慨万千，唏嘘不已。此事已过去几十年，但那情景仍然烙印在我头脑中，时而像电影镜头一样浮现在我眼前。

那困苦年代，那求学的艰辛历历在目。

我并入三江中学读初中二年级，当时不知是何原因，或许是家里太困难，开学不到几个星期我便休学了，我打了休学报告，班主任劝了，劝不住便批了，我拿到学校教导处那里，三江县中教导主任是杨钦明，他也劝了，但最后还是批了，还告诉我说，一年后可以凭休学证再到学校来复学。

于是我休学回家了。

5

大约是1962年10月，我休学回到了老家。

秋冬季节，田地里的农活基本做完了：稻谷收割了，各种农作物也收获了。三年经济困难的阴影逐渐消去，白镐河两岸以及我们村稻谷丰收，山地农作物也收获不小，吃饭问题基本解决，加上家乡原来农业林业基础比较好，在我们那个小小的地方，农村经济很快复活了。生产队过去从农户名下收归生产队的杉木很多很多，杉木长大成材了，于是寨脉村、板坡村很多农户都打报告给大队和生产队，申请砍杉木做新房子。寨脉村总共有20多户，都得到批准砍杉木做房子，我们板坡村也有很多户获得批准。我家和祖父、叔叔家都积极筹备建新房子。

这年冬天的一天，我家的新建木楼房子择日择时竖柱子了。

这天清早三点钟，按旧历法称寅时，我们全家人早早就起床赶去新房子新地址开展工作。新建房子在寨脉村拉敢村，拉敢是地名，在寨脉村的右边，与之相对的左边是九盘村。九盘村曾经是一个繁荣的村屯，后来不知何故衰落了。

我们从田塅中十字路下的老祖屋搬去拉敢村。

这里原是一片稻田，现在我们在这里建新房。工地上燃起了篝火，几堆篝火把屋场照得通亮。村上帮忙的人陆续来到，全村凡是各家建房竖柱，每家的男劳力都必须来，这是规矩。地理先生也来了，我父亲请的地理先生是寨六村的韦寿梅先生，他背着一个大罗盘。木匠师傅头目也来了，他是侗族那边的八江公社王朝村的人，整个木工工程队共40多人都是他们村上的，侗族擅长木工，出了很多能工巧匠。

竖房子的工地，早在前两天，在村上兄弟帮忙下，已用楠竹搭成了两排扇形排架，楠竹整根高高地竖在那里，若干根竖的加上若干根横的，用竹篾捆扎好，斜躺在两边。木楼房子一般是三间四排房柱，每排七柱。前两天，已经将柱子整好斜靠在两边的架子上，今早将把整座房子搭成框架。村上的叔叔伯伯们各自忙碌着，有人将山藤套在10米高的柱顶上，有人在整排柱子离地不高处用竹篾捆扎一根横楠竹待用。

吉时到了。木工师傅头目用斧头背敲了敲一根中柱，那斧头今天已扎上一条红绸布，喊道："嗨嗨嗨，竖起房子啦!"寨上叔伯兄弟们齐声和道："好!""开工了。"我手中拿着鞭炮点响了，噼里啪啦，热闹非凡。

在鞭炮声和人们的呐喊喝彩声中，一排大柱子共七根慢慢地竖起来了，村上人拉着那几条山藤，轻松地将一排柱子竖了起来。接着十多位叔伯们用肩膀扛起那横扎的楠竹，把整排房柱扛起来，往中间指定地点挪。

同样的方法，竖起其他三排。

当四排都竖起来了，天已亮了，场地上一片欢呼声。

吃过早饭，便弄房子的"过堂方"，所谓过堂方就是每层楼房的连接方条，这样的过堂方每层一根柱子有一根，每座房子都有三至四层。过堂方需用木槌来锤进两边木柱，每层每柱站一个人，一排房柱站了十几个人，为了统一行动打木槌，大家喊着："嗨，呀，进。""嗨，呀，进。"那劳动号子像音乐一样美妙。一间房子的两排木柱在过堂方的牵连下，稳固地竖在那里。

同样的方法，连好其他两排。

下午，我的新家新房子，框架式的木楼便搭成了。

接下来是地理先生定房屋的朝向，地理先生他有整套的说法：新屋的屋背是从田边大界下来的一条龙脉，整个寨脉也是这条龙脉；新屋的左边是滔滔的白镐河之水，日夜不停地流进意味着水带金钱来；新屋的右边也是田边大界下来的一条龙脉，叫金凤朝阳，凤头就是拉谢那个石头山嘴，这样的风水是最好最好的了。而旧屋场在马路边十字路底，是一块莲藕叶子，莲藕叶子可积水，但蓄量不大，水多了就会泼出去，而且已经住了几十年，气数已过，所以要搬迁。

此时，地理先生在我家新屋的正中架着罗盘，上面一根红绳，从屋门口拉到屋背，并通过罗盘的指南针来定方向，地理先生有他的说法，当时我很小还不懂这些，只是看人们把整个框架式房屋抬起来，按照地理先生的指点摆放停当。

这一切都弄好了，又放鞭炮。

下一个程序是上梁。

上梁是建新房最热闹的场面，全村老少都来观看，木工师傅头目，手拿一只公鸡，一把利剑，口中念念有词，他在请鲁班师父，请各路神仙。那屋梁是一根特殊的杉木，必须是一株双生树叫作两胞胎的树才能用，染成大红色，梁正中用一块大红布包着铜钱和糯米谷穗。此时，两端各一人抬上去，一层一层地抬上去，每上一层都要听木工师傅的口令。

"上梁、上梁，万物开张。"

"上一步，大发大富。"这是将屋梁抬上第二层。

"上两步，金钱满屋。"这是抬上第三层。

"上三步，三星高照。"这是抬上第四层。

"上五步，五子登科。"这是抬上第六层。

"上六步，六福齐天。"这时已经到屋顶了，到位了。

众人们在下面齐声呼喊："好呀！""好！"

屋梁上到最顶上面，架在两边屋柱顶端上。木工师傅也随着同上，此时，木工师傅赤脚踩在屋梁上面，从屋梁的这一端走到另一端，这叫踩梁，一边走一边念念有词："走一步，大发大富。""走三步，三星高照。""走五步，五子登科。"众人在下高声附和："好呀！""好呀！"

踩梁之后，最后一个仪式是：木工师傅从屋梁上撒下大把大把的铜钱和粑粑。抓一把撒下来，满地的钱币和糯米粑粑，寨里观看的男女老少都可以捡，大家捡、抢，欢声笑语，荡漾在整个新屋。

这种仪式就是图个吉利吧。

这样干了一天，我们的新房终于"大厦落成"。

此时我站在新房门口，落日余晖，照耀着全寨，放眼望去，全寨有20多家都在这个冬天建成了新房子，木工的棚子还搭在田里，从寨头数来，覃启建家、覃启和家、覃启之家、覃启昆家、覃启全家、覃启升家、覃裕学家……一二十家新房子的框架先后都建起来了。对边寨还有梁国忠家、韦顺超家也都在此时先后建了起来。

1962年冬天，那是全寨大建新房的年头，一个寨子同时建了很多新房。

木工班子是八江公社王朝村的，来了几十个木工。侗族擅长木工，他们的鼓楼、风雨桥、木楼全是自己设计、自己施工、自己修建的。侗族木工师傅修建木楼房子没有设计图纸，只要主人家把新房的深度、高度大体上定下来，木工师傅便在心中有了全盘的框架，该有多少根柱子、多少根穿方、多少根过堂方，以及整个房屋的尺寸长短宽窄，木工师傅都标刻在一块长长的楠竹片上，这半边楠竹片上的尺寸，就是整个房子的几十根柱子和几十根穿方、几十根过堂方的尺码。按照这个尺码，一根一根、一件一件先在工棚里制作完毕，并由木工师傅写上标志，竖新房时，木工师傅指点着，哪一根在什么地方，照他的指令施工，居然几十根柱子、几十根方条无一差错，全部准确地安装完毕，真是巧夺天工，令人叹服。

多少年来，不断地传颂着侗族木工的巧夺天工，最辉煌的作品就是三江林溪程阳风雨桥。郭沫若先生凭着程阳桥的照片为之题了一首诗：

艳说林溪风雨桥，桥长廿丈四寻高。
重瓴联阁怡神巧，列砥横流入望遥。
竹木一身坚胜铁，茶林万载苗新苗。

何时得上三江道，学把犁锄事体劳。

这个八江王朝的木工班子仅是侗族工匠的缩影罢了。

就在那几天，我祖父覃贵林和三个叔父的房子也同时建了起来，就在我们家新房的前面，仅隔三尺而已。

木楼房子的特点是最先建成框架，我家新房也是这样。

第二天，钉瓦角，也是全村人来帮工，将屋面上的瓦角全部钉好。

第三天，是拆旧屋的瓦，搬过去，人力挑的。

第四天，是挑瓦、上瓦。我们家也与村上人一样烧制了新瓦，新瓦不足，以旧瓦补充，瓦是人梯传递到屋面上的，整整干了一天，才把瓦传到屋面。

第五天，新屋盖瓦了，也是全村劳动力来帮工，这是规矩，一家一至两人，其实是互相换工而已，你帮我我帮你。这又是一天，整个房屋都盖上了瓦。

到此时，整座房屋才算完工了。

凡是房屋盖完瓦的当天，当晚便是聚会酒席，一般都是几十桌，我家也不例外，当晚摆了三十多席酒，宴请村上兄弟和亲戚。村上的人和亲戚来贺屋，礼品是封包、镜屏、糯米和糯米粑等。

也就是在这一天，我们也算进新屋了，虽然还没有搬进去住，但进新屋的仪式今天是完成了。

此后几天，我们全家都忙着搬家具东西，一天数十趟。按规矩，搬东西时村上人是不来帮忙的，全是自家做的。

我当时年纪不大但也懂事，一个人竟然扛起一根圆形杉木，很重，慢慢地慢慢地扛到了新屋。

从旧房屋拆来板子以及木皮，迅速将新屋围成一个方框，分成几个房，全家便在新房住下了，然后再来慢慢打理完善。

当年，新房子的地址是兑换得来的。我父亲与寨脉村的兄弟商量，以田换田，即旧屋场搬走后要开成水田交给寨脉村耕种，寨脉村则让出拉敢村的水田给我们建房子。

新屋建成后，我父亲与祖父叔叔们都搬进新房。之后，我们便回头将旧屋场开成水田。我天天参加劳动，叔父们说："大家要留点心眼，开挖屋场整田时看看地下是否有上辈人用瓦罐装银圆金条收在地下。"我当时听了这话，于是总希望能挖出一坛金子来。

那个年代，为了建房子，我父亲付出了全部身心，而我也学着、跟着或被拉扯着做了很多我还力不能及的事。

我们新家是七根柱子，在后面还要加泥墙房。父亲决定加三米左右，用泥土垒成墙。当时，全村人都在建新房，各顾各的，根本没有空闲人手，只能自己做。一副泥墙夹板很重，父亲一个人垒墙，我挑泥巴，墙越上越高了，我挑着一担泥，走在那单薄的墙上心很慌，眼睛不敢望地下，毕竟自己还是一个小孩子啊。直到今天，那老屋还在，那泥墙经过几十年风雨，不行了，我和弟弟于前些年将其改建为木质柱子的房子，那泥墙只是依稀可见其墙基。

盖房的当年，瓦不够，临时用竹瓦代替，我和父亲专门去山上砍楠竹做成竹瓦，一捆捆扛回来，盖上。后来，又过了几年，才换上烧制的泥瓦片。

建新房，最辛苦的是锯板子，特别是松树板。杉木没有那么多，生产队只允许砍松树来锯板。但松树材质坚硬，锯板子是最辛苦的，我们在家里设了锯马，父亲拖着我和他锯板子，我人小，拉锯很吃力，半天下来，手臂都酸了，但我不做，没有人帮父亲，只好忍耐做下去，那新房子有一半以上的木板是我与父亲自己动手锯出来的。

我还学做木工。一些普通的板子屏风是我亲手制作的。我还自己研究制作木楼梯。我老屋那架木楼梯就是我自己设计自己动手制造的，可以说那些年我是半个木工师傅。

新房建成了。我还特地在左排靠后围了一个小房间，2米宽，5米长，约10平方米，是我的卧室也是我的小书房，这个书房至今还保留着，木板屏风上还挂着一些字画条幅。

几十年过去了，老家的老祖屋已不见踪影，映入眼帘的，只是一片稻田，禾青稻黄、春种秋收。然而，记忆里，我们知道，那里曾是祖父覃贵林的房屋和油榨以及父亲的老屋。

    1962年大搬迁后，我们住进拉敢村新建的房子，那房子有一半是我亲手建造的，而今也已经几十年了，每次回到老家，看到这些，万分感慨，往事历历在目。

第四章

1

1963年9月，休学回家一年之后，我又重返校园。

开学了，我回到三江一中，拿休学证明到教导处办了复学手续，编入了初39班，读初中二年级第三册。同年级还有初40班，但开学不久，也许两个班人数都太少，很多学生因困难辍学，于是学校把39班和40班合并为39·40班，合并后的学生总数也仅50多人。

我重返校园，在39·40班开始了新的学习生活。

我复学了，从我的老家到县城有65里路。我从老家沿白镐河往县城走，全是小路，过白口村、白言村、扶平村、牙林村、斗江街。从斗江街过去是沙石公路，直到县城古宜街。每次走那段路，我都花上差不多一天，全是用自己双脚一步步走过来的。几十年过去了，现在公路修到家门口，我来回都是小车伺候，每每路过那老地方，万分感慨。

这是桂北偏僻的小县，全县人口一半以上是侗族，还有一半是壮族和六甲人。

明清时期，这个县城不在古宜，而在融江河上的丹洲。过去从融州即今融安、融水县进三江县只有水路，上来第一站便是丹洲。丹洲古城现在还保留明清时期的县衙古建筑和石板铺成的街道和码头。那时不叫三江县而叫怀远县。

清末民初，开修了马路，县治搬上古宜镇。古宜原名古泥，后来才改为古宜。

县城在浔江边，依山而建，房屋街道一层层往山坡上建，平的地方不多，街道不宽，当时的县城大街上是走不了汽车的，大街两端也没有与公路相连。县城只有两条街：中长街、长西街。还有几条巷子：蚂蝗冲巷、戏园巷。旧县衙建在长西街背的小坡上，县衙前是一个大码头石阶，解放后旧县衙改为县公安政法大院和看守所。

新政权的县委和县政府建在更高的山坡上，原来是几个独立的山坡顶，县委一个坡，县政府一个坡，县大礼堂招待所一个坡，县武装部一个坡，几个山头之间有高高的木板桥。后来，这几个坡之间的深沟全被填平，桥没了踪影。现在人们见到的似乎是一个三级梯地，第一级就是中长街、长西街，第二级是公安局、粮食局、广场，第三级是县委、县政府、大礼堂和武装部。现在仍然保持着三级的区分，但早已面目全非。县城虽小却美丽，依山傍水，清风扑面，绿树掩映。

最繁华的当数中长街与长西街相交的十字街。说是十字街，其实只是丁字街口，20世纪50—80年代，这里是全县城的中心，这里有百货公司、糖烟酒公司、新华书店、农资公司、五金交化公司。十字街边是百货公司门市部的门口大台阶，高出一个人，那是人们演讲的天然舞台。在这个小小的十字街上，几十年间上演了多少悲欢离合的故事。

整个县城占了半边山坡。浔江河从这半边山坡也就是从县城古宜镇脚下流过。人们步行或坐汽车进县城，首先要过浔江河上的古宜渡口。这是一个汽车渡口和人工船渡口。浔江河面在这里开阔平静，进县城，先过渡船，上了岸就是县城中长街头。中长街沿浔江河水面伸展下去，到街尾与大寨村来的一条小溪相会，小溪上有一座桥叫二圣桥，桥边有座二圣庙。二圣庙前又是一个人工渡口，这是进县城的第二个渡口。

二圣桥、二圣庙以及这个渡口有一个传说：很久很久以前，这里有渔家两兄弟，有一天救出了一位失足落水的风水先生，这位风水先生是因为追寻这里的一处风水宝地而失足。风水先生感激这两位纯朴的兄弟，于是指点说：这渡口水里是一对鲶鱼风水地，以后老人过世可埋进此水中。这两兄弟依照风水先生所指点，在其母亲过世后便将遗骸深埋此水中。后来，这两兄弟从军了，在军中累建战功成了将军战死沙场。人们为了纪念这两兄弟，便在这里建了这座二圣桥和二圣庙。故事虽然是传说，但二圣桥和二圣庙却是真实存在着的。

沿着二圣桥走下去是中山亭。中山亭建在山顶上，这小小石头山形似一只鲶鱼头，与对岸另一个形似鲶鱼头的山嘴相呼应。

这就是桂北山区的一个小山城——古宜。

外地人初到这桂北小县很难知道这个县的最高学府在什么地方，我第一次到县城读书亦是如此。

县城的中长街的街尾连着二圣桥，沿着山边一条山路走下去是中山亭，从中山亭走下坡脚，再沿山坡边的路往前几十米是森工局的木材流送站，流送站的工人宿舍建在半坡上，河边是一排排木桩，木桩拴着一排排杉木排，所谓流送就是将森工局收购的杉木扎成排送去柳州。

过了流送站前行几十米是酒厂，一个古老的酒厂。当时这个三江酒厂只有几栋平房，几间简易棚子，一个大灶煮酒饭，一个大灶熬酒，还有几十个缸子。酿酒后排放出来的酒糟任由附近群众挑回去喂猪。没走到酒厂老远就闻到了扑鼻的酒香。谁也想不到，就是这样一个简陋的手工作坊式酒厂，后来居然成为广西酿酒工业的明星、新星。

从酒厂往下走是造船厂。这是一个手工造小木船的厂子。这种木船用木板钉成，打上几道桐油，供渔民用于水上生活。几个露天架子，以及用木条扎成的船只下水的通道，这就是全厂设施。

过了造船厂，再走几十米，是过河码头，没有桥，只有船渡，对岸便是一个名叫大洲的小岛。三江中学便是在这大洲小岛上。

这个大洲小岛是怎么形成的？

前面说过，浔江从县城流到这里一分为二：一支流经西游村绕过去，一支流经滩头村绕过去。两条支流在三角渡村那里又汇合成一条河，这怀抱的中间便形成大洲小岛。

大洲小岛直径有几公里，洲上有山有水有田有地有村庄，但孤岛一座，四周绕着浔江。

就在大洲小岛靠县城这边形成一块不算小的坪地，民国年间，县官选中了这块绿树葱茏的坪地，建起了三江第一所国立中学，新中国成立后，便称为三江县中。

三江中学在这大洲小岛上，要去三江中学必须过渡。

过了渡，沿小土路而上，映入人们眼帘的首先是一栋旧的二层大楼，这就是最早的学校大礼堂，大礼堂在这所学校建校之初就修建了。

从大礼堂往里走，是一个大操场，完全可以容纳得下3000名学生排队做操。

大操场是学校的中心。大操场的左边是一排长长的一层砖瓦结构的教室，我的39·40班就在第三间；大操场的右边是学生食堂；大操场的后面靠小山脚是一排六七栋的木质结构的学生宿舍；大操场的前面靠左边是三栋教师单身宿舍。教师宿舍不带厨房卫生间，纯单间。

校园后面是一个小土坡，一个大码头建在坡中间，几十级台阶直上坡顶，坡上是一排长长的宿舍，横建在山坡上。

宿舍楼的后面便是一片土坡，有菜地、有树木。一直往山坡顶上走去，便是大洲小岛的最高处。

站在大洲小岛的最高处极目四周，眼下便是大洲全貌，田园山水尽收眼底。

全新的学习生活开始了。

我一个土生土长的农村孩子，要适应正规学校的学生集体生活，有一个被感化同化的过程，这就是文化的陶冶。

清晨，学校敲响了起床的钟声。急急忙忙地拿手巾到河边洗把脸，回来就要出操了。为了赶时间，我总是晚上自修后拿着提桶到河边提水回来放在宿舍里，第二天早上起来洗脸用。

大操场的正前面有个土台子，台子上有根旗杆，大礼堂那里有一个广播台装有大喇叭，起床钟声过后，大喇叭便不停地播放着激昂的歌曲，"我们走在大路上"，"五星红旗迎风飘扬"，等等，整个校园充满了朝气。

歌声停了，钟声响了，集合做早操了。

排队、报数、散开，学生会体育委员站在大台子上领操，广播操的曲子响起来了，千人的早操开始了，动作整齐划一。广播操乐曲抑扬顿挫，节奏均匀，时有清晨的薄雾罩在操场上空，令人心旷神怡。

早操后，早餐、早读、上课。午餐、午休，下午又是上课。晚饭后，我们带着衣物，到河边去洗澡洗衣。回到宿舍时夜幕降临。这时，校园响起了上自修的钟声，我们快步走进教室上晚自修。

学校的灯光亮起来了，各个教室都有电灯，尽管是昏黄的电灯灯光，但当时全县各乡村都还没有电灯，而县城和学校首先用上了电灯，我们很知足了。电从何而来？电站就在大洲下面的滩头村，那里的大洲电站是三江第一座水力发电站，建于1958年。

尽管是昏黄的灯光，但已经改变了我在农村晚上用油灯的生活。

夜幕降临，灯光透过窗户，透过夜雾，弥漫在整个校园里。在大操场的正前面，从学生食堂到厕所，是一条两边都种有高大的鸡爪梨树的林荫道，高大的鸡爪梨树与穿透夜幕的光束，相互映衬，托出了整个宁静的校园。

上自修两节课，全校千百号人，居然悄然无声。

美丽的校园，美丽的校园灯光。

我的性情在三江中学这所知识的大熔炉里得到了陶冶，逐步摆脱农村野孩子习气，一步步走进知识殿堂。

初中的功课不算太紧张，语文、英语、政治、代数、几何、物理、化学，此外就是图音体。我的成绩是好的，全班排名靠前，当然也不算最好。课余时间很多，我迷上了小说。

学校的图书馆，开始是在旧大楼楼上，后来，也就是1963年，新教学大楼建成，就搬到新楼了，图书丰富。《苦菜花》《平原游击队》《平原枪声》《林海雪原》《红岩》《烈火金刚》《钢铁是怎样炼成的》《雷锋的故事》《青春之歌》等，当时风靡全国的长篇小说，我全看了。

学校推荐的《青春之歌》读了又读，借了又借，读了几遍，重要情节几乎全背了下来。

一部三四十万字的小说，我一般两至三天看完一本，当然全是课外看的，午休、下午自习课、晚饭后、自修后、周六、周日，一周看两至三本小说很正常。

我用借书证，几天又去还书借书，图书馆成了我第二教室。以至于几十年后的今天，我对这些长篇小说还能简叙其人物与故事情节。

2

1963年冬天的一个夜晚，校园沉浸在朦胧的梦中。深夜两点多钟，突然学校的钟声"当当当"响了起来，敲得很急，接着又是老师的哨声，吹遍校园。在这寒冷的冬夜，发生了什么事？为什么敲钟？为什么吹哨？接着是老师大声高呼：全校集合，全校集合！

我和同学们都从梦中惊醒了，急忙穿衣跑到操场，人还没到齐，老师就在小台子上宣布："火烧古宜街了，各班学生自带水桶脸盆去古宜救火。"

接着学生们又慌乱地回到宿舍拿东西，再跑回操场，根本来不及等人员到齐就出发了。老师和学校领导走在最前面，过渡，迅速过渡，过渡后师生跑步前进，在路上已经看到县城方向不同寻常的光亮。

我随着人流跑步，上了中山亭，前面已看见火光，古宜街上空一片光亮，大火，浓烟，还有噼噼啪啪的火爆声。古宜街着火了，半个古宜街全部笼罩在火光和浓烟之中，火势大得不得了。

县城只有几条街，最长的中长街，从车渡码头一直沿河边山边伸延到二圣桥，全是清一色的木楼瓦房，倚山靠河而建。没有砖房，只是在电影院码头和新华书店才有几栋砖瓦平房。木板房着了火，那火势不得了。

全县城乱了套，街上全是救火的人，那时没有消防车和消防水枪，全凭人工用脸盆和提桶从河里提水上来灭火。

我和我们班级加入到了排队提水的队伍中，其实不是提水，是传水，人墙队伍从街面火场一直排到下面河边，好几十道人墙这样提水传水，人们从上接过空桶传下去，从下接过水桶送上来，一个小小的提桶的水，倒进木板房那熊熊燃烧的大火中，正所谓杯水车薪，那情景无法形容。

街道居民大多忙于搬自己的东西，往安全的地方搬，被子、家什、日用、值钱的不值钱的，能搬多少是多少。

有个中年妇女一边搬东西一边嘶喊："快拿箩筐来救火啊，快拿箩筐来救火啊。"拿箩筐来怎么救火？拿箩筐来是帮搬东西的，居民已经慌乱到语无伦次了。

不知道是谁的命令，在电影院码头拆掉几间房子，做成隔火带，阻拦大火往这段烧过来。这里有个码头，又有几间砖房，于是，人们很快把隔壁那几间木房拆掉，火到这里走不过去了。

天渐渐亮了，火渐渐小了，火渐渐灭了，我看清了全景，那才叫惨，惨状目不忍睹。

在车渡码头，大火已烧光码头边最末尾的一家，也就是说从车渡码头直到电影院码头这长约二里的路段，在火光掠过之后变为一片废墟。中长街只剩下从电影院码头到二圣桥的这一段，也就是说中长街烧掉了一半。被烧光的街道，全是碎瓦，余火余烟，地都是烫的。被烧掉房子的居民还在自家房屋的废墟上寻找什么，希望能找到一点过了火还存在的东西——也许有些人家的金银铜铁烧不烂，他们还在寻找。

中长街没烧着的这段以及电影院码头和大广场全堆满了居民从自家屋里抢救出来的东西，脏，乱，一片狼藉。也有人在守护自己那点劫后余生留下来的东西。救火的人们还在做最后的工作，检查是否还有死灰复燃的可能。扑灭余火的，搬东西的，找东西的，乱成一团。人们的脸上身上全是灰。我的脸大概也是灰黑的，擦一下也就算了。被火灾烧毁房屋的居民十分在意他们的东西，哪怕还剩下一个铁三脚也要收拾起来，因为这一场大火已经把他们的家当——几十年积攒下的家当烧光了。

半条街的居民一夜之间成了难民。

后来，县领导在县城出口通往林溪八江的车路上统一建起了砖柱、木梁、瓦顶结构的简易住房，建成一条长长的街，这条街后来叫新街，其实是1963年那场大火后政府救济灾民建成的居民住宅区。

3

1964年元月7日，县委举办纪念毛主席冬泳邕江六周年庆典活动，活动地点在县城渡口和浔江河段上。

毛主席在1958年元月的南宁会议期间冬泳邕江，这是一个值得壮族人民骄傲的日子。今天，县委决定在浔江上举行一次大型冬泳活动以纪念毛主席冬泳邕江。

我们学校师生全部参加。早餐后全校师生就在大操场集中，每班选出10名游泳健儿，全校共100人组成冬泳方队。我也是其中一员，我们游泳方队排在全校最前面。全校师生大队伍出发了，向县城开进，扛着红旗，拿着小三角旗，敲锣打鼓，一路高喊口号。

师生队伍到达二圣桥，便分下一半师生留在这里。二圣桥是冬泳终点站，冬泳健儿将从这里上岸，已经有很多机关干部职工在这里等候了。

其余的一半师生穿过县城来到古宜渡口站在岸边。古宜渡口已经是人山人海。

庆祝冬泳活动总指挥台设在渡口的渡船上，那原是汽车渡船，今天的车渡打扮一新，船上四周插满彩旗，船上挂着大横幅：热烈庆祝伟大领袖毛主席冬泳邕江六周年。

船上正中摆着一长排桌子，桌上摆着鲜花，领导们都坐在桌子前的板凳上。

最激动人心的是船上的八只高音喇叭，不停地播放革命歌曲，主要曲目是"中华儿女多奇志，不爱红装爱武装"，那激昂的歌声荡漾在浔江上。

我们学校冬泳方队集结在渡口岸边，各机关单位的方队依次站立，每个方队都扛着红旗。从渡口望下去浔江上布满船只，船只上插满红旗，这些船是应急使用的民船。县城的岸边站满了来参加庆典的人群，可以说整个县城万人空巷。人群中到处是红旗，到处是敲锣打鼓的声音，还有口号声，渡口上的高音喇叭响到二圣桥头，那是多么壮观的场面。

在指挥台上忙碌的是县委宣传部的干部，其中我印象最深的是石若屏老师。石老师早年在三江八江读书，后来考上中央民族学院，毕业后分配到中南民族学院工作，1962年因家乡发生特大困难，家属迁不去武汉，便申请调回三江工作，后来很快回到了三江县委宣传部。石老师是侗乡的一位大文豪，侗民族文化造诣很深。石老师经常到学校演讲，我们很敬重他。今天他在指挥台上忙碌着。

庆祝大会开始了。

先是县委领导讲话，接着是各界代表表决心，最后县领导宣布："冬泳开始。"

下水最先头的方队，当然是中学师生方队。此时我已经脱下外衣，只穿一条短裤，每个人都这样。

为了这条短裤我已经操心了几天。前些日子选中我入冬泳方队时，我就发愁没有好的短裤，我只有两条家织布的短裤，因为是家织布，穿久了，有汗渍，已经发黄，布纤维也稀松，但我羞于说出口。为了参加冬泳，我早几天就将那发黄的短裤洗了又洗，尽量让人不觉得是条烂短裤，今天丑媳妇要见家婆了，我羞愧难当。别人的短裤都是新的布，好的布，白的布，只有我的是很旧而泛黄的，家里困难，没办法。

冬泳方队下到水中，一个方队紧跟着一个方队，向二圣桥游去。每个方队前头几个人护着一面红旗，两边的小船上有激昂的锣鼓声，伴和着指挥台上高昂的歌声飘扬在浔江河上空。

新历元月，农历是十二月，天气寒冷，尽管今天出太阳，但冬天的河水是冰冷的。刚下水时我一阵寒噤，冷，于是拼力游泳，用力了，才不会感觉水寒砭骨。

从渡口到二圣桥有两里路远。游了一个多小时，到二圣桥我们上岸了。岸上的同学早已从渡口那里按班级把我们的衣裤带下来，河边早就建好了简易更衣棚，我换去湿裤，穿上了冬衣。

回头望，后面的方队一队接一队陆续游来，红旗仍然在江面飘扬，冬泳队伍两边的小船上仍然锣鼓喧天，渡口上高音喇叭播放的歌声仍然激昂嘹亮，浔江河上一派壮观的场面，一派生气勃勃的景象——这就是政治运动。

几十年过去了，大渡船上石若屏老师播放的高音喇叭唱的"不爱红装爱武装……"歌声似乎还响在身边，这激昂奋进的歌声并不因岁月流逝而消失。

4

1964年的春天来得特别快。

去年3月5日，毛主席题词：向雷锋同志学习。接着电台、报纸、刊物迅速把这一消息传遍大江南北，在全国掀起了一个伟大的学习雷锋的运动。

3月的一天，三江中学全校师生步行去县大礼堂听报告，全县干部职工也来了，济济一堂，就在这天的动员会上，县委县政府传达了毛主席的伟大题词，按照中央的布置，在全国掀起学习雷锋的群众运动。

从这天起，古宜街上、机关、学校到处是学习雷锋的横幅、标语。广播里不停地播放学习雷锋的消息。学校的政治课专讲学习雷锋，学校的黑板报、宣传栏全是雷锋的故事、图片。

籍贯湖南的雷锋入伍后分配到沈阳部队汽车连，在当兵的几年中，时时处处为群众为战友做好事。所谓做好事就是帮助别人，以自己原本薄小的薪金帮助别人解决困难，用自己的劳动帮助群众做事，帮助集体做事，大都是日常生活小事，但雷锋就是在这些日常的平凡的生活小事中给了别人帮助与方便，比如上下车时帮抱小孩扛行李，帮助驻地附近群众做家务搞卫生，帮助群众挑水，见到迷路老人送他回到家，在城镇街上搞卫生，等等。雷锋做这一切的时候，都不留姓名，不计报酬，不收任何礼品，做完事情一笑走之。

随后，全国迅速掀起了学习雷锋的运动。

我们班级时时处处有做好事的学生。

我也随时想着有好事就争着做。

学校的风气真的变了，社会的风气真的变了。

当时的报纸，整版整版地刊登学习雷锋的消息。

后来，书出来了，《雷锋的故事》约20万字，很快，学生们几乎人手一册，我很快看完了，接着又看第二遍。

接着《学习雷锋好榜样》电影出来了，电影院白天黑夜接连放，学校组织全校师生去看，机关干部、工人、农民，一批一批去看。

歌曲《学习雷锋好榜样》出来了，几十年后，我们仍会唱这首歌。

学校以及班级每天都在统计做好事的人数次数，学校每天要上报县里。

就在那纯朴的年代，这场运动确实是一阵春风，吹绿了祖国的山山水水，吹暖了亿万人民的心灵，影响了今后的几代人。

4月清明节，在学习雷锋运动的春风中，我们班级去中山亭祭扫烈士墓。在墓前我们班几位同学照了张黑白相片留念，这是我初中年代保留下来的唯一照片。照片上的我，纯朴、憨厚、头发留得长长的。这是我初中时代唯一的留影，记录了那个年代的纯朴面貌。

5

1964年，国家形势好转，学校开始搞基建了。

大操场前的旧教学大楼有二层，下层作大礼堂，楼上做实验室，但那是木板楼，人走在楼上不但吱吱响，而且还有震动，这对那些精密仪器是有损害的，但无奈。教师宿舍三栋全是砖瓦结构一层平房。教室是一排长长的也是砖瓦结构的一层平房。学生宿舍在操场里端，全是木房子，瓦盖面，边墙和天花板是小木条钉上后抹石灰与稻草的灰浆，然后刷石灰成白色，说多简陋就有多简陋。

操场后面的几栋宿舍，开始是我们班级住的，搬了，拆了，在原址计划建一栋两层的教学大楼，钢筋混凝土结构。在三江，当时要建钢筋混凝土大楼，没有工程队能胜任，于是学校和县教育局请来了柳州市里的一支工程队。

人工挖地基，很深，少说一米以上，然后垒进卵石和片石做基础，地面全部打钢筋梁作地梁，再砌砖，当时的技术还没有能搞混凝土现浇，只能做预制板，所以用了很宽的场地做楼面的预制板，对整个工程技术我们是陌生的，新鲜的，非常好奇，当时建设这栋大楼成为我们学校的一件大喜事。

整个工程进度很快，就两层楼，很快封顶了，进入装修后不久就交付使用。

新大楼雄伟壮观，作为少数民族地区的中学，这算是一流的了。一楼安排做教务处、会议室、教师办公室、图书馆。二楼有校长室、实验室、仪器室，这在当时已经是很了不起的事情了。

1964年，中央新闻单位到三江中学采访，要制作纪录片，反映少数民族教育现状，歌颂新社会。那天，全校挑选了各民族学生演示日常学习生活，准备让记者拍照。我也作为学生演员出场了，穿着新的民族服装。记者的摄像机安在操场上，学生演员从教学楼走出来，手里拿着书本，似乎刚从图书馆或实验室出来，走上操场，走向摄像机，四周围很远的地方全是围观的学生，但不准靠近，摄像机的背景就是新教学大楼。为了那次拍片，头几天我们还彩排了几次，指导老师说："笑要自然、真切，走路要喜气洋洋，精神面貌要显出朝气蓬勃、意气风发。"

这些就是那个时代的特征。

6

我们班有位同学姓李，他的父亲是当时的县委书记，母亲也在县直机关工作。李同学和我有相似之处，都是个头大食量大。当时我们班的宿舍还在操场后面，中午午休了，但我们睡不着。在操场前面的树荫下，那位卖糯米油粽的阿婆又来了。李同学从床上爬起来径直走过去，我眼巴巴望着，只见李同学付了钱手拿粽子，大口大口美滋滋地吃，吃了一个又一个。他不敢拿回宿舍吃——那么多同学，怎么分？今天分了，明天怎么分？所以他在树下吃，吃饱了才回来。我在床上俯卧着，眼睛眨都不眨，望着那油粽和李同学，馋极了饿极了，但哪怕就是五分钱一个，我也没有钱去买。那馋相至今难忘。

1964年，文艺界逐渐复苏，出了很多好电影，周末的这天夜晚，又听说大寨生产队公映电影，我和几位同学便去大寨生产队看电影。县电影院每晚都有电影，但那是要买票的，我哪有那种闲钱去买电影票，于是只要听说有公映电影我们便去看。

从学校到大寨生产队，走大路较远，我们走小路，那小路是过了桥后不走酒厂方向，转向滩头生产队走，从滩头生产队再走一段路，便拐进山冲小路，从小路直接可到大寨生产队，露天电影就在大寨生产队的晒谷坪上放映。

我们站着看，没有板凳坐。

电影说的是山西汾河流域的故事。影片故事情节很动人，特别是主题歌："汾河流水哗啦啦，阳春三月看杨花，待到九月你再来，沉甸甸谷穗就像那狼尾巴。"这首歌我就是从那电影学会的，至今，几十年过去仍然会唱，而且山西、汾河、谷穗那镜头永远烙在我的脑海中。这就是情操陶冶，艺术作品可以陶冶人的情操。

寒假，我留校打工，但那时不叫打工叫勤工俭学。我和几个同学到地名叫三角渡的地方去打碎石。就是将大块石头打碎，打成公路用的碎石。一天下来，打得手酸腰痛，但不到一立方，一个立方也就是几角钱哪。我有时也去扛水泥，扛水泥就是搞基建的工人把一袋袋水泥用船从县城运下来，到大洲小岛的一个码头，雇工将水泥扛上岸。一袋水泥100斤，我一口气扛上岸，要的是力气。那时候年轻气盛拼命干活，想挣点钱下学期用。

7

我正在三江中学念书时，父母经同年娘牵线搭桥，介绍一位马坪村姑娘给我做未婚妻。

马坪村龚姑娘，长得俏高，身材稍瘦，瓜子脸，细眉长发，说话时面带羞涩。父母兄弟均在马坪村，世代务农，是位典型的农家姑娘。

不久后，我父母便派姑姑覃丽琼与我大姐覃美秀去马坪村说亲定亲，拿了八字回来，给算命先生算了一下，居然八字合上了，所谓男方女方八字就是出生的年月日和时辰。所谓合了就是生辰五行不相克。于是这门亲事就初步定下了。但是，跟我定了亲的这位马坪姑娘我却还不认识。

这年正月，又是大姐她们拿几块猪肉和糖果去马坪村走年，这是第一次走年，马坪村准亲家居然也回礼送年粑粑来。当时正值隆冬时节，天冷得出奇，而我家里已经没有干的柴火了，因为这年冬天冷得太久，什么好柴火都烧光了，只有几担生的柴火，下雨，天冷又不能上山打柴，无奈只好烧生柴火。生柴不燃火，而且烟很大很浓，熏得整个火炉堂烟雾腾腾，让人透不过气来。我心想，平时有柴火你们不来，偏偏这几天没有干柴火你们却来了，害我们丢人。客人来住了两晚，回去了。走年惯例就是住两晚，谁家都如此，这事也就算过去了。

我不知道马坪姑娘姓名，也不需要知道，当时我正在县中读书。

到了秋冬，我大姐居然来到县城找我，见了面，大姐说："马坪妹今天也来古宜，今晚她约你在二圣桥的大榕树底下见个面。"我不敢说什么，今晚刚好是周六不上自习课，我从学校出来了，到古宜街尾的二圣桥的大榕树底，果然见到一位姑娘，这时我才看清了她的模样。我不知道当时说了什么话，也不记得她说了什么话，我们好像什么都说不出来，她很害羞，过了一会儿，她递给了我一个布袋，说："这是米追，我拿来给你的。"我没有拒绝，接过了米追。米追是桂北山上特有的一种野果。

我们的见面有点呆板、拘谨，双方似乎说了一些好听的话，问问好，后来就散了。但我们都很纯朴，我连她的手也没拉，更不要说搂她亲她，更不会想到要与她成亲。

后来，这门亲事也就搁下了。再后来的几年，据说她嫁到江荷村了，双方就再也没通消息了。

这是一位纯朴的农村姑娘，在大榕树下第一次见面就送给我一袋米追，但那时我还没有结婚成家的念头，也不拒绝家人的催促，只是一拖再拖而已。后来，此事也就不了了之了。

尽管不成夫妻，但我承认，这是由父母包办的第一位未婚妻：马坪姑娘。

8

三江中学初中毕业时，航空军校来我们中学招飞行员，对象是初中毕业班，我们学校初选出几位同学，我是其中一个，可见我当时身体长得很不错，学习成绩也好，人也机灵，不然航空军校招飞行员，怎么一下子就选上了我？

初选后的第一道关是到县医院体检。体检很严格，什么都查，什么都检，我又过关了，这次体检淘汰了几个。

当时招飞行员非常神秘，体检回校后，同学问我："听说招飞行员体检时，要看你灵敏不灵敏，是一个漂亮的女医师拿一根小小胶管，叫你脱光衣服，打你的东西，是吗？"

我说："没有，不是的。"

同学又问："别人说把你装在一个大玻璃转盘里，机器转动，过一会儿停下来，马上要你出来认字，是吗？"

我说："在县医院还没有这道检查，听说要到柳州复检时才有这一道检查。"同学们"啊"了一声，同学们还传说："谁能招去当飞行员以后就大有前途了。"我心里很高兴。

记得同时初选上的还有一位曹姓同学，结果他也没选上，不过，他后来考上桂林汽车驾驶学校，分配在交通系统工作。

我选上飞行员的事，在学校里传得沸沸扬扬。但也确有其事，当初我是最合格的人选，准备送到柳州复检，如果复检过关，就保送进航空军校当飞行员。

接下来，县武装部与招兵单位便开展政审工作，我在学校的表现是很好的，过关了。再接下来，便是审查社会关系。县武装部一位姓赵的干部到了我的生产队，到了我的家，后来我父母对我说了此事。赵干部到我家，对我父母说："你们的儿子学习很好，表现很好，身体很好，初步选上当航空军校飞行员，你们同意他去吗？"我父亲说："同意的，只要国家需要，我们完全同意。"母亲却不说什么，流泪了。赵干部问："大婶你不同意？"我母亲说："同意给他去，只是不太舍得小孩。"赵干部"啊"了一声："这是人之常情，这不要紧的，同意就行了。"这算是家庭调查过关了。

接着是社会关系调查，到生产队、大队、公社。但后来我出局了。因为我祖父是富农成分，我外祖父是地主成分，社会关系复杂，不适合当飞行员。

后来我父亲说："当时生产队、大队、公社个个都知道你要去开飞机，一个月一万块钱工资，是个大干部。"我不吭声，我父亲又说："但有人说，他社会关系复杂，让他去开飞机，一上了天国家就管不了，万一他开到台湾去怎么办，万一他开到美国去，那更不得了了，还是不可靠，不放心。"

政审没过关，完了，上不了军校了。

怎么会怀疑我开飞机上天就飞去台湾呢，我头脑有病吗？但当时，政治审查，社会关系是第一位的，如果我祖父、外祖父都是贫下中农，那次我真的去当飞行员开飞机了，混到现在，凭我的本事能力，起码混个师级军官——"月薪几万元的军官"，我父亲如是说。

政审后，我就再没有接到去柳州复检的通知，当飞行员的梦想破灭了。

父亲很看重我当选飞行员的事，生前常对人说："老赵（我的小名）如果不是社会关系复杂，当了飞行员，现在肯定是个了不起的大军官。"

父亲一生遗憾这件事，我非常感激父亲对我的关爱与厚望。

第五章

1

1965年7月，我初中毕业。

过去的初中毕业，不用像今天这样紧张地复习参加中考，我对当年的中考几乎没有什么印象。初中毕业考之后，接着就中考，也就是在我们学校考的。远远不像今天的中考那样牵动到老师、家长、社会、政府。现在的中考、高考是一件大事。

中考后，我们结束了初中时代。1965年的中考，招生学校非常之多，国家开设很多中等专业学校，进了这些学校，毕业后便分配当干部职工了。

我们意气风发，又难舍难分地结束了初中生活，不久后，揭晓了：

我及一部分同学被三江中学高中部录取，直升高中。覃相林同学，白言人，与我同姓同饮一江水，考上了桂林地质学校，后来他毕业分配在桂林地质岩溶科研所工作，从白镐河的农家子弟成为桂林人，终生定居桂林。原与我参加招飞同体检的小曹，与另一位姓曹的大洲村人，两人考上了桂林汽车交通学校，毕业后两人分配在柳州市和桂林市的汽车交通部门工作。梁运轮考上了宜山师范，梁运轮父亲是县文教科科员。

同学们依依不舍地告别了初中时代，告别了同窗三年的同学。那个时代我们无比纯洁，师生关系，情若父子；同学之间，情同手足。

1965年的9月我读高中了，分在县中高七班。一同考上高中的还有韦持谦、廖光忠、邵德胜、周英奇、杨环芷、张秋珍，还有邮电局职工子弟刘云，他会发电报。还有独岗公社的张泽忠。而我们那整个白镐河一域上高中的也就两三位，即我与同班的韦持谦、周英奇，他们都是白镐河的六溪村人，很聪明，读书成绩非常优秀，那真叫凤毛麟角。

高七班的教室在坡上第一间，高六班的教室在坡上相对应的另一头第一间。高六班高七班男生宿舍都在坡上末尾那几间。

上高中后我更加发奋读书。

功课也多，知识也越来越深。已经开设的代数、几何、立体几何、物理、化学很抽象，很深奥。

我到图书馆搜索一些培养智力的书。我居然相信那些书刊上写的：要提高智力就要培养记忆力，要增强记忆力可以通过后天增加食用白糖、食用乌龟的办法，特别说吃乌龟能增强记忆力。但无论如何我已经意识到，一定要培养记忆力。如何培养记忆力，一些笨方法，我还记在了日记里，现在还可以查阅。高中的代数几何有很多定义定理公式法则，记下这些法则公式才能破解代数几何的题目，我上课时听老师讲解，同时用红圆珠笔在书本上将那些定义定理公式全部画出来，课后用一个小本子抄下来，有空就背。我订了详细的学习计划，其中规定：每天晚饭后要拿着代数几何课本到学校背后的小山冲里的大树下，坐在那里反复地背。四周静静的，晚饭后球场上的喧哗全听不见。在很长的一段时间里，我都这样刻苦学习。

学校后面的这个小山坡不高，从坡顶下去是个小山冲，小山冲不深也不很陡，山冲里长满了小树，很是僻静。凭着这样的地形，大操场下面的众多声响——打篮球羽毛球的喊叫声、拍击声，高五班李国君同学练习笛子的吹奏声，学校广播室的高音喇叭激动人心的歌曲声，都远远地隔去了。我早已把一株树的树苑处打点成一个小平地，用石头垒成一个凳子，在这山冲里满眼是花草树木，只听到风吹树叶的沙沙声，听不见操场上的喧哗声。我坐在树底石凳上，完全沉浸在这三十分钟的复习中，拿着代数几何课本，看着我在课堂上画下红线的定理公式，背！背！背！

我的成绩好了起来，每次测验考试都在前几名。

高一的时候，学校举行数学竞赛，那种竞赛是全校性的，其实也是全县性的，因为这是全县最高学府，这里的一考一试代表了全县最高水平，而且全县只有这一所高中。高中三个年级三个竞赛题，评分一个标准，名次由全校统一排定。数学竞赛过后，我荣获1965年数学竞赛全校第二名，学校开了一个大会颁发了奖状。我回家时拿奖状给父母看，此后，父亲经常拿这张奖状向一些有文化的村上人或亲戚炫耀，说："这相当于清朝一个顶子，老赵得了一个顶子。"什么叫顶子？那是清朝学子考试后获得秀才、举人或进士时，朝廷或地方政府分管文教的部门颁发的象征学位的帽子，这个帽子也就是顶子，代表着一种荣誉、一种身份。

除了数学，我也喜欢语文，喜欢背语文中那些古文，比如说《岳阳楼记》《捕蛇者说》，就是在这个时期背下来的。不过，当时我的作文还没有成熟，所以作文还没有给我带来什么荣耀。

但我仍然大量读小说，规定每两三天要读完一部长篇小说，星期天安排半天读小说。上课时，有时把小说放在课桌下偷偷看，经常被老师点名批评。

高中时期我记了很多公式定理，也写了很多学习笔记，有好几本笔记。现在还保存在我家的大书柜里。从这些学习笔记里可以觅见我求学的步履，进步的轨迹。

2

又是一天的晚餐之后，我从学校食堂吃完饭回到坡顶的宿舍，这时，已是下午六点多，夕阳西下，余霞满天，我回到宿舍便公式化地收拾衣服、毛巾、香皂，提着锑桶，约了两三位同学，下河边去洗澡。

走过男生宿舍的最后一栋，便是下坡小路，这条小路是几百名在坡上住宿的男生去河边洗澡洗衣服走出来的。小路沿着小山梁伸向河边，在靠近河边处与学校大操场过来的林荫大道会合。再下去就是河边。

此时，大操场上甚是热闹，打篮球的、打羽毛球的、吹笛子的……八仙过海，各显神通。篮球裁判的哨声一阵又一阵，投球得分的喝彩声也是一阵又一阵，这喧嚣的声浪夹在悠扬的笛子声中飘荡。笛子是高五班李国君同学吹的，高五班的教室在旧大楼下面，上面便是高五班男生宿舍，李国君同学吹得一手好笛，他总是在晚饭后，站在旧大楼二楼外楼梯的拐角处，面对那奔流不息的浔江河水，吹起他那得意的"洪湖水，浪打浪"，悠扬宛转的笛声激荡在同学们的心中。我每每听到那笛声，就会对李国君产生敬佩之意。

此时，落日余晖照射在对岸的西游村，村子上空，缕缕炊烟升起，三三两两的人影走动在村边大榕树下，忙碌着一天最后的事情。

我和几位同学提着锑桶，信步来到河边岩石上。这里是浔江边，江水从县城流下来，冲着这些岸边的岩石，拐个小弯流下西游村去，把河边这些岩石洗磨得干干净净，也打磨得没有棱角没有尖刺，这便是我们天然的洗澡场，天然的更衣所。

我们在夏秋之季天天如此。我先是将今天换下的衣服打上肥皂，坐在岩石边搓洗，已脱光外衣仅穿着短裤，坐在岩石上，双脚泡在凉快的河水里。洗衣服一般花半个小时完成，接着，我们便轻松地扑进河水里游泳，搏击水花，有时我们游到浔江河中心才回头，游够了，洗净了，才带着一身水珠上了岸，更换衣服，回到宿舍。

再过一阵子，上自修的钟声响起，我一身轻松清爽地走进教室，又开始一天的晚自修。

3

高中的物理课，学到了收音机的基本原理，我特别感兴趣，便想自己制作一台矿石收音机。我到学校图书馆阅读《无线电杂志》，抄录了制作矿石收音机线路图，我带着那线路图，到县城街上买了几只二级晶体管，买了电阻、电容器、喇叭、耳机等，试着装置矿石收音机，居然成功了。放假了，我把矿石收音机零件拆散带回家，在家里装了起来。

在我的老家拉敢村的木房顶上，我高高竖起了天线，一条导线引下进入我的房间，我的矿石收音机收音成功了。我当时只是一名在读高中生，在那偏僻的穷山村里装上自己制造的收音机，这事件足以成为山村人称道的新闻。

4

在县高中我是高七班，在之前有一个高五班。

高五班正常参加了当年的高考，也是全国"文革"前最后的一次高考。

高五班参加高考，考上了好些优秀学子。

1965年10月初的一天，下午第七节是自由活动，杨钦明教导主任从办公大楼出来，拿着一封长信仔细地贴上学校的公告栏，并高兴地大声说："校友来鸿！校友来鸿！"我凑近去，公告栏上整齐贴了七页信笺纸，在信笺纸上头，学校教务处题写了"校友来鸿"四个字。

我先睹为快，是高五班毕业的荣超武写给三江中学的致敬信，信是用毛笔小楷写的：

亲爱的母校——三江县中亲爱的学校领导和老师们：

我是高五班毕业生，而今已经踏进了武汉大学，就读于武汉大学法律系审判专业，开始了我大学四年的本科学业。

我万分感谢母校——那是知识分子的摇篮；我万分感谢我的校长、班主任和老师们，把我培养成为新中国的一名大学生。

高中三年，我在老师的教导下，从一个不谙世事的小伙子成长为一名中国当代大学生，亲爱的老师们为祖国的教育事业付出了多少艰辛与汗水，我们，作为时代的骄子，将永生铭记师恩！

我的大学生活开始了，新的学习开始了，我深知：我所学的专业知识，将为国家的专政机器补充新的能量。我们伟大的社会主义祖国，是在中国共产党领导下的无产阶级专政国家，公安、检察、法院就是国家的专政机器，是国家赖以健康发展的专政手段。对阶级敌人的专政是我们伟大国家得以发展的保证。

我深知我所学专业的重要性，我深知我肩上担负的伟大使命，我将不辜负党和祖国人民的期望，认真学习，掌握好手中的专政武器，将来走上工作岗位，为国家的长治久安作出应有的贡献。

我也希望现在仍在校的校友们，努力学习，天天向上，早日随着时代前进的潮流，步入大学校园深造，将来成为祖国有用的人才。

我是出生在大山里的孩子，相信你们也和我一样，通过刻苦学习，人生道路一定出现新的奇迹。

校友：原高五班学生　荣超武

读完这篇激情洋溢的信，我的心灵受到极大的震动，我当时就将这封信努力背下来，然后回到教室默写在日记本上。这封校友来鸿激励了我几十年，几十年后的今天我仍能清晰地记得当时学校展出这封长信的情景，那苍劲有力的小楷毛笔字，那铿锵有力、落地有声的词语，至今仍然烙印在我脑海之中。

荣超武是斗江公社甘洞村人。甘洞村在斗江街下面的对河，要到那小村就得过渡。

大学毕业后，荣超武分配到湖北荆州市公安局，不久后调到三江县公安局任副局长、局长，后升迁到柳州地区公安处副处长，并在处长的位子上退休。我与荣超武是非常要好的朋友。

5

中学时代我又穷又饿，特别到了高中，正是长身体的时候，饭量很大。每次中午或晚饭到学校食堂吃饭，十人一桌，领饭出来在食堂饭桌上分饭分菜，眼睛总是盯着自己的饭碗，哪怕多分得一口也高兴，有时负责分饭的同学分得不均匀，某同学的碗里似乎多了一点，而我的碗里似乎少了一点，就很不高兴，那餐饭都吃得不安宁，心里总有一个疙瘩。

饿，自我调整。

星期天学校食堂吃两餐，那么中午我就自己加面条。我很节省，每次买两斤面条，每斤是一角多钱，平时锁在我的木箱里，到了星期天中午，我早餐时就从学校食堂拿一点盐备着，中午时候我拿我的大锑碗当锅头，有时用铝饭盒或口盅当锅头，在宿舍背后的墙角，拿几根小小树枝做柴火，烧火煮面条。每次煮半斤，一斤面条分供两个星期天。煮好了面条加一些盐，什么菜也不要。有时从家里带来几瓶炒熟的干黄豆，放上一些到面条里，就这样吃。填饱了肚子，又安排自己的学习，或读书或背数学公式。几十年过去了，星期天自己在宿舍背后煮半斤面条的事情历历在目。

6

从初中到高中，我在学校的铺盖一直是一床小棉被。

棉胎不足六斤，很旧很硬，几乎没有了弹性，十足一块硬邦邦的木板。到了寒冷的冬天，夜里盖这床被子肯定不暖，但家里穷，不可能有棉被更换，更不可能买新棉被。1965年的冬天，我的身材已经不像1963年那时，长高了长大了，棉被就更加显得短小了。

又是一个寒冷的夜晚，下了自修回到宿舍。本来，在教室时就冷得不得了，回到宿舍也无法取暖。就寝的钟声响了，值日老师又过来在宿舍门口吹了一阵口哨声，再也不能说话，要睡觉了。我不敢脱外裤，冷，只是脱了一件外衣和棉衣，把棉衣罩在我的小棉被上，我还用一根带子把棉被的另一头扎紧，慢慢地把脚伸进扎好的棉被里……

冷，出奇的冷！双脚根本无法暖和，睡到半夜还是冰冷的，整个棉被硬邦邦地压在身上，没有一点松软暖和的感觉。我只能凭意志对付那寒冷。睡到差不多天亮，才感觉脚有些暖和，但是起床的钟声响了，只得马上起床，要不然，早操点名又要迟到。

一个寒冷的夜晚就这样熬过去了。

这样的煎熬不是一夜两夜，几年的冬季天天如是，整个初中高中时期，我就那床小小的旧棉被。

1967年闹红卫兵，我还是背着这床小棉被，跟着几位同学，进行所谓的"重走长征路，革命大串连"。走到湖南武岗，病了，病好之后又从武岗坐汽车到永州，然后坐火车下桂林过柳州直上贵州的贵阳。这床小棉被跟我到了贵阳。我反复思考之后，将小棉被打包邮寄给在河池金城江的二叔。

二叔后来说，他收到了背包，打开一看，旧棉被全是霉斑臭渍，一股臭味，他扔进垃圾堆了。

那小棉被毕竟陪伴我读完初中和高中。

7

高中的那几年，学生食堂伙食不算贵，每月6.9元，每天2角3分。分为三餐是早餐3分钱，中晚餐各1角钱。一个学期算下来，五个月也就是35元，开学之初交学费、杂费、课本费，拢共也只10元。但就是这每学期45元，我的父母也不堪重负，不得不四处举债。

经过"四清运动"，什么削竹筷、卖辣椒种子的事都不准做了，要钱只有向生产队借，或者等到过年按工分分红。但我家庭人口多，过年分红很难有结余钱，这样一来，我半年所需的这几十元钱便成为家庭的沉重负担。

1965年冬的这一天，我又请假回家要伙食费，在家住了一夜。家中肯定是一分钱都没有了，父亲向生产队去借，生产队也拿不出钱来，父亲无奈，当晚吃饭时对我说："老赵，你三叔（覃启祥叔）经生产队同意出去做副业，做副业每年定数交钱给生产队，生产队便按同等劳动给他上工分，今年他去高基生产队板瓦队做瓦，你只有去高基生产队你启祥叔那里借10元钱，家里实在没有了，寨上也借不出。"

我应道："嗯，明早我就去高基生产队，然后直接从高基下古宜去学校。"

第二天，我早饭后，一个人背个小书包出发了。

我从屋背爬上田边大界山，下坡到田边滩底生产队，逢人问了一声："去高基板瓦怎么走？"村人答道："从我们生产队后面这条路上坡，上到田边六梁山界顶，再下坡，坡脚就是高基板瓦。"

我从来没有走过六梁大界山，爬呀爬呀，好不容易沿着蜿蜒的山路爬到山顶，山顶上有两棵杉树。六梁界顶的这两棵树，作为一种标志性的树，谁也不得砍伐。

我走得有些累，坐在杉树底的石凳上。

回头眺望：从古平岭到老家笔架山再到白言村的测量尺山，山脉起起伏伏，莽莽苍苍，云烟缭绕。在那山脚下便是我可爱的白镐河，可爱的家乡。

再转身望高基村方向：高基河像一条闪光的带子在山谷稻田之中蜿蜒流淌，小河两边，是白郡生产队、板瓦生产队、高基生产队、桐叶生产队。几年前那里曾是桐叶公社所在地。高基河与白镐河，同一个流向，被"六梁大界山"分隔。

这就是六梁大界山大山脉。

后来的后来，国家开修贵广高速铁路，这条从贵阳到广州的高速铁路经过三江站，往前经过白镐河一个很深很深俗名叫石门塘的河塘，再往前经过六梁大界山。隧道，隧道群，全在这石门塘的大山里和六梁大界山下。此时，我在六梁大界山山顶，眺望故乡的山水，借钱、没钱做伙食费的烦恼居然也一时忘记了。

我下山了，一路下坡。坡很长很长，几乎挨到晚饭时间，才下到坡脚，来到启祥叔的瓦棚。

启祥叔的瓦棚搭在高基河的河边田塍上。所谓瓦棚就是做瓦的工场。一个简易茅草棚子，棚子中间竖几根楠竹，顶上扎有横梁，然后，用楠竹一端搭在屋顶竹梁上，一端架在平地上，成八字形，叫人字棚，然后在楠竹的中间横着再扎楠竹，上面则用茅草扎成一片片的草帘子盖上。其实这种茅草房，早在几千年前的夏商周时期就已经使用了，在那个时候，这样的茅草棚便是王宫宝殿。

草棚里空旷一片。

一部制瓦机竖在那里，启祥叔就是在那台机子上制的瓦坯。制瓦的工艺很简单，挖一个大泥塘挖到黄泥处，加水，用水牛去踩泥，把泥踩到胶结状态，然后从泥塘里把泥挖出来，堆在茅草棚里，这便是瓦泥。每天从瓦泥堆上削下瓦泥，双手捧着，迅速地抹上一个大卷筒。这个卷筒是个圆柱形，高度就是瓦片的长度，圆周长就是四片瓦的宽度，瓦泥粘上圆筒后，用手将筒上的摇柄一摇，圆筒转了几圈，另一手拿一个制板，均匀地抹平，不到两分钟，一筒瓦（四块瓦）的瓦坯便制成了。将圆筒提起，拿到铺有细沙的地面轻轻一放，将圆筒抽出来，剩下一个圆形瓦坯便在地上立着，让它慢慢晾干，然后再切割成四块瓦坯，瓦坯便制成了。

茅草棚附近有一个大瓦窑子，挖地而成，与景德镇的烧瓷器几乎是一样的形式。然后将几十万片瓦坯装到瓦窑里，用柴火烧，烧它几天几夜瓦便成型。

这叫秦砖汉瓦，在中国已经流传几千年。

当晚，我在启祥叔的工棚里与他吃晚饭，睡在他床上。

第二天，早饭后，启祥叔给我了10元钱，话不多："只有这10块钱了，你拿去做伙食吧。"

我噙着泪水说："三叔，谢你了，谢你了。"

我依依不舍地离开瓦棚，沿着高基河往下走。高基生产队地界有一座小山坳，我走到高基坳上，马路上建有一座凉亭，凉亭边有一块大石碑，上面刻有碑文，我仔细地阅读了。但已经记不起碑文的具体字句，其大意是过去高基河的村民及富豪筹钱修了这条马路，积善乡里，以碑记功颂德。碑文是高基河几位大才子写的，还记叙了高基河明清时期考出的秀才举人、达官贵人。当时我很佩服。

在高基瓦棚借得10块钱，我终生难忘启祥叔叔的帮助。

又一次，我又回家要伙食费，父亲说："生产队还是没有钱借，家里也没有，你去找启昆叔借一点吧。"那晚，我去到覃启昆叔的家，启昆叔当小学教师，每月有20多元工资，我厚着脸皮向启昆叔借钱，他借给10块钱，又可以解决一个多月伙食了。

当时家里已经没有能力供我读书，全靠借钱，却又不能光向一个人借。

有一位叫覃贵荣的叔公，他也借了钱给我读书。贵荣叔公主要靠为供销社挑担子运东西赚些汗水钱。当然，去跟贵荣叔公借钱只有我父亲出面了，几年间前后借了几次，总共是借覃贵荣叔公40多元钱。后来，我在经委和酒厂任职时，有一年回家过年，覃贵荣叔公过来了，我主动还了本金加利息钱给覃贵荣叔公，他当然很高兴，因为这时候，覃贵荣叔公已经老了，连走路都困难了，当然更不能挑担子赚钱了。

还有一位叫韦顺超的舅公，是大队干部，又与我们同一个生产队，父亲有时实在借不到钱，便只好厚着脸皮向韦顺超舅公借钱，前后也借了几次，也是几十元钱。

再有一位同一个生产队的，名叫梁国忠，我也称之为舅公。他是白镐河为数不多的文化人。他也借钱给我，帮助我念完高中。

这些恩人，在我最困难的学生时代帮助了我，我没齿难忘。

8

1965年放寒假，同学们都回家了，但我和其他同学共30多人留校勤工俭学，用现在的话来说叫打工，为四清工作队在县中集训做后勤的伙房工作。

我们留校的30多位同学，各班级都有，当然都是男的，男同学有力气，每天所得，大概也就是几角钱吧，我打工一个假期也就是十多块钱，够开学交费啦。

我们这30多位同学分为三个组，一组是白案，所谓白案就是弄早餐馒头，蒸馒头必须上半夜泡面粉，天未亮就上蒸笼了。几千人的集训队，每人两三个馒头，全队就是上万个，工作量之大可想而知。第二组是红案，红案就是中餐、晚餐，煮饭炒菜，三荤两素，工作队集训正是调养他们伙食的时候，因为他们在乡下很苦，现在回县城集训，补补营养。第三组是运输组。从县城运来大米、面粉、肉、蛋、菜等。

我因身体强壮、憨厚老实，被分在运输组。运输组每天要搬运大量的食品。

运输组有一条木船，这条船就是学校原来的渡船，后来架桥了就不用渡船了。早餐后，我们撑船出发，从大洲小岛摇船往县城走逆水，但基本上是平静的水面，没有急滩，所以水阻力不大。我也跟着学摇船，不几天就熟练地学会了。

小船停靠在县城古宜的建安码头，从河边往上走几十级台阶，才到十字街。再从十字街往上走，上坡，粮食局在大礼堂下面的半坡上。

总务在县粮食局窗口交了粮票和钱，开了票，我们几个同学只管抬米。

一袋米100公斤，我和另一个同学一前一后抬着往河边走。几个人抬了10袋大米，10袋面粉，还有另外几个挑着箩筐跟着总务去菜市买猪肉和蔬菜，满载而归。

我握着船桨，在平静如镜的浔江上划着，心旷神怡，心中自然涌起一种纯真的乐趣。

小船驶回大洲小岛头，停靠在中学食堂下面的码头。我们从这里将满船的物品抬上去，往食堂抬，这是上坡，比下坡更吃力。搬完船上的物资，我们的工作才算完成，下午则是协助红案组弄饭菜。

这一天，我们又照常去运米面肉菜，返航时竟然与另一条木船同行。

总务说："那船上的人便是莫团长。莫团长是全县四清工作团的团长，主管全县的'四清工作'。他早年在三江打游击，三江历史上称三部，其中就有莫部，他们早年在三江拉旗杆反对国民党，后来由共产党改编为地方游击队，解放后莫团长已是柳州地委的领导。"

我听了总务的介绍，望过去，莫团长身材魁梧，两道眉毛几乎是直竖在眼眶上。这眉毛就已经显出其威武之相，让人肃然起敬。

总务又说："今天全县工作队集中在大操场听报告，莫团长就是来做报告的，公路不通大洲，只好安排小车从县委办公室送到车渡码头，然后上船到大洲小岛码头。"

据总务说，这次集训人数多达3000，每人每天一斤米面，一天就是3000斤，要装10多个麻袋。

有一天，伙房接到通知，集训班要加菜，而且是很隆重的加菜。

头天要把需要的物资全部备齐，头天晚上要通宵加班做扣肉、杀鸡鸭，还要制作各种油炸品，食堂里通宵达旦，同学们轮流睡觉，但大家做得很是开心。

第二天，下午时间铺摆桌子了，300张饭桌全摆在大操场上，整整齐齐摆了十几排，横排直排都整整齐齐的，中学食堂饭桌总共只有200张，不够就用课桌来代替。下午四点多开始上菜，每桌酒席十几道菜，有些是油炸的，昨晚加工好的，可以先上。五点多钟的时候，大家从各个教室宿舍凑过来了，找到各自的位置坐下。

我也是上菜员，忙着进进出出搬酒菜上桌。

五点半开席了，但有些热菜还在不断接着上，我与上菜的同学们穿梭于酒席之间。

上菜上到斗江公社这一席时，一位姑娘呼叫了我的姓名，我应了一声，抬头一望，啊，原来是白言大队弄三生产队的覃姑娘，早年她考上卫校读书，我们认识。

她说："你留学校搞勤工俭学吗？"

我机械地答道："是。"我又问："你参加四清工作队了？"

她说："是卫校抽调我们参加的，而且分到斗江公社这个分团，也充当向导吧，因为我们熟悉本地情况。"

我应道："啊，好啊。"

寒暄几句后，我便又忙去了。

后来，据说她毕业后分配到县卫生防疫站当医师，走上了工作岗位，是同乡的女秀才吧，那个年代，走出大山是不容易的。

短暂的集训很快结束了，时间已临近年关。

9

1965年春节，寒假还在继续，我们几个同学留校搞勤工俭学，任务是守校。

大年三十的年夜饭就在学校食堂吃。说是年夜饭，其实就是食堂加了两个菜。

听老师说，参加四清工作组的大学生们早些天就排练了文艺节目，晚上在县大礼堂与县文艺工作队同台演出，共庆春节。我们几个同学早早就吃了年饭，往县大礼堂赶去。

大礼堂内，已是掌声雷动，歌声婉转。

几位守门检票的人，很明显不是本地人，是外来的大学生，负责会务工作。我们三个同学，在过道厅里看那些图片展出，不时伸头通过门道往里望去。但我们没有票，无法进场，只好在场外徘徊，不免有些失落。

冬天，我们穿着制服棉衣，口袋上方别着一块小长方形黄色的布质校徽——"三江中学"。

守门的一位年轻大学生看了我们很久，觉得我们三位举止斯文，很有读书人的气质，开口问道："你们几位是哪个单位的?"

我抢着答道："大学生哥哥，我们三位是三江中学高中生，留校搞勤工俭学的。"我停了一停，又试探地问："大学生哥哥，我们很想进去看看演出。"

守门大学生想了想，拉住我的手说："靠近来，我看看你的校徽。"

我走近两步指着校徽说："三江中学。"守门大学生满意地点点头："你们进场看演出吧，但也许没有座位了。"

我赶忙说："谢谢，谢谢。"

我们三个快步进入大礼堂。

哗! 灯光雪亮，舞台上方挂着一条横幅：四清工作队春节大联欢文艺晚会。

演出已经进行了很久。

一位报幕员，标准的女大学生，走向舞台正中间："下一个节目，舞蹈《洗衣歌》，由中央民族学院舞蹈系赴三江四清学员演出。"

报幕员话音刚落，全场响起一阵热烈的掌声，大幕又徐徐拉开了，随着流畅欢快的藏族舞曲音乐的响起，一队身着藏族服饰的演员边唱边舞走出台来。

全场又是一阵热烈的掌声。

我全神贯注，与全场人员一样，完全陶醉于那美妙悦耳的乐曲和楚楚动人的舞蹈表演之中。

精彩的节目一个接着一个，有乐器独奏，有话剧，有相声，还有魔术……你方唱罢我登场，精彩纷呈。

女报幕员又走到舞台正中："下一个节目，大合唱，《歌唱祖国》，演出者，高校赴三江四清学员合唱队，指挥：唐老师。"

"哗哗哗……"掌声雷动，大幕敞开，舞台上分四排整整齐齐站着合唱演员，两排男生两排女生，人人精神抖擞，个个打扮得英姿飒爽。

站在队前指挥的唐老师向观众鞠了一躬，转过身去，一手向乐队扬起，乐队立即奏响序曲，一手向演员队伍扬起，百人的大合唱歌声齐起：

"五星红旗迎风飘扬，胜利歌声多么响亮……"

那歌声浑厚雄壮，真似千军万马在奔腾。

这雄壮的场面完全让我陶醉了。

第六章

1

1969年2月1日即农历1968年12月15日，我离开县中，回到了白镐河畔的笔架山下，回到了我父亲的农家小屋，参与生产队的农业劳作，开始了贫困的农家生活。

这次回乡，结束了我学生时代那梦幻般的生活，成了一名农民，成了一名在生产队里挣工分过日子的农业社员。

回家当天，我写下了回乡的第一篇日记：

1969年2月1日（农历一九六八年腊月十五）雪

今天从学校回到家里。

结束了我整个生命的学生时代，由消费者的生活方式转向自食其力的生活方式。我出家门进校门，今天出了校门又进家门，将投身进火热的农村三大运动中（注：三大运动当时指"与天斗，与地斗，与人斗"），贡献我薄弱的力量于社会主义新农村建设之中。如果六十年作为普通人的寿年，那么我三分之一的生命是在童年生活和学生生活中度过，但可以把第一个十年和第二个十年的生活作为余下生命的宝贵经验教训。

写日记是一项有益的活动，既能提高写作能力，又可将生活中有意义的事情记载下来，吸取其经验教训。今后，我要养成写日记的习惯，培养写作能力。我深信，我一定能坚持不懈地写下去。

人的生命毕竟有限，而知识是无边的海洋，我要抓紧自己的青春年华，努力学习，一边学习一边劳动，做到劳动学习两不误。人的生命在与天与地与人的奋斗之中度过，是有意义的。

2

回到家不久，转眼就过年了。

年后不久，犁田耙田，播种育秧，春插了。

春插结束后，全生产队的几十个男劳动力都去江源大队的大山里拉山，我也跟着去。

从生产队到江源大队有30多里路，我们走了大半天时间才到了那里。大家借宿在我家在当地的一位亲戚家里，他有一座四间的泥墙房，腾了几间房给我们生产队社员住。我父亲负责后勤——做饭菜。

第二天早饭过后，社员们各自背着一把柴刀，进山了。

走了约两小时，来到了杉木林的山冲。山冲中间有一条小沟，山两边半坡上横七竖八地砍倒了许多杉木，这就是我们要拉出山外的杉木。

杉木，一般生长15年便可以成林，二三十年的杉木便是特大树，这一片杉木大都是30年树龄以上，有水桶一样粗，长20米左右，很重，20人也许抬不起一根。生产队社员去年九月就已经来这里砍倒这些杉木，并剥光树皮，晾了半年多，现在轻了许多。

到了工地，社员们习惯烧一袋烟，歇一口气，直到队长喊一声"动工了"，大家才开始干活。

社员们先拉最下面的这株杉木，但这株杉木去年砍倒时，倒反了方向，树尾朝下树蔸朝上，要拉山是要给树蔸先走的。队长韦忠昌顺着杉木爬上了树蔸那头，用一根树枝做杠杆，使劲地撬，才把树蔸撬下来。然后，几个社员用牛耳钉钉进树蔸。所谓牛耳钉就是一段粗麻绳拴一个铁圆圈及一个大铁钉子，将大铁钉子打进树身，麻绳再搭一根横木，横木两端各由一位社员扛着。一根杉木从头到尾钉上8颗牛耳钉、8根横木，16个人分在杉木两边抬着，随着"一、二、三"的口令，大家同时使劲，杉木便慢慢挪上那条木质拉山轨道。杉木上了轨道，便轻松了许多，杉木摆在轨道中间，两边的人拉着它下山往前走。

所谓拉山：事先从杉木砍倒的山上搭一条悬空的、架直的、从高往低的、像铁轨一样铺设的木质轨道，直到山外五六里的小河边。拉山轨道的架设与火车轨道相似，但不同点在于：火车轨道的两条铁轨是摆在枕木之上，而拉山轨道的两条轨道是在枕木下面。枕木横架在直轨上，杉木搭在枕木上，整根地从深山里拉出来，用牛耳钉的绳索将它拉着，杉木在中间，两边是排开的两行人，杉木和人都走在木质轨道上，滑动着拉到小河边。

这便是拉山。我不由得感叹劳动人民的聪明才智。

全生产队的社员拉了一根杉木到小河边，再沿着轨道回山里拉第二根，从山里拉到山脚的小河边有五六里路，半天工夫也就只能拉两趟而已。

吃过午饭，因为累，大家随便找个地方或坐或躺，待到队长韦忠昌再喊一声"动工了"，大家才爬起来，又是"拉山""拉山"。

上午大家还有说有笑，下午就都不作声了，因为太累了。

100多棵杉木，拉了20天，终于全部拉到小河边。

接下来是在小河边将杉木凿洞扎排，每根杉木用斧头开凿一个洞，当然要根据杉木的弯直情况而定。我还不会使斧头，只好做些零碎活。

扎排的活干了几天，100多根杉木便串成了20多张木排，每排五六根杉木，一张张木排顺着河岸摆在小河边。

这天清早，大家起得很早，匆匆吃了早饭，收拾衣服，还清被子给东家，放排下融安县长安镇。

第一天下河放排，很有讲究，大家默默地收拾东西，吃饭，什么话都不说，有事相商只是打个手势而已，图的是一个平安、顺利。

木排下河了。

一人撑一张排，队里的老社员，放过无数次排，很有经验。我照着他们的做法，在木排中间用竹钉钉成一个三脚架，把装衣服的口袋和每人一包的中午饭放置在上面。手拿一根长长的竹尾做成的竹篙，穿一双解放鞋，鞋子先浸了河水，可以较紧地贴住木排，不致滑动。

木排开动了。队长韦忠昌打头阵放第一张木排，紧接着一张跟一张顺河而下，我在放排队伍的中间段，前后有老社员，随时关照我。

江源小河不大，但前段时间下了几场雨，涨水了，便于放木排。

江源小河经保安生产队流进保安小河，汇入融江，再从融江顺流而下，到融安县城。

江源小河河道平缓，两岸大都是农田，小土坡，没有崇山峻岭，清早从江源生产队出发，第一天夜晚便到了保安生产队。天黑了，我们将木排拴在河边，进保安生产队投宿。

保安生产队不大，20多户人家，都是泥墙房，恰好，我们队的社员韦荣初认识该村的一户人家，便带我们进那户人家借宿。

很累，这一夜大家早早睡了。

第二天吃早饭时，我盛了一碗饭坐下来就扒，吃了一口，饭夹生，我吐了出来说："哎，倒霉，今早这饭没熟，夹生。"这一说，全队的人都瞪眼望着我，其实他们都知道饭没熟，但出远门，做危险重活最忌讳煮饭不熟，就是吃了夹生饭也不能说出来，否则不吉利。这下可好，我嘴巴快全捅出来了，大家很不高兴，我看到大家那不满的眼光，马上哑了下来，可能今天不顺了。

从保安生产队下去不远便有一道拦河坝，拦河坝落差两米，而且只有一个下水口，前面的人撑排到了坝面都迅速下排，站到坝面用手拉木排往坝下推去，那水口较浅，不用人工加力木排是流不下去的。社员们很老到，一个个下去了，轮到我了，排头已撂上下水口，我立即跳下木排想用手拉，但我动作慢，力气小，一时拉不动，而此时排尾马上摆过一边，横到坝面了，这叫"横排"。此时，前面走的木排已经走了，后面木排的人们也每人撑着一张木排，放不得手来帮我，只在那里喊："老赵，你跳下水去用力推直来，先把木排推直，横排是下不去的。"

我只好跳下水去，这一跳，突然被坝面的竹刺刺了一下，我抬起脚来看，不好了，一根霉烂的竹签，刺进我脚后跟，我一拔，霉竹签居然断了，留下一截在肉里，感觉很痛。但横排了，容不得我想什么，只能忍痛干活。所谓横排就是那木排的排头没有下去，而排尾已经整个地横在坝面上，横在河坝上了，要花力气将排尾推往河里，理直木排，木排才能下坝底去。我忍着痛，浮着水推那排尾，花了很大力气才把木排摆正，才推下坝底，过坝了。

中午时分，我们终于出到保安小河口，这里是保安小河与融江交汇处，前面的社员靠岸边停下木排，等后面的人来齐了才走。此时，融江河涨水，那河水黄浊浊的，水流急，河面宽，少说也有保安小河10倍以上的宽度，那宽阔的河水湍急的水流和黄浊浊的漩涡，使我害怕了，一张仅有五株杉木的木排在那宽阔湍急的融江，也只能算是一片树叶漂在水面上，而此时，我的脚肿了，那竹签是长年泡在水中的，有毒，又断了一截在肉里，此时发炎了，痛得我脚都抬不起来，伤口处一大片红肿，不行了。我对父亲说了此事，父亲看了看我的脚，便与韦队长商量，本来父亲是守着伙食担子搭乘队长韦忠昌那张木排的，而此时他只好把伙食担子交给韦队长管，他来顶我撑这木排，而我只有搭乘父亲的木排下长安镇了。

几十张木排顺着融江而下，不久便来到融安县城。队长韦忠昌和我父亲他们去找木材站的人来量方、验收、交接，最后这批杉木才能变现。

100多株杉木，1969年的价格是一株整木100元左右，共卖了一万多块钱。后来队里拿这笔钱去补交了近几年所欠的农业税八千块，只剩下两千块钱了。

因为要等木材站付钱，我们在融安县城住了一晚，拿到钱才能回家。

此时我的脚已经肿得很大了，半个脚板都红肿，走路只能撑一根拐棍，一拐一拐的。

队长买来了从融安县城到江荷生产队的汽车班车票，每人车票钱是七角。

从融安县城到江荷生产队车程是两小时。

从江荷生产队回家要翻越一座高高的播荷界大山，一上一下是四小时，我撑着拐棍，走在最后，吃力地上山下山，到家时，太阳已经落山了，恰好祖母在门口做家务事，看见我一拐一拐地走回来，一问才知道脚被刺伤了，顿时掉下了眼泪。

那是难过的泪，怜爱的泪，亲情的泪。可怜的孙儿哟！

但生活无情，干了那么久、那么重的活路，个个都累极了，谁能背我翻山越岭回家？要知道现在我已经是一个地地道道的农民了。

而这时节，头季稻已经打胎，很快就要成熟了，队里的妇女早把稻田耘了两次，只等谷子黄了。

3

1969年6月底，生产队闹粮荒了。此时我们放木排下融安县城回来不久。

此时才是6月下旬，头苗的谷子要等到7月下旬才成熟，离收谷子新粮上市还差一个月。大人小孩要吃饭，不说吃干饭，就是喝粥，平均每人每天也要半斤谷子，全生产队30多户人家100多口人，一天就要50多斤，一个月就要1500斤，家家户户再节省也是如此，但此时已没有谷子了，生产队粮仓已经扫得干干净净，怎么办？

这天夜晚生产队召开社员大会，生产队的仓库就是生产队的文化室，也是会议室。队长韦忠昌表情严肃地对大家说："去年，也就是1968年，我们队在沙坪的几十亩田被洪水冲了，颗粒无收，少了几千斤谷子，再加上去年社员去大队参加各种会议耽误了许多工夫，我们队的活路拖拉了许多，所以减了产。按定量、按人口分配的粮食大家都吃过头了，当然也不是吃过头，而是根本不够吃，再怎么省也不够，现在生产队的仓库一颗谷子也没有，各家各户也没有了，怎么办？我们生产队向大队部汇报反映了，大队部叫我们向邻近生产队借，我们去借了，但人家也刚刚够支撑到收新谷子，哪有米借给我们？而且我们缺的口粮不是一两斤，而是一两千斤。当然还得靠大队，大队向公社汇报，公社向县粮食局汇报，共产党的社会是不给饿死人的，最后，县粮食局批给我们一批救济粮，由合桐粮管所发放。当然，也是要花钱买的，100斤谷子12块钱，我们放木排下长安还剩2000块，可以买回这批2000斤的谷子。我们队干商量了，决定明天全队男劳力都去合桐粮管所挑谷子，清早走，下午回来，每人70斤至100斤，可以把这一两千斤挑了回来，解决全队吃饭，撑到7月底收新谷子。"

会场里鸦雀无声，气氛沉闷。面临粮荒，全靠队长积极去反映，要不然日子怎么过？

第二天早上，天还没亮，父亲便叫我起床，两人匆忙吃了早饭，又装了一个竹筒的饭作午餐，各挑一担空箩筐出发了。

那时从我们生产队去合桐粮管所，不像今天可以坐汽车下县城再绕过合桐，或者坐汽车经和平六溪村去合桐，1969年的当时，没有这两条公路，靠翻播荷界大山或翻古平岭大山，从播荷界大山走，上山十多里路，下山十多里，要走五个小时，从古平岭翻山也是一样的，而且全是山间小路，一坑一洼的。

到合桐粮所已经近中午了，韦队长他们早已交涉好，我们社员只管称谷子挑担子，我年龄小，只能挑70斤。大家称了谷子，匆匆地吃了自带的饭食，便踏上归程。

挑着这样重的担子翻越播荷界大山，够吃力了，爬到半坡，我已经没有力气了，基本上是走一段短短的路就要放下担子歇一歇，汗大颗大颗地流，衣服全湿透了，装了一竹筒的水也喝得差不多完了，望望山顶，天哪，山顶上那标志性的三棵松树还那么远！不敢望了，咬牙又爬。半个山坡一路上都是我们队的社员，是有力气的壮汉，但他们挑的也重，100斤，90斤，也够受的了。大家什么话也不说，只是擦汗，挑担爬坡。

好不容易上到山顶，太阳已经西偏，快要落山了，但是尽管天色已晚，我还是放下粮担，在山顶的三棵松树下似睡非睡地躺下了。生活的艰难，劳动的辛苦，此时全体现在这荒凉的山顶上，体现在那沉甸甸地挑粮担子上，无奈呀，无奈！已经走到这一步，读书读回到这高高笔架山，怨天吗？怨地吗？这播荷界大山就是笔架山山系，从这三棵松树底可以望见高高的笔架山就在眼前，我的家就在这高高的笔架山山脚下，但从这里走下去又是十多里路，况且还要挑一副担子。

队里的社员烧了一袋子烟，坐了一阵子，先后挑起担子下山了，我不敢再待在山上，尾随着也下山了。

20多担谷子挑回了仓库，此时已是日落西山夜幕降临。

这一夜，我全身肋骨痛得像散了架一样，肩膀已经红肿，到了半夜脚又抽筋。

但收工时队长已经交代，明天全队男女都进板廖冲去割田埂草。

唉！干不完的农活，离不开的农村。

第七章

1

1969年冬的一天清早，父亲催我起床，匆匆吃过早饭，天刚蒙蒙亮，我便在堂屋挑起昨晚父亲已经准备好的油篓出发了。

我和父亲各挑一担空油篓，赶到生产队仓库，保管员已经早早在那里等候大家。

今天全生产队男社员挑茶油去合桐粮管所油脂公司出卖。

仓库保管员将茶油从仓库大油桶里舀进油篓，过了秤，记了数。我只能挑50斤，那些强劳力挑八九十斤，挑油的社员先到先装，后到后装，各自挑着油担子，陆续出发了，沿马路上和平大队和平街，然后翻古平岭大山去合桐粮所油脂公司。

茶油挑去合桐粮所油脂公司出卖，得回钱留待年底分红，以解决全生产队过年的问题。从我们板坡生产队到和平街不通公路，也没有设立粮管所收购茶油的供销网点，和平大队、板六大队、六溪大队、清江大队几个大队的茶油按规定都要挑去合桐粮所油脂公司去出售，这就必须翻过古平岭大山或播荷界大山。

我们从板坡生产队挑油到和平大队，平坦的马路15里，走了一个多小时，到和平街时，那里一些社员刚刚起来准备早饭。

我们从和平街拐进大山，开始爬古平岭大山。

高高的古平岭大山，上山十多里下山十多里，山路弯弯，山路陡峭，此时，我挑着50斤山茶油，全身冒汗了。山里的冬天特别湿冷，但肩上的茶油担子压得我汗水湿透内衣，我解开了外衣，但双脚已经疲惫，每撑上一步，都非常吃力，就算空身爬山，也是很辛苦的事，何况现在我挑着一副山茶油担子，难啊。然而再难也要走，别的社员也冒汗也吃力，但谁都不能停，不得不一步步爬上去。

好不容易到了山顶，一伙人放下担子，在这古老的凉亭里歇了下来。油篓担子搁在一边，我与同路的社员一样脱光衣服，让冬日的冷风吹去全身的疲劳和臭汗，歇了很久，才逐步恢复了力气，抽烟的社员，连烧了三四袋烟之后，我们开始下山。此时已近中午，大半天才走了一半路程，不容易啊。

下山又是十多里，下到山脚，我几乎是每走一步，都感觉两腿瘫软。

从山脚到合桐粮所油脂公司还有七八里路，而且是沿着古平岭脚下的这条溪水走，不时要蹚过溪水。

我蹚过溪水时，溪水深，浸到油篓的一半，我惊慌大叫同行的另一社员姚盛贵："啊呀，盛贵舅公，你看我的油篓进水了。"——我曾祖母来自姚家，所以称他为舅公。姚盛贵回头看了看，笑着说："如果水能浸进你的油篓，你油篓里的茶油早就漏光了，哈哈，你呀你。"我再细看，啊，是了，如果水能从油篓外面浸进油篓里面，那么油篓里面的茶油不也会漏出外面？我真笨。

这油篓是农村的特产，用楠竹破成篾片编织成形，然后内外都用桐油棉纸裱糊，形状与锑桶水桶一个样，如果水能浸进油篓，当然油也早就从油篓里漏光了。我刚回农村，在生产生活常识方面闹了不少笑话。

终于到了合桐粮所油脂公司，排队过磅，倒油进仓，称油篓空皮，结算净重，然后在油脂公司内找个阴凉的地方，大家把今早装来的午饭吃了，才回家。

回家时我们不走古平岭了，而走江荷播荷界大山，这山路很小，很陡，但比古平岭大山近些，空身回家就选择走这条路。

傍晚回到家，吃过晚饭倒头便睡。

山茶油、杉木、楠竹并列为白镐河这片桂北山乡的三大农林产品。

满山遍野的楠竹、杉木、油茶树，分布在白镐河两岸的丘陵山地中，成为白镐河两岸壮民族祖祖辈辈的经济来源，山茶油也是村民生活生存的主要植物油料。

山茶油系植物油料。山茶树从下种到长大成林开花结果约要8年时间，其整个生长期约20年，树高2至4米，四季常绿，冬天不落叶，茶果春花夏长秋成熟冬落地，而成品油市场购销价也高，与稻谷同视为南方人们生活的必需品。

我记得父亲对我说过去的事：早年间，我父母亲与祖父分家之后，第一个生产项目就是在寨脉村后的大界山梁上一个叫大坪的地方开荒种油茶树。父母亲在大坪那块山梁上，先是把大树杂树野草全砍倒，晾干后放一把火烧山，然后在烧干净了的山坡上挖地，全垦，再播下油茶果种子。行距株距一米多，开一个土坑，撒下几粒油茶籽。第二年春，那茶籽便吐出新芽，长出新叶，长成小油茶树苗。油茶树苗一年年长高，而每年都要将茶林锄草松蔸，在油茶树苗生长初期的五六年，间种玉米红薯。我父母亲还间种了桐油树。桐油树长得快，两年后便成林结果，但结果后经过4年便衰老枯干。而桐油树这6年的生长周期，也正是油茶树苗壮成长的时期，桐油树败了叫下山了，油茶树接着也成林结果了。大坪山坡那几十亩油茶林，是我父亲母亲背着我和大姐上山劳动，经过千辛万苦开垦出来的，此时，也就是20年的树龄吧，叫作正当时，又叫作"正是大山"的时候。

每年八月十五之后，生产队社员便全部转入铲油茶山的工作，全队男女老少全部上山铲油茶山。

这天我和社员们一道来到大坪这块油茶山。

为了铲油茶山，昨晚收工后我便到河边磨石上把铲锄磨得锋利，几乎与柴刀一样锋利，这是每位社员铲茶山要做的第一道工序。

我与社员一样都用竹筒装了中午饭上山，饭筒挂在树枝上。

我们从山坡顶往下铲地，大家一字儿排开，每人管顾自己面前宽约两米的地盘，往下推移。

铲油茶山，其实就是一年一度将茶林里的杂草小杂树铲掉，将杂草杂泥刮下到一定的距离便筑起一条横堤，这横堤要保持干净无杂草。

中午了，我们在山上吃饭，饭后本来是该休息一下的，但社员舍不得休息，几乎都钻到茶林里，寻找那些自然干枯的茶树枝砍下来当柴火，一人一担，整好了柴火，午休也该结束了，下午继续做工，太阳落山了才收工，各自挑着自己的柴火回家。晚饭前，还得去河边把铲锄再磨光，第二天清早又要出工上山。

铲茶山历时一个月，入冬后，茶果熟透自然落下地来，由于铲光了杂草，地皮很光滑，茶果从树上掉下来，落地后又滚下去到那道横坎集中成堆。

入冬后，收完二季稻谷，便开始拣茶籽。全队男女老幼都上茶山，每人背一只竹篓，用双手将掉在那道横坎地上的茶果捡起来，半机械化一点的就是用竹扫帚把地上茶果扫成一堆，然后用竹筛筛去杂土和壳皮叶屑，剩下的便是茶果。

晚收工时，一人一担，个个挑着满筐的油茶籽回来了。

我们生产队有榨油房，将山上收拾回来的油茶籽，送到榨油房烘焙，烘焙的油茶果经过碾碎蒸熟才能榨出油来。

我们队里每人每年可以分口油5至7斤，一家6口人，一年也只有40多斤，其余茶油必须拿去卖钱解决生产开支和社员分红。

今天我们全队20人，每人挑80斤左右，合共约1600斤，茶油收购价是每斤5角钱，也就是800元的收入，而这八百来元，都是全生产队一年劳动下来的除了口油之外的经济收入，全生产队100口人，平均也就是几块钱罢了。

2

从学校返乡参加农业生产后，我就一直保持着写日记的习惯。我所写的日记也都是和当时的生产劳动相关的。以下是我1969年11月前半月的日记，从中也可以看出我当时真实的人生状态。

1969年11月1日　晴

今天全生产队的男劳力全部上名叫麻风山的大山里砍楠竹。

昨晚队长韦忠昌已经布置大家今天的活路。今早起来，我先把柴刀在磨石板上磨得锋利，然后吃过早饭，装了一个竹筒的中午饭菜，便出门了。各家各户的男子先后陆续出门，几乎同时到达碾子弯冲口，赶早上麻风山去砍楠竹。

麻风山的楠竹是我们生产队耕作区的，在前面章节里我已经说过：麻风山，其实是笔架山后面延伸的山脉，高高的笔架山后背便是麻风山，麻风山再上坡便是测量尺山，测量尺山其实是国家在山顶上设了一个航空测量点，所以便把那一片山叫测量尺山。麻风山因为路不通，近似于原始森林，人迹稀少，楠竹长得特别茂密，1958年砍过一批，但只砍了麻风山冲口那一片，纵深处根本没动过。后来，四清工作组进村，带领社员新开一条山路进麻风山。这条山路从碾子弯冲头，直上笔架山山脚，再走之字形的路爬上笔架山半山腰，然后在笔架山半山腰取平行直线开挖出一条简易山路，进到麻风山腹地。

从我们生产队走到麻风山腹地大约要两个小时。

我们20多名社员来到麻风山腹地一个名叫麻塘的地方，把中午饭放置在小溪的石头上，大家抽了一袋烟之后，便按照韦队长的指示，分几路上山坡砍楠竹。

砍倒一株楠竹比较容易，用柴刀绕竹根砍上20多刀，楠竹便倒了，但放倒后还要用柴刀除去枝杈，砍掉竹尾，然后把整根楠竹从半坡顺山坡溜放到山脚，或冲底，或沟边，一个人一天也就弄得10多根吧。全队20多名男劳动力，头一天砍下了200多根。

当然，砍竹子也很有讲究，我是新手不懂，所以韦队长叫贫协主席兼民兵排长姚信烈跟着我，告诉我哪株能砍哪株不能砍，楠竹年年长出一批，一年竹当然很嫩，是不能砍的，要选三年竹来砍，还要看稀密，注意留竹种，太稀的地方哪怕是老竹也不能砍，所以我半天砍五六株，一天砍10多株已经很不容易了。

1969年11月2日　晴

昨晚收工回到家已经天黑了。从山上回来时，生产队规定要每人扛一根竹子到小河边，所以更加累了。今天还得起早，要磨柴刀，昨天砍了一天，柴刀已经钝了，不磨根本砍不进。活路还是与昨天一样。傍晚收工时，韦队长盘点了一下，砍倒了400多株，能砍的都砍了，但不能一年吃光，还得计划留些明年砍，所以韦队长决定：这次就砍400多根吧。明天，全队男女劳力全部扛竹子。

1969年11月3日　阴

今天全队的男女劳动力到麻风山扛竹子，这批楠竹400多根要全部从麻风山搬到白镐河边来。

从河边到麻风山10多里路，一个来回20多里路。一根楠竹重七八十斤，而且长，在笔架山的半山腰走那一拐一弯的路时还要懂技巧，本来竹根走先，但是，到了拐弯时必须180度转过来，竹尾走先，这样反复转过几次才能走过笔架山半山腰的盘山路。生产队规定每人每天要扛3根以上，也就是说上午跑两趟，下午跑一趟。进山10多里，一个来回20多里，一天三趟六七十里，还要肩扛七八十斤，还要上坡下坡。第一天大家也还算完成了任务，但走第三趟时，人已经累得不得了，我下坡时，脚开始打飘。第一天全队搬回了100多根。

1969年11月4日　阴

今天，全队的社员都累得走不动了，几乎全部社员都只能跑两趟，上午一趟，下午一趟，每人每天也就是扛回了两根竹子。

1969年11月5日　小雨

今天下些小雨，山路很滑，我们仍然进山扛竹子，我感觉到比昨天更辛苦了，一天跑两趟都支撑不下去了。累，肩膀已经肿了起来，母亲今早用旧棉衣缝了一个肩搭给我，有了这个肩搭，肩膀总算还过得去。

1969年11月6日　阴

又是一天，全队男女劳动力四十多人，总算把麻风山的楠竹全部搬到了白镐河边。小河边楠竹堆得像一座小土山似的。明天不进山扛竹子了。

1969年11月7日　阴

昨晚散工时队长交代，今天全部进板廖冲割田基草。大家一早磨好镰刀进板廖冲去了。我不解地问四叔，为什么今天不去扎竹排，四叔回答说："那楠竹水分重，让它晾几天，就轻了许多，便于放排下河。"

1969年11月8日　阴

今天又去板廖冲割田基草。

1969年11月9日　晴

今天扎排了，全生产队30多名男劳动力，早饭一过便集中到白镐河边，各人都拿着斧头和柴刀。我第一次做这活路，学着做。楠竹堆在河边岸上，先要从楠竹堆上拉出一根楠竹，顺着河摆在河边的浅水处，然后用斧子在楠竹根头处开凿一个洞，这样的工作要重复弄8根楠竹，然后用一根坚硬的横木将8根楠竹串起来。在开凿竹洞时要注意楠竹弯直程度，掌握好8根竹子能扎成一个水平面的竹排，串起来就一气呵成了。然后再用两根楠竹，也是在竹根头凿洞，用一根横木串起来，架在8根楠竹的竹排上面形成一个排帮，在排帮的右边竹子上还要凿一个小洞，种下一根短短的竖柱做成竹桨的摇柱，最后，在楠竹的排尾用山藤紧紧扎起来，不让它散开，一张竹排便扎成了。一天下来，河边已经有几张竹排浮在水面上了。

1969年11月10日　阴

还是扎排一天，在水中做活路，特别消耗体力，很累。

1969年11月11日　阴

今天扎排第三天，太阳落山时，河岸边那一堆大大的楠竹已经全部变成了一张张竹排，飘浮在河边水面上，每张竹排都用一根山藤拴住，山藤另一端则拴住岸边的小树。昨天、前天扎成的每张10根楠竹的竹排，今天都将两张排叠成一张排，即一张竹排叠在另一张竹排上，变成每排20株楠竹。收工时韦队长宣布："明天送排，送到板八生产队河边再回来接第二排。"

1969年11月12日　阴

放竹排。

清早天蒙蒙亮出门，图吉利不向别人问话或说些不吉利的话。

我解开竹排的山藤，撑上几竹篙，竹排便顺流而下。

我站在排头，脚穿一双解放鞋，下着短裤，上着长外衣，腰间别一把柴刀，背后背一包中午饭，饭是用便于携带的干竹叶包的，再用一条布带把饭包拴在背后。这样的装束，可以随时跳下水也可以随时上竹排，因为放竹排下不了几次水是不可能的事。此时，我手持一根竹篙，左点右点，像一个武士也像一位艄公。竹排顺流而下，从我们板坡生产队到三湘生产队这一段河床平缓，没有险滩，竹排走得很惬意。过了三湘生产队，竹排顺着白镐河进入没有人居住的大山峡谷，奔走在两岸高山之间，山很高很陡，长满树木，不时还传来野兽的嚎叫声合着河水的哗哗声，让人毛骨悚然。

竹排过下塘湾了，这是儿时我与小伙伴来发经常来装夜钓的地方，水深山陡，静得可怕，竹篙点不到水底，只有慢慢划着走。

下塘湾过后便是跑马滩。所谓跑马滩，顾名思义，是说河水到这里像马奔跑一样。滩头与滩尾落差很大，滩水很急很凶很猛，很远很远就听到"哗哗哗"的水声，更可怕的是在跑马滩中有一个巨大的圆石矗立在河床的中间，竹排从滩头猛冲下去，如果不及早用竹篙点开，避开这个河滩中间的巨石，那竹排肯定会"嘭"的一声重重地撞在石头上，那么两叠叠在一起的竹排会一秒钟内齐整整地冲到石头上，你站在前一叠竹排上的双脚就有可能会被后一叠竹排冲过来，撞断脚骨头。可怕！在出发前的几天，我四叔已经告诉我，过跑马滩要千万小心，今天这跑马滩就在我面前了。

我不顾一切，在急速奔跑下滩的竹排上用竹篙拼命撑开往左，说时迟那时快，竹排的排头擦着巨石边，略微一仰一偏，居然滑过了巨石，阿弥陀佛，我过关了！

过了跑马滩便进入十里长塘，过了十里长塘便到石门塘。石门塘是这段河道最凶险可怕的地方。

前几天，我四叔告诉我："石门塘就像一根藤上结的一个大南瓜，藤是直溜溜的白镐河，南瓜是那石门塘，竹排顺着藤直直走没事，如果竹排被水冲进旁边那大南瓜似的石门塘，那塘里的水是漩涡形的，竹排便一直在塘里打转转，怎么转也转不出来的。石门塘很大，水很深，据说塘里有水鬼。"

此时，我的竹排已经流过十里长塘尾了，前面就是石门塘。只见石门塘两岸全是高耸入云的陡石山，山上生满树，阴森可怕。石门塘前面的河滩水也很急，很远就听到那"哗哗"的响声。

此时，走在我前面的社员的竹排早已过了石门塘，后面的还没跟上来，偌大一个石门塘里，见不到一张排影。就我独自一人，我感到很害怕，拿竹篙的手发抖起来。但我心里明白，必须在塘前的河滩中段就撑开竹排往右边走，不让竹排直冲冲地冲进石门塘里。

竹排下滩时，我奋力地撑开！撑开！撑开！竹排顺水而下，没有被卷进漩涡，靠塘边直溜溜地过了。

流过一道道险滩，漂过一个个深塘，竹排已过万重山。

白镐河从我们生产队到斗江街水路有60里路，流到板八生产队刚好是30里水路。在这里，一条名叫高基的河流汇合进来，从这里起变成大白镐河，水流加大河面变宽，河水也变得平缓了。一般放竹排都是头天送20根竹子两叠叠成的一张排到板八生产队，拴在这里，等第二天再送来20根楠竹叠成的一张竹排，然后在板八生产队河边，再重叠起来，变成4张小竹排即40根楠竹叠成的一张大排，再下斗江街。

到板八生产队这里，拴好排，吃了自己装来的中午饭，便步行回家。明天还要送来第二张竹排。

1969年11月13日　阴

今天送第二张竹排下板八生产队。晚上全队放排的人在板八生产队里住，姚家有一位亲戚在板八生产队，我们权且挤在他家住一晚。

1969年11月14日　阴

早上，大家都到河边叠自己的排，每人规定4张小排共40根楠竹叠成一张大排，弄好后，便先后开拔了。从板八生产队到斗江街，基本上都是平静的水面，竹排自己走不动，都得用竹篙撑了才能走，走了一天才走了一半，天黑了才到斗江公社坡令生产队。于是，全队放排的人又在河边拴住竹排，全部到坡令生产队一位名叫韦顺恒的亲戚家里暂住一晚。这位亲戚韦顺恒按照辈分我称为舅公。大家把排拴在河边，一个个湿漉漉地进了韦舅公家。韦舅公见了我，感到很惊奇：想不到数月前还是城里的学生哥，一下子变成了放排工。

1969年11月15日　晴

一支长长的竹排队伍，从坡令生产队河段出发，中午时分到了斗江街，竹排靠在斗江供销社的收购码头，我们上岸了。剩下的活路是韦队长和我父亲约供销社的人来检尺、验收以及算账结款。

今年的楠竹，大的每根八九角，中小号六七角。400多根楠竹，总收入了300多块钱。

这300多块钱，加上卖茶油的一些钱，就是全队100多社员年终分红的钱。为这300多块钱，我们全队30名男劳力从砍竹到放排到斗江街，整整半个月，总共投入了450个工日。

第八章

1

1970年初春，我回家务农已经一个年头了，差不多成为生产队主要劳动力了。

去年刚回家，很多活都不会干，双抢大忙时，生产队安排我在队里的仓库睡，白天做工，夜晚吃过夜饭就去那里睡，守谷子。今年不同了，要与社员一道做田里的活路。

正月过后不久，我便跟着老农培育秧苗。

首先选几块大田作秧田。早春二月，春寒料峭，父亲与韦队长以及贫协组长姚信烈几位老农把这几块秧田，犁了耙了，整好，接着泡谷种，谷种冒出新芽，才拿到秧田里撒谷种。撒种时要撒得均匀，疏密得当，这样才利于秧苗成长。然后，我们几个年轻社员用竹片弯成弓子，插到秧田里，盖上薄膜，薄膜四周还要用手从冰冷的水中捞起稀泥压上，做成秧田大棚，防寒防风。

一个月左右，秧苗长高了，秧田大棚里绿茵茵一片，南风来了，太阳晒了一天，还得去把秧田大棚两头掀开来，通风通气，不然秧苗在里面会闷死。

田塅在春风吹拂下热闹起来了。春风春雨春雷闪电。清明前夕，白镐河两岸开始春插了。此时水还很冷，插秧时手脚都被冻得通红。

春插之后不久就要耘田，而且要耘两次。全生产队100亩田全部靠社员们用脚板一点一点地耘，丝毫马虎不得。

稻谷打胎了，抽穗了，扬花了，坐浆了，成熟了，收割了。

收割头苗稻谷，意味着双抢开始了。所谓双抢，就是抢收头苗，抢种二苗。桂北农村如白镐河两岸，一般都是种植双季稻，俗称头苗与二苗。但是由于地理位置和寒露风来得快慢的局限，二苗必须在8月8日立秋前全部插下，不然，太晚了，100天后还不成熟，寒露风来了，稻谷谷穗便飘白了，不成粒，绝收。而头苗又因为早春太冷，不能育秧太早，只能清明前后春插完成，经过100天，一般在7月20日头苗成熟。从每年的7月20日到8月8日立秋前，总共也就是18天到20天，这18天必须全部收完头苗，插完二苗，所以，年年双抢都是社员万般紧张辛苦的日子。

1970年7月，双抢开始了。

整片田塅全是金黄的稻谷。

这天天还没亮，我就爬起床，穿好衣服，不洗不漱，早饭也没吃，捎了一把镰刀，摸黑出门了。匆匆赶到田里，我弯腰便割。四周围静悄悄的，我挥舞镰刀，铆足了劲，专心地割。不一会儿，我就割倒了一大片。社员们陆续进到田里，忙着割谷子，互相间只是简单问一声："你来了！"

天蒙蒙亮时，大田塅上已是几十个人忙着在收割稻谷。

太阳出来天大亮的时候，我们才各自收早工回家吃早饭。

吃完早饭，又出工了。

打谷子要自带谷桶。我将一担大箩筐放在一个空的大谷桶里，然后背起谷桶。谷桶是个大四方形的木质空桶，重80多斤，竖起来比人还高一点，我先蹲下去，用双手直顶着空谷桶的前面的横木，用背梁背起空谷桶的底板，然后慢慢站起来，从家里一口气背到大田塅，到我割稻谷的地方才慢慢蹲下来，放下谷桶。

开始打谷子了。

打谷子就是手拿一把割倒了的稻谷，在谷桶里猛击谷桶木板，连续打击十多次，直到把稻谷颗粒全部抖落到谷桶里为止。

我一个人割的谷子，一个人打，全天下来，我一共打了3担谷子，共350斤。

过了两天，我又被安排去耙田。

收割后的水田还有稻秆蔸，要用一种叫木滚耙的耙子反复地碾压，才能把那些禾秆蔸打烂，才能把已经板结了的水田打起泥浆，才能插下二苗秧苗。耙田前还要在田里撒牛粪，这是二苗的基肥。

半夜三更，我便起床，赶着牛，下田干活了。昨晚我已经扛了一把木滚耙放在田边了，我给牛套好木滚耙就驱赶牛在水田里走，我站在木滚耙上，依着水田的形状，先是横耙一遍，接着直耙一遍，然后又第二次横耙，再第二次直耙，这样反复三遍，水田里的泥才软了下去，浮起一层厚厚的平平的泥浆，才可以让妇女们来栽秧。

这天早上，我又是三点钟去耙田，今早耙的这块田紧挨着秧田，我牵着牛刚进到田里，几个赶早来扯秧的妇女也到了。

秧田里几十个妇女社员在弯腰扯秧，没有说话的声音，只听见秧田水里洗秧的"哗哗"水声，在她们身后，一路摆着浮在秧田水面的一把把秧苗。近中午了，妇女们一人挑一担秧苗到耙好的田里，丢进大田中，然后各自回家匆忙吃了中午饭，又来栽田了。

栽田也辛苦，不能站也不能坐，双脚踩在耙平的水田中，身体往后移动，左手拿着秧苗，右手从左手秧苗中分拿出六七株栽下田里去，一排排，一行行，排与行都有一定尺寸，都在六七寸之间，这行距株距只凭妇女的经验，根本不可能丈量，就这样一排排一行行，一天一人能插秧一亩多，但那是要凌晨三点去扯秧，加班插到半夜才能完成的，加班栽秧不能摸黑，一般都打着火把。双抢期间，各村各寨的田塍常常是一排排的火把，望过去，就知道那是加班栽秧。

我们生产队的水田，除了在白镐河边的大田塍，还有几十亩在板廖冲，就是儿时我去砍枯楠竹放竹排回家当柴火烧的板廖冲。

这天，双抢做到板廖冲这一片田了。

我仍然是凌晨三四点钟起床，在牛栏牵着一头牛赶往板廖冲去耙田。

在板廖冲里，我做了一早的工，家里的母亲与生产队妇女挑秧进来插田了，母亲还为我捎来了早饭。母亲很可怜我这农业新兵，刚出校门便终日在这山野田间奔波忙碌，所以除了饭菜，母亲还用竹饭筒为我装来一些糯米甜酒。双抢太累了，没有大鱼大肉，只有小学校旁边的小代销店出卖一些咸猪头肉。所谓咸猪头肉，就是外地贩运来的用盐巴腌制而成的猪头皮肉，但我们家没有钱，买不了，于是只能用家里从生产队分得的一点点糯米酿制成甜酒，这就是最好的营养补品了，能喝上一碗糯米甜酒，在那个年代已经是很不错的了。

经过十多天苦战，双抢接近尾声，为了尽快尽好地晒谷子，生产队派我到仓库协助保管员，我和保管员两个人每天要晒几万斤水谷。

刚从水田里收回来的谷子，带水，必须在几天内全部晒干，谷子才不发芽，如果不晒干，过些时间谷子发了芽，那就差不多要报废了，吃不得了。

仓库是一座大泥墙房子，两层，整个白镐河一河两岸的生产队仓库都是在"四清"运动中"四清工作队"的安排下修建的，用于屯放生产队集体的稻谷茶油以及各种农副产品。

清早天刚亮，看看天气是晴好天，我便早早来到仓库，与保管员一道一担担从仓库里把水谷挑出来。每人一担大箩筐，一担就有一百三四十斤。在仓库里，先用撮箕一次一次地舀上水谷倒进箩筐里，满了一担挑出来，在地坪上一行行倒下去，地坪上排起了十多道水谷。然后我和保管员每人用一把木耙将水谷晾开到地坪上，要晾得薄薄的。水谷晒干过程中，还要将稻谷反复翻晒，直到太阳落山，谷子晒得差不多干了，才把地坪的谷子全部收拢，又一担担地从地坪上挑进仓库。

这天，我例行晒谷。中午过，从南边天空飘来了几片浮云，不一会儿，云越来越多，浮云变成乌云，眼看马上要下大雨了，快呀，地坪上这几万斤稻谷，马上要收进仓库，要是被淋上这一场雨，损失就大了。保管员在地坪上向大田塅高声呼喊："要下大雨了，快来帮收谷子呀！"大田塅上做工的人丢下手中活跑了过来，十多人忙进忙出，但是，仍然赶不及，"哗哗哗"下起了大雨，还有十多担谷子没收完，被淋湿了。保管员叹了口气说："哎，夏季分龙雨，哪边风大哪边吹，我们忙不过来，可惜这十多担谷子淋湿了。"

我们生产队，有100亩水田，头苗亩产500斤，二苗亩产300斤，全年平均亩产800斤，收进水谷约8万斤，干谷4万斤，按6层出米率计算，大米2.5万斤。全生产队30多户100多人，平均每人250斤大米，一天也就是8两大米，如果种不好田，减产了，全队人口口粮也不够哇。

2

1970年元月2日晚，生产队召开全体社员大会。在仓库的文化室里，大家围着火堆坐下。韦队长说："今晚的会议商量开田的事。上级号召我们农业学大寨，学大寨就是要开田造地。我们队的水田总共也就100多亩，100多口人，30多户，田肯定不够，田是要开的，但是平地是没有地方了，只有牛坡有几个土包可以开成几亩田，还有大坪山上，还有银匠坡，还有白镐河边的贵荣田边的那一点点。再说，我们队去年抽了9个人去电站，又抽几个人去大队林场，我们的活路也过来了，我想抽几个人专业开田，不影响我们正常的活路。"

接下来，我父亲也说："田是要不断开点补进来，人口在不断增加，不开田加进来，粮食不够吃。"

再接下来大队部驻生产队的干部韦顺超也讲了一番农业学大寨的道理，最后说："我们大队布置春插前这个冬天，各个生产队一定要派人开田造地，这是运动。"

会议商量了一下便通过了，一般来说，生产队开会，韦忠昌队长、我父亲会计，加上民兵排长覃建华、贫协组长姚信烈这几个人发言了之后，什么事都定了，没有人反对，有意见也不说出来。

第二早早饭后出工了，我们9人，其中包括大队干部韦顺超，队长韦忠昌，贫协组长姚信烈，我们9个人到了牛坡上的第一个土包，决定从这里开挖，有意思的是：我们树起了一杆红旗，大队干部在开工前组织9个人学了几条毛主席语录，接下来就正式开工了。

白镐河的两岸，经过几十年几百年或更久远的时间，能开垦为水田的土坡平地都开垦为水田了，两边山虽说是土坡，但不宜开田，山上长满杉木、杂树、楠竹及油茶树，这是经济林，是一河两岸社员赖以生存的经济林，不可能砍树开田。而这个牛坡几十年几百年来，都留作牛路，几个生产队的黄牛水牛从村里牛栏放出来，沿着这个牛坡往上爬，再过大水沟直到笔架山半坡，散开在山上吃草，因为是牛路，所以一直未开垦，现在要开田，就把牛路改一改，绕走过一边上去。牛坡山梁从上而下是一条大山梁，山梁中凸出几个大土坡，光秃秃的土坡，把这几个土坡削平，自然就成了几块梯田，而且离村子不远。

这天，红旗——农业学大寨的红旗终于插到了这未被开垦的山坡上。

第二天，仍然是这活路，做了半天，上板坡生产队的社员覃安智上山路过工地，笑眯眯地说："嗨呀，你们搞这个呀，头都像箩筐那么大咧，哪时才做得成功？"我们九人笑而不答，也不知如何答，覃安智又说："要是有一架板车推土那就快啦。"韦队长随口说了句："是的，过几天我们要搞架板车来推土那就快了。"

过了几天，韦队长果然自己做出一架简陋的木轮的手推车。

挖山，把泥土撮进手推车，推手推车到地边倒下，也就是一二十米的距离，用手推车推泥显然快多了。所谓开田就是挖下山坡，将挖出的泥又推出到地边倒下叠堆起来，挖出一点平地，叠堆出一点平地，就这样形成一块田。当然这田泥土是生的，头几年是种不出谷子的。

我们生产队开田专业队做了两年，总算在这牛坡上开出了三块田。当然，农忙时开田专业队不去开田，只有在春插、双抢、秋收和铲茶山拣茶籽这些重要的季节性的活路之余，我们几个人才去开田。

我离开生产队去当民办教师后，生产队又在大坪山的一片缓坡上开田，那里原是一片荒山坡，旁边是我们生产队的一大片油茶林，队里在那里开成了10多亩田。

随后，生产队又到银匠坡开田。银匠坡位于笔架山脚，我们生产队那里原有10多块小梯田。现在，把原来在梯田中间的那座石头山炸开，推平了变成水田，在原有梯田的基础上又扩大，增加了几亩田。

生产队几年来从牛坡开田，到大坪山开田，再到银匠坡开田，增加了20多亩田，但花了好几年的时间。

3

在麻风山的大深山里，具体地说在笔架山背，有一条无名山冲，杂树长得茂盛，土地也很肥沃，泥土里石头也不多，一条山冲上去，分为两个半山坡，坡度不算陡，沟里还有过去水流的痕迹，队长韦忠昌决定选择这里作玉米地和粟禾地。

这年冬的一天，韦队长带我们十多人，装着中午饭上山，走了两三个钟头，到达这块地，今天的任务是"判山"。所谓"判山"，就是用锋利的柴刀，从山沟底开始，一路砍上去，把所有的大树小树草丛全部砍倒。

一天下来，成果不大，面积不算宽，占全块地的几分之一吧。很自然，明天我们这伙人还要来做这活路。

第二天去了，第三天去了，前后去了5天，才把那一沟两个半山坡的树丛杂草全部砍倒。树倒了、草倒了，露出了这肥沃的土地的轮廓，韦队长打算半边山撒玉米，半边山撒粟禾，但是现在还不能下种子，还是毛地。

春节过后不久，韦队长又带我们几个人去那无名山冲，今天的任务是：烧山。我们先在那山冲的四周打出一条几米宽的防火带，然后一把火，将几个月前砍倒的干枯杂草杂树烧了，火势很大，不到半天，整条山冲就烧得干干净净，满山全是草木灰，烧山的任务完成了。

又过了一些日子，清明节到了，满山的绿树发芽了，田里地里该下种了。这天韦队长又带着我们几个人，挑了一担箩筐的玉米种子和粟禾种子，来到了这块地。今天的活路是：下种。但这样的下种方法很简单，我们几个每人背一个竹篓，里面装满苞谷颗粒，也就是苞谷种子，手抓一把，均匀地撒向地里，一路一路地撒，不重复也不遗漏，从山底撒到山冲顶头，这道工序就算完成了。

那半边粟禾地，韦队长和几个社员也是这样撒下去，下粟禾种。撒完苞谷种和粟禾种后，我们扎几个茅草人，立在地里，驱鸟。

到了夏初，苞谷苗长高了，粟禾苗也长高了，杂草也跟着长了，韦队长带领全队的男女社员来到这山上，中耕除草松土。

秋天到了，苞谷熟了，粟禾熟了，韦队长带领我们每人挑一对箩筐，来到这山冲里，收苞谷，收粟禾。苞谷长得不错，苞谷棒也不算小，收成差强人意。

太阳落山了，我挑着一担苞谷，与社员一道下山。我试着问韦队长："明年还来不来这地方种，投工少，收成不错。"韦队长说："这种做法，只能种一年，这头一年靠那火烧灰，靠那土地原有的肥力，第二年就不行了，长不了苗结不了果，第三年要种还得从头到尾挖一遍，然后开坑下种下肥，才有收成。"

第九章

1

1970年1月21日是我和韦如英结婚的日子。以下这几篇当年的日记，真实记录了我和韦如英从相识到结婚的全过程。

1969年10月24日　阵雨　傍晚晴

我打开日记，但又不知道写什么，因为今天太激动了，无法下笔。

吃早饭的时候，就得知舅公韦顺超转告我在家等待，她要下来。也不知道什么原因，我心里乐滋滋的，嘴边不时流露笑容。家里的人共桌吃饭，我竭力按捺，还是抑制不了喜悦之情。

吃饱了饭，洗漱整理一番，打算到对门问个清楚，但是田塍上有些人在那里撒绿肥种，不便去也就不去了，跑到底下屋叔父的木楼二楼张望。

等待恋人的滋味，很多年轻人都经历过，又喜悦又担心又不安又焦急，我何尝不是如此，看了一会儿，不见她的影儿，又回到房间躺下看书，看书一会儿，放心不下，又跑去望望。这样几次后，终于看见似乎是她的影儿下来了，但是只见一直下马路却不见她过来，大概不是她吧，这样自个儿叩问，又自个儿否认，可能不是她。然而想不到，刚才那人影果然是她。她撑着雨伞从马路朝白镐河过来了，我当时心情激动，心头突突地跳动，脸上感觉到不离笑容，我急得不知所措，从底下屋跑回家房间来，拿起镜子照了照，也不知道照些什么名堂，放下镜子又奔到底下屋。这时她已经到白镐河边，在那儿洗脚，一会儿，又从河边过来。

过了寨子前面那棵大枫树，就从屋背小路朝田边大界山的小路上坡去。此时下起大雨来了，而寨脉生产队的社员今天也在屋背坡铲茶山，刚好散工回家吃午饭。她准备上坡了，我向她打招呼，问她："去田边生产队吗？"她回答："是。"并且喊我也去，我说有人在屋背坡铲油茶山地，刚散工回家，等会儿吧。她于是放慢脚步，慢慢上坡去。秋天的细雨还没停，我到覃启杰伯父那里借了一把雨伞追了上去。快要追上她了，偏偏此时寨脉生产队的社员收工回家，有几位妇女遇见我们，让我怪不好意思的。待社员们走过去了，我才继续往前走，到小坡上，看见她站在那里等我。后来，我们一同到一株大树下交谈。

我们分手时已是下午了。

她叫韦如英，同属板六大队，是板六生产队的人，在大队部的卫生室当赤脚医生，当年的赤脚医生与民办教师待遇差不多，每个月拿10多元大队的统筹款，生产队分配给口粮。

1969年12月5日　晴

近中午，韦如英下来给我母亲看病，我向她提出我们谈一谈。于是我们在河边的大树下谈了很久，太阳偏西时她才回家。经过商谈，拟定了与我们密切相关的三件事情：一、她希望我派人去她家里正式提亲。二、之后，我们才能决定今年结婚还是明年结婚。三、如果今年结婚，那么一切从简，不办什么酒，结婚登记后派几个人去接来就算过门了。

1969年12月8日　晴

今天父亲到板六生产队的一位亲戚那里，托他到韦如英家提亲，问的结果是她家庭方面没有意见。她母亲说："只要他们后生家同意，我们老人家没有意见，我们是同意的。"听那位亲戚的口气，她家里可能想及早解决女儿婚姻问题。

1970年1月20日　晴

下午，韦如英下来给生产队各家各户的小孩子种牛痘，我约她到家里谈了很多，我们决定今年结婚，明年再过门。计划明天韦如英以出诊为名，下午到我家，等到傍晚，我和韦如英一道到大队长的家，喊大队长去大队部办公室办结婚手续。韦如英说大队长支持我们的婚事，同意我们领证。

当年的板六大队的大队长名叫章扬明，大队长的家与我们生产队相邻。按班辈我称大队长为舅舅。当时边远山区的结婚证下放到大队部办理。

1970年1月21日　晴

今天结婚领证。

白天在生产队晒谷子。早上和韦如英谈好今晚去领证。

傍晚时分，章大队长从大队部下来，先去小商店那里买煤油，逢着我，我问："舅舅，今晚还去大队部吗？"他说："去。"

我正在仓库地坪收谷子，我挑着一担谷子进仓库，大队长也跟进仓库问我："今晚你们去大队部？"我说："是，打算去。"大队长又说："要去就现在去吧，韦如英她讲现在去。"我回答说："好，收完谷子我就去。"

我看看天色将晚，于是拼命收谷子，加紧挑，加劲干，从来没有这样使劲劳动过。当时的心情不知是什么滋味，总担心天晚了谷子没收完走不开。

挑完最后一把谷子便急忙收摊，一路赶去大队部。

刚走到大队部，韦如英也从家里赶来了。

板六大队部设在板六生产队村尾的一栋二层楼的泥墙房里，这栋房子过去是地主的，解放初期没收后一直当公房使用。

我上了二楼，接着韦如英也上二楼来了，我们两人到大队部办公室办理婚姻登记手续。

章大队长拿出结婚证件开始问话："我是不想多问了，但是也要例行手续问一点，了解一点情况。你们谈成熟了没有？现在结婚，以后反悔就不好了。韦如英呢你要考虑，你的对象是刚回农村的学生，你要想一想。"韦如英回答："谈这么久了，考虑好了，没有什么意见了。"章大队长又问我："你也要考虑好。"我回答："我们谈了很久，成熟了，考虑好了。"

章大队长说："那好嘛，我不多问了。现在开始登记。"

例行问了我们两人的名字、年龄、籍贯、永久住址，写好，盖了章，发给我们结婚证。

这时下面有人喊："章大队长，去啰，吃夜饭了。"

章大队长回答："我就来了。"

我与韦如英分别收好结婚证件，我从办公室出来，下楼，跑着回家了。

1970年1月24　晴

天气格外地晴朗。我应邀去帮寨子上覃启胜修建新房，工种是锯板子，很累。晚饭后到启昆叔叔那里坐坐，扯到我的婚事，我也就借着机会，向启昆叔提出借点钱，经过我一番诉说，他同意借10元给我，于是我这桩婚事，总共外借80元，其中覃启胜50元，启昆叔10元，还有向生产队借了20元。

1970年1月25日　阴

在板坡小学任教的陆老师是本县寨准大队的人，经常应我父亲邀请到我们家吃饭，今天学校放假了，他把衣物棉被放在我家便回家了，陆老师对于我的婚事很关心，并且还给了5块钱给我父亲，说是给我们买东西的。今天家里捎话到九江电站通知我的二妹覃美新明天回家，要她去县城为我的婚事帮买东西。

1970年1月26日　阴

今天下午韦如英按计划从她家下来到我们生产队，住在大队干部韦顺超舅公的家。打算明天去买东西，美新妹妹中午就到家了。

1970年1月27日　阴

今早起床后，我去韦顺超舅公的家。

韦如英早就在韦顺超舅公家中与他家人吃过饭了。她不好意思与我二妹覃美新同路，于是一先一后出发去县城。家里给了110元给覃美新妹妹拿着，还有10丈布票，7斤粮票，还有证明之类。我目送她们远去了才回家。下午开始做木工，自己制作一张床架。

1970年1月29日　晴

早饭后，父亲带了大姐覃美秀同去半路上接二妹覃美新她们。我抓紧时间做床架，到傍晚，做成了，总共花去两天半工夫。

傍晚，大姐覃美秀回来了，挑了一担东西，她早上去到斗江街附近的地名叫文武坡的地方就遇上了韦如英和二妹覃美新她们，于是接过担子挑回来。韦如英和二妹覃美新她们回程路上，拐进九江水电站工地，韦如英邀约了她的好朋友——在九江工地任卫生员名叫冯医生的，一道来我家。她们一行人进家的时候，我们正在吃晚饭。韦如英和冯医生她们一进到我的家就进新房去了，家里的人弄了饭，她们不肯出来吃，我的姐妹们便拿饭菜小桌子进新房里去，陪她们吃晚餐。

1970年1月30日　晴

今天出太阳。

昨晚新人进屋，今早弄早饭，摆了三桌，喊了婆婆叔叔婶母全家族的人，欢欢喜喜吃了一餐，就算完成婚事及新人过门这样的大事了。

傍晚太阳落山了，韦如英和同伴冯医生两人回板六生产队她的家。

1970年2月4日　农历十二月二十八　阴

今天杀年猪。

中午时分，韦如英的大姐来到我们家，转达了她家庭的意见：今年是新婚第一年，还是要去走年的。再说，结婚按规矩还是要送一批酒肉去的，虽说简单过门了，但女方无论如何也要请同家族的人吃一顿大餐，这个礼免不了。她说，趁着杀年猪，今晚就送酒肉去。我们原来有点不同意，最后谈来谈去，还是答应了。

杀年猪很多工序，忙完了也差不多天黑了。家里便喊了叔辈的覃启分，同族的覃世清等人，吃过了晚饭，便挑着两担酒米与猪肉，出发了，天黑路滑难走，好不容易才到了韦如英她家，进她的屋，没有人接酒肉担子。我们自己放下担子后，便按他们的招呼到火炉堂去坐，话不多。

一会儿，她母亲以及三姐弄饭。我们吃过饭，说说话，一阵子，我和覃启分覃世清等人便回我的家了。

2

转眼，结婚一年多了，但家里新的问题也出来了，应了那句古话：树大开杈，仔大分家。

我们一家7口人很快就要分家了。

这天中午的时候，我父母亲谈到关于拨粮的问题，又唠叨了一大堆。

事情是这样的。我说："韦如英讲，新粮出来时才去拨粮，现在只拨户口迁人口来，口粮留在她家，到明年7月份才拨粮在我们生产队要口粮，人口迁来了，她的生产队就不让出工了，来我们队要工分。"

母亲听了后说："留半年的口粮在家，来这里做工，我们屋头去哪里要那样多粮食？要是讲生产队储备粮多可以借，我们队又没有多余的储备粮，去哪里要那么多指标？许你讲半年不要不要，总得要几担谷子，这样哪做得，要真是这样，就莫忙拨来，到明年7月再去拨，拨点口粮也这样那样的，来就来，不来就算了。留半年口粮在家，在她家帮老弟，帮得好久？在屋一年算一年，帮得到老？要想在屋就在屋住，不忙结婚，结婚了又这样那样的，管你来也好不来也好，分给你们自己住。树大要开杈，仔大要分家，哪家兄弟不分家合着住得到老？家，总是要分的，分就好好分，不要吵架，分了好自己找钱找吃。养你们这样大了，能干了就自己住去。不过先要讲清，你读书借那样多的钱要自己还，去年结婚借的钱也要自己还，我没有本事还，我现在一身痛，吃得饭做不得工，你爷老（指我父亲）一个人累，要养弟妹，还要养我，哪还有本事还钱，你讲没有家具就去生产队借钱买锅头鼎。房子随你要，这头也好，那头也好，你是大的由你选，老弟妹她们没有规矩不像样，你成了家，等合着过完这个年，明年开年就自己住，架势（准备的意思）火炉，莫要多讲话，分就好好分。旧年借的钱，等生产队分钱了就拿去还，大齐分来还，她嫂子还有一套衣裳没成得，就拿我们买的这点布给她，如果不要这点，就去生产队借钱给她自己买，等新布票发了也就给布票给钱，她要现在买，如果她自己有布票就给钱给她去买，开年就自己住，分就好好分。"

父亲也接过话头说："我本晓得，总有个门头（指问题或理由）不爱来，一定是我们姐妹多。我早就讲，本来我们送你读书，想得个好的，现在不成好，回来做工了，讨个老婆自己找，我们屋里头以前找得个好的你不要，要自己找，找这种人，拨粮就拨粮，还讲七七八八的。哪有留口粮半年在屋的？那年你大姐拨去我一粒谷子也不留，你这样会找，找得个这样'老实'的，要拨粮还讲七七八八的，以前又讲简单婚，现在结婚了又讲七讲八，要这样那样，搞得屋里头穷得精光，你们好，我们不好，你们会想，我们合住过了年就分家自己住。"

家庭问题就是这样难解决。我想了一想，觉得自己要拿把握，我决定等韦如英来时将情况对她讲，要她拨粮来。

那时，社员的口粮口油由生产队分配，拨粮指女的出嫁后，将娘家生产队的口粮供应停止了，拨到夫家所在生产队供应，虽说都是生产队供应，但不允许娘家和夫家两边生产队都分配，不许拿双份口粮，这叫拨粮。

过了1971年春节，4月终于分家了。

3

分家后，我和韦如英的小小家庭简直是一穷二白，接着两个小孩相继出生，一家四口人，生活更为艰难了。

20世纪70年代的农村，生产队只管分那点口粮和口油，冬天还有些红薯和苞米，此外，什么都没有了。

那个年代劳动所得工分，大约几角钱的分值，年终算账得出每个社员当年劳动的货币收入，然后扣除生产队所分配给的口粮口油的基本价款，有剩余的叫结余户，不够扣的叫超支户。而所谓结余户，无非结余几十元而已。

我们小小一家肯定超支，在生产队拿不到一分钱，吃的菜靠自己种，连买煤油点灯和买盐都没有钱。

两个小孩早年根本没有什么零食，每到四五月，最好的山上野果就是杨梅，那是小孩最好的零食。

还有，到了五月初五，母亲和韦如英去田边滩底生产队寄娘家的屋背山头拣粽粑叶，拣回一大捆用来包粽子，一年一度吃的粽子，也就是全糯米做的，里面不可能像现在这样放进如此丰富的排骨板栗等上品好料。

冬天，麻风山的米追（一种野果）多，母亲和韦如英她们专门去麻风山拣米追，一去就是一天，有时捡回一竹篓的米追，家里可以吃上十天八天。

我和韦如英每天要出工，两个小孩就只有托给小妹覃美运和覃美鲜背着，有时一背就是一天，我们大人收工回来了才解下来。

那时候农村没有什么文化娱乐生活，过得很枯燥。

冬天，农闲，上面会派电影队下乡放映，县电影队一年会到我们生产队放电影一次。一个寒冷的冬夜，电影队来放电影，在板坡小学的操场上放，影片是京剧《智取威虎山》，家家户户都来了，我和韦如英带着两个小孩，拿着板凳也来了，因为天冷，所以还带来一个小火笼。放了一场，夜已经很深，还有一场影片也是京剧《红灯记》，放映员问大家："放不放？"大家异口同声地喊："放！"尽管北风凛冽，尽管地冻天寒，尽管露天操场上四处无遮拦，但家家户户还是在寒冷中看完两场电影，因为一年也就一次，你不看，电影队明天走了，到下一个生产队去了，你想再看电影，那是明年的事。

我不得不习惯那种贫困日子，那一时期是我一生中极其艰难的岁月。

4

家里实在找不出一分钱，在生产队挣工分只能按指标分到口粮和口油，勉强够全年吃，但钱是没有了，年底分红有结余的农户也就是结余几十块钱而已。我们家是超支户，超支了60多块。队里面没有钱分，还能从哪里找来一分一厘？贫穷如洗，困扰着一家人。

听说板坡代销店收小毛竹，三分钱一根。代销店是寨脉生产队的覃玉学主管。我去问了一下，覃玉学说："是收购小毛竹，规格要两米长，细得像一支钢笔大小，但要细得匀称。"当时我们不知道收这种竹子做什么，后来我调到县经协办跑了一趟山东才知道，这种小毛竹是中原一带种大棚瓜豆蔬菜用的豆扦。

当晚，全家人商量好了，第二天早上我和韦如英、母亲、大姐、妹妹覃美运等五人结伴去麻风山找细毛竹。早饭后，五人便上麻风山，麻风山里根本没有这种竹子，我们走到祖龙冲（地名），到测量尺山脚，爬上高高的测量尺山顶，测量尺山与高高的笔架山一样高。这天，正是暮春时节，满天大雾，细雨绵绵，路很滑，还有点冷，站在大雾迷漫的山顶上，看不了多远，测量尺山顶也没有细毛竹，于是我们从测量尺山顶朝江荷大队方向下到半坡，才找到一片细竹林。

这片细竹林按耕作区的划分已经是归江荷大队的了，我们是越界砍伐，当然怕江荷生产队人看见，于是母子姐妹急急忙忙，偷偷摸摸，砍了几十根，扎成一捆，每人各得一小捆，跑回来了，各人扛着一捆小毛竹，爬坡上山，直到测量尺山顶才松一口气。我事后心想全靠那天是细雨蒙蒙，江荷生产队的人不上到这高高的山坡来干活，不然早就被江荷生产队的人发现了。

过了测量尺山顶又回到麻风山，回到碾子弯头，回到我们的地界，我们才放了心。

傍晚时分，我们扛到板坡代销店交售，我的那捆经过代销店点数共60多根，3分钱一根，合计得1块8角钱。

天哪，细雨中翻山爬坡，跑了几十里路，才得1块8角钱。

拿着这尽管1块8角钱，加上如英的1块多，我们在代销店为女儿买了一双小解放鞋，花去2块多钱。

回到家，全身上下已经被毛毛细雨淋湿透了，第二天还要出生产队的工。

初冬，生产队收二苗谷子，女儿穿着这双解放鞋跟我去田里打谷子，在田埂里跑掉了一只，因为鞋长脚小，我挑谷子交生产队后才得知女儿丢了解放鞋，又跑回大塅那块田，找呀找呀，找了很久才找到。

5

1972年端午节，生产队放假一天，不出工，队里这十多天槽牛，我也不用去放牛，只是负责放草料和喂水给牛，于是韦如英和我各扛上一把锄头上山去找红薯地。

初夏时节，天下着毛毛小雨，满山大雾，浓浓的雾把所有的山头全遮盖了，看不了几米远。我们从地名叫四九山的地方上坡，到了大坪山，到了银匠坡，再从银匠坡下冲头直上笔架山的主山梁，因为大雾，我们分不清具体方位，只管往上爬，爬到半坡，见到一个平缓的坡地，韦如英一锄下去，泥土是黑的，是松的，认为这是很好很肥的山地，便挖几锄打个标记，拟作种红薯的山地。

此时已是午后，因为山雾太大，我们回家了。

第二天早上，天晴了，大雾散去，太阳初出，天地亮堂堂的，我和韦如英站在家门口辨认昨天在笔架山上标记的未来红薯地，看来看去，天呀，我们所选的地方居然在笔架山的主峰下面不远的山梁上，那里怎么挑红薯下来，又怎么护理？在一大片荒山之中也防备不了野猪和老鼠偷吃红薯，笔架山麻风山这一带当年还有野猪出没，种不得，只好放弃。

后来，过了几天，我们又到银匠坡去，在一条小溪头，找到一块平缓的山地，地很肥，土很松，草也不算太厚，我们便决定用作红薯地。

我们把那块地粗粗挖了一遍，就等着红薯苗长了移来栽种。

红薯的种植，先是将去年收藏地窖里的红薯种子，种植在屋背菜园里，清明前下种，两三个月后，红薯苗长有两三米长时便剪下薯苗移栽于山地。

1972年6月的一天，天气已经热了，我背着小孩，韦如英挑着一担薯苗，我们从四九山上坡，三人到大树坳时，我已全身发热，解下背上的小孩让其小便，休息片刻便轮换韦如英背小孩，我来挑那担很沉的薯苗担子。我们沿着大水沟盘路往银匠坡冲头走去，将近中午才到地头。

生产队里今天还是槽牛，所以我有时间来栽薯，我们来到银匠坡冲头那块红薯地，我背着小孩，手拿锄头开沟，韦如英下薯苗种，然后又轻轻用泥土盖上薯苗，弄了大半天，完工了。

过后，我们去护理铲草一次，转眼便到秋末冬初，那红薯苗长得满地都是，我每天放牛上山，顺带割一担薯苗挑回家，薯苗用来喂猪，是最好的猪饲料。

到挖薯了，我和韦如英到地里去，挖了半天，结果收获很少，因为在那荒山上鼠害太凶，所有大一点的红薯都被老鼠刨出来吃了，只剩下一些小的，总共也不满一担，一个阳春种红薯就收这么一小担，显而易见，我们的劳动贱到何等地步。

第二年，那块地我们不种了，任它荒废。

尽管红薯收得少，但毕竟收得了好几担薯苗，加上我们种的苦麻菜、芭蕉芋、芋苗等猪饲料，终于在1972年从年头到年尾养成了一头猪，过年杀猪时居然得了100斤肉。

杀年猪之前我报给生产队，由生产队统一申报大队部，交了税，领得了生猪屠宰证，过年前两天杀了年猪。那个年代农民过年杀年猪要报税，要领得生猪屠宰证。

而去年是分家的第一年，刚分家，我们也养猪，但什么都是白手起家，猪饲料也没有，养的那头猪一年到头竟然只有60斤，打七折得40多斤肉，一年到头，一头猪就40多斤肉，根本还不成为一头能出栏的年猪。

6

分家时，母亲将屋背菜园给了我们三分之一，大坪菜园也给了三分之一，但仅凭这些老菜地，显然不够，韦如英和我便四处找菜地。

这年5月一天，我和韦如英去到纳右冲的小坡上，那里有一小片荒地，我们打算选作辣椒地，但荒地上长有很多小杂树小竹子和茅草，我们开垦费了很大力气才把那些竹蔸树蔸全部挖出来，烧掉，韦如英撒下辣椒种子，后来那块地居然长出一片绿油油的辣椒苗来。

还不够，我和韦如英又到地名叫塘上冲头的小竹山里，开辟了一块地种芋头，后来芋头苗长得很好，芋苗叶可喂猪。于是这个小家庭，连同屋背菜园，大坪山，拉谢纳右，共有四块小菜地。

拉敢村旁山边有一个木薯土窖子，那是内弟韦荣厚来帮我挖的。靠山坡的土坎下，开一个一米见方的口子，然后掘进去，在土里掘成一个大土窖，冬季收获木薯时，将木薯秆除去头尾捆成一捆，放置于土窖中，然后封土。之后尽管数九寒冬，雪雨纷飞，天寒地冻，而木薯种靠地下恒温能保持不冻坏，待到春来了，我们再从土窖里拿出木薯种子来，移植到地里。

我们这个小小家庭的木薯都是在大坪山那块地里与玉米套种。六七月收了玉米就等着冬天收木薯了。那块地不大，总共收成也就是两担生木薯。

挖回了木薯，我们夫妇俩连夜刮皮，用一块竹片剥去木薯皮，然后挑到河边，找一个回弯水将木薯倒入水中，用杂树盖压，将木薯放置水中浸泡，大约半个月，除去有害物质，再去捞出来，放在晒楼上晒干。

晒干的木薯条，大约有两箩筐，挑到大寨村的打米打粉机房去打粉。这两箩筐干木薯，打成粉后只有10多斤。虽然不多，但我很珍惜这些木薯粉，我挑回家后，先把木薯粉用水煮熟，晾凉，拌酒曲，沉入缸中，封缸，发酵。

几天后，我借来叔父自制的蒸酒设备，在老家楼底，架起了大锅，架上小酒蒸子，小酒蒸之上是天锅，我将发酵好的木薯醪倒入锅中，然后用竹筒将水沟的水引流进天锅，一进一出，维持天锅水恒温低温，灶下面烧火煮酒。大约不到半个钟头，木薯酒便从引酒管流了出来。我用一个土坛接着，这一口锅整出来也就是10多斤木薯酒。

这木薯酒就是我们过年的酒。

7

1972年秋。

这天，我从麻风山收牛回家，当年生产队安排我养牛。我早上就知道今天底下屋的堂弟结婚弄酒席。按照我们本地习惯，不管哪家有红白喜事，全寨人都去贺，贺礼是三两斤米，加一个封包3元或5元。

我关了牛就回家了，底下屋的酒席已摆开了，我是肯定要去贺礼的，拿上3斤米，再加一个封包，但只有5角钱在家。没有钱怎么办？就只好封5角钱了。5角钱的封包加3斤米，这一贺礼成为我一生的羞涩之事。

这样的情形不止一次。不久后，我已不养牛了，恢复正常出工了。这天在大墩打谷子，西边日落之时，我匆忙收拾糯谷进箩筐，挑去仓库，然后飞也似的赶回家，在楼底抓上一只鸡，去寨六生产队贺岳父生日，那只鸡算是我养的十多只鸡中最大的一只，但也不足一市斤。拿一只不足一斤的鸡去贺岳父生日，这又成为我终生难以启齿的羞涩之事。

那是我一生中最艰辛的岁月。

8

1971年4月分家了，我和韦如英二人做一家，而父母亲还带着我的老弟老科，老妹美运、美鲜共五人做一家。美新妹妹出嫁大寨生产队，不在家了。

父母亲的火炉堂仍然在正屋的里间，我只好选择上楼的外一间，将那两米宽的小房改为厨房。

火炉堂是要烧火的，只有挑大堆泥巴来填在楼板上，填上厚厚一层以防火，然后是在上面用废旧大铁锅做底，做成一个火炉堂，煮饭炒菜烤火，当年已买一只猪崽来养，还在最里面用黄泥垒成一口大灶，专门用来煮猪食。

后来，1972年，我把火炉堂从外一间两米宽的小房移到最里面的后拖间。

那里面宽些，我自己动手做木工，在火炉堂里面的屏风板上安装了一个碗柜，整个火炉堂有灶、有火堂、有碗柜、有饭桌、有水缸、有水桶、有洗脸架，但没有洗凉房，要洗澡只能打水在火炉堂或者房间里洗。

这个火炉堂用了很多年，一直用到1978年恢复高考后我被录取去读书，韦如英与两小孩在家仍然用。直到1981年我将韦如英接去我任教的中学校生活之后才不用。

多少年来，我们一家四口就是在一间房加一间火炉堂那样的格局里生活，那些苦难的日子永远铭记在我心头。

不过，当年也有苦中作乐之时。

1974年过年，我在中门两边贴了一副自己写的对联。

上联：七洲五洋皆腹内，——暗喻"世"字；下联：三冬六暑我常青。——暗喻"松"字，即我的名字"世松"，是自嘲，也是言志。

横批：新年快乐。

9

1972年正月，队里安排我养牛。

生产队的黄牛共有30多头，有牛牯（公牛）、牛母、牛崽。牛是生产队集体所有，统一关在生产队所建造的牛栏里。牛栏建在马路边，二层楼，上层专供堆放干稻草，这是冬季牛的饲料；底层分为若干个小牛栏，中间是一条通道，两边的牛栏都是通透式的，一个小栏关两三头牛。

这些黄牛是生产队的主要畜力，春天犁田耙田，夏天双抢耙田，水田里犁耙的活路全靠这些牛，没有牛，可以说根本无法种田。牛粪是种田的主要肥料，基肥。

全队四五十个劳动力，安排一至两个社员长年养牛，当然养牛员的安排主要是照顾年老、体弱或智障的社员。今年安排我和姚盛章两人养牛，姚盛章是一贯负责养牛的社员，他个子矮小，耳聋，智障。

养牛员每天清早将所有黄牛从牛栏放出来，一路赶上养牛坡，那是一条几十年一贯的路线，从养牛坡一路爬上大坪山，然后横过大水沟盘路。直到笔架山半坡，那是一个很大很大的草坡，牛散放在笔架山半坡各自吃草。

每天清早把牛从牛栏赶到笔架山半坡，已经耗去了半天。将近中午，牛群散在半山坡上吃草。

待到太阳将要落山时，养牛员便上到笔架山半山坡，高喊："嗨、嗨、嗨，回去咯，回去咯。"牛听惯了也听懂了，便三五成群慢慢地从半山坡走下来，集中成队，走回大水沟盘路，走下养牛坡，回到寨头，沿马路走下来，回到牛栏。关了牛栏，放些干稻草给牛垫睡，此时天已黑了，养牛员方得回家。

之所以今年安排我养牛——才20岁谈不上老弱，是因为去年即1971年农历八月，我患上慢性脚关节炎。那一天我去县城，当天来回，走了120多里路，大热天，出很多汗，我一路上逢水就洗脚、洗脸、洗凉，这一冷一热，当晚回到家，脚关节就痛了，一连几天下不了床，痛得我难受。后来，居然一痛三个月，下不了床，躺在床上，大小便要人扶下来，吃饭在床边，针灸也试了，中草药也敷了，什么"保的松"之类的关节药都用了，还是不行，后来用寄娘采的草药来敷上才勉强好些，但走路还得撑拐杖，更不能干活。

1971年4月我与父亲分家后，一家人就靠韦如英出工挣工分吃饭，这样下去肯定不行，于是过年后我稍为能走些路，哪怕是撑着拐杖走，也得找活干，毕竟一个大青年哪可能不出工，队里就安排我与姚盛章二人养牛。

养牛的工分很低，一天只有8分。当然此时对我来说，双脚受伤，做不得重活，生产队安排我养牛，已经是很照顾了。

第一天出工养牛。

早早吃了饭，用竹饭筒装了中午饭便出门了。那竹饭筒是白镐河农村流行的通用的盛饭器具，一节楠竹筒，加上一个楠竹盖子，两边有耳眼套上绳子背在肩上，能装下的饭菜也就两三碗饭，刚够中餐。早上，我到牛栏，姚盛章也来了，牛先后出栏，上马路，几十头牛出栏完了，我和姚盛章跟在牛尾尾，也叫牛屁股，我跟姚盛章学着喊："嘿——嘿——嘿！"这是赶牛走的喊声，牛听惯了也听懂了，上马路，从下板坡生产队过十字路，过上板坡生产队村门口，到村头，上牛坡牛路，那牛路走了几十年，加上暴雨洗刷，变成了有一人深的小沟，牛和人就沿着这牛路其实是一条深深的沟，往上爬，坎坎坷坷、弯弯曲曲，上到大树坳，再过大水沟盘路，走几里的盘路，来到沟头也就是禾冲溪冲头，也就是笔架山坡脚，这地方叫银匠坡。

银匠坡位于笔架山脚，那里原有十多块小梯田。早在新中国成立前就有一吴姓人家在银匠坡那里生活，有茅草屋，有水田，还有山地果园，在那里生活了几十年，新中国成立后才搬下我们生产队来住，于是那10多亩梯田也归了我们生产队。这里离板坡村有五六里路，是在大山之上，又在笔架山主峰的脚下，这里有一条小溪名叫禾冲溪，还有吴家房屋的遗址，有他们的菜园地，有他们菜园地里的柿子树。

在这些梯田的中间，有一座石头小坡，坡顶是一片小小的平坦地，平地上用竹子和茅草搭了一个牛棚，是养牛人自己搭的专门休息的草棚。草棚里我们自备了两张床，说是床其实就是五六片竹片平铺在地上，人可以在竹片上躺下睡觉，这就是竹床。我和姚盛章把各自的饭筒挂在草棚中的柱子上，坐在棚里瞎想，赶牛到这里一般要三四个小时，此时已过11点。

从牛栏到这笔架山山坡，有六七里山路，而且都是上坡的路，一路爬上来，跟着牛走，慢慢地走，我不时还拄着拐杖。这第一天就这样上来了。

下午三四点钟，太阳偏西。

牛群散在笔架山山坡吃上这大半天的草，大概也差不多了，牛也是知道天亮天黑的。天色将晚，我和姚盛章背着空饭筒，爬上笔架山的半山坡，对着散放的牛群，对着大山、对着天空，放声地喊："嘿——嘿——嘿！下来了，回去了。"空旷的山坡上响起阵阵喊牛的回声，这回声在空旷的山野上滚过。收拢了牛，略数了一下，够数了，就往回赶，一路下坡，下坡，下坡，回到牛栏，关上牛放了草料，方始回家。

第一天养牛就这样顺利过关了。

第二天，第三天，第四天，天天如此，月月如此。

我熟悉了牛群，熟记了它们的名字，生产队的社员早就给每头牛起了名字，以便区别：黄牛牯、瘦牛母、黑牯、弯角牛、黑牛崽、花牛牯，而这些可爱的牛，也熟知了各自的名字，一般我们叫"瘦牛母，停下来"那瘦牛母居然就地停下不走，说明它听得懂人话。慢慢地，牛群也熟悉了我这位新牛倌，熟悉了我的喊声，熟悉了我的身影。

牛满身的臭味，牛屎牛尿更是臭不可闻，我初时跟在牛屁股，难闻其味，但久而久之，居然也习惯了，觉得不臭了，习惯成自然。

当年，我们小小家庭养了一头猪，那银匠坡的禾冲溪边长有很多野菜，韦如英叫我收拾那些野菜拿回去煮来喂猪，于是春来了野菜长了，我收成一捆，挑起一担，一头是野菜，一头是小捆柴火，一拐一拐，赶牛下坡。

每天天刚亮起床，吃了早饭赶亡上山，太阳落山了才从山上赶牛回来。世界上的一切都在我的视野之外，我几乎成为一个"世事什么都不知"的山里人，与我做伴的只有黄牛、老牛，只有青山，牛路。更甚者，在那高高的大山上遭遇狂风暴雨、惊雷闪电。

天有不测风云，到了夏季，屡屡遭受狂风暴雨、惊雷闪电的恐吓，有时被吓得魂不附体。

1972年6月的一天，正是夏季时节，早晨天气晴好，我照例装饭赶牛上山。

我和姚盛章吃过午饭，到溪头水里洗干净了饭筒，此时，南边天上飘过来一堆乌云，我瞟了一眼，夏季晴空万里突然飘来乌云是常有的事，但今天特别闷热，特别闷热就会有特大暴风雨。

我和姚盛章决定提前收牛回家，我与他分别迅速爬上笔架山的半山坡。

此时，乌云越来越多，紧接着"轰隆隆"一声响雷滚过天空，闪电一道道下来，似乎就在头顶，就在眼前。暴风雨来了，雨水倾盆而下，我独自一人在这半山坡，无处藏身，进退两难。

很快，我的全身被雨淋湿了，只有腰间小书包里的那本《金光大道》全靠尼龙布包裹着。最可怕的是惊雷闪电，我很担心雷击我，一闪电一惊雷我都惊恐万分。我不敢走动半步，只好站在原地，任凭风吹雨打。

我浑身发抖。想起人生落到如此地步，我的心情糟糕透了。

一个多小时后，雨渐渐小了，风也渐渐小了，雷声响在天上很远很远的地方了。

但山洪随之而来，洪水倾泻而下，似乎要淹没一切。

牛群也怕雨怕风怕雷，下雨时也站在原地一动不动，此时风小了雨小了雷远了，它们才慢慢抬头望一眼我，然后往山下走去。

过了几天，我病了，脚痛，感冒发烧。贫穷与苦难不断地折磨我们这个小家庭。

我回乡之后，自学木工和竹工手艺，可以用楠竹做成精美耐用的竹沙发、竹椅。我还会用楠竹破成片编成竹篮、斗笠。

不久，我就放弃了竹工手艺，改为看书读小说。

养牛的日子，有大量时间看书。

我拿书上山来看。为了便于携带，我用家织布缝成一个小书包，仅能装一本厚厚的小说而已，装上两个耳子，套上一段带子，背在内衣里面，早上先背小书包在身上，再穿上外衣，小书包就在内衣里了，还用一小块尼龙布将书本包起来，防雨防汗防水浸。

书都是借的，借堂叔覃启分的，借堂兄弟覃玉学的，借舅公韦顺超的。除了看书，我还抄词语，背词汇。

日子过得真快，秋收马上要到了。

秋收前要槽牛了。所谓槽牛，就是不放养上山，把牛关在牛栏里，全队社员去割青草给牛吃，为的是积肥，一般每年槽牛两次，双抢前一次，秋收前一次。槽牛时，社员们去割草，我和姚盛章负责过秤。

秋天过后，山上的草慢慢枯黄了，这时，牛群不能再赶去笔架山的牛坡上放养了，改为赶往麻风山的大山里。在那大山里，那些野生大树下有些小草没有枯死可供牛吃，大树下一些低矮的小树的叶子可供牛吃。

1972年下半年，《广西文艺》复刊了，我跟韦顺超舅公借35元钱（3.5元？），订了一份《广西文艺》杂志，我带上山去阅读。初冬的日子，天气晴朗，牛散在麻风山口那一带寻吃，我们在盘路上的草丛中休息，冬日里暖洋洋的太阳照着我，我斜躺在草丛中阅读《广西文艺》。

1972年，也是我写通讯报道稿件最多的一年，我和大队秘书等三人，组成板六大队通讯组，写了很多广播稿件。我们的稿件一般都被县广播站和公社广播站采用。这一年我在养牛过程中成了通讯报道的积极分子。

1972年10月30日，我的双脚已完全康复，可以与社员一道出工了，养牛的日子就此结束。

第十章

1

1972年12月1日，大队干部韦顺超告诉我，大队决定让我当代课老师。这天晚上，我们队里召开社员大会，讨论生产队事务，会上韦顺超舅公代表大队宣布了：老赵明天起去板坡小学当代课老师，这是大队党支部决定的。

第二天，我便到板坡小学报到，听了一天的课，第三天我便开始上课。

又过了几天，学校安排了房间，我挑些铺盖到学校去住。当晚，我挑东西到学校时，韦老师正在学校食堂做事，是他带我拿东西上了楼安排了我的住宿。从那天起，我才脱离了繁重的农活劳动，但没有脱离农民的身份。

民办老师，户口在农村，仍然是农民，口粮仍然由生产队供应，只是不拿工分了，生产队和大队有统筹款发工资，每月10元，教育局每月补助12元，合计每月22元，全年264元，教育系统的12元每月发给，这就是工资，大队统筹款就难说了，一年到头不一定兑现。

但毕竟脱离了只有做工挣工分才有口粮口油过生活的苦日子，我已经很感恩了。

2

1970年和1971年的双抢期间，板六大队部办了一份油印简报叫作《双抢战报》，每天出一版8开纸，用蜡纸刻写，然后用油印机自行油印，发给下属的13个生产队，也上报公社革委办公室。

1971年的双抢，大队抽我去办这份报纸，整个双抢也就是10天左右，去办报也就这10天，大队抽人，生产队记我的工分。我每天傍晚走一圈各个生产队，一个队一个队地到他们的文化室也就是生产队仓库，各队的保管员会将当天收割的田亩数、收回的水谷数，以及好人好事汇报给我，我简单记下来，当晚就在家里拟稿，第二早去大队办公室，刻写蜡纸和油印，下午便出版了，傍晚时又将《双抢战报》一个队一个队送下去，同时收集当天的各队的事迹，便于第二天出版。

每年双抢，公社都派干部下到各大队督战。这年，公社革委会专职通讯员卓干事到板六大队蹲点，见我办的《双抢战报》有特色，写的新闻稿也好，于是，对大队党支书说，大队应成立一个通讯组，专门写新闻稿件。大队同意了，安排三个人：组长是板六大队党支部书书记，成员是大队部办公室覃秘书和业余通讯员我。由我负责采访写稿，然后交党支书或覃秘书，审查后加盖大队的公章，就寄给丹洲公社广播站和县广播站。寄广播稿不用贴邮票，只要在信封右上角写上"新闻稿件邮资整付"字样，邮费定期由广播站支付。

从1971年秋天开始，我干上了业余新闻报道员这一行。

不久，也就是1971年冬天，丹洲公社办了一期新闻与民兵训练学习班，通知我去参加了，卓干事给学习班讲了一天的写作课，讲什么是新闻稿，怎么写新闻稿，新闻稿通常采用的文章形式，我听了很受启发。

从1971年开始到1972年，特别是1972年，我写的广播稿达到了高峰，1972我发出了90篇稿子，平均一个月7.5篇。写什么？有什么东西来写？现在我还保留着1972年全年发稿的目录，那些稿件有的写农村生产队老贫农看田水负责任，有的写开田造地，有的写忆苦思甜，不过就是农村当时那些平凡小事。

尽管如此，各级用稿单位对我是大加赞赏，县广播站经常广播我的稿件，我们大队我们村不通县社的广播，但去了县城的人回来都说：

某天某天县广播站又广播大队通讯组的稿件。公社广播站、县广播站，以及广西人民广播电台每年都给我寄来了好几批学习资料，以及空白稿纸、笔、笔记本，这些对我来说都是莫大的鼓励。

我写稿条件很苦，去采访后，就在我的笔记本上写初稿，然后用复写纸用圆珠笔复写，发出去。我的简陋房间的书桌就是写稿的地方，昏暗的小煤油灯伴我度过了很多个夜晚。

3

1973年以后，我的新闻稿件的深度和广度都提高了，虽然产量少了，但质量上去了，我开始给《广西日报》、广西电台投寄稿件，虽然没被采用，但充实了县里上《广西日报》和广西电台的稿件数量，县里重视了我。

1974年初春，县委宣传部举办业余通讯员学习班，通知我参加，我与另两位同志分到丹洲公社红路大队去采访春耕的事迹，采访回县便突击写几天稿件，由县委宣传部统一发出去。

1974年6月，县委宣传部又举办第二期学习班，通知我参加。这一次，我随县委宣传部专职宣传干事罗干事、吴干事两人到良口公社晒江大队去采访一五八军医院下乡到侗乡帮助侗族人民搞好医疗卫生工作的事迹。回县后又与县委宣传部专职宣传报道组郑组长等三人到独峒公社的三省坡上的大塘坳水库采写三省人民共建大塘坳水库的先进事迹。这一次，我平生第一次登上了三省坡。

三省坡地处广西、湖南、贵州三省区交界处，海拔1000多米，我们是7月上去的，在山脚我们穿衬衫线衣还浑身汗水，上到三省坡半坡却要加衣服了。那一夜，我们在三省坡上一个牧羊场里住宿，半夜下起了雪，我们加盖大被子，第二早穿起大棉衣。三省坡上的牧羊场里的羊是省、地、县去东北采购回的北方绵羊，作为扶贫项目拿到三省坡上去放养，三省坡上有宽阔的草场便于养羊，但那些羊养得不好，后来逐个死掉，不过我们去采访时，刚办场不久，正在火红的兴头上。

这一年办了几期学习班，让我跑遍了全县各公社，包括独峒公社三省坡，以及处在大山半山坡上的侗寨：独峒公社林略大队；大塘坳水库；还有良口公社、老堡公社、富六公社、富六公社的梅林大队；还从梅林大队去到从江县。从江县是贵州省的边远县，但离我们县的富六公社梅林大队仅十多里。

参加几次通讯学习班，向专业报道干事比如郑组长、吴干事、罗干事等学到了很多写作知识，也让县里的领导更了解了我的写作能力，这些都为了一个目的：跳出农门。

回想起来，从1971年开始写广播稿，到1974年的几年里，广西人民电台采用了我的几篇稿件，但我的视野毕竟太小，所处的区域太不起眼，20世纪70年代的新闻见报首先讲政治影响，想一想桂北一个普通的壮族山乡，夹在侗族自治县里，能出什么大新闻呢？倒是我参加县里学习班，主笔写了几篇大的稿子都得到广西日报和广西电台青睐，被采用了，尽管那是以县委宣传部通讯组的名义写的，但毕竟让上级领导对我有了一点印象，多了几分重视。

4

1975年元月1日，广西日报和广西电台在南宁召开了广西日报广西电台通讯员积代会。我获得县委宣传部推荐，以农民业余通讯报道员积极分子代表的身份，参加了这一盛会。

会前，在1974年11月的业余通讯员学习班期间，县委宣传部新闻报道组郑组长事先已向我打了招呼，1974年12月25日，大队覃秘书用一张薄纸写了一份书面通知还加盖了大队部的公章，大队干部韦顺超舅公下班回家时拿给了我："接公社革委会转来县委宣传部通知，你出席1975年1月1日在南宁召开的通讯员积代会，请带足来回15天的粮票，及时到县委宣传部报到。"

尽管是一张薄薄的纸写的通知，还要带粮票，尽管是去南宁参加一个积极分子代表会，但对我来说，意义非同小可。几年来我写诗歌、写散文、写新闻，练笔不辍，特别是1972年，全年写了近100篇新闻广播稿件，上级肯定了我的成绩，上级看到了我的进步，要知道，当时我的身份还是一位农民，一个农村小学的民办老师，户口还在农村生产队，吃的口粮还是生产队的农业口粮。

我准时出发了，怀着满心欢喜出发了。

走路60里到了县城，去县委宣传部报到，得知县里是三个名额：县委宣传部报道组郑组长，斗江公社革委会专职报道干事潘某，加上农民业余通讯员的我。这叫专业业余的三结合代表。

我们三人坐汽车去柳州，又从柳州坐火车下南宁。

20世纪70年代，柳州到南宁的火车要跑5个多小时，火车"哐当哐当哐当"慢慢爬。

郑组长和潘干事在火车上闭目养神，5个小时很累人，而我坐在车窗边，睡不着，两眼望着窗外，一晃而过的山水田园，感慨万千，心情激动，浮想联翩，我回乡后在苦难的农家生活中，压抑，挣扎，一次次企图跳出农门，但一次次跳不过，跳不过哇。

太阳西落之时，我们来到了南宁，我们三人走出南宁火车站，一股南国繁荣都市的气息迎面扑来，令人心情振奋。元旦来临，街道两边红旗招展，灯笼高挂，标语醒目……这让我这个初入都市的农村娃，真有"刘姥姥进大观园"的感觉。

我们三人融入城市，坐公共汽车来到南宁饭店，全广西此次与会人员全部住在南宁饭店。南宁饭店是官方招待宾馆，各种行政会议都在这里召开，我们三人被安排住进了豪华的宾馆房间。

晚餐就在南宁饭店的大餐厅，餐桌上早就将与会人员名单打好了，对号入座，对号就餐。

饭后，郑组长去参加简短的预备会回来，领回了全部会议材料，分发给我们一人一份，我看完了会议材料知晓了会议日程。这样的大会，日程总是千篇一律的，特别在当时，无非：一是大会开幕式领导作报告；二是宣读年度积极分子名单，发放奖品奖状；三是典型代表作经验介绍；四是分组，讨论研究下一步如何贯彻大会精神；最后是大会闭幕散会。会议分组讨论地点都在南宁饭店，而大会开幕与闭幕作报告则在广西区政府大礼堂。

会议第一天的日程是：开幕式、领导作报告。早餐之后，代表们自觉佩戴会议代表证，到广西区人民政府大礼堂参加开幕式，听领导作报告。

会议按日程进行，领导讲话都事先有讲话稿，在台上念一遍，这是程序。下午讨论，分组在南宁饭店的各个小会议室里举行。

晚饭后是自由活动。

我跟郑组长打个招呼说上街走走，便一溜烟出了南宁饭店，往邕江大桥走去。

夜幕下的南宁，华灯绽放，车水马龙，人头攒动，我信步走过邕江宾馆大门口，那个年代的南宁，邕江宾馆是一座最高的大楼，楼高九层，雄居邕江之滨，邕江大桥横跨南北，桥边就是著名的冬泳亭。

冬泳亭之所以成为南宁一景，是因为它的政治意义太伟大了。1958年1月6日至23日，中共中央政治局在南宁召开会议期间，65岁的毛主席1月7日和1月11日两次冒着7摄氏度的低温天气从这里下邕江冬泳，而且游了很远很远，当时各大报刊电台广为宣传了这一壮举，一位伟大的领袖在这里下邕江冬泳，而且在寒冷的冬日，那种不畏艰险的伟大精神激励了多少人，于是1974年就在这里建了这座冬泳亭。

1974年6月，董必武亲笔题写"冬泳亭"三个字，还题了一首诗铭刻亭上：

盛会南宁主席临，邕江冬泳纪碑亭。
工农奋发思跃进，大势如高屋建瓴。

此时，我伏在冬泳亭的栏杆边，望着夜幕下的江面，江水闪烁，华灯倒影，江风习习，我陶醉在这样美好的夜晚，陶醉在这样有意义的地方，我思绪万千，浮想翩翩，几年来的苦难情景全部浮现眼前。几年来在那苦难的农家，苦命挣扎，苦命拼搏，苦苦地奋斗，以求鲤鱼跳龙门，以求能有进步，如今初有成果，所有的辛酸一时全部涌上心头，我望一眼高大雄伟的邕江宾馆，再望一眼江流不尽的邕江水，想起我的身世，泪水簌簌而下。

我的思绪从回忆中拉回到了眼前。

眼前，我来到广西首府南宁，今天我出席了广西日报广西电台通讯员积代会。今夜，我站在这邕江宾馆前面，我站在邕江大桥头，我站在这邕江之滨，我站在这冬泳亭中。

今天出席广西全区通讯报道积极分子代表大会，是对我四年来工作的肯定，是一种莫大的嘉奖，是一种莫大的激励，在那个年代，这显得格外重要。

我擦干激动的泪水，深情地告别夜幕下的冬泳亭，夜深了，我必须回到南宁饭店，明天大会还有一系列活动。

几天后，会议结束了。我与郑组长、潘干事三人登上火车回程。

回到县里之后，县委宣传部立即又举办了一期通讯报道学习班，在斗江公社办。在这期学习班上，县里面安排我作了一次典型发言，介绍这几年来我如何业余写新闻报道稿件的事情。学习班还安排我和良口一位女知青去桐叶大队采访，当天早去晚回，这位良口女知青当时也在当地写一些广播稿件，但仅仅是这一次相识，后来也不知她做什么工作，是否成家，前途如何，包括参加了几期学习班的人员，也都是一面之交，后来再无信息了。

1975年6月底，县委宣传部和县武装部抽我去参加广西民兵故事的写作。广西军区政治部主持编写军事题材的革命斗争故事，其中第一本已经命名为《歼穷寇》，反映解放初期广西民兵斗争事迹。我受命参加这一丛书的写作，于是，从此以后，便永远地结束了我的新闻稿件的写作。

1975年夏天，在新闻报道方面的写作，我停笔了，从那以后，我再也没有提笔写新闻稿件。

5

1975年7月1日，我接通知来到县武装部，到分管的政工科侯科长那里报到，侯科长告诉我：广西军区政治部计划主编广西民兵斗争革命故事丛书一套。各军分区各县武装部都按照上级部署开展工作，县委宣传部的同志说我文笔好，所以决定抽我到武装部来，算是借用，民办老师另外请人代课，由武装部发另一份工资给代课人。工作时间几个月未定，直到写完能出版为止。并且安排我住在武装部后楼一层的大房里，那里原来就是招待上级来人住的，铺盖一应俱全，吃饭就在武装部食堂。

从1975年7月1日这天起，我算是进入了创作专业班子了，但我在文笔上并没有做好准备，水平还是那一点点写了几年新闻报道的料子，而且身份还是农民，刚刚从田野上走来，可想而知：土气、傻气、拙笨、文采欠缺集于一身，我一下子要登上文学的殿堂，亲手写一篇作品，由广西军区政治部主编收入集子，由广西人民出版社出版发行，谈何容易。

但我硬着头皮做了下去，在县里人们的眼中，我算是一支好笔，能写，是个才子，天哪，哪知道我是盛名之下其实难副。

我与侯科长等人议论了一下写作主题与内容，决定以西坡大队解放初期保卫农会的斗争事迹为题材写一篇名叫《保卫农会》的故事，我到县档案馆翻阅相关材料，走访了几位当年的老革命，于是初步提纲《保卫农会》出来了。

不久后，柳州军分区政治部通知各县到柳州集中汇稿。各县武装部都抽调文学高手来专业写稿，第一次汇稿主要让各县汇报初步拟定的文稿主题题材和内容。我汇报了《保卫农会》，第一轮就被枪毙了，通不过，没有特色，没有特点，太一般化了，解放初期保卫农会斗土匪的故事太多太平凡太普通，上不了书，叫我选择县里有特色的东西来写，比如：风雨桥、鼓楼等等这些才有民族特色，有地方特色，才能出类拔萃，才能标新立异，汇稿会还提出了与其写保卫农会不如写保卫风雨桥，敌人土匪要破坏风雨桥，民兵保护风雨桥，同样是对敌斗争，同样是民兵故事，这就有特点特色了。

这次汇稿，确定了我县的篇目是《风雨桥》，这是这篇处女作第一次定名定篇，其他各县都筛过一次，融安、融水、鹿寨、柳江、来宾、金秀等等，大都淘汰了，能保留下来的也就是几篇。这次汇稿会商后，我回到县里，将柳州军分区汇稿会议如实汇报反映，最后县武装部问我计划如何，我提出：一、大量走访关于风雨桥的故事；二、大量收集解放初期全县剿匪斗争的故事；三、在这两者基础上拿出新的一稿《风雨桥》的故事情节来。

县武装部完全同意我的想法和计划，于是，我便开始了我的侗乡之行，去了独峒、八江、林溪，还到了平流、巴团等侗族风雨桥最多的一些村寨，还在档案馆抄录了大量关于风雨桥的诗文。这些日子，似乎让我重新认识了侗乡，重新认识侗乡传承下来的侗族文化。

1975年8月，一次偶然的机遇，广西著名作家包玉堂先生来到我们县，住在招待所。这天夜晚，县武装部政工科侯科长、县革委会文化科罗科长等领导带我到招待所拜见了包玉堂先生，我简要而又全面地汇报了写作《风雨桥》的设想，想听一听大作家包玉堂的指点，包玉堂听后不假思索就说："这个题材很好，很有特点，很有侗族特色，是个好题材。"接着大作家包玉堂深入浅出地说了应设置三个回合的斗争，增加悬念，增加斗争复杂性，增加故事性，土匪要破坏风雨桥，民兵和寨老要保桥，这样一来一去就有戏剧性了。

大作家的一席话，点拨得我眼明心亮，我似乎一下子豁然开朗。

会谈后，我还带着包玉堂先生去他外甥女周女生的宿舍，包玉堂是县中周老校长的内弟，周女生是周校长的宝贝女儿，周校长后来从良口中学校长任上调来县中任副校长，而当时周女生是在县文艺队当演员，不过，后来也调到柳州工作了。

根据大作家包玉堂的指点，我突击几天，很快就把《风雨桥》新的故事情节弄出来了。

1975年9月，金秋时节，我带着《风雨桥》的故事梗概来到南宁，到广西军区政治部汇稿，我们住在广西军区招待所，也就是现在的桃园饭店，那个时候还仅是一片平房。

在这第一次全自治区汇稿会议上，我认识了柳州地区的几位名人：来宾县的作者小黄，当兵复员回来，写得一手好文章，小说故事很拿手，来宾县的民兵故事他写得很好，后来定稿了，集结出书了，再后来，小黄也进了干部队伍，分配在来宾县文联，再后来小黄当到来宾县文联主席，也发表了很多小说故事，还主编了来宾县的文艺刊物。鹿寨县的黎老师，重度残疾，双脚一拐一拐的，也写得一手好文章，擅长诗歌小说散文，发表了很多作品，他在一所中学当老师，后来也调到县文联，当文联主席了。还有柳江县武装部一位年轻小伙子，还有金秀县，还有柳州市、柳州地区七八个作者吧，这些作者留给了我深刻的印象。

这次汇稿，大家都认识了这套丛书的主编：胡副政委，他是广西某师的副政委，曾著作出版了一部中篇小说，这次胡副政委主编这套丛书，大约要出几本集子，每本几十篇故事，我们听了胡副政委的几次写作技巧报告，很感动，讲得很好，胡副政委认为：写作要有生活，年轻人要多积累生活，在写作中，小说情节来源于生活，语言来源于生活，大的故事情节可以编，但小细节编不了，编了就假了，文字语言要生动，不能死板，同样对一件事的叙述，用生动的词汇来表达与平板叙述就大不一样。

这次汇稿，主要筛选题目与内容，我的《风雨桥》通过了，编委认为：题材有特色，有侗族民族特点，反映了解放初期民兵斗争的多民族性，题目算是确定了，但故事情节还不紧凑，无悬念，平淡了一点，要求我把这篇文章写好。

广西军区第一次汇稿会确定了我的题目，我高兴，因为在此次广西军区汇稿会议上又淘汰了一批，这次汇稿会能通得过的，就有希望出书了。有希望选得上集结出书我当然万分高兴。

在南宁期间，汇稿会组织我们去了当时算得上全国一流、名列全国第四的南宁剧场看了两场文艺演出。能进到全国一流的剧场看全国一流的演出，那是不容易的，我们看的剧目是《瑶山的春天》，当时我就写了观后感，记下了我的感受。我还在军区大院里看了好几场当时热门的电影，如《海岛女民兵》《闪闪的红星》《春苗》等，享受到当时最高级别的文艺娱乐。

从南宁回来后便埋头写稿，但写来写去，脱离不了平铺直叙的影子，也没有文学的语言，全是几年来习惯的新闻语言，永远像写故事梗概，怎么写还像是故事梗概，只有骨头没有肉。好几次征求了宣传部、文化馆、广播站、县中学等文化界的知名人士来讨论。

时间不等人，第二次汇稿的日子越来越近。汇稿也就是交稿子，要交上一篇完整的文学作品，而不是故事梗概，也不是作品说明书。而我，当时还处在文学写作的启蒙阶段，假如当年就能像现在这样写小说写纪实文学，一口气写几万字，飘洒流畅，词汇丰富，情真意切，引人泪下，那就好了，但当年仅是20出头，初出茅庐，小小嫩鸭初下河，还不成样子。

但还是硬着头皮写出了初稿，一万多字，打印好了，按军区通知带稿赴邕汇稿定稿。

我又再次来到首府南宁，带着10份《风雨桥》打印稿住进了广西军区招待所。

紧张的汇稿工作开始了，我把《风雨桥》稿本10份送给柳州军分区政工科带队的科长。军分区科长及时呈送广西军区民兵故事主编等领导手中，广西军区政治部丛书编辑部的各位主编都在紧张地阅读各县送上来的稿本，然后每天上下午都由胡副政委等七八位编委对各个军分区送上来的稿件逐一评点。

轮到评点柳州军分区的稿件了。金秀县的《瑶山的春天》得到好评，通过了，基本肯定了，作者只需作些小修改、润色、提炼，就可以了，因为金秀大瑶山的剿匪在广西太重要了，几乎与十万大山的《英雄虎胆》剿匪故事同样惊心动魄。来宾县的《清江渔歌》也顺利过关了，作者小黄，写了红水河水上剿匪的故事，有特点，这套丛书中，没有几篇是写水上民兵斗争故事的，胡副政委表扬了小黄文稿的笔法很好，文学的语言很流畅。小黄当年也就20多岁，话不多，沉默寡言，但写得一手好作品。鹿寨县的《十八弄》也通过了，写在山区里的剿匪，又是写广西著名的大土匪李某，有真实的历史事实，也有山弄弄的特色，文笔也好，黎老师本身就是《鹿寨文艺》的编辑，又是中学语文教师，得到军区领导的好评，也过关了。

这是最后一次汇稿，前面经过各军分区筛选，又经过军区第一次筛选，前几次筛选主要是针对题目、题材的选择，故事情节的选择，是提纲式的、梗概式的，还谈不到文学作品的文采和表现手法，而这次是最后筛选了，是交付出版社之前的最后筛选，这次主要是看行文，看作品的表现形式、表现手法、文学语言、词汇等。

这天上午，轮到《风雨桥》的评点，我内心异常忐忑，不知"判决书"是如何下的，胡副政委说话了："总的来说，《风雨桥》题材很有特点，故事也有民族特点，题目新颖。但是，整个作品读了就像一碗白开水，什么味道也没有，语言死板苍白，平铺直叙，作品的口子太大、太宽，收拢不到一块，故事情节的几个回合没有悬念，没有层次，还没成型。"

"改，马上改，就在这里改，不要回去改。"胡副政委说，"可以这样设计：一个侗族阿公，在风雨桥头弹起侗族琵琶，唱起侗歌，一大群青少年上来，阿公开始讲故事，这个故事，就是这篇作品的主题内容，用一个大倒叙的表现手法，把解放初期一场民兵阻击土匪破坏风雨桥的斗争讲出来。斗争还要分为三个回合，这样才有层次，一层一层地把故事铺开写下去。"

我立即投入了几天几夜的紧张创作中。过了几天，我又出了一稿，交了上去。不到两天，稿子又退回来了，还是那几句话："不行，没有吃透军区胡副政委的指示精神，故事框架搭起来了，但语言还是不行，还是一碗白开水，还是像作品说明书，继续改。"

我又没日没夜地思考，创作。我精神高度紧张，失眠，病了。我到军区招待所医务室去看病，医生说："你没有什么病，可能是精神紧张过度了，你要好好放松一下。"

放松，能放松吗？写作已近五个月了，要是在这最后关头写不出来，被淘汰了，怎么对得起领导和组织？再说，我竟如此无能吗？我能就此放弃吗？连一篇一万字的小说故事都写不出来，还谈什么作家，写什么大部头小说？

经过三四天又改成一稿交上去。不到半天，胡副政委把柳州这个组集中起来，说《风雨桥》还是老样子。胡副政委说："柳州组的，你们发挥点互助精神吧。来宾的小黄，你的《清江渔歌》已经定稿了，那么你来改《风雨桥》，按我前次的思路改。"

军分区带队科长按照胡副政委的指示，叫来宾小黄帮我改。小黄确实很行，不到两天，新的一稿出来了，我赶紧抄好几份，呈送上去。胡副政委阅后大笔一勾："可以了。"

定稿了！谢天谢地，定稿了！

定稿了，就意味着这篇故事将由广西军区政治部的民兵革命斗争故事编写组收集成册，可以交出版社出版了。

此时已是1975年的秋冬季节。

不久，这本书由广西人民出版社出版发行，书名《歼穷寇》，由广西军区政治部民兵革命斗争故事丛书编写组编辑出版。《风雨桥》这篇作品也收在其中，还配了插图。

出书后，军区政治部寄了两本书给我，还奖励了笔和笔记本、纪念册，作为参加广西民兵斗争故事写作的纪念。

我回到柳州，回到县里，美誉如潮，像是凯旋的大英雄。

<h1 style="text-align:center">6</h1>

军区这次的写作任务到1975年12月底就已全部结束了，我们可以回原单位了。但是，县武装部把我留了下来，说再写下去，写第二篇，同时还加了两个人，一个是文化馆的周东培，一个是独峒的小张同学。

周东培是文化干部，是写诗歌民歌的高手，早在1972年，《广西文艺》编辑部就抽调他去，以笔名苗红文与另两位作者共同写了一首长长的叙事诗《韦江歌》，歌颂宜山县三只羊公社的一位大队党支书韦江歌，带领石山区社员如何农业学大寨的先进事迹，今天"苗红文"就站在我的面前，与我同在武装部吃饭写作。

小张是独峒的民办教师，是我高中同班同学，也是最具代表性的侗族文化人，很能写。恢复高考后考取了广西民族学院即现在的广西民族大学中文系，毕业回县分配到县文联，后又调回广西民族大学任教授。

现在，我们两个同学又走到了一起，共同在武装部从事写作。

这第二篇故事的题目和题材，我们三人商量又商量，确定写《红军留下一杆枪》，写的是1934年红军北上抗日，路过三江留下一杆枪的故事，这是一个真实的历史事实，红军从江西瑞金出发，过湘江，过通道时，也过林溪和八江。

1976年的元月2日，我们三人为了写好这篇故事，又开展广泛的社会调查。我、周东培、小张三人驱车到通道，然后去黄土公社，走的就是当年红军长征的路线。

1976年3月中旬一天早上，县武装部对我们三人说，全国反击右倾翻案风，广西军区决定暂停所有的民兵斗争故事的写作工作，各县抽来的写作人员可返回原单位。这次，是真的解散写作班子了。

结了账，整理了材料，1976年3月15日我乘车回家。车到江荷大队我下了车，从江荷大队回白镐河老家要翻高高的播荷界大山，天，下着纷纷细雨，已是初春天气，三天两头都是雨，所以山路很滑，我挑着一些东西，吃力地爬坡，千辛万苦地冒着雨踏着泥泞的山路回到了家。

当晚，我在日记里写道："今天结束了浩然式的写作生活，又回到了我的白镐河畔，回到了我的农家小木楼，回到了我教书的学校，仍然当我的民办教师。"

这天，结束的是浩然式的写作生活。

第十一章

1

1976年3月15日，结束了县武装部民兵故事写作工作后，我就又回到了板坡小学，继续当我的民办教师。

1976年，一个特殊的年份：

1月8日，周总理与世长辞；

7月6日，朱德委员长逝世；

7月28日，唐山大地震；

9月9日，伟大领袖毛主席逝世。

党中央发出了讣告，一时间大江南北都陷入了无限的悲痛之中。

我们板六大队，按照上级指示，在新寨生产队的仓库里设毛主席悼念灵堂。仓库早已清空，灵堂设在仓库的里头，扎了一个木板台子。台子上放着打了黑框的毛主席画像，台子左右两边扎了松门，吊着白花，松门两旁站着两个持枪民兵守灵。全大队的干部群众陆陆续续走进灵堂，悼念毛主席，很多人都失声痛哭。接替韦如英担任板六大队亦脚医生的冯医生，在毛主席遗像前伏在地上痛哭了几个小时，哭声悲切，声声诉说，在场的人们无不为之动容。冯医生是古良生产队的瑶族社员，她哭诉道，正是有了共产党领导的新中国，瑶族人民才翻身当了主人，过上了好生活，这一切都是毛主席给的。

10月10日，一个惊天消息从北京传出：王、张、江、姚"四人帮"反革命集团被打倒。

全国沸腾了，县城以上都集会游行，敲锣打鼓庆祝粉碎"四人帮"的胜利。

中国迎来一个崭新时代。

也就是在1976年，上课之余，我自己动手做木工，在我的农家小楼二楼靠南那边整成了一个几平方米的小书房，一个窗口，一个大书架，一张桌子，我准备写长篇小说，题目叫作《保卫农会》，列出了写作计划，计划每天写多少字每月写多少字，一年写成。

幼稚，这就是幼稚病。

我所积累的素材就是西坡村农会那点，是写民兵故事的时候采访到的，又没有解放初期的生活积累，更没有军事知识，连当时1950年的政权组织机构都不清楚，就想写长篇小说，太不切实际了。

后来，当然写不成。

后来，我又计划写中篇小说《北部湾之歌》，以县武装部长某某当年在北部湾之滨当武装部长，带领群众围海造田的事迹为素材，结果也没写成。

1976年，就这样度过了。

2

1977年4月8日，清明刚过，正是春种时节。这天早饭后，天下着雨，我挑一担猪粪，韦如英背一背篓木薯种，两人去大坪山插木薯种。我们家离大坪山有一里多路，从九盘山一直上坡，大坪山早年是父母亲背着我和覃美秀大姐开荒种油茶树的地方，油茶成林后归集体了，但那中间有一块很大的平地，父母亲留来做菜园，这菜园一用就是几十年，分家后父母亲又分给我们一半。我和韦如英早些日子已经去那里种上玉米，玉米出苗了，长得绿油油的，今天，我们来间种木薯。

将近中午，隔壁老高弟弟和老科弟弟两人气喘吁吁地跑到大坪山来："大哥，县武装部开小车来接你去古宜写作。"

"啊，人呢?"

"他们已经到家了，小车停在小学校那边，县武装部领导都在家等你。"

我们急忙收拾农具下山回家了。

就在前两天，我接到了校长的通知：县人武部准备编《革命斗争故事集》，决定抽我去，暂定两个月，抽去后，请人代课，钱由县人武部出，代课教师呈报表送县教育局。

我这两天正在学校做班主任和语文科任老师的移交工作，家里也想把木薯插下去，过两天好去县武装部报到。

我们回到家，急忙生火煮饭。

家里一共来了三个人：柳州军分区政工科谭副科长，县武装部政工科梁科长，县武装部的小车司机。

吃过饭，我带些简单行李出发了。

我第二次来到了县武装部，仍然住在招待所里。

从今天起，我接受了新的创作任务，长篇小说《保卫农会》的创作只好搁笔。

在武装部，谭副科长和梁科长布置了我的任务，这次是继续出丛书，仍然是广西军区政治部主编，但这本集子的题材是反映现实部队生活。柳州军分区确定：我们县写朱部长。朱部长早年在海边的钦州担任武装部长，带领民兵移山填海，后来从海边调到深山里，到桂北边远县当武装部长，他一生踏遍青山，事迹很生动，决定写他。以报告文学的形式，纪实性地真实地写朱部长。题目初拟为《踏遍青山》。

我听梁科长谈了朱部长很多光荣事迹，之后，我便动笔写故事梗概，写成后，便与梁科长两人带着稿子到柳州军分区作汇报，汇稿。

在柳州军分区政治部的汇稿会议上，政治部韦干事谈了他很诚恳的意见："朱部长在钦州海边的时间长，当了很久的防城县武装部长，在海边围海造田，有很多感人的故事，到桂北后又下侗乡，帮助侗族人民发展生产，这叫有山有水，主题应确定朱部长在山水间，题目改为《志在山水间》。"大家听了认为很好，就这样定名了。

4月12日开笔写作，至5月8日写成第一稿。5月9日交由军分区上送军区政治部。5月13日赴广西军区汇稿。5月25日广西军区政治部编辑部组织讨论《志在山水间》，认为写得太平淡，主要在于没有几个过硬的典型事例，要求再采访。6月2日重新构思文章路子，柳州军分区重新讨论新路子并确定重新采访，重新写作。

回县里后，我与梁科长重新拟定了调查采访计划，除了在本县调查采访之外，最重要的是必须到钦州防城县去，到海边去，体验朱部长在海边围海造田的气氛。

1977年6月间，我和梁科长两人乘车到柳州，从柳州乘车直下南宁，再从南宁坐汽车到钦州。在钦州住了两晚。接着，我们到防城县。

在防城县，我们举行了调查座谈会，邀请朱部长的同事谈朱部长的事迹。

接着，我们从防城县来到东兴县，来到北仑河畔。我们从东兴县坐车去江平镇的京族三岛，我第一次登上了巫头、万尾、山心这三个岛，第一次来到海边。

3

1977年6月15日，我和梁科长从钦州来到东兴，住在县革委第三招待所。

早上6点多钟，我们起床，到街上北仑河饭店过早，然后去县武装部，见尹部长，我们说："我们想找部里的董副部长和县委副书记谈一谈。"

"很好，董副部长在家，你们去找。"

来到武装部，董副部长说："朱部长这个人很好呀，这样吧，今天我先回忆一下，晚上再和你们谈，你们今天先去榕树头围海造田工程实地看一看。"

董副部长给我们弄了两辆单车，早上8点30分，我们便蹬车前往榕树头。

离开东兴镇中心城区，眼前又是一片平原田野和竹木村庄，这里和康熙岭小平原差不多。我心想，多少年来一直没见过大海，大海到底是怎么样呢，我渴望见到大海，于是双脚蹬蹬地使劲踩，单车"嗖嗖嗖"地向海边驰去。

跑了一个多小时，到了海堤内的平原田，一望无边，少说也有几万亩，一块连着一块，稻浪翻滚，绿波荡漾。稻田中，新起了一些住房，那是新迁去的居民，平原田里有水泥机耕道。

到了，到了，我们由于错过了进榕树头的路口而走错了路，本来应该由松柏大队岔道进拦海大堤的，现在走过了头，我们只好横过海堤里的平原田，爬上海堤，也好，看看吧，于是我们驱车进平原田，我在公路上望去，只见田里有一条白光光的大路，我心里说：很好，那是水泥路啊，但到近看，不是水泥路是盐路，这是由于原来是海滩，泥里有盐，所以用泥铺成的土路也是一条盐路。

我们走啊走啊，还不见海。海呢？海在哪儿呢？

我们横过宽广的田野来到海堤下，这里渗进了海水，形成一条小河沟，不深，我们推着车子，蹚水过去。在河里，我发现了海贝、蛤蜊，我一连捡了10多个贝壳，洗干净放进我的挎包里。

由于盼望大海心切，我扛上单车，爬上海堤，海堤很高，我硬是一口气爬到海堤上，站在海堤上抬眼瞭望。

啊，眼前便是一望无边、波光粼粼、深不可测的大海。

近看海水浅蓝，过去一点呈淡红色，再远点是深蓝，最远的一带又是草绿色，绚丽多彩的海水，把我的心陶醉了。

这时，没有风，海水平静如镜，美丽迷人，海面上漂着几片渔帆，海边一带是海滩，一片沙子，有几名妇女在海滩上挖沙虫。

我好奇地走下海堤，到海边，洗洗脚，水是凉快的，我双手捧起一口，一喝，海水是咸的，就像一碗很浓的盐水一样，我叫梁科长也尝一口，也是咸的，以前只听别人说海水是咸的，现在我们亲口尝到了。尝了海水，我又寻找了几件贝壳，我完全被大海的奇异迷住了。

我怀着极大的兴趣，重新爬上海堤。站在海堤上，海风从南边海面徐徐吹来，心情格外舒畅，举目之处只见水连天，天连水，水天一片，在水天相连处，有一条白线，细看不是白线，那是海水翻起的白浪，白浪滔滔。我想起了毛主席的诗句：秦皇岛外打鱼船，一片汪洋都不见，知向谁边？

我们沿着海堤往尽头走，到了头又往回走，在海堤中间的管理所，我们和两位管理员谈起修堤的许多许多故事。

要往回走了，车子在海堤上急驰，我们回到了榕树头村这里，海堤头有一座较高的小土山，我丢下单车一口气爬上山顶，向大海望去，啊，美丽的大海又是一番景色，往远看，那是一片深蓝色的大海。

因为地球是圆的，而人的视力有限，对于大海，看到一定的角度就看不到了，只有再登更高处，才能看到更远一点的海面。啊，大海，你美丽你迷人，要不是梁科长多次催促，我会一直站在山顶上眺望眼前这美丽的大海。

海堤上，走来了两个人，他们是下海捕鱼回来的，他们放下竹排，扛着鱼上街去卖。

我生长在内陆，此前从未见到过大海，也不知海是怎么样的，只是从电影银幕上见过海的景色，如今却真的来到海边了，我站在海堤上，迎着海面吹来的南风，我想高呼，我想高喊："啊，蓝色的海洋，一个农民千里迢迢来看望你哟。"一个普通的农民，从广西北部，一连坐了四天车，火车、汽车，跑呀跑呀，来到了广西的最南边，来到了国境线上来，你说，怎不叫我感慨万分？

6月18日，我们打算到北部湾畔的京族三岛去采访。

我读过《京族三岛换新装》这篇课文。所谓京族三岛就是东兴县江平公社所属的聚居着京族人的三个岛：万尾岛、巫头岛、江心岛。

恰好，东兴县武装部谢副部长要去万尾大队进行民兵实弹射击考核，经尹部长介绍，我们便和谢副部长一道乘坐小吉普出发。

吉普车在平坦的海滨公路上疾驶，我从窗口望出去，沿途是一片片平展的海滨平原田，一望无边，田野上稻浪翻滚，绿波荡漾。

约半个小时后，小车便到了江平公社那吉大队，从那吉大队到万尾岛是一条新筑起的海堤，有四华里长，小车在海堤上慢慢地走，路面不大好，路边有水渠，从江平公社引淡水灌溉万尾岛上的水田。海堤左边是一大片平展的海滩，海滩上搁了好几条船，船主们在等待潮水。海堤右边是一片盐田和水田，谢副部长兴致勃勃地介绍说："万尾岛是一个孤岛，过去，从江平公社去万尾岛，潮落时可以走过海滩，但有些地方水也齐胸深，潮涨时必须坐船，要一个多小时，岛上没有淡水种田，人们拿鱼到江平公社和东兴县城去换木薯当饭吃。

1971年，从那吉大队到万尾岛筑了一条海堤，连通了江平公社与万尾岛的道路，堤上引来淡水，灌溉了岛上的水田，同时，在万尾岛和巫头岛那里，又筑起了一条海堤，两边围起来，中间变成了一大片田，有八千多亩，三分之二作盐田，三分之一作水田，从此，京族三岛换了新颜。我听了介绍，联想到《京族三岛换新装》这篇课文，心里非常激动。

小车驶上了万尾岛，岛上全是一片沙子，白沙白得像雪，黄沙黄得像金，小车走不动了，因为全是沙子，轮子老是打滑，我们几个人便下车来推，推呀推呀，推不动。我们步行到大队部去，沙漠路很难走，我第一次这样艰难走着。

大队民兵营长在大队部热情地接待了我们，我们进行了采访长谈。

最后，谢副部长说："营长啊，这两位同志从很远地方来，你叫一个人带他们到海边看一看。"我和梁科长随着一个姓范的民兵排长往海边去。

我们穿过一片枫树林，放眼一望，啊，眼前便是一望无边、碧波万里、波光粼粼、深不可测的大海。近处，海水浅蓝，再远一点呈淡红色，再远点便是深蓝，最远一带又是草绿色，绚丽多彩的大海，把我的心陶醉了。我走上海滩，海滩是一片黄澄澄的细沙，海滩上堆积着无数小螺、贝壳，我拾呀拾呀，收获丰硕，像一个三岁的小孩子一样，整整捡了半个挎包，这就作为我海边采访的纪念吧。

起风了，起浪了。

海潮一浪高过一浪地涌来，我跑进海水里去站着，只见海浪一排排像千万匹骏马齐头并进向海边跑来，"哗哗哗"，海浪一排排，一层层，一层、二层、三层、四层、五层，越往里数，浪头越高，涌过来了，涌过来了，海水像箭一样向我们袭来，我们忙着向后转，往海岸边跑。

"海水无风三层浪"，如果有风，更不得了，现在一个浪头起码有五尺。我站在海岸上，一排海浪打过来。我大着胆子向海水走去，有点怕，但仍然走去，水到了脚面，一排浪来了，一个更大的浪来了，啊，大海呀，你神奇你迷人。海浪，你翻滚，你咆哮，你奔流，此时，我心也与海浪一样，在翻滚，在咆哮，在奔流。我作为一个普通的农民，从桂北山区到北部湾海边，看到翻滚的海浪，听到咆哮的海浪声，我禁不住面对宽阔的大海高声欢呼：

"大海，令我心潮澎湃的大海！"

4

京族三岛之行，我们做了充分的调查采访，获知了朱部长很多先进事迹，也饱览了大海风光，领略了大海的雄浑与宽广，视野大开，回县后突击了几天几夜，《志在山水间》写出来了，再修改几次，便定稿了。

1977年7月22日赴邕交稿。

8月1日至8月8日交由负责柳州军分区汇稿编审的韦干事细修。

8月12日提交广西军区政治部编审组审阅稿子。

8月22日广西军区政治部编审组最后权威定稿，并托付回县武装部打印，印40份，军区要37份。

这一次已经不像前次写《风雨桥》那么幼稚了，拟路子，采访，写作成文，一次便通过审稿了，我们满心欢喜。

1977年9月，我怀揣着军区最后权威审定的《志在山水间》打印稿到柳州军分区交稿，接着与军分区一道赴南宁，到广西军区政治部交稿。

我又来到桃源路的广西军区招待所，稿子交上去后就一直在等待消息。

因为情况有变，民兵故事丛书暂停了下来，所有稿件全部存于广西军区政治部，各地作者立即返回原单位。于是，我于1977年9月中旬回到了县武装部。

在等待出书与否的时候，柳州军分区又要县里临时赶写一份关于民兵营长先进事迹的材料。我与周叔、小张同学下了几趟林溪程阳，调查一番之后，我用几天时间写出了初稿。

5

1977年9月20日中秋前夕。

今年冷得特别快，九月中旬便刮起了大秋风。今天忙完了民兵营长先进事迹的材料，心情郁闷，晚饭后，我信步走出县武装部招待所后楼大门，来到后面小山顶上，迎着大秋风惆怅地望着远山，秋风飒飒吹过，把我的思绪吹到了遥远老家。

我思忖道：此时家人也许还在菜地里忙着采集猪菜，也许生产队收工了挑着一担大大的柴火喘着粗气回家。肯定是夜饭还没有煮，儿女一定很饿了。做完了生产队一天的苦工，回到家还要弄人吃的、煮猪食的、喂鸡喂鸭，忙得团团转。

想到这些，我烦躁极了，伤心得几乎掉下眼泪。憔悴的女人，肮脏而哭啼不停的儿女，这一切全浮现在我眼前，我的心碎了。不由得口占打油诗一首："飒飒秋风吹愁人，沙沙叶响撕碎心。惆怅失落家中事，星稀月朗山头人。"

过了几天，接柳州军分区通知，柳州汇稿讨论，要去两位执笔写稿的人。

1977年10月9日，已是农历八月二十七，我和周叔到柳州军分区参加汇稿，讨论那份写民兵营长先进事迹的报告文学。

下班晚饭后，两人上街溜达。

我和周叔漫步在柳州市灯光灿烂的大街上：谈家庭，谈前途，我感叹道，今生今世招工招干无论如何也不用想了。因为有个复杂的社会关系，今生注定是没希望了。

走着走着，周叔遇上了一位在柳州工作的老熟人，他们两人另有话题，过一边谈去了。

我独自一人继续漫步在黄昏的大街上，不断反省道：过去的二十多年里，我买书呀、勤奋呀、学习呀、不顾一切地工作呀，想当干部，想当职工，想当公办教师，唉，这一切统统是多么的幼稚无知。想着想着，不觉夜已深，街上人已少车已少，我回到了柳州军分区招待所，心里空虚惆怅，前途渺茫，很不是滋味。

第二天，我交稿了。

1977年10月19日，我和周叔坐火车打道回府，晚上住在融安。第二天，我和周叔从融安坐汽车回来。他直上县城，我在合桐江荷下车翻山回家，这天已是农历九月初八，明天就是重阳节了。

我独自一人爬播荷界大山，思虑重重，两三个小时才爬到了播荷界大山的山顶。山顶上有三棵杉树，树下有人们歇脚的一排木凳。我站在树下，心情惆怅，夕阳里是连绵不断的山脉，近处泛黄，远处墨黑，山脚下仅有巴掌大的一块平地，稀落的村庄分散在荒山野岭之间的山沟里。

直到晚上，我才回到家里，内心仍是一片迷惘，心情烦闷。

第十二章

1

于无声处听惊雷。

1977年10月21日，中央人民广播电台晚7点新闻联播中向全国人民播发了振奋人心的大好消息："党中央国务院决定马上恢复高考。"这一喜讯，震撼了千千万万在农村、在工厂、在农场的知识青年。同一天，国内各大媒体也公布了恢复高考的消息。

我于10月20号回到家，10月21日这天正是农历九月初九重阳节。在我那小小的家里，火炉堂的屋柱上安装了一个小小的广播喇叭，这是生产队统一安装的收音机广播喇叭。当年上级布置每个生产队都要买一台广播收音机，而且要求把有线广播铁线拉到每个社员家里，广播收音机总机安装在生产队长家里，每晚收工后定时打开收音机同时转播到各家各户，我从这个小小的广播喇叭里听到了这个特大好消息。

睡不着了，第二天我火速赶到县城，回到县武装部。我心里反反复复自我安慰："广开才路了，新的大学招生制度颁布了，高考恢复了。"

我回武装部招待所没几天，收到了来自广西民族学院的同村同族堂姑的一封来信，信里劝我一定要报考大学。

我决心马上投入高考复习，从今天起，即从1977年10月26日起全面复习功课，准备考大学。复习的功课是：政治、语文、数学、史地。我计算了一下，每科安排4天，复习这五科就要20天时间。眼下找不到书，最快的办法就是向县图书馆借书。我心里知道：报考大学一事，关键在于取得参加考试资格，考分成绩名列前茅，所以眼下最重要的任务就是复习功课。

县图书馆书籍不全，"文革"后的图书馆没有收藏这些中学课本。我打算到县中学找金副校长的儿子小金同学商量，他父亲当了一辈子中学校长，会有书的。傍晚下班后我上街，却无意中遇见了县教育局刘局长，刘局长高兴地说："小覃，机会来了，恢复高考就意味着给广大知识青年一个光明的前途，马上报考大学。"我说："刘局长，有复习资料吗？感谢你的鼓励。"刘局长说："三天后，本届高考的复习资料马上到县教育局，省市教研部门已经突击编好了复习资料，过三天你来县教研室买一套。"

我万分高兴，等待县教育局高考复习资料的到来。

县武装部领导已经知道了恢复高考的消息，领导决定立即结束我的写作借调，马上可以回家去，回原单位去，回到原来的学校。一边当民办老师上课，一边可以全力投入复习功课，迎战高考。

1977年10月29日，我在焦急的等待中，傍晚，政工科梁科长出差回来了，他给我宣布了可以马上回原单位的决定。

10月30日，结清了在县武装部里的所有账目，剩下五元钱，我到县教育局教研室买《高考复习提纲》，但未到货，无奈之下，我上街到新华书店买了三本高中数学，第一二三册，第四册缺货。

我们写的纪实文学《志在山水间》暂停出版了。县武装部根据上级的指示，安排我回校，给我写了很好的鉴定，让我带回去。

此时，我一直在考虑如何复习、如何参加高考的事，心里焦虑得不知如何是好。我给广西大学中文系领导的信已经写好了，我说："我挚爱文学创作，还参加了广西军区政治部主编的民兵革命斗争故事的写作，发表了一些作品，我决心报考广西大学中文系文学创作专业。"这封信我打算今晚或明早寄出。

我还拟了一个30天的复习计划：

5天：政治

8天：数学

10天：语文

7天：史地（4天历史，3天地理）

我心中又急又喜，理想大门已经打开，只要自己去努力攀登，如果这次复习不好考不上大学，今生也就完了。

10月31日，细雨纷纷。在县武装部里什么事情都办好了，准备回家回原学校，当年没通班车只好搭拖拉机回家，但我事先约好的搭载我回家去的拖拉机今天没来，正没奈何时，却又接到县文化科的电话通知，叫我明天去文化科报到，参加一个会。

第二天，我按时到县文化科报到，参加全县的一个文艺创作座谈会，并在会上作了典型发言。

11月3日，终于结束了在县城的全部事务和会务，我搭载拖拉机拉些行李回到了家，从今年4月10日借调到县里写作，直到今天再回到学校，历时7个月。我又一次结束了浩然式的写作生活，回到了白镐河畔，回到了我的家，回到了我的板坡小学，仍然当我的民办教师。

回到了老家，我一边继续在板坡小学当民办教师，一边高考复习。但是根据《高考复习提纲》找答案太难了。于是想不找答案了，没想到11月13日我收到了本家堂姑从广西民族学院寄来的《政治历史地理基本答案》，我高兴极了，可以不找答案只管照背就行了。

从11月14号开始，用三天背完了42道政治复习题。

从17号开始进入数学复习。而我几年不摸数学，今天开始复习数学，很多东西淡忘了，得全部从头来，翻着我从前中学时代的学习笔记进行复习。

不久，公社文教干事和教改组根据上级指示，决定把我们板坡小学附中班搬到板六小学去，我上初中语文，跟着也上去了。

11月23日，我收到了覃启武二叔从河池寄来的政治语文数学历史地理的《总复习答案》，这是河池地区教育局编辑的，真是及时雨，我万分感谢。

11月24日，历时8天的数学复习基本完成了，计划从明天转入语文复习，语文复习计划10天。

也就在11月24日这一天，《广西日报》公布了招生简章，同时公布了高考日程：

1977年11月28日至12月4日，6天为高考报名时间。

1977年12月15日上午考语文，下午考政治。

16日上午考数学，下午考史地或理化。

17日上午加试英语或体育。

我看了公布的高考时间，认真调整了我的复习计划。从11月25日起到高考前一天的12月14日止，只有18天了，我计划10天复习语文，8天机动。

恢复高考消息公布后，公社中学在中学里举办了一个短期补习班，很多知识青年都来参加这个补习班。离高考只有十多天，高考补习班结束，去补习的人们陆续回来，我们大队也有不少知识青年去参加补习班，考生们复习的劲头很大，究竟鹿死谁手，花落谁家，何人能夺魁，一时众说纷纭。也有一些考生喜欢复述在公社中学高考补习班的猜测议论：人们都在传说覃老师将会是全公社第一名考上大学的，而第二名则是板江的罗老师，他也是民办老师。然而，传闻归传闻，盛名之下其实难副，我自己一点把握也没有，天知道我考得上考不上。只有抓紧复习吧。

12月1日，又收到本家堂姑从广西民族学院寄来的一本《标准答案》，我十分抓紧复习。

也就是在12月1日这天，大队部发下了高考报名表，我用半天时间填好了高考报名表，交了上去。

高考前夕，我是用尽全力进行复习。一个多月来，生活稀里糊涂，得过且过，全部身心都投入在高考复习当中。我心里十分清楚，如果这次高考考不上，今生几乎是绝望了，所以要拿出十倍的劲头来投入复习。再过一周，就要走上考场也就是走上人生前途的战场。

12月11日，我从家里搭中型拖拉机跑60里路到县城，住县城，又到了县中彭老师家中去拜访，谈一些高考问题，临时抱佛脚吧。

12月12日上午，按县里的通知又参加了一个文艺创作座谈会。

12月12日下午，我从县城坐班车到寨准火车站搭火车下丹州公社，晚上就在丹州公社旅社住下来了。

12月13、14日，离高考还有两天，我仍然苦苦复习了两天。

12月14日下午从公社招待所出来，到公社文教组借了席子被子，搬进公社中学学生宿舍住，在学生食堂开饭。

1977年12月15日，这是一个具有划时代意义的日子。

这一天，"文革"后恢复高考制度的第一次高考开考了。从1965年中断高考制度，这一停居然13年。13年后，邓小平复出并主持文教科技工作之时，中央决定马上恢复高考制度，从考场上选拔干部后备人才，高考之后，再经过大学系统的学习和培养，然后分配到国家机关或国有企业事业单位当干部，摈弃了"白卷大学生"，摈弃了"工农兵推荐工农兵上大学"的招生制度。这是一个伟大的转折点。

1977年12月15号上午9点30分，在丹州公社中学，随着一阵划时代的上课钟声，考生潮水般却又静悄悄地走进了考场，一切尽在不言中，一场伟大的划时代的考试开始了。

这天是1977年12月15日，一场决定人生命运的考试。

2

1977年12月15日。

第一天高考：上午考语文，下午考政治。

昨晚我与其他考生一道，在公社教改组借了被子席子，带到丹州公社中学的男生宿舍住宿，在中学食堂开饭。

起床，吃早餐，住校的考生，以及住在板江街上的考生，纷纷走向教室大楼前操场，等待开考钟声。

丹州公社中学教室大楼有两栋，高的一栋是二层楼，在操场边。平房这栋在操场的另一边，与二层高的教学楼成丁字形。平房有三间教室全部安排文科考场。二层高的教学楼上下两层各三个教室，全部安排理科考场。

丹州公社考场的考生，来源于丹州公社范围内：有民办教师，插队知青，回乡知青，生产大队和生产队的干部，还有林场的工人以及铁路的工人。考生中最多的是知识青年，特别是老三届1966年、1967年、1968年的高中初中毕业生，从1969年到1976年还有11年11届的高中毕业生。这13年来都没有开高考。而且高中办得很普遍，每个大队都有一至两所初中，公社有两所高中，还有林校，这些高中毕业生都属于此次高考考生范围。于是，便形成了历史上考生最多的一届高考。考生年龄也参差不齐，有的刚满18岁，有的则已年过30了；有未婚的，有已婚的。这些考生来自各个学校，各个大队，各个单位，都冲着一个目标：鲤鱼跳龙门。

全自治区参加当年高考的考生一共45万人，而当年大中专全部名额只录取2万人，将有43万人落选。

监考员是公社中学和小学的教师，公社的领导坐镇考场，还有公安维持秩序，公社卫生院来了医生做考场监护。

这一切像一场战役。

1977年12月15日上午9点30分。决定命运的高考开始了。

"当当当——当当当——当当当"钟声敲响了，敲得那么响亮，那么清脆，敲得考生们的心头猛然一震，各自拿着准考证进入考场。

上午考的是语文，时间从9：30到12点，共两个半钟头。

几天来以及一个多月来的复习体现在此刻了。

我随着进场的钟声，随着考生人流，进入了考场。

语文试卷发下来了。

高考语文的作文题《难忘的日子》。我一看到这个作文题，马上想到会有很多人写"1976年9月9日毛主席逝世这件大事"和"1976年10月6日打倒四人帮这件大事"。我要在这样的状况下突破一般水平，出类拔萃，写出高水平来实属不易。我为了写作出高水平的作文《难忘的日子》，为了考出高水平的语文基础知识，全神贯注投入到考试中，笔在手下刷刷地写，两个小时我未曾休息过一点点，写呀写呀，精力高度集中，差不多考完时，我昏了，晕场了。全身冒汗，头上大颗大颗汗珠掉下来，我看不行了举起手向监考员示意，监考员见状，马上叫医生进场，带我出了考场，进行紧急处理。

一时的昏晕经过医生处理，又经过午饭午休后，我恢复了原状，头脑恢复了正常状态。下午2点半考政治，我考得较好。

1977年12月16号。第二天高考。

上午考数学，下午考史地。

我的政治、数学、史地都考得比较理想。

考试的两天，人似乎变样了，吃不下饭，中学食堂的饭大碗倒掉，每餐只吃一两左右。晚上睡不着，每晚只睡几个小时，老早就醒了，一心扑在高考上。

1977年12月16日，当最后一场考试收卷后，整个丹州公社中学考场热闹起来了，考生们放松了，放松了。不管考得好与考得不好的，都这样结束了，考生们像潮水般地散去。

两天的高考结束了。

12月17日我与考生一道，坐班车回家。

当班车路过丹州公社中学时，我转脸望着那一片校区，心情万分激动，就在那几座白色的教学楼中，就在昨天，那里发生了一场多么激动人心的战斗，那是一场青年人与自己命运拼搏的战斗，那是一场多么紧张、使人终生难忘的战斗。这场战斗，是全自治区45万秀才才华智慧学识的大比拼，是45万人对2万多个大中专录取名额的大竞争。

我平生第一次参加这样一场具有非凡意义的比赛，当我走进考场的时候，我就想到要超越43万人才有资格升学。

两天的考试结束了，我评估我的成绩平均在及格以上。

12月17日，当我乘车回家路过丹州公社中学门口时，我不禁一再回味："那里，曾发生了一场多么激动人心的战斗。"

考试结束后，心情又沉重起来，总是担心排不上号，但另一种想法又在安慰自己，像我这样的试卷又能有几十张呢？

时间赶快过去吧，我想尽快揭开这个谜，我想尽快知道我的命运，我估计体检、政审是完全可以过关的。凭着我的知识，我会考得上的，

我能进入大学学习的，像我这样水平的人都考不上，那么水平低于我的人就考得更差了，

蹒躇满志凭挑选，只盼金榜把名扬。

回到了家，回到了板坡小学，高考的消息已经成为人们热议的话题。

时间过得真快，很快到了1977年12月末。

冷静之余，在1977年的最后一天即12月31日的日记中写道："冷静之余，考虑到前途问题，真是不到黄河心不死，壮志未酬誓不休。我一定要把文字技巧学精通，如果这次考不上，就立志自修文学，创作出好作品来。"

这是年末的一点感叹。

也许有灵感吧，1978年元月4日，放榜了，我上初选，参加体检。

第二天，我从老家下古宜，到县教育局报到，参加体检。

体检过后，便是春节了，1977年的年不知是怎么过来的，也不知是什么滋味，心里一直惦记的是高考录取的事情。

1978年2月11号也就是农历正月初五，我去到白言大队部办公室打电话。因为当年的电话是手摇呼叫公社总机转县总机，才转到我要我的单位和人接电话，而板六大队部办公室的手摇电话先要接到合桐分片总机，再转到丹州公社总机，然后才转到县总机，很难打通一次电话，而去白言大队部可直接打到斗江公社总机，再转到县总机，容易接通，所以我去白言大队部打电话，15华里步行去的。此时已是立春过后，春风阵阵，春雨蒙蒙，天空一片灰蒙蒙的，山峦树林村庄笼罩在蒙蒙春雨中，我独自一人蹒跚在泥泞的坎坷不平的乡村小路上，春雨淋湿了我的衣裳，春风吹痛了我的脸。

我电话打通到县武装部梁科长那里。梁科长说："我认识的有个考生姓吴，2月9号已收到录取通知书了，广西民院政治系，全县有5至7名考生已收到录取通知书。"

而我仍无消息，哪个环节出了问题？此前我得知全县2000多名考生，各科平均及格的只有11名，我是在11名之中，而姓吴的考生是

11名中排名最末的，他被民院录取了，而我还没有被录取，心里万分纳闷。

在等待大学录取通知书的日子里，天天盼望着，盼得人心都烦了。

过后不久，终于等来了迟到的录取通知书，终于考上了。

这时才知道，我在填写报考志愿时出了差错。

3

1978年3月1日，全县中小学全部开学上课，我从家里来到板六小学附中。想不到一个天大好消息来了。学校领导告诉我，接到公社文教小组领导的电话通知说："县教育局和柳州地区教育局通知已确定录取你。"

我惊喜万分。

板六小学附中领导当天就告诉我——可以离开学校回家了。

我急忙收拾一些平时在学校工作的东西，其实也没有什么东西可收拾，回家了。

过后两天，邮递员送《大中专学校录取通知书》到板六大队部，大队部领导马上派人送到我家中，递到我手上。

我双手接过《大中专学校录取通知书》，长长地、长长地感叹了一声："感谢苍天，感谢苍天哪！"

事后，我反复在想：我普通一个考生，居然书面录取通知书还未送到，就有柳州地区教育局和县教育局领导，事先打电话层层通知下来，也许是个特殊的个案，也许是我的考分较高却不被录取，于是惊动领导了。"感谢共产党！"

这天是1978年3月3日。

收到正式录取通知书，我对家中的事务作了一个安排。

我计划3月10日出发去学校，那么，从3月4日至9日我还有6天留家时间，家务事计划：搭南瓜棚1天，修猪栏1天，讨柴火1天，种玉米1天，个人的事还有：整理书房1晚，洗衣被半天，补被子蚊帐半天，去办理户口粮油转移手续2天。户口迁移先要将我的农业户口从生产队办到板六大队，再办到丹州公社派出所，再迁进录取学校。粮油转移先要将我的农业口粮从生产队办到板六大队，再办到丹州公社粮管所，然后拨到录取学校，从农业口粮拨进非农业口粮。

那是一个计划经济的时代。

我去学校当学生，过学生生活，我要制作一个大木箱。刚好，家中还有一批樟树薄板，当时是备来做书柜的，现在派上用场，于是我把木料搬到四叔覃启宣的家，请四叔为我做一个大木箱。我们家过年时杀了一头年猪，制成了一批腊肉，那腊肉烘干后切成小段，放些香米干粉收到坛子里。农村年猪腊肉往往要节省着吃，一直吃到农历五月或六月。做大木箱没有工钱给，我从坛子里拿了几段腊肉，用碗盛着送给四叔，就算是做木箱的工钱了。四叔是木工师傅，木工活无所不能。

3月12日这天早上，我挑了一担行李：一头是大木箱，一头是被子衣物锑桶，出发了。

很早就出门，过了白镐河上用小楠竹搭成的小桥，上了河边的防洪堤小路，那是出村唯一的小路。正走着，想不到寨脉村一位堂叔名叫老水的刚巧从对面回村，扛着一支鸟枪，鸟枪那头倒挂着一只山羊，他是去赶山打着了那只山羊。我猛抬头，他已走到我面前了，无法回避，但心里很不是滋味，出远门见到这种事有点倒霉，这个"彩头"给我心里结上一个大疙瘩。

这些天有汽车来板廖村口拉楠竹，我挑着一担行李，在楠竹堆边等车子，汽车来了，我向司机说明了搭车的事由，他同意了。

这天，我搭装竹子的货车离开老家出来了。

感触太深，当时日记写道："人生度过了许多时日，今日才有着落，于是又想起那两句古诗：仰天大笑出门去，我辈岂是蓬蒿人！"

1978年春天，我踏进了师范学校大门，这就是跨进了"干部"的行列，就是从农民变身为干部，这是多少年轻人梦寐以求的人生目标，而此时，我实现了。由于时代因素高考停了13年，因而我们的年龄也就按正常读大学的年龄加上这13年，于是变成老学生了，28岁的老学生，与范进中举的年龄几乎相当。但尽管如此，毕竟中举了，毕竟脱离了农村那苦不堪言的身份与生活，毕竟鲤鱼跳过了龙门，我当然珍惜这一切。

1978年3月，这是我人生的转折点，也正是从这一年起，开始了我有喜有悲、大起大落的人生旅程。

开学后不久，各方面的消息都汇集来了，我的高中同学早年写作文友小张，录取于广西民族学院中文系，因为他是侗族有优势；板六大队民办老师韦同事录取于融水卫校；板六大队民办老师伍同事录取于师专中文系。这些都是来自板六大队的民办教师，大家都赶上了1977年高考，赶上了1977年的鲤鱼跳龙门。

1978年春天，我们刚刚经历了"文革"后的恢复高考，几位白镐河好友相约到韦启敏导师家闲聊。他是和平江源村人，早年大学毕业后当老师，时任教育局教研室语文教研员。他酷爱古典文学，作诗可以说是信手拈来出口成诗。大家谈及时政，谈及文学，谈及抱负，感叹唏嘘，韦老师口占一首相赠：

请君一会便钟情，煮酒围炉论古今。
五霸称雄成粪土，四妖跋扈败名声。
长谈午夜油茶品，共赞名流学问深。
寄语后生宜进取，入云高路勇攀登。

我当即佩服之极且默记于心，第二天便抄录进日记。

当时，"四人帮"刚垮台，改革开放初动，时局可谓"沉舟侧畔千帆过，病树前头万木春"。一切刚刚复苏，社会正处在一个伟大变革的开始，韦导师的一首小诗有力地激励了白镐河有志青年的奋发图强。

第十三章

1

这是 1978 年深秋。

绿树掩映的师范校园一派朝气勃勃的景象。

我计划在一两年内读完 100 部中长篇小说。

《斯巴达克思》这部长达 770 页的世界名著，我第一天一口气看完上部，第二天又一口气看完下部。《斯巴达克思》不仅是一部历史小说，还是一部壮丽的史诗。它记述了奴隶出身的角斗士斯巴达克思领导奴隶起义，他的义军创造出了赫赫战绩，在残酷的战争中还描写了斯巴达克思与尊贵的罗马国王遗孀范第丽维的爱情故事。写起义写战斗悲壮宏伟，写爱情缠绵悱恻，写生死离别，能令读者流泪，制造悬念，让你摸不透底，而解开悬念之时令人拍案叫绝。《斯巴达克思》是一部多么激动人心的小说。我两天读完这部小说，但久久都不能忘怀。

接着，我读了长篇历史小说《李自成》，并摘抄了李自成的自嘲诗："一事无成惊逝水，半生有梦化飞烟。"李自成起义当中，在商洛山中轻松成诗："收拾残破费经营，暂驻商洛苦练兵，月夜贪看击剑晚，星辰风逐马蹄轻。"

接着我又用 14 天通读了《中国文学史》一至四卷。我对喜爱之处摘出一串串词语。此外，我还用三天时间一口气读完 60 万字的《中国民间文学史》。

当年，社会上流传着一本手抄本小说《第二次握手》。我在泪水中读完了这部小说。小说讲述了一批科学家如何从青年时代经过勤奋学习攀登高峰，获得了伟大的成就，受到了国家领导人的赞扬。这批知识青年，爱情生活也不同凡响，他们一心扑在事业上，对爱人一见钟情一定终身，几度分离却一心等待，或是终身不嫁，一生等着心上人，这是多么高尚的爱情。

再往后，读了一些文艺理论书籍。

苏联伟大的文艺理论家别林斯基说："一件艺术作品如果只是为了描写生活而描写生活，而没有一种巨大的主观的、从当代流行思想中涌现出来的激情，如果它不是痛苦的哀号或者欢乐的歌颂，如果不是一个问题，或者一个问题的答复，那么它就是一件没有生命的艺术品。"

秦牧在《艺海拾贝》中写了一个小故事：葬于西湖畔的古代的苦难才女冯小青，她深夜雨中读汤显祖的《牡丹亭》，有感成诗："夜雨敲窗不忍听，挑灯夜读牡丹亭，世间也有痴如我，岂独伤心是小青。"这样的诗句感人至深，催人泪下。

秦牧在《艺海拾贝》中还谈到作家练笔："我们每天都得写写东西，这样笔才不至于荒疏，每天一定要写两个小时，没有材料写的时候，就写读书笔记，写书信，甚至写窗外风景，这些东西不一定要拿去发表。经常这么动笔，真正写作起来才可以挥洒自如。"

就这样苦读，一个学期中，我读了50部小说及其他，每个月课余读书17部，几乎两天一部。

我阅读了大量中外经典著作，受益一生。

2

1977年高考录取之后的几年里，我一边读师范一边练习写作，发表了一些作品，开始领取到稿费，算是我写作的起步时期。

1978年12月的一天，我收到了平生第一笔稿费：8元8角。手中拿着这8元8角，不由得想起了很多很多。

县级这个刊物叫《风雨桥》。1978年第一期发表了我与郑老师合作的小小说《琵琶记》，郑老师是侗族，我写的《琵琶记》是反映一个侗族琵琶歌手的故事，所以找郑老师挂个名。1978年第二期发表了我的诗歌作品《园丁颂》，第三期发表了我的《红七军过侗乡的故事》。这两篇作品稿费合计8.8元。

虽然1975年广西人民出版社出版了由广西军区政治部主编的广西民兵革命斗争故事集《歼穷寇》，该书共收集出版小说故事30多篇，其中有我的一篇《风雨桥》，一万多字，但当时写作发表作品是没有稿费的，是县里组织人员、广西军区政治部直接指导和修订的，那个写作是政治任务。

仅隔一年，十一届三中全会召开了，一切都慢慢走上了正轨。发表文学作品有稿费。这是从事文字工作的劳动报酬，在社会主义初级阶段按劳取酬是理所当然的。当然，意义不仅于此，还在于这是社会对作家劳动的认可。

1979年是我从事民间故事写作最多的一年，我到独岗乡八协村去采集民间故事素材，还与人武部政工科梁科长乘船8个小时上富六镇去采风。就在这一年我写成一系列民间故事，也发表了若干篇民间故事。

上海人民出版社出版的《侗族民间故事集》全书20万字，其中《卜宽》的故事共26个，这里面就有我写的作品。我写的《卜宽的故事》包括以下的小故事：《打县官》《沙滩试靶》《砍饭箩》《铲茶山》《讨工钱》《听我话照我做》《讲蛮话》《烧红薯》。

还有在其他出版社发表的若干篇民间故事：《枪》《浪里飞舟》《宝竹简》《走外婆》。与他人合作的有《偷羊》《鱼头》等。

还有一些在县级刊物上发表的作品：小说《高考》发表于1979年第二期《风雨桥》；与他人合作的民间故事《王均崖的故事》发表于1979年《风雨桥》。

第十四章

1

高校毕业分配第一站是到丹州公社中学，任语文教师。

9月1日开学了。开学第一天学校召开校务会，教导处杨主任在会上宣布：由我协助教导处工作兼任教务干事。具体说就是排排课，处理学校日常教学事务，但我仍然担任一个高考补习班的班主任工作。

不久后，我得知在家务农的胞弟老科已经获得批准参军，我心里很高兴。和老科同时入伍参军的还有族弟老高、世立、建军。

这天，我和刚来中学小住几天的妻子韦如英及儿子一道回白镐河老家，搭坐内弟荣健的中型拖拉机，天黑后才回到老家。

明天老科要参军入伍了，今晚全家请客吃饭，杀了两只鸭一只鸡，买了10多斤猪头皮以及面条，弄了四桌酒菜，请了大队党支书、生产队队长、上板坡生产队的小赖（他是公社武装干事）、大队干部韦顺超舅公以及叔父、祖父等，欢庆一堂，全家喜气洋洋，热闹了一个晚上。农村青年能入伍参军那是祖宗八代都无上光荣的事，只有政治上绝对可靠才能入伍参军，家人也变为光荣军属，政治地位发生了变化。生产队各家各户都有人来看望，大姐夫昨天就已经来到，大妹覃美新也回来了，老科的同伴们也来送行，满满一屋子的人。我完全陶醉在这种光荣的欢乐气氛中。

第二天清晨三点半钟，韦如英起床弄饭。全家人都起床了，全家人围在火炉堂吃早饭，话别。早饭过，四点半钟出发了。老科出门了，我父亲哭着给了10块钱。全家人都送老科出门，父亲、姐夫、大姐、大妹美新、韦如英、老科的同伴都送出来。母亲忍着泪水进房间上床睡，其实不是睡，是哭，我不见母亲出来送，便跑回楼上，见母亲在房间哭，我劝说："妈，老科这是光荣。"母亲含泪说："我晓得老科光荣，只是我舍不得。"

老科到了底下屋又去看祖父和几个叔父。三叔覃启祥已经站在屋角等着，流着眼泪给了老科2块钱，四叔覃启宣话未出口泪水就出来了，小叔覃启强也哭了，各给了2块钱。那时1斤猪肉7角钱，三个叔父合计给了6元，可以买9斤猪肉。

叔父们都一个个送了出来。我和父亲、姐夫、韦如英、大妹美新、小叔、三叔、老科同伴一行人一路送老科，送过大墩，送到十字路，公社武装干事赖干事在那里等着，赖干事也是参军复员回来之后安排在丹州公社当武装干事的。不一会，同时入伍的老高、世立也相继到来了，于是赖干事带着"壮古佬"的几个新兵蛋子翻坡走播菏界大山，然后下坡到江荷大队公路边搭班车下丹州公社集中。

我们一行人送到十字路，送别后在晨风中依依不舍地转回家里。

这天是1980年11月20号。

第二天我回到中学上课。

一人参军全家光荣。从这以后，全家老少，尤其是大妹覃美新、二妹覃美运，在生产队出工都是抬起头做活路。

老科参军到县城集训，我当年抽调到县武装部写书认识政工科梁科长，我请求梁科长帮忙安排老科当汽车兵。于是，老科到部队后分到运输连担任汽车司机。老科车训过关后，分到驻地某边防汽车连。一天，老科与连长开车送军需到前线坑道，翻麻栗坡，下坡路上，突然天空中传来炮弹呼啸声，凭经验，老科马上急刹车。几秒钟后，一颗炮弹在老科前方公路上落地爆炸了。好险，老科和连长差点光荣了。炮弹炸过后，老科马上发动车子沿公路冲下坡，仅仅又是几分钟，又一颗炮弹落在老科刚才停车的地方炸开了。如果老科不走，真的光荣了。

有一天，老科和连长突然回家，我问为什么。连长说，他和老科来柳州拉军需品，顺带进行家访，问问家长，老科可否留下当义务兵。义务兵是拿工资的，以后又可以提拔当干部，一提拔就是排长了。我认为很好很好，留吧，但我母亲说，还是回来好。于是老科第二年只好复员了。

老科复员回县后，民政部门安排他进城为职工。

2

在丹州公社中学的一个学期很快就这样过去，期末，韦校长筹划的中学菌种厂提上了议事日程。

所谓中学菌种厂，其实是学校勤工俭学的一个项目。当年时兴的项目是人工种植香菇、黑木耳，以及配套基础工程：自行培育菌种。

本公社的东风小学有位黄老师，擅长种植香菇、黑木耳，以及配套的自行培育菌种。

韦校长说：打算提请公社领导，教育局领导，把本公社东风小学的黄老师调入丹州中学，办校办工厂，办菌种厂。韦校长说他过两天去东风大队找东风小学李校长商量，办调动之前先请人代课，先把人借用过来。

12月10日，韦校长第二次去东风小学。当天，东风小学黄老师一家全部搬到丹州中学，他爱人计划安排在菌种厂上班。

黄老师到中学之后，任校办菌种厂厂长，他介绍了项目情况：利用学校空闲的平房代替大棚，从福建三明市购买菌种，自行扩培，自行培育菌种。然后到乡下收购树枝或木糠，进行香菇或黑木耳栽培，中学菌种厂直接向社会销售菌种或者成品香菇和黑木耳，其经济效益相当可观。全套制种技术，从原料选择、配料拌料以及装袋要求、灭菌、接种、养菌管理、出菇管理、病虫害防治等，都可以自行解决。

黄厂长还打电话到柳州玻璃瓶厂订购一批宽口瓶，还写广告收购旧瓶子，积极筹办校办工厂。为了筹办资金黄厂长去教育局借贷1500元用于启动工厂。

我与黄厂长交谈了，他说大约过一周左右安排工人上班，打算安排三个人，即黄厂长的妻子，杨老师妻子和我妻子。我们听到这个消息，心想校办工厂很快就可以开办，也许我的妻子韦如英可以马上来学校的菌种厂上班了。

元月2日，韦校长亲自到我老家，晚餐我请吃，生产队长韦忠昌以及三叔、小叔数人作陪。席间韦校长代表学校与板坡生产队谈了关于我的妻子韦如英去校办工厂的问题，韦忠昌队长表态：第一，同意给出来；第二，生产队付基本口粮，不给超产粮；第三，韦如英交公益金，按比例每月工资30元上交生产队3元。韦校长说：这3元公益金由学校方负责。

元月10号，韦如英到学校。她是昨天离开家到江荷住一夜，今早坐早班车来的。从此永远离开那个工分仅值几角钱的极其穷困的生产队。

元月11日，韦如英正式到菌种厂上班。

元月22日晚上校务会讨论决定：菌种厂雇佣3个工人，黄厂长的妻子，杨老师妻子和韦如英，还要订立厂校合同，工资每月30元，但发工资不正常，生产刚起步。

元月24号，学校放假了。

我在街上买80斤甘蔗，全家人从学校回老家去过年了。农历十二月二十七，家里杀了一头年猪。在河池工作的二叔及其大女儿大女婿、二女儿二女婿，还有二叔儿子覃革，全部回老家过年，因为正月初四堂弟老乾结婚办喜酒。

一年就这样过去了。

但校办菌种厂好景不长。

4月10日下午，公社领导分管文教的宣传委员，与公社文教组李干事到中学，召集韦校长、杨教导主任开会。会议开了整整两节课。我当时心情紧张地望着那会议室，不知道会议讲什么问题，开了那么久。

会议结束后，公社领导回公社去了。学校通知今晚召开全体教师会议。

晚上开会，韦校长传达：公社来的两位领导，狠狠地批评韦校长不抓教学，主要精力放在菌种厂，公社决定取缔菌种厂。

5月1号晚，中学又召开全体教师会，决定：撤销丹州中学菌种厂。三个临时工全部辞退了，于是我的妻子韦如英失去了在菌种厂上班的机会，只留黄厂长做些扫尾工作。

为了安排韦如英去企业工作，我四处找人活动，这样可能招惹了一些领导不高兴，于是动议了我的调动。

我就是在这样局面下调到和平附中。

又过了一个学年，1982年8月我才调离和平附中，重新回到丹州公社中学。子女随到中学附近的小学读书，妻子韦如英到丹州农机站淀粉厂上班。我在中学担任初中三年级班主任及语文教师。

第十五章

1

1983年春，老家生产队分田到各农户。

我当年在丹洲中学，妻子韦如英虽说在农机站做临时工，但户口还在农村生产队。这年3月20号，我和韦如英从丹洲中学乘班车回家。3月21号生产队分田，所谓分田到户，其实是承包经营，所有权还是村集体的，责任田分到社员个人。共分得3亩3分，大段30丈，牛栏边30.3丈，九盘130丈，共190丈，折成3亩3分。我们原打算给人租种，但没有人租种，只好给父亲种。以后每年我们要谷子1500斤，给钱100元，肥料包了，双抢回来帮工。

落实了这些农活，我们付8元运费请手扶拖拉机，把韦如英家里的400斤谷子拉去和平粮所兑换，每100斤得13.9元共得款56元。然后下丹洲回学校上课。家属三人仍然是农业户口，对我来说，急需解决的问题是家属农转非。

8月双抢我们回家做工，收头苗，插二苗。

转眼到了11月，学校放秋收假。我们一家四口又回老家去帮收谷子。

用4天时间收完了3亩3分田的稻谷，收得谷子1100斤。头苗得1200斤，共收2300斤。然后装包托农机站的车子拉去丹洲中学，我们空手翻坡回学校。

清晨3点钟我们起床爬坡。昨晚儿子跟他祖父到大坪坡上的罗汉果工棚住宿，父亲今年在大坪种罗汉果，搭了工棚守果子。我们到了大坪坡，叫儿子起床一道翻山。几年前即我刚刚分配到丹洲中学时，带儿子去学校翻这坡时还要背着儿子走，而现在儿子读二年级了，已经能蹦能跳自己走了，长得多快。我跟着儿子一道翻山心里非常高兴。

回校后不久，丹洲公社农机站淀粉厂正式投产。韦如英在淀粉厂上班当工人。厂子是姑爷一手建起来的，在20世纪80年代初期，投资30多万元，建成这么一个现代化的淀粉厂，很不错。

年关将至，韦如英在学校里养了三头猪，卖给屠户老张，称壳重每斤1.45元。三头猪分三次出售，总起来共重400多斤，得款602元，扣税18元，扣成本302元，实际收获近300元，当然这包括人工养了四个月，每个月工钱也就80元吧。

转眼到了1984年5月，父亲的罗汉果收果了。父亲托老红弟从家里来说罗汉未得出售。我于是第二天与韦如英赶回家，当晚装袋共1400个果，半夜请村上一位名叫新黄的人挑果翻坡过江荷，然后我与韦如英带果子从江荷到丹洲，再从丹洲火车站坐火车去柳州，晚上9点半我们两人到达柳州，刚出火车站就遇上收果贩子，立即成交共得170元。回到丹洲后立即送回给父亲，扣些雇工挑果费后交给父亲143元。

2

1984年6月2号，县教育局转发了上级文件。广西区政发〔1984〕53号文件《关于改善科技人员工作条件生活待遇的若干规定》，规定凡在全省48个少数民族县市工作，具有大专毕业以上学历，参加工作满10年，其家属属农业人口的可转为非农业人口。

天终于亮了，太阳终于照到了白镐河畔，照到了笔架山下，照到了一个苦苦追求家属农转非的青年教师身上。幸好我的大专学历，以及我当时工龄连同担任民办教师年份在内满了10年，符合家属农转非条件。

苍天有眼。

于是我于1984年6月7号马上打报告给县教育局、人事局、公安局，要求将家属三人的户口从农业转为非农业。报告给丹洲中学盖了公章，同时我还回到生产队和大队打了证明，这两个材料一并寄上县教育局。

1984年7月6号，丹洲中学接到县教育局的回函，提出申办农转非的四位教师——罗老师、郑老师、何老师以及我，四人的报告要经过生产队、大队和公社三级公章，还要经过公社派出所盖章。于是四人又分别补办，之后又寄上县教育局。

这以后，我在静静地等待一个审批程序的结束，我深信，农转非条件符合了，手续申办了，现在就等待一个审批程序了。当然这一程序整整等了半年。

1985元月14号中午，在中学，罗副校长送来县劳动人事局的通知。通知是县人事局统一寄到公社文教组，由公社文教组发到学校，学校送达给我。通知内容为："专业技术干部的农村家属迁往城镇落户通知书。根据自治区科技干部局桂科干农字〔1984〕第336号文批准，同意家属韦如英等三人户口由农村迁入其所在单位落户，接通知后，持本通知到县公安局办理迁转户口手续，1985年元月9日。"我手捧通知书，喜从天降，笑逐颜开，折腾我的农转非问题，终于迎刃而解。

当年的农转非意味什么？意味国家定量供给每月30斤大米，买米是一斤一角钱，三个人一年国家定量供给每月30斤大米共1080斤，只需要100多块钱。

那个年代，吃饭凭粮票，穿衣凭布票，吃猪肉凭公社食品站定量发给的肉票，所以万千人追求农转非，其实是想脱离农村靠种田挣工分才有口粮的生活。农民的苦楚，并不是像黄梅戏《天仙配》所唱的："你挑水来我浇园，你织布来我耕田，寒窑虽破苦也甜。"

农转非最有意义的是两个小孩从农村户口转出来，对读书升学极为有利。全家农转非了，全家人心情都很好。

3

家属农转非后不久，1985年9月22号，我们全家从丹洲中学调到斗江中学，住进了虎爪坡。虎爪坡是新建的斗江中学所在地的俗名。

学校建在一条山梁末端的山坡上，有沟有梁，当地群众俗称这个地方为虎爪坡，新建成的中学就在虎爪坡上，当地群众说到虎爪坡就知道是指斗江中学。

新建的虎爪坡中学，与过去旧斗江中学相距几里路，旧斗江中学所在的地点原为清代营盘，我曾在那里读初中一年级，已在前面的章节描述过了，后来那地方改为公社卫生院。

韦如英作为家属随调到斗江中学，刚到的这个学期，学校不安排什么工作，只得待在家里做家务，管两个小孩及全家吃住。转眼一个学期过去，第二学期开学之初，学校召开校务会，杨校长宣布了相关人事安排，其中：学生食堂工友有变动，增加韦如英到学生食堂当工友，自此韦如英有一份工作了。又再过一个月，学校又召开校务会，因为县教育局分配有一个公办临时工友的指标，原来学校已上报老潘，但因老潘年龄太大县教育局不批，退回学校要再确定一个人顶上这个指标，学校有几个家属，为了公正选择，学校经各自报名列出四个名单：韦如英、曹教导妻子、覃老师妻子和梁老师妻子。这四个人当中选一个，采取投票的办法确定。校领导做了一些老师的工作，在会上宣布之后便投票：结果韦如英得14票，其余3人分别9票、4票、2票。学校杨校长根据投票结果：宣布韦如英为公办的临时工友，会后马上填表报县局，几天后县局批了下来。此后韦如英便在斗江中学学生食堂当工友，月工资47元，直到我调离教育系统才辞去这份工作。

晃眼到了1987年，我在虎爪坡中学已经担任学校语文教研组长。

1987年12月，县教研室通知我去南宁参加全省的语文学术会议。这年的12月27日，我只身坐火车下南宁参加学术会议。当天下午6点钟就到南宁，到会议地点凤城饭店报到，大会统一安排食宿。

学术会议很快结束。1988年元月2日，我乘火车然后再乘汽车赶回到斗江街，我在街上打了个电话到中学给韦如英，韦如英告诉我说："祖父覃贵林已去世，今天还山，要立即赶回老家。"

前不久，九月初九重阳节是祖父83岁生日，祖父过生日很隆重，家里杀了一头猪，我还写了一副长联以贺，贴在堂屋屏风上。但这是祖父最后一个生日。后来，到了农历十一月，祖父犯病了而且病很重。家里的人说，此次祖父重病睡床已10多天，近三天来不吃不拉，经过打针后又变成拉屎失控，10多分钟拉一次，一直要人守着挖便擦便，仅仅10多天便去世了。

祖父覃贵林逝世于1987年农历十一月初九，享年83岁。按照农村习俗，做了法事道场三天，农历十一月十三日是还山的日子。我们乘坐货车从斗江回到寨脉村老家是上午10点多，祖父灵柩已经抬到屋门口，农村习俗称为出柩，因为坟地有争议所以未还山，还等坟地商谈解决。也是天意吧，要等我回来，因为我是大头孙。我立即草草写成祭文一篇，还山起动之时，主祭人给我补了一堂路祭，我情真意切，含泪读完悼词，情感与悼词感动了全场男女老少，痛哭流泪，然后一阵锣鼓鞭炮声，抬起灵柩还山。

当天送葬有四部灵车，送葬亲属600多人。第一辆亲戚的货车和第二部老科开的货车以及第三部覃革的货车，都是装孝子孝女，第四部是表弟的车装灵柩。

坟地在三湘村下面俗名叫白石冲的地方，叔父们请来的风水先生称之为观音坐莲。祖父坟地选在观音肚脐眼上。坟地在观音坐莲半坡，坡度大，山很陡，拉灵柩上山的绳索断了几次，场面浩大。灵柩抬到坟地边，待下葬。这地块是三湘生产队郑家的，他要陪青苗费，小杉20株每株5元，桐树5株每株2元，共110元，我当场写了一张契据一式两份，一份交给郑家，一份交我们生产队，于是马上开井了，前几天派人几次去开井均被阻拦。

坟坑还在开挖过程中，这是山油茶地，很多山油茶树根，人们一边开挖一边戏说此事。

当天下葬完毕。祖父丧事结束。

4

在虎爪坡中学期间，儿子很喜欢夜晚去斗江河边装夜钓，常常钓得很多鱼。

但一天傍晚，儿子经历了一场幸免的灾难，令我们全家人刻骨铭心。

1987年7月6号，周一，雨后天晴。当天，学校各年级期考，儿子的19班英语考试结束了，他非常高兴，下午6点左右约了几位同学飞跑去大办村拦河水坝的河边洗凉。儿子和几个同学来到河边，脱光衣服放在岸边，打算过河，从那边河下水。那是一个大水坝，农村水利的拦河坝，那几天刚下大雨，涨水了，河水漫过了水坝约一尺多高，哗哗哗的河水从河坝上翻滚下河去，白茫茫一片，气势很是吓人。

儿子与几个同学手牵着手从坝面慢慢过河去，他们想去到那对边岸，然后在那边河下河洗澡。但坝面的河水淹到几个同学的大腿，而且河水急，走着走着，快到对岸了，离对岸边还有六七米时，儿子感到水势特别凶，像有一股什么劲来拉人一样，拉他下坝底去，儿子想抓住一位同学的手，但没抓稳，水太急了，硬把儿子推下坝底去。坝面离坝底有六七米高，而且涨洪水，河水翻下坝底时腾起一股股浪花，发出哗哗哗巨响。当时儿子翻下坝底，约有一分钟还没有浮上来，儿子感觉到有一股暗力往河底拉，而他清醒意识到自己已经被冲下水坝，这是场灾难，于是他清醒地抗争，不给水灌进嘴，不让自己沉下水底去，拼命地往上、往水面挣扎，他拼力划水、划水，往上浮，往上钻，天意，终于浮出了水面，他吸了一口气，他划出水面的地点还不是岸边，仅是水坝下面横在河中间露出水面的一堆岩石，岩石上面水很浅，儿子站在急水中流的岩石上，思考着如何从河中间划往岸边，他思量着只能往大办村这边划，不能往河对岸那边划。据说过去河那边曾有一个老太婆从水坝上被冲下来淹死了，传说有鬼的，会找替死鬼。

正在思量中，突然又来一股大浪冲上石梁，儿子站不住了，重新跌倒进河水中，但这次他已经有准备，顺势往大办村这边划水。因为又惊又累，儿子吃了几口水，他奋力地往岸边划，他在水中看见岸边的一位同学，儿子叫喊那位同学来帮忙拉一把，但那位同学也许惊呆了，不知如何救人。儿子奋力，一股拼命的精神在催促他往岸边寻求生路。10米、5米、3米、1米，终于划到了岸边。

儿子已经全身无力，脸色铁青。

儿子幸免于一场灾难。

小曹老师恰好也在坝边洗澡，目睹了事情经过的全程，目睹了这惊险一幕。小曹老师回到学校告诉了我这一切，我与韦如英顿时全身无力。我们决定：不骂不批评，因为儿子刚才经受了一场严重的打击，我们再骂，他精神会更加痛苦。

儿子回来了。

晚饭桌上，我们轻轻问起这件事，儿子回忆叙说了灾难经过，掉泪了……

天黑后，我们煮了一个鸡蛋，借了一把捞网，我和韦如英带儿子三人再到出事地点，我们来到河边水坝，月光下一片白茫茫的水花，气势吓人，回想傍晚那一场劫难，惊恐万分。我们三人过了坝面，水没过膝盖，水流很急。到儿子落水的原地方，捞回一个小石头，象征捞回人的魂魄。

我们回学校了。我们暗暗庆幸幸免一场灾难，儿子大难不死必有后福。

第十六章

1

1977年恢复高考之后，接着又举行了1978年高考、1979年高考，该录取的都录取了。但国家招生资源有限，同时亟待加强干部在职进修，于是国家出台了一系列在职学习进修拿文凭的政策。

基于这样的背景，金色的1983年年初，广西师范大学经自治区政府教卫办和教育部的批准，决定开设中文、政治、历史三个专业本科进修班，面向全自治区招生。招生对象：大学专科毕业学历，在职的高中或中师的教师或拟提任高中教师的初中教师，年龄不限。招生名额：中文专业100名，政治、历史各50名。学制：三年。已有大学专科为基础，达到大学四年制全日制本科毕业，发给毕业证，同时择优授予学士学位。学科开设现代汉语、古代汉语、现代文学、古代文学、文学概论、外国文学、逻辑等课程。

报考手续：本人依招生条件写报考申请书，经所在单位同意、县教育局批准，填考生登记表，交相片，然后由学校发给准考证。

考试地点在各地区教育局，由各地区主持。

经考试录取后由广西师大发给录取通知书，凭录取通知书入学学习。1983年秋季入学，1986年本科毕业。

我于1982年12月22日就已经写了报考申请书给县教育局。1982年12月25日我到县教研室听课遇见了县教育局曾局长，我当面汇报了我报考广西师范大学中文本科进修班的想法。1983年元月10日报名最后一天了，我在丹洲中学打电话到县教研室问王干事，他答复县局已经批准了我的报考申请。我心里高兴极了。1983年元月11日桂北已经下雪了，县教育局邮寄来了《广西师范大学中文本科进修班报考申请表》，我心里万分高兴，路通了，我立马认真填写。填好后我考虑再三，才给丹洲中学教导主任杨老师签学校意见，但我意想不到，学校意见写了很多好话，我感激不已。元月12日我立即到邮局给广西师大寄去。

这天，什么公事都办完了，心事无他虑，一心只为发奋读书，考本科生，考研究生。今生或许还有奔头，劲头很大，晚上看书到深夜2点钟。

后来，终于考上了广西师范大学中文本科函授进修班。

2

1983年11月20日这天，我在中学写了一封简信给县教育局曾局长，申请报考汉语言文学研究生，局长来电答复同意了。

12月1日至4日，曾局长到丹洲学区调研，也到了丹洲中学。我问考研之事，局长说明天去县局看文件。12月5日我乘车到县城，到县教育局看考研文件：该通知规定1983年12月1日至5日报名，在柳州地区教研室报名。12月18日、19日、20日三天考试。

我当即向县教育局要了介绍信，是曾局长开给我的介绍信，县局同意我报考研究生。我拿着县局介绍信，下午坐汽车赶到寨准火车站，坐火车去柳州。我赶到柳州地区教研室去问，得知报名时间已过，要补报名只有自己去南宁，到自治区教育厅报名。

估计是来不及了，一切都来不及了，于是经过一番思考之后便决定不考了。以后再说。

那一夜我就在柳州火车站过了一夜。12月6日我从柳州坐火车回丹洲中学。考研报名误期，我伤透了心。

3

在广西师范大学中文本科函授进修学习期间，不乏许多趣事。比如，两位同学携手共登叠彩山默记叠彩长联之事，历历如在眼前，久久不能忘怀。

这天周末，我和同学覃汗铝两人去登叠彩山，汗铝是高基人，我们在广西师大进修班居然是同班同学。难得同乡同学，异地周末两人相约去登叠彩山。

叠彩山在漓江边，相邻伏波山、独秀峰。伏波、叠彩、独秀，成品字形。

广西师范大学最早是在靖江王府之内。出于古建筑保护，逐步退出搬到三里店新校区，中文系是最早搬迁至三里店的。

我和汗铝早上起来，乘公汽从三里店直达叠彩山。

叠彩山，山不高，与伏波山、独秀峰，相差无几，但叠彩山绿树成荫坡度缓和，一路山道弯弯曲曲，缓缓盘旋而上，山道中处处有平台山门，每处平台每个山门都有名人题写的一副长联，于是叠彩山长联便独具特色了。

我和汗铝来到山下，相约，每登上一道山门各自背诵山门长联，爬到山顶之时，两人各自默写出来。

当年，年轻气盛，青春焕发，勤奋学习，两人又都是壮古佬，有很多相同爱好，于是，山风做伴，鸟语相陪。上一道山门各自吟诵背诵山门长联。信步登到山顶，两人便坐在山顶观光台的石凳上，掏出笔与纸，认真默写。写毕，两人互相交换审阅，是否准确且不说，只是各自交换拿对方手稿下山了。

下一道山门，核对一副长联，两人慢慢下到山脚，经核对，两人所默写联语几乎无差错。

人生总会有得意之时。当年，经过"文革"后的高考，已经跳出了农门，又分配当了教师，现在是公费进修，换一本中文本科文凭，心中说有多高兴就有多高兴，人生的好事尽让我们沾上了，怎么不意气风发呢！

4

1986年上半年是第六学期也是最后一个学期，过了毕业论文答辩就毕业了。

7月21号上午，我们全体学员乘校车从三里店分部去独秀峰下的广西师范大学本部，在广西师大本部门口即靖江王府的大门前照毕业相。至今我还保留着这张以桂林靖江王府大门作背景的照片，那是我一生最珍贵的留念照片。雄伟的"三拱"靖江王府的牌楼门，左右两边是一对石头雄狮，这里曾象征大明王朝的王权。

四天后即7月25号下午3：30，我们全体学员再次乘校车从三里店分部去独秀峰下的广西师范大学本部。

下午4：00，学员们步入那庄严的学校大礼堂，在这里举行毕业典礼。

主持人宣布："广西师范大学83级中文本科函授班学员毕业典礼，现在开始。"

"鸣炮，奏乐。"

大礼堂外点响了礼炮。

我在响亮的奏乐声中和轰鸣的礼炮声中感悟到：真的大学本科毕业了，多么不容易啊，多么不容易啊！激动，激动得唰唰掉下两行热泪。

这是欢乐的泪花，这是胜利的泪花。

毕业典礼上，学校校长作了重要讲话，教师代表和学员代表作了讲话。

归结起来一句话：激动。

下午5：00，毕业典礼结束。

下午6：00，毕业会餐开始。

晚上在广西师大本部礼堂看了一场电影。

晚上10：30，乘校车离开本部回三里店校区，当校车驶出本部大门，我瞥一眼那对守狮，在华灯的夜里仍然昂首目视远方，守卫这宁静的文化圣地。

我再回眸夜幕中的广西师大校园，想到这是最后一次进出学校大门，我又掉泪了，是激动，是依恋，是艰辛，是成就。

这一夜，是在广西师范大学中文本科学生宿舍里待的最后一夜。

5

第二天清早，我们踏上校车，校车送学员到火车站、汽车站。

校车开动了，缓缓驶出中文系的大门，此时此刻我心里涌起一股留恋之情，要想再进大学来读书，那是下一辈或孙子辈的事了，忍不住潸然泪下。

写到这里，最好莫过于原版抄录我当时写下的不成诗的歪诗：

别了，

广西师大。

……

汽车开动的一刻，

我窗外一瞥，

此时感觉到，

真的告别了广西师大。

……

三年来，

在秀丽的独秀峰下，

聆听教授讲课，

这里是知识的摇篮。

……

三年来，

徘徊在师大校园里，

抚摸着一棵棵苗壮成长的小树，

滴滴雨露入心间。

……

别了，

广西师大，

多少栋梁在这里雕成，

多少人才在这里成长。

……

别了，

广西师大。

6

中文本科毕业后，一切都围绕这本文凭改变了。

广西师范大学中文本科毕业文凭载明：覃世松，从1983年8月至1986年7月在广西师范大学函授进修学习。1986年7月30日毕业于广西师范大学，所学专业：汉语言文学，修业年限三年（附有成绩考——各科成绩优秀）。

又一次范进中举。

后来的后来，补发了工资，从1986年8月份起，按大学本科毕业生的工资级别补发，工资从68元提到74元，工资月总额110元。

再后来，1987年5月份，广西师范大学出版社编辑出版《广西师范大学校友名录》，一本厚厚的册子中有着1983级这一期学生的全部名录，我忝列其中。

再后来，我获得了终身制高级经济师职称。

第十七章

1

1988年3月25日，县人事局吴副局长一纸调令，把我从教育系统的中学调进县政府经济技术协作办公室，简称县经协办。我全家搬进县城，子女也从斗江转学到县中和镇中读书。

经协办是县政府的一个办事机构，专门负责横向经济技术协作事务，算是个务虚的单位，不像经委有实际政务，经协办专门给各行政部门、各企业事业单位牵线搭桥，从事经济联络工作，所以说务虚。但尽管务虚，在县政府机构的序列里也是县政府直属的一个办事机构。从教育系统调进政府机关，其实也不容易，因为政府各机关部门早已人满为患，哪还有空位等后来者？所以，调进经协办虽是务虚，我也心安理得，乐得其所。

县经协办原只有一位主任，是资深老干部，我调来算是一个干事，帮手吧。后来又调来一位，其实也就是三个人的单位。办公室设在县政府三楼，分给两个办公室，我与主任合在一个办公室办公，另一间则作为经济技术协作项目样品陈列室。一张办公桌、一部电话机、几份报纸，开始了新的起步。我从政界等级森严的官阶的最低的一级——"干事""办事员""科员"做起，尽管我拥有大学本科文凭，但在政界，由干事升迁副科长或科长（或称局长），要熬若干个年头，这里面涉及学历、资历、工龄、年龄、政绩、人际关系等。

刚调来县城，县政府安排不了住房，只好暂住到县糖业烟酒公司旧宿舍区的一栋宿舍里，宿舍在俗名叫柚子园的小山冲里的一个小土坡上。平房，套间，厨房配套，过去是糖业公司职工宿舍，现在糖业公司另起新宿舍大楼，于是这栋平房可外租。我们搬家了，雇车从中学拉家具进县城，然后雇人抬呀搬呀弄到房间，总算安家下来了。

韦如英辞去中学食堂的工作搬进县城。后来接手县经协办另一位职工的工作当保管员，后来又接过经协公司出纳员工作，再后来到县工业供销公司任商店售货员和公司批发部收款员。

在糖业公司宿舍住了约一年，这年农历过年前三天，政府办刘科长调整出政府大院内旧宿舍楼的两间宿舍和一间厨房给我，过年后，正月初五初六我一家人便从糖业公司宿舍搬到县政府大院。

搬进政府大院不久后，我接母亲来县城住，我在宿舍楼一层另外临时要了一间宿舍给母亲住。母亲负责日常三餐，空闲时也上街走走，还常在政府门口那石凳上无聊闲坐。住了几个月，母亲要回老家去，于是我便送她回板坡老家去住。这是1989年间的事。

经协工作务虚，是一种纵向横向的经济技术信息的联络。作为政府出面联络的务虚工作，当然免不了参加各种经济协作会议以及迎来送往各地来考察、洽谈的政府官员、企业人员以及各界人士。

调到经协办不久后便接到上级通知，参加1988年6月15日至18日在湖南靖州县举行的湘黔桂三省（区）十七县第二次政协工作联席会议。主任指定我赴会，我准备了几天材料，于1988年6月13日随同县政协吴主席、县民委领导、县扶贫办领导、县科委领导，一行五个部门近10人三部小车，浩浩荡荡出发了。

靖州会议，6月14号报到，15号至18号开会，19号散会。

靖州县是湘西南一个重要的县城，也是历史名城，其地理位置格外重要。湘西匪患是几百年形成的历史事实，新中国成立后湘西剿匪成为全国剿匪战役重中之重，近几年来以湘西剿匪为题材背景的剿匪战争电影电视剧一部连着一部地出来，轰动全国，最早的一部《乌龙山剿匪记》，接着《血色湘西》《湘西剿匪记》《双枪老太婆》，等等，鉴于历史匪患，靖州县以及怀化市便自然成为人民政府重点关注的地区，据说靖州县驻有野战部队一个师，师部就设在靖州县城郊。

联席会议开幕了。参加会议的有湖南省怀化地区的通道县、城步县、绥宁县、会同县、邵阳县，贵州省黔东南自治州的黎平县、锦屏县、剑河县、榕江县、从江县、天柱县、雷山县、台江县，广西的三江县、融水县、金秀县、龙胜县。

东道主靖州县政协主席致开幕词。我们同去的县政协吴主席向大会作了第一次（三江）联席会议以来的工作汇报。随后，怀化地区一位副专员讲话，再下来便分四个组学习讨论。一是政协组，二经协组，三民委组，四扶贫科委组。再然后便是靖州县安排参观考察了靖州县最大的工业企业刨花板厂，还有鸭绒被厂等。最后，大会闭幕、会餐、送礼品，每个参会人员分发了靖州特产：杨梅。靖州杨梅特大特甜，是我平生第一次见到的最好杨梅。

会上我作为经协办与会人员，抛出了一些协作项目，也承揽了外县一些协作项目。但是事后这些项目没一个成功，毕竟是务虚，不管成功与否，先联系了再说。我步入政界进入官场，最先就是在这种务虚的部门混过来的。

靖州联席会议后不久，又接到通知，参加11月22日至24日在河池市召开的广西经济不发达地区横向经济理论研究与经验交流大会。会议由自治区经协办主持，区党委副秘书长、区经济协作会会长参加，各地市经协办、全区48个贫困县经协办人员参加。我作为县经协办代表于11月21日赶到河池市，到河池地区招待所会务处报到。

11月22日上午在河池地区大礼堂开大会，会议由自治区经协办谢副主任主持并作大会主导发言。然后是河池地区行署副专员讲话，代表会议东道主致辞。接着是区党委副秘书长作重要讲话，谈横向经济协作问题。再下来还有自治区经济研究中心副主任作论述发言，他说广西1987年财政收入43亿元，而云南光云烟提价就增收70亿元，中央拿去35亿，给云南留了35亿，这35亿中，除去17亿企业技改资金，省财政还有18亿支配。接下来广西区党委政策研究室副主任讲话，他说广西刚起步，又遇到中央喊刹车，但中央不刹广西的车，我们要把握机会抓紧发展。下午，是大会经验交流，有七个单位发言作横向经济经验介绍，有广西财经学校，南丹县经协办，百色市经协办，马山县经协办，融水县经协办，等等。

这是第一天会议，第二天分为三个大组讨论，第三天三个大组将各组讨论结果作大会发言。第三天下午大会总结闭幕。

闭幕后，自治区经协办谢副主任集中到会的各地市县经协办人员召开经协专门工作会议，就经济技术协作作专题讲话。谢副主任讲了：一、1988年经协工作现状。二、1989年经协工作设想。三、经协部门工作的定位。四、经协机构的去留问题。五、办好经协公司实体。六、重视自身机构的建设。七、自治区计划过段时间成立广西区经协公司。

11月24日下午大会结束。

入夜，走走金城。河池金城江市我是再熟悉不过了，我二叔解放初期从解放军部队转业后一直在河池县工作，我幼小时就来金城江读书，此后三年两头跑金城江。今晚，金城江灯光灿烂，百货商场琳琅满目，偶遇一位友人，于是一道又去金城江公园逛夜景。还到二叔家说说话，第二天便回三江了。

回到县经协办，工作还是迎来送往，接待洽谈。

2

这天，我受经协办主任派遣，与县食品公司李副经理、老梁跟着浙江缙云县过来的一位个体养鸭户小陈，离开县城赴浙江缙云县考察麻鸭养殖项目。

我们一行四人早上从县城乘班车中午到桂林市，当天下午又从桂林市乘直快火车，经过广西、湖南、江西、浙江四省。火车进入浙江金华一带之后，是一望无际的平原，不愧为富饶的鱼米之乡。

第二天晚上9点，经过28个小时的长途行驶，火车终于到了金华火车站。

我们一行四人在金华市住了一晚。

金华市是一座古城，一河两岸，三桥相连市区，热闹繁华，金华火腿是浙江闻名于世的金字招牌。

第二天早上我们从金华市坐汽车，下午5点多来到缙云县，晚上住在缙云县招待所，安顿下来后，我到电报大楼拍了一封电报给经办主任，报告我们已平安抵达缙云县。

晚上我躺在缙云招待所的床上，思考着眼前的项目。

县经协办和县扶贫办用扶贫款买了一大批樱桃谷鸭，投放到独洞乡八协村一带，还帮助他们建了一个以木薯为原料的小酒坊，一个养猪场。经协办负责定期买干木薯打成粉投下去做饲料，扶持千家万户，计划鸭子下蛋后收回出售还回扶贫款，但效果不好，樱桃谷鸭长大后逐步死掉，死了群众就吃了，这样恶性循环，再投下去也没用，于是经协与县扶贫办计划另行发展一个养殖项目，想起了浙江麻鸭。而浙江缙云县东川乡祥和村的养鸭专业户小陈，经人介绍到县里寻求麻鸭合作养殖。所谓合作其实就是他们出售麻鸭种鸭，然后指导养殖。经协办主任对这个项目还看不准，便决定派人到浙江缙云县考察，于是我们今天来到了缙云县。

第二天我们开始了对缙云县的多种经营，特别是养鸭业的考察。

我们的考察得到当地政府大力支持，缙云县政府经协办李副主任，农委宋主任、潘科长，多种经营办公室杨主任，农牧特产局董同志分别介绍了缙云县工农业发展情况，特别是养鸭业迅猛发展的情况。

其间，我们还实地考察参观了县城、城郊区、新建区、东川乡迎祥村一带的养鸭业，很受启发。

缙云县位于浙江省中南部。全县水田耕种地占全县总面积的10.8%。是夹在浙江平原中的一个丘陵山区县，八山一水一分田。山，大都是石头山，植被薄；水，是小河、池塘、水塘，系易涨易退的山溪水；田，人均4分多，缺粮，是浙江的一个次贫县。其经济状况：1987年全县工农业总产值近3亿元。其中农业总产值近2亿元。而养鸭业产值又相当于全县农业产值的四分之三，1987年养鸭产值为1.8

亿元。养鸭业位居缙云县拳头产品之首，养鸭业是缙云农村经济的重要支柱。

浙江麻鸭以缙云县鸭种为正宗。以麻鸭之乡著称的缙云县近几年养鸭业发展极为迅速。我们驱车进入缙云县境，沿途即看到大大小小的鸭场鸭群。我们所到的东川乡迎祥村，村中的小溪，全是鸭群，一群少则一千只，多则三五千只。溪边搭起了不少鸭棚，鸭臭几乎熏昏人，可是棚里却安着一张床。鸭农说：要住里面观察鸭群活动、喂食、守护，习惯了就不臭。

缙云鸭农不但在本地养鸭，还到外地养，充分利用全国各地的场地、饲料和蛋品市场。1987年外出1.5万人，养鸭数500万只。北上宁夏银川，南下广州、深圳、海南，全国21个省市都有缙云鸭农的足迹，缙云麻鸭飞遍全国，为各地市场提供商品蛋1.25亿斤，产值1.8亿元，利润3000多万元。人称浙江麻鸭留给人们的是"金蛋""银蛋"。

缙云养鸭业，不论从饲养规模、分布地域，还是从发展速度来看，在全国都是数一数二的，在浙江省也是屈指可数的。1988年3月，中央电视台、浙江电视台联合到缙云拍摄缙云养鸭的专题电视片，4月份在电视播放后引起了很大的反响。

一周后完成了考察任务，我们三人在县畜牧水产局老董同志的帮助下，悄悄离开了缙云县，回来了。

麻鸭养殖项目是好的，我回经协办后迅速整理了一篇《浙江缙云县麻鸭考察报告》。

通过考察，结合我们的具体情况综合分析，经协办研究后得出结论认为：浙江麻鸭饲养项目的经济效益是可观的，本县也具备引进此项目的条件。

3

一份《缙云麻鸭考察报告》，主任叫我打印后分送县委政府各部门及各位领导，县委宣传部还评为当年全县的5篇好论文之一，选送地委宣传部。考察报告引起了人们对麻鸭养殖的热议。

县农行决定给这个麻鸭项目贷款，当时买这批鸭子要4万元，农行全额发放。县扶贫办同意协作，县畜牧水产局也同意技术指导。在这样好的舆论气氛之下，经协办的麻鸭项目进展顺利。

此前，县经协办已经成立了县经济技术协作开发公司，在此基础上设立了县经协公司养殖开发部。法人代表韦如英。

浙江缙云县的小陈在我们三人悄然离开缙云之后，左思右想不得要领，于是自己又跑上门来。这次来谈判诚恳多了，我们不可能先打钱过去，我们提出鸭子先拉过来，货到付款，小陈居然接受了，于是签了合同，麻鸭3000只，每只13元，共3.9万元。

小陈回缙云县去了。

我们着手鸭场的选择：独岗乡八协村有一座油榨房也是淀粉厂，但榨油与淀粉生产都停了。我们商议租了这个场地办鸭场。每年租金200元，租两年400元。这里离八协村不远，临小河，这条小河叫苗江河，独岗村是源头，经过八协村、平孟村、同乐村到产口村，汇入富六镇流下来的榕江，也称都柳江。三江之所以称为三江，即因为苗江河、浔江河、榕江河这三条江河。

我们租了榨油厂与淀粉厂，改为麻鸭养殖场。

不久后，麻鸭真的拉来了。

1988年8月16日，浙江缙云县养鸭个体户小陈带12个人开三部大货车送麻鸭，每笼30只，他们拉来220笼共6600只，县食品公司要了一半，第一车先给县食品公司，另两车即送进八协鸭场。

我急忙布置拉2000斤饲料赶进八协村鸭场。缙云县的两辆车已经先到八协村，正在路边卸鸭子，估计我们还有3000多只。全部卸下来，雇工搬到河边的榨油厂与淀粉厂改为的麻鸭养殖场。

现在河里都是麻鸭。在这偏僻的小山村，从未见过如此多的鸭子，鸭子满河跑，叫声回荡在小河山谷上空，蔚为壮观，引来了八协村几十名妇女小孩来看热闹，人们感叹唏嘘。

八协麻鸭项目就这样开场了。

经协养殖开发部早些天已经配备人员：韦如英任经理月工资80

元，八协鸭场负责人老吴工资60元，会计兼职人员钟会计工资20元，出纳韦如英兼，保管韦敏工资80元，八协鸭场饲料员老杨工资60元，守场杨增云工资60元，打玉米木薯粉作饲料人员覃启宣工资45元，兼职兽医石荣德工资60元，采购覃世乾工资80元。

八协鸭场养鸭子3000只，每只一天饲料2两，饲料每天约600斤全部由养殖部从县城送进去，鸭蛋拉出来出售。

送料进入八协鸭场，此时已是整个经协办工作重中之重。

9月3日这天，一场特大暴雨过后，进八协、独峒的公路中断了，饲料拉不进去，急了，我只得骑单车进去。我与工作人员梁志永先到八江粮所问有无玉米出售，回说没有了，之后折腾到傍晚才从八江乡去八协鸭场，要翻过高高的名叫三耙叉的大山，我们两人推单车到山顶时已是晚上8点多，天黑了，在伸手不见五指的夜晚，在崇山峻岭之中，山道弯弯，荒凉、死寂、饥饿、疲劳、畏惧，我万分感慨，在这样终生难忘的夜晚，两人单车摸黑翻过一座大山，到达八协鸭场时已是晚上10点多，在鸭场吃饭、洗凉、睡觉，全身的骨头像散了架。

鸭场事务多多，送饲料进鸭场，每天产鸭蛋约100斤，拉出来，蛋价2.5元，收入也就是250元吧。

就这样一直忙碌着。

八协村旁边有座风雨桥，年久失修，村里集资重修，八协村的寨佬聚餐之时约我去，吃饭当中提出要我写个序，我答应了。村老们决定11月26号农历十月十八日举行通桥庆典大会。此前要求我写好《风雨桥序》，我答应了，事后我写成初稿交给独岗乡领导，结果他们安排石块雕刻《八协巩福风雨桥修复记》。直到今天这块石雕还竖立在八协村旁的巩福风雨桥桥头。同时我还写了副对联：八面玲珑天功神化桥永巩，协力同心地利人和路长福。嵌名首尾：八协巩福。

当然这仅表明我到八协鸭场的同时办了一些人文方面的好事。

八协鸭场终日忙碌着，转眼到了年关。

1989年2月3日是农历戊辰年的十二月二十七，还有三天就过年了。我在县城家中先行杀鸭子留给家里过年，而我要送饲料进八协鸭场，同时就在山里过年。2月4号，戊辰年十二月二十八，雇车送饲料进八协鸭场，我与小马两人跟车到八协村。

农历戊辰年除夕夜，我在八协鸭场过年。

在这荒凉的山村，在这八协村淀粉厂改为的八协鸭场，举目四望，冰冷的冬雨灰蒙蒙地笼罩着四面荒秃秃的高山，八协村似乎没有什么过年的忙碌景象，在八协淀粉厂里另外还有一对名叫石安的村民夫妇，自办了一个小酒坊，过年这天还在忙着蒸馏最后一锅酒。在这小山村里，年关酒好卖，前几天石安夫妇从湖南弄来6000多斤成品米酒，三个小时卖完，后到的人买不到酒大有意见，今天还有10多人来买酒，酒坊的设备一天出酒600斤，来买酒的人在酒作坊的灶火边等着议论着，这是他们今晚过年的重头料，无酒不成席。八协村里年轻女子都嫁出去了，仅孟寨村就嫁出20多人，因为山上光秃秃的，农业资源短缺，粮食不够吃，也没有资金来源。村民吃盐凭盐票，但公路不通，盐运不进来，有盐票也没有盐卖，照明点灯的煤油每人供应一斤。贫穷，困苦。

已经是下午3点多钟了，偏僻的山村还是没有一点点过年的景象。

因为办了鸭场，这个年我就在鸭场过。

大年正月初一、初二、初三我都是在八协鸭场冷雨冷风中度过的，直到初四，还没有来班车，只好借村民一部单车骑出去，终于回到县城的家。

新的一年开始了。

不久，鸭场的问题逐渐暴露出来，供给3000只鸭子的饲料搞得整个经协办领导及工作人员焦头烂额，再加上交通不便、运输困难，于是这个鸭场成了经协办主任头疼的事情。

此前，经协办已动议把麻鸭下放给村民分养，收蛋还本。2月14日晚即正月初九晚上，凌主任召集我与小马开会，主任作出决定：麻鸭下放给群众养，独岗乡各村下放1500只，每户4—5只，斗江、高基、和平各1500只。三年之内交蛋10斤，我们不包供给饲料，各自解决饲料喂养问题。经协办干部下到村屯去联系接收养鸭农户，造册登记。经协公司的饲料厂从食品公司搬到黄排村空闲的厂房。

这一决定之后，我们便忙开了，我与小马几人到独岗乡各村屯去了解养鸭农户，然后安排送下去。

1989年2月18日前后几天，大规模地送鸭，名曰：扶贫鸭投放农户饲养。逐村走访，逐村送鸭，结果：独峒乡八协村110只，平流村400只，华纯村200只，巴团村1180只，独岗村226只，牙寨村209只，合计2000多只。

农历正月十三那天，我们送鸭到巴团村，车子到巴团村时，大路边已有很多人拿鸭笼在等鸭子，车子一到，一百多人拿着鸭笼排队，在这里忙着领扶贫鸭。村长、秘书忙着分鸭，村民在议论：鸭子从什么地方运来，吃不吃木薯。拿到鸭子的村民欢天喜地，全村一派喜气洋洋的景象。巴团村送了三车鸭子。经过几天的分送，最后还剩500只，凌主任决定去黄排村养，与饲料厂合并为一体。

1989年3月7日，星期二，晴，这天是一个难忘的日子：八协扶贫鸭场终结了。大家忙碌了一天，把最后剩下的几百只鸭子装车，场部原有6人，又雇请6人，装鸭笼，抬上公路装上车拉走，拉去黄排鸭场。

八协鸭场剩下的是破烂的鸭围，残旧的鸭笼，满是鸭粪的鸭舍以及原来鸭场从业职工苦涩的脸色。

八协扶贫鸭场创办于1988年8月16日，首批运进3000多只浙江麻鸭，到1989年3月7日八协扶贫鸭场终结，历时6个月20天。供应饲料太困难，收手了，终结了。

再后来，黄排鸭场的500只也不养了，主任带我下板六村去考察，最后于1989年4月20日把这490只搬出来，放给板六村下板坡屯覃启宣养。覃启宣是我四叔。

到了最后的最后，鸭蛋收不回，连麻鸭、樱桃谷鸭也无踪无影了，这几千只鸭子散在独岗乡各村村民家中以及板坡村民家中，逐步消失了。

怎么消失？村民把鸭子慢慢地、慢慢地杀了加菜过节过年。

4

为了掌握扶贫鸭发放到村民家中饲养的情况，主任派我下乡做调查。

1989年5月2日，天阴沉沉的，我乘坐班车下独岗乡了解麻鸭下农户的后期工作。

我第一站来到八协鸭场即八协淀粉厂，一片荒凉的景况：楼底是关鸭子的场地，淀粉厂流槽仍是原模样，油榨也还是原样，但围鸭的棚子早拆完了，鸭粪也被村民搬光了，一切都恢复到宁静、清冷、荒凉。我望着这一切勾起了很多回忆，几个月前鸭场兴盛时期的状况历历在目，我虽很累，每天操心供进饲料，调出蛋品，一天产蛋一百多斤收入二三百元，累，值得。然而，这一切都过去了，只留下记忆。

当天走访八协村、巴团村、独岗村。巴团村一位村民养20只死13只还剩7只，有一些蛋。平流村村民周云忠养10只，累计收得30多个蛋，他拿到市场上去卖了。村支书养10只死6只还剩4只，收得7个蛋。

当晚我在独峒旅社住。

此次下乡我一个人来，昨天从县城坐班车一路颠簸折腾，翻过高高的三把叉大山，来到这三省坡（广西、贵州、湖南）下的独岗乡。

这里正在举行两省三县（三江、从江、黎平）六乡第四届篮球邀请赛，来看球赛的群众约一万人，满街满村都是人，塞满了本来就不大的独峒乡独峒街。来看热闹的有60岁老人，有几岁的小妹，我被这场景感染了。

夜晚，一天的喧哗逐渐消失，我独自在旅社里躺在床上思索着：这里交通闭塞，从县城来的班车是三不开：风大不开，雨大不开，下雪不开，因为翻不了那高高的三把叉大山。这里还没有电，解放四十多年来还没有解决用电照明的问题，乡政府所在地用的是自己小溪建造的小水电，以及用柴油发电机发电，时明时灭，到半夜12点就停机停电没灯了。这里没有电视，这里的人们还不知道电视机是什么东西。

这里是乡政府所在地的独峒街，名义称街根本不成街。

夜已深，几百户人家的村镇静了下来，偶尔有几声狗叫，而这几声狗叫街头街尾全都听得见。

1989年5月的这一夜。

5

麻鸭养殖项目结束了，经协办的工作转入本地楠竹、杂竹、竹片、竹枝、竹笋的协作及产品购销业务，初步意向是销往河南新郑、河北石家庄、山东嘉祥一带。

1989年5月20日夜，我从三江寨准火车站乘车北上，赴河南、河北、山东洽谈横向经济技术协作业务。

夜火车从三江北上走枝柳线，天亮时过湖南吉首市，吉首市是湘西重镇，这里崇山峻岭，山高谷深。铁路山洞连着山洞。难怪自古以来湘西便是土匪集结之地，吉首市大顺县凤凰县便是土匪的家。

火车过了大庸县石门县之后山势平坦。

车到枝城市，这里是长江中下游平原了，处在宜昌下游的枝城，地势平坦。

火车驶进当阳长坂坡时，我望着火车窗外，想寻找一点点关于三国时期当阳长坂坡大战留下的蛛丝马迹，想象着三国大战情景，但无法看到。

火车驶进了湖北荆州市，关羽败在大意失荆州，见到古城顿时想起刘关张艰苦建国的历程。

车过襄樊，我熟知襄阳古城留下了三国混战时许多可歌可泣的故事。

火车过了襄阳便到新野。《三国演义》的火烧新野是诸葛亮出山后的第一个军事战役，使得新野这座2000年古城名垂青史。

过新野之后便到南阳，南阳出了个诸葛孔明世所闻名。

然后火车经过许昌，许昌已有2000多年历史，曹操最初建都于许昌。

一路走来，经过这些名城，让我完全沉浸在中国悠久的历史长河中。

我在郑州市的新郑县下了火车，到了河南省新郑县城关乡政府果菜办公室，见到了张副主任，还到新郑县经协办见到了马主任，商谈了毛竹的购销和小杂竹作菜架的购销业务。

之后，我从新郑县乘汽车仅半小时来到郑州市。

我从郑州先行上河北石家庄并且进京。几天后从首都回到新乡市。在新乡市邂逅一场艳遇，之后，我从新乡市乘火车直奔山东省嘉祥县。

在嘉祥县见到了主任的好友以及他的女儿女婿，商谈了三江楠竹、竹片、竹枝、竹笋等等的协作、购销业务。

几天后我返程了。

5月31日我从郑州新乡市乘火车回广西，途经武汉下了车，游览了武汉黄鹤楼。高耸入云的黄鹤楼建在龟山之上，气势恢宏、吞吐长江，登斯楼也，心旷神怡。"爽气西来，云雾扫开天地忧；大江东去，波涛洗净千古愁。"这是吴作人手书的古诗联。还有刘海宗所题一联："由是路，入是门，奇树穿云，诗外蓬瀛来眼底；登斯楼，观斯景，怒江劈峡，近中天地状人间。"

离武汉，之后，火车回到桂林，我从桂林乘汽车回到县城。

这是第一次北上考察。

不久后，业务有了实质性的进展，与山东嘉祥县落实了一些横向经济技术的协作项目。于是第二次于8月11日起程去柳州，再从柳州直上郑州，后再到新郑县，然后再次进山东嘉祥县。直至8月27日才回到县城。谈成了小杂竹、楠竹的购销业务，并带了外来客商到老堡乡楠竹转运站去调运楠竹。

县经协办的业务从扶贫养殖开始发展到商业购销，真正为县里面做了些横向经济技术协作的工作。

6

1989年5月23日凌晨3点，我在河南郑州火车站。

中原5月的天气乍暖还寒，这个夜晚，郑州刮的是大北风，夹着阵雨，冷得不得了。我已安排好行程，先上北京，然后去河北石家庄，于是就在郑州火车站等北上的车，按车站公告的车次应有几趟特快车进京，但都来不了，途中受阻，无法正点到郑州站更无法北上，据说又是学生闹事搭车拦车，所以晚点。我从凌晨3点等到天亮，接着又等了一个上午，不行，我只好改签郑州始发北京的直快，5月24日中午时分终于登上北去列车往京城驶去。

火车驶出郑州站，不一会儿便过郑州黄河大桥，我伏在窗边放眼望去，混浊奔腾的黄河就在眼前了，嘴里不禁喃喃叨念唐代古诗：黄河之水天上来，奔流到海不复回。

过了黄河便到新乡市，这是毗邻郑州的一个卫星城，铁路在这里纵横交错，南来北往，纵向横向，十分繁忙。

车过新乡市之后便驶入了偌大的华北大平原，我看了一下手表，火车直跑9个小时见不到一座山影，这就是伟大的富饶的华北大平原，是中华民族的大粮仓，铁路两边是望不到边的麦田，麦浪翻滚无边无际，这是华北大平原的大景观，麦田当中星星点点散落着劳作人群的身影。

火车驶进了河北地界，过了石家庄之后便到北京了。火车到达北京站已是5月24日的深夜1点半。也就是说中午从郑州出发半夜到京城，火车跑了12个小时。

北京是我梦寐向往的地方，多少年来一直想去一趟首都，但终未实现。于是心里一直埋着一个计划，今生今世一定要上一趟北京，这次出差我便特意安排自己进京。

此时此刻，5月24日凌晨1点钟，白镐河的壮古佬来到了北京城。

我走出北京火车站，站在宽阔的站前大广场上，梦境一般地自问：白镐河一位农民儿子终于来到伟大的北京城了？来到了国之首都，这一切是真的吗？是真的，我真的踏进北京城了，我满心欢喜。

我第一次到北京城，那个高兴劲那种心情，只能意会，难以言传，从我彻夜步行游京城便可知道当时的心态。

我没什么行李，就是一个包，装几件衣服，轻便。我出了北京火车站，心里急切地想去看天安门。

北京城的夜晚，华灯如织、灯火通明，我沿着崇文门路往天安门广场方向走，走呀走呀，完全是步行，从北京站走到大前门楼，雄伟的大前门静静地矗立于北京城的夜空中，我仰头望上去，"大前门"三字在夜灯中发亮。这就是传诵了几百年的满载着太多历史故事的"大前门"。我跑过去摸摸大前门城楼的墙根，心里说：白镐河壮古佬终于来到了"大前门"。

从大前门过来，看到高高耸立在天安门广场上的人民英雄纪念碑。还有伟大领袖毛主席安息的纪念堂。

我走到了天安门城楼下，我万分激动地抚摸着华表柱，这是中华民族的标志。

我走过金水桥，这也是古代帝王之桥，帝王之水，平民百姓在过去几百年的日子里是不可能来到的地方。

我站在雄伟庄严的天安门城楼下，仰望着高高耸立的天安门，毛主席的画像就挂在我手可触摸的城墙之上；天安门上飘扬着红旗，我可以听见红旗在夜风中飘展的声音。这就是伟大的天安门，这是中华民族国家的象征。今天她是一种政治化身，是共产党领导亿万群众翻身建国的化身，是共和国的象征。

因为是后半夜，天安门城楼登楼观光项目不开放，明天再上去。

我走过天安门城楼门洞，走进端门，走到午门前。

庄严的午门过去是帝王出征祭旗的地方，也是迎接征战得胜归来献俘的地方，还有一句话流传几百年：皇帝下令"推出午门斩首"，就是指这个午门。午门的故事上溯到元、明、清几朝几代，淋漓尽致有声有色精彩斑斓。

我心里在想，感谢元大都、明王朝、清帝国的历史人物，是他们给中华民族的子孙留下了这么宝贵的历史沉淀与结晶。

我终于来到了首都北京。

你根本想不到，我第一次进京，是个夜晚，是用双脚从北京火车站走到天安门广场，走进天安门、端门、午门。彻夜未眠，直到东方红太阳升。

这是1989年5月24日之夜。

5月25日，太阳从东方冉冉升起，人潮涌动，我随着观光的人们登上了天安门，领略伟人在天安门城楼挥手骋目的气概。

那时我还没有照相机，无法照相，我从天安门城楼下来之后，到午门前，穿上照相师备置的"龙袍"照了一张"帝王照片"。

从午门过来，我走过十里长安街，走过中南海的新华门的大门口，出于好奇，我居然绕着中南海高大的红墙走了一大圈，整整走了半天。接着我到故宫后门，坐电车爬上景山公园山顶，在山顶上俯视紫禁全城。我用手点数着紫禁城里成排成对的古建筑，在遐想着过去帝王将相及后妃们的生活方式。

5月25日这一天，我徒步走完天安门、故宫，还绕中南海走了一圈，又登上了景山公园的山顶，直到深夜12点才到地下旅社即北京人防工程改设的天下最便宜的地下通道旅社住下。

从24日半夜到25日半夜这一天两夜我徒步游览了北京城的核心地带，那时候的劲头无法比拟。

5月26日起床后，到北京火车站买了5月26日当天下午5点的返回新乡市的火车票，离上车还有一个大白天的时间，我用这一天时间坐公汽游北京城，从东到西，从南到北，坐着公汽到终点站然后又坐回头，用这样的方式走马观花地游览了北京全城。感叹之余真正体会了大国之都之大，体会到中华民族历史的久远。

1989年5月26日下午5点，我从北京火车站乘坐直快返回郑州新乡市，还要去山东办差。

第十八章

1

1990年3月27日，星期二，农历三月初一。我正常到县政府三楼的经济技术协作办公室上班。上午9点多钟，经协办主任兴冲冲地从县人事局回来，刚进门便说："你的调动通知来了。"我从主任手中拿过通知，是从经协办调到县经委工作，接着主任说："马上开一张经协办的介绍信，现在就写，我盖公章，然后你马上拿去人事局办手续。"

县人事局在县政府大院下面那栋旧楼的二楼，几十步路，我拿着经协办主任签字的介绍信来到县人事局的办公室。人事局秘书在，我递过介绍信，秘书收下，然后从抽屉里拿出已经写好盖了公章的人事局的调令，交给我。我拿到县人事局正式调令，迅速回到经协办，交给主任看，主任说："这是正式调令，你拿去县经委报到。全部调动手续就算办妥当了，祝你在经委工作顺利。"

其实，县经委与县经协办同在县政府1号楼的三楼办公。经委占四间办公室，经协办占两间办公室。本来是"鸡犬之声相闻"，但工作性质不同，经委务实，经协办务虚，此刻，我挪动几步路就到经委那边办公了，不过，这几步路不是一般的几步路，而是一个人一个新的工作的开始。

我拿着人事局的正式调令到经委办，此时经委工业局正在召开全委会议。我进了办公室，将调令交给经委秘书，秘书看过一眼笑了笑，立即交给经委李副主任，接着又传给工业局李副局长、经委桂主任。

几位领导传阅后，我看得出他们脸上露出微笑。

主任说："很好很好。"经委李副主任也点头说："好。"工业局李副局长说："很好，调过来了，明天跟我搞工作组下酒厂。"

主任还叫我马上参加他们正在召开的会议。

近期，县委政府已召开几次大小会议，组织抽调大批干部下农村下各乡镇以及下工厂，推进各项中心工作。经委口干部抽出来组成工作队，目标是下工厂，县委组织部和县政府办正在全力以赴抽调组织干部分派到各乡各村各厂，各委办局都在讨论如何抽人，县委政府、县委组织部已经划出下乡下厂工作组的人员指标，各委办局该抽多少干部人数已经明确，只等各委办局的人选名单上报县委组织部。

今天，县经委和工业局开会正式讨论抽人下厂的问题。经委系统国营八个厂四个公司。酒厂、硅厂、造纸厂、农械厂、铁合金厂等，石油公司、汽运公司（汽修厂）、医药公司、工业供销公司。但石油公司、汽运公司、医药公司业务上不归经委领导，经委口只有八个厂加一个公司。

当年，造纸厂年产值150万，硅厂年产值125万，酒厂年产值100万，是这样一种薄弱的工业局面。

第一天调到经委，第一天参加工作会议，会议决定抽出李副局长、朱会计以及我组成工作队，与县直党委郑书记、县工会胡主席等等共同组成工作组下酒厂，推进酒厂的各项工作。

会后第二天，工作组便下厂了。

在历时一个多月的调查座谈讨论之后，就酒厂的困境及出路，我们提出了一个系统全面的调查报告，报告中分析道：

"三江县酒厂始建于1958年，1959年投产。全厂在编71人，占地面积6500㎡折合10亩。厂部管理机构设厂长室、财务科、生产科、供销科、质检科。生产车间分为：蜜酒车间、白酒车间、饮料车间、过滤包装车间。全厂现有固定资产125万元净值98万元，定额流动资产155万元，流动资金借款总额112万元，固定专项借款58万元。酒厂现在当家产品为糯米酒、糯米三花酒、大糯米酒、高橙饮料等。年生产能力：糯米蜜酒500吨，大糯米酒300吨，糯米三花酒50吨，白酒500吨，高橙饮料100吨。产品除本县市场外主要销往融安、融水、龙胜、柳州、桂林以及湖南的通道、靖县、绥宁等。近年来年产值：1986年115万元，1987年116万元，1988年86万元，1989年78万元。酿酒企业是高税微利，近年纳税：1986年19万元，1987年18万元，1988年24万元，1989年16万元。四年合计人均创税1.1万元。而盈利微小：1986年1.6万元，1987年4.9万元，1988年1万元，1989年持平。到了1990年，由于酒类市场疲软，农村经济体制改革放开之后，群众自酿白酒各种大小作坊很多，整个酒类市场购买力下滑，酒厂处在停产状态，产品销不出去，资金无法回笼，生产维持不下去，自然停产。这其中，除了外部市场环境因素外，内部经营管理不善也是重要原因，工厂内部亏损。经过工作组认真盘点，内部亏损：1987年37万元，1989年15万元，到1990年达到53万元。几乎亏掉了定额流动资金的50%，工厂进入艰难的日子。"

《调查报告》仅仅是提出了问题，但解决困难还要靠经委领导的决策。

工作组几个成员在工厂广泛的座谈中，听到职工普遍一致的要求是：经委派人下来亲自抓酒厂，经委派人下厂挂任厂长，带动酒厂闯出新路来。

2

驻厂工作组经过一个多月的调研，问题基本搞清楚，方案也基本出来了。

驻酒厂工作组回经委作了多次汇报，经委领导达成了一个共识：酒厂要摆脱困境走出低谷，除了外部环境的优化，主要靠企业内部的治理整顿，只有企业内部整顿好才能谈得上恢复生产解决资金开拓产品市场。内部的治理整顿主要是整顿领导班子，方案是派干部下厂挂任厂长，再由厂长考核班子组成新班子。

1990年5月初，主任多次找我谈话，意思是让我下厂挂职，我无法推辞。

5月21日，经委领导桂主任、李副主任，工业局覃局长、李副局长及下厂工作组的工会胡主席，在经委开了专题研究酒厂的工作小会，会议决定：同意原厂长辞去厂长之职改任技术副厂长。经委派干部下去挂职任厂长。原厂长班子中陈副厂长、郭副厂长仍然任职，再提老资格老技术的老王同志任副厂长（厂长助理）。

几天后，5月26日，县经委下达了我挂职县酿酒厂厂长的任命书，同时按惯例行文上报柳州地区经委、工业局，抄送县人事局、财政局、劳动局、工商税务以及银行。

5月28日，经委主任带我下酒厂，召开全厂干部职工大会，主任宣读了经委任命文件，宣布了由我任厂长。我在就职会议上作了简短发言，保证努力工作，与大家一道共同努力使酒厂摆脱困境走向繁荣。

宣布就职之后，主任与我就任职一事与几位厂原班子领导交换意见。陈副厂长说：经委工作组工作认真，相信能解决酒厂的实际问题，真正帮助企业解脱困境。王副厂长说：工作组的工作，不是虎头蛇尾的话，完全可以信赖。郭副厂长说：经委早就应该派人下来挂职了。大家一致赞同经委的决定。

于是，新的一幕缓缓开启了，这里有酒厂的蓝图，也有我人生的辉煌。这天农历是五月初五端午节。

为了配齐酒厂班子，5月30日我向经委提议任命了几位副厂长，得到批复之后，厂领导进行了分工：

我任厂长，负责全面工作，后又兼任酒厂党支部书记。

老马任副厂长主管厂行政事务。

老陈任副厂长主管生产。

老郭任副厂长主管经营供销。

老王任厂长助理主管蜜酒工艺。

老杨改任副厂长主管工程技术。

厂领导任职并作了分工之后，我们又对厂中层干部作出任命决定：

财务科小梁任会计，小荣任开票，小石任出纳。

供销科老廖任科长，老郑任副科长。

生产科老荣任科长兼生产总调度。

质检科小兰任科长，小韦任副科长。

1991年6月，我搬进了新的办公室。

接下来我开始考虑开辟推进工作，当前第一要务是抓糯米蜜酒的生产，小锅米酒的生产，同时抓饮料生产和果脯分厂生产以及酒精勾兑白酒，计划投入7.1万元，马上向县工行贷款。恢复生产的第一要务是恢复糯米蜜酒的生产。蜜酒生产投入周期长、陈酿起码要半年至一年以上才成熟，而蜜酒是特色产品，必须抓紧生产。其技术特征为：1斤糯米发酵成糯米蜜酒作为酒基，同时1斤籼米熬制出50度三花酒，与蜜酒酒基勾兑，两项产出糯米蜜酒1.7斤。即1斤糯米1斤籼米共2斤米出酒1.7斤，出酒率85%，陈酿期一年以上。

但是没有钱。任职之后，计划财政借7万但没有得到落实，请求扶贫办借2万元也没落实，去工行贷款3万元也未落实，为了筹备几千元钱来发工资，只好后向酒厂所属的散在各乡镇的门市部求借，才算度过了第一个月。

经过多方努力，到6月25日即我任职一个月后，从县工行贷款第一笔到位6万元，追回旧货款2.6万元，其他方面收回0.9万元共9.5万元，而当即投入买糯米籼米各项开支，当时糯米7角钱1斤，籼米4角7分1斤，白糖1块钱1斤，共调来了糯米3万斤，籼米3万斤，全面启动了酒厂的生产，也按时发了工资。于是，人心稳定了，局面改观了。

大幕从1990年5月徐徐拉开，人生一段激情燃烧的岁月从此开始，从此起步。而此前经历了的一切磨难、苦难，都已成过去，恢复高考后，我先在教育系统工作，然后转行从政，接着又进入企业行列，从一个微不足道的厂长做起。

3

1990年10月13日，桂北的天空格外晴朗，秋高气爽，天高云淡，熬过了炎炎夏季的人们心情格外舒畅。在这美好的早晨，我带领酒厂人员到县委县政府报喜。

报什么喜？喜从何来？

三江酒厂的糯米蜜酒，喜获北京亚运会展览部和中华酒文化研究会联合举办的全国酒展及酒评会颁发的长城杯金奖。

前几天，酒厂赴北京的代表捧回了糯米蜜酒长城杯金奖，今天第一件事是向县委县政府报喜。

报喜队伍一行六辆车子：第一部是县经委的小车，第二部是酒厂的大货车，车厢上安排了陈副厂长、郑副科长、小石，三人在车厢上双手高高举起长城杯金奖，后面的车子是敲锣打鼓的仪仗队，炮仗、红旗、彩旗应有尽有。整个报喜队伍由马副厂长指挥。我与经委主任同坐在经委小车上，全厂职工站在工厂门口大路两边欢送，那场面很是鼓舞人心。

我们的报喜程序方案已上报，县里已作出了安排，县四家班子领导全部集中在县委常委会议室，专等酒厂的报喜队伍。

我们早上7点20分集中，7点50分出发，一路经过中山亭、中长街、粮食局门口，然后过邮电局，经新街转上县委大院。报喜的队伍一路放炮，敲锣打鼓，三街六巷的人们纷纷观看，他们只见高高举起的奖杯，只知道酒厂的酒得金奖了，但不知道详细来由。

一行报喜队伍8点30分来到县委大楼，我们把一份大红纸写的喜报贴在县委大楼门口。然后，我与几位副厂长，还有经委主任以及进京参展的四位代表，捧着长城杯走进县委常委会议室，进行专题汇报。

我坐在县委常委会议室的桌子边，心情激动万分，几个月来进京参赛的情形历历浮现眼前。

4

酿酒是一门传统工艺,名酒总伴有一段佳话。

我下厂挂职任厂长,着重挖掘民族传统的酿酒工艺,上任开始第一件大事便是恢复当家产品糯米蜜酒的生产。

这是一门独特的传统工艺,它的工艺形成可以追溯到很久远很久远以前。

侗族很早以前就懂得酿酒技术。民间流传的侗族《款词》即有《酒的由来》:"当初哪个制酒曲,酒曲拌粮放何方,几天发酵有香味,几天揭盖闻酒香?"答曰:"制造酒曲是奶酿(注:酿酒师傅阿婆),酒曲拌粮放进缸,三早揭开盖子看,粮曲发酵酒芳香。"这款词是侗族在古时候建立的合款的行为规范,有"万物起源款词"之说,《酒的由来》是其中之一。以后侗乡各地纷纷学习酿酒,久而久之,即形成侗族酒文化的一部分。侗族人民有饮酒的习俗,在炎热的夏秋季节,人们劳动归来,往往用冰凉的井水冲碗蜜酒解渴消暑,逢年过节,则喜欢吃糍粑鸡蛋煮蜜酒,对于病后体弱者或产妇,鸡蛋蜜酒更是营养丰富的补品,"早上鸡蛋煮蜜酒,老人长寿九十九"。侗族姑娘天生丽质,也源于长期饮用糯米蜜酒。"无酒不成餐",这是侗家嗜酒的真实写照。为了自家饮用和接待客人,各家各户每年都要酿酒数坛。侗家接待客人自有独特的饮酒风俗,每当客人到家,主妇首先打油茶招待,然后男主人装满一壶酒,放在火塘旁边煮酒为客人洗尘。左邻右舍的兄弟或好友,主动提酒备菜前来陪客。此外,侗家逢年过节、迁居喜宴、操办丧事、农闲或春节男女青年结伴走访做客等等,主家都备有酒宴酬宾待客。

酒厂继承和发扬了侗族民间酿酒工艺技术,以桂北特产优质大糯米为原料,采用当地山区特有的含有多种矿物质的山泉水,通过传统工艺长期陈酿制成糯米蜜酒,早负盛名:一是大糯米含有蛋白质、淀粉、脂肪等成分,发酵期还原糖度高达47%;二是所用的酿制方法独特,不用任何添加剂,不用色素,不经过蒸馏熬制,保持了自然风味,成品经六个月酿制后颜色变红，色、香、味融为一体，蜜香浓郁、醇香爽口，属于低度滋补甜香型黄酒，含有丰富的人体不可缺少的氨基酸。

5

1990年10月，第十一届亚运会在北京举行，各国体育健将云集中国北京。亚运会期间，第十一届亚运会组委会大型活动文艺展销部委托中华酒文化研究会和中国国际贸易中心联合在北京举办首届中国酒文化博览会，并对参展酒品进行评奖。

早在7月，我们即以三江酒厂名义向博览会报名参展，寄糯米蜜酒80件进京参展。还制作了展具：侗族风雨桥模型、鼓楼模型；侗族乐器芦笙；侗族饮酒彩照；酿酒工艺图等。可谓精心筹备，认真参展，并确定陈副厂长、王副厂长、出纳员小石和信贷小吴共四人进京。9月底，陈副厂长四人带着全厂的委托登上火车进京参展，也带去了我们全厂职工的期待。

第十一届亚运会举世瞩目盛况空前。

在亚运会期间举办的首届中国酒文化博览会，充分利用了这个舞台融文化与经济于一体，展示中华民族光彩夺目的酒文化历史。首届中国酒文化博览会于9月30日至10月5日，在北京中国国际贸易中心举行。参加这次盛会的有数百个酿酒生产企业、糖业烟酒公司和副食品公司，展销了几千种优特新产品。

首届中国酒文化博览会经评选评出：一、中国酒文化优秀企业14个，其中广西三江酿酒厂榜上有名占了一席。二、蒸馏酒类优秀产品14个，如甘肃剑南春酒厂的剑南春酒，河南伊川县杜康酒厂的杜康酒，江苏洋河酒厂的洋河酒。三、发酵酒类优秀产品14个，广西三江酿酒厂的糯米蜜酒名列其中。并对上述产品颁发了长城杯奖。

6

糯米蜜酒获奖后，名噪一时，其实得益于各媒体的推波助澜。

· 197 ·

当时的柳州地委机关报《桂中日报》刊登《三江酒厂捧回"长城杯"》的消息：

锣鼓喧天，鞭炮齐鸣，10月13日的三江县城洋溢着节日的气氛。

到处是欢庆侗家"糯米蜜酒"赴亚运会展销凯旋的标语；县党政领导们欢聚县府，迎接前来报喜的酒厂人们。县长庄重地接过"长城杯"并高高举起，向欢乐的人们示意，大家一起分享胜利的喜悦。

受十一届亚运会组委会委托，中国酒文化研究会举办了"首届中国酒文化博览会"，全国申报参加展览展销会的共有2500多家，审评获准入京的仅有201家。最高奖项为"长城杯"金奖。此前的9月15日，三江县酒厂代表，穿上侗族服装，带上侗族风雨桥和鼓楼模型，捧上新酿的侗家"糯米蜜酒"，直往北京中国国际贸易中心，向亚运会献上一份心意。9月30日，王任重、阿沛·阿旺晋美、杨成武等中央领导出席了展评开幕式。侗家"糯米蜜酒"展室里人群爆满，争相品尝购买，展销员几乎招架不住。广西在京数十名大学生和广西驻京办事处部分工作人员闻讯，高兴地前来义务维持。送入京的"糯米蜜酒"被抢购一空。博览会副主席当即挥毫写下"要很好地挖掘开发侗族酿酒技术"，"中国名酒、广西一绝"。经不记名评分电脑累分，三江酿酒厂荣获博览会黄酒"长城杯"金奖，同时授予"中外消费者欢迎的产品"称号，有资格向京城各大酒家供货的"北京市食品配送中心"供货。据悉，3吨糯米蜜酒已于最近发往北京该"中心"。

不递茶，不递烟，庆功会上，县经委主任和县酒厂厂长轮番向县四家班子领导敬上侗家糯米蜜酒，县委书记高兴地说：糯米蜜酒获全国酒类金奖，是县委政府狠抓发展地方民族工业经济的硕果，是侗家的自豪。祝愿侗家糯米蜜酒醇香由北京飘起，走向亚洲，走向世界。

《柳州晚报》刊登通讯文章《山寨"凤凰"飞往北京，侗家米酒获金奖》，通讯写道：

不久前由中国酒文化研究会在北京举办的中国首届酒文化博览

会，爆出了一个惊人的消息，由三江酒厂生产的"糯米蜜酒"获得了全国性的评奖"长城杯"金奖，进入全国名酒行列。一个名不见经传的山区小厂是怎样摘取金杯的呢？这里有一番苦和乐的故事。

捧着金碗讨饭吃——三江酒厂，是一个仅有70多人的小厂，从1980年开始，利用本地特产优质糯米及莲花泉水，采用侗家传统酿酒工艺配制而成糯米蜜酒，尽管色香味醇，无奈山高路远，产品滞销。山窝里的"凤凰"无法展翅飞翔。这个厂曾一度陷入低谷，连工资都发不出，全厂一筹莫展。

一枝红杏出墙来——金秋时节的北京，为亚运会组织的各种商品进京展销。北京简直成了一座展销城。在全国2500多个申报进京展销的酒品中，获准的只有201家，三江酒厂的糯米蜜酒却荣幸获准了，这似乎给这个濒临倒闭的小厂带来了一线生机，临行前，县领导忧心地对他们说：如果在京展销不景气，能挣个来回路费钱也就行了。由副厂长带队的一行四人就这样怀着不安的心情到了北京，参加"中国首届酒文化博览会"。

花香自有粉蝶来——9月30日展销会开幕了。在展销会上，中外宾客把三江酒厂的这个没有漂亮广告牌、没有留言簿的不起眼的展台围得水泄不通，争相购买。首都新闻单位的有关人员被这一场面所吸引，慕名赶来，专家们不请自到，品尝后主动为这个小厂题词致贺。博览会副主席、中国酒文化副会长题词："色香味俱佳，特别是侗族的传统工艺值得发掘和研究，这是弘扬中华文化的重要组成部分。"送入京的糯米蜜酒被抢购一空。在展销的最后一天，三江糯米蜜酒破格参加评比，登上了大雅之堂。经不记名评分电脑累分，三江酒厂的糯米蜜酒，荣获博览会全国黄酒类长城杯金奖，同时授予"中外消费者欢迎的产品"称号。三江县酒厂就这样绝处逢生，侗家山寨的民族文化绽出了绚丽之花。

7

就在这次博览会上，酒厂与有特供食品特权的北京食品配送中心签订了一系列供销协议，北京市商业局属下的北京食品配送中心负责在北京总经销。进京展销回厂后，酒厂积极与北京食品配送中心联系，按合同约定，于1990年11月快件发糯米蜜酒80件进北京，随后又发货120件，这一下子就发货200件进了北京城。发货的办法是到火车站办理集装箱，当时的出厂价是7.1元一瓶，一件酒12瓶也就是100元。

1990年11月22日傍晚，北京城夜幕早早降临，十里长街华灯如织，星汉灿烂。我和陈副厂长乘坐面的从北京火车站来到长安街上，此时正徘徊在长安街上选择今晚何处投宿。

我与陈副厂长于11月20号从酒厂去柳州乘坐6次特快，一天两夜来到北京城。这是我平生第二次进京。

第一次是在经协办因业务北上河南、河北、山东等地进了北京城，首创了我平生从北京火车站步行走到天安门的"壮举"，万千感叹。

现在是第二次进京，这次是我挂职任厂长六个月之后，酒厂产品夺得了长城杯奖，得到了北京市商业局所属的北京市食品配送中心在北京城代理销售的合同约定，此次为业务进京。我们厂要与北京市食品配送中心共同举行一次大型商业推介活动，召开一个糯米蜜酒进京品酒新闻发布会，来头很大。

今晚到什么地方投宿，我与陈副厂长拿不准。此刻，矗立在我们面前的是北京建国饭店，我与陈副说："我们去建国饭店总台看看房价如何。"北京建国饭店位于长安街上，由一片独特的低层建筑院落组成，很有东方院落特征，是一个涉外的星级饭店。我与陈副厂长到了大厅，我上前问了总台："请问，客房多少钱一间？"总台小姐客气礼貌地回答："标间380元。"我"哦"了一声，拉着陈副厂长退出大堂，到门口才说："住不得，380元一夜，我们如何住得起？"

1990年的380元是什么概念，当年一月工资一般是100元，现在一月工资一般是2000元，涨了20倍，照此比价，那时的380元就是今天的7000多元一个标间。在北京这是很正常的房价。

我一辈子记得我与陈副厂长两人进京头一晚竟然敢去问建国饭

店，竟然想在长安街上一流星级饭店住宿的事，这不是天大笑话吗？典型的乡巴佬进城。

我们走出长安街，到了一个偏僻的小巷旅社住下，计划第二天去找"广西驻京办招待所"。

第二天，我与陈副厂长乘公汽到东三环中路，找到广西驻京办事处招待所。当时的广西京招仅有几栋楼房，当然现在已在原址建成广西大厦，今非昔比了。我们在广西京招安顿下来之后，便乘公汽来到城南的北京市食品配送中心。

北京食品配送中心是北京商业局重头组建的一个商业机构，收集来自全国各地的高档的名优特产品，除了可供中南海之外，也可供国家级宴会及北京各大饭店商场。前两个月，我们厂在首届中国酒文化博览会上得到了食品配送中心的青睐，后来也发了几个集装箱的糯米蜜酒进京，此次来是与他们共同筹办一个大型的产品品尝推介新闻发布会。

业务谈得很顺利，与食品配送中心王总经理见了面，商谈了具体方案。王总交代经销部祁经理具体负责。祁经理手下又有一群业务骨干。我作为广西来的一个土包子与他们处得很融洽，融洽在于我们土得纯朴可信，让人放心交往。

当晚食品配送中心在市区内一个高档饭店设宴招待了我与陈副厂长。

北京汉子能喝酒，我第一次见识。上了饭席，大家未曾动筷子，没有动一口饭一夹菜，东道主先斟满一大杯子50度二锅头烈酒，提议：以三杯为敬，大家先干三杯。这一敬，要命了，我什么东西未曾吃下肚先来这三大杯白酒，不一会酒力发作，当场呕吐，当场出丑。不过，酒席上的规矩：灌醉了对方，对方丑态百出不是坏事而是好事，这样才引来大家痛快、惬意。我醉了，醉得不省人事，后来陈副厂长如何与食品配送中心的人用小车送回广西京招的房间我一概不知，第二天早上清醒过来，我第一件事是问陈副厂长："我那包里有个尼龙袋子，尼龙袋里有八千块钱。"陈副说："已经收拾好了，昨晚你吐得那个包全是臭酒腥物，已把那尼龙袋的钱拿去卫生间洗干净收拾好了。"

八千块是我们出差北京的费用，1990年的八千块相当于今天的16万元吧，那是我与陈副厂长的全部出差家当。

我与陈副厂长是打前站的。

我们与食品配送中心商定了新闻发布会的全部事务之后，电报报告在县里等待的桂主任。当时没有手机，长话难打，唯一的通信是电报。还没来北京之前已经请示汇报商定，此次进京人员由县长挂帅，经委主任同去。此时得到我的电报知道了前期工作准备就绪之后，1990年11月28日，县长带桂主任和酒厂质检科长小韦以及政府办副主任等四位同志第二批来到了北京，来到广西京招。

新闻发布会的工作一切按既定方案进行。

地点选在北京的前门饭店。

北京的大前门，天下无人不知，无人不晓。北京城的大前门与北京城的午门、端门、崇文门、德胜门，闻名遐迩。大前门：高高的门洞，雄伟的门楼，古往今来，流传了多少激动人心的故事。如今，大前门附近的一家涉外星级大饭店以前门命名，叫前门饭店，能在前门饭店举行一次酒宴，那是国人身份的象征。

1990年12月1日，在北京前门饭店的一个大厅里，新闻发布会在这里举行。大厅正面挂着一条大横幅"北京市食品配送中心、广西三江酒厂：糯米蜜酒进京品尝展示新闻发布会"。

前门饭店当年在北京是涉外星级饭店，一个名不见经传的山区小厂，能在北京一流饭店举行新闻发布会，这本身已经是件了不起的事情，更何况到会指导的部门和单位更是令人感叹唏嘘。

到会并在主席台就座的有国家民族事务委员会民族司谢司长，北京市商业局王副局长，北京市食品办领导，中国国际贸易促进会北京市分会领导，广西区驻京办事处副主任，还有北京市的朝阳区、宣武区、西城区、东城区、海淀区的商业部门负责人。到会的新闻单位有：北京日报，北京晚报，北京市电视台，北京市人民广播电台，首都经济时报，首都消费者时报。

大厅里摆了几十桌酒席，济济一堂，喜气洋洋。

我们县的吴县长和桂主任陪着国家民委谢司长同坐在主席台上。

新闻发布会由食品配送中心领导主持，我作了主题推介发言，详细地介绍了糯米蜜酒的酿造技术与营养价值，引来了一片赞美之声。

现场拍下了一批珍贵的照片。

照片上的我，穿着银灰色的中山装，银灰色的裤子和一双新的解放鞋。一个典型的乡巴佬进城，却显得飘逸、潇洒。当时主席台上的领导和嘉宾已是一片西装革履，而我一个土包子还穿着中山装。照片留下了值得永远珍藏的土包子镜头：1990年12月，穿着中山装和解放鞋的我以一个厂长身份在北京一流的星级饭店的豪华大宴会厅主办了新闻发布会，面对国家民委领导，面对北京市商业局领导，面对北京市贸促会领导，面对首都各大报刊及电视台记者，侃侃而谈，落落大方，推介南方山区的一个酒类产品。

国家民委谢司长当场题词一幅。

北京市商业局王副局长当场题词："菊花糯米酒，香溢北京城。"

好一个"香溢北京城"！

新闻发布会开得非常成功。

散会时，来宾每人都获赠了一件糯米蜜酒。

会议结束时还合影留念：谢司长、食品配送中心几位经理以及北京市商业局领导一起与我们在新闻发布会会场合影留念，照片一直珍藏到今天。

县里去的同志也合影留念：吴县长、桂主任、县府办吴副主任、我、陈副厂长、质检科小韦，还有广西驻京办小荣、小吴。

这些珍藏的照片留下了乡巴佬闯京城的历史印记。

在新闻发布会的酒宴上，食品配送中心总经理说："三江是贫困县，能酿出这样的好酒了不起，这个酒由食品配送中心在京总经销。群众评价这个酒很好。食品配送中心计划：为了推销给北京市民品尝，在北京西单商场、崇文门商场、天坛商业大厦、天桥商店等开设专柜推销，希望三江派出几位着侗装的姑娘作为推销公关。"

天坛商业大厦的经理说：在大厦内开设专柜销售，但包装瓶型要改进。

天桥商店一位科长说：这种酒适合外宾，同意让出一个专柜，但要改进瓶型和包装。

崇文门商店经理说：这种酒适应北京，愿让出一个柜台给三江专卖。

食品配送中心经销部祁经理说："已进货200件，仅销60箱，还有140箱。市民认识不够，宣传不够，装潢瓶型档次低。"

新闻发布会之后，几十家报刊、电视台等新闻单位陆续作了广泛的宣传报道。北京日报、北京晚报、轻工部主办的消费时报、首都经济信息报、北京电视台、北京电台都发了消息，突出地报道："三江糯米蜜酒在京受到好评。""广西糯米蜜酒进京。"相关省区的广州市电台、重庆市电台、武汉市电台、石家庄市电台、福州市电台、长沙市电台、西南价格报、老区建设报等都发了新闻。在广西区内，广西日报、广西经济信息报、广西工人报、广西工商报、广西民族报、南宁晚报、柳州日报、广西电视台、广西电台、柳州市电视台、柳州市电台、桂中日报和桂中经济期刊等都作了宣传报道。于是很快提高了企业和产品知名度，为产品的销售铺平了道路。

前门饭店新闻发布会之后，三江的糯米蜜酒在北京销售进入了实质工作阶段。

但毕竟是一个穷山区的小厂，一下子要变身凤凰进京，还适应不了。

北京市食品配送中心是一个大型商业企业，收购或代销的产品覆盖了全国各种高端食品，像国酒茅台、五粮液都是食品配送中心的当家商品。食品配送中心的仓库是现代化设施，产品装卸、产品传送全都用现代化机械，仓库也大得惊人，我们一个山区小厂的工人看到如此宏大的商品仓库，如此先进的搬运设施，不由得感叹唏嘘。

因为销售糯米蜜酒，我竟与食品配送中心的几位领导结下了不解的缘分。

北京前门饭店新闻发布会开过之后，我们厂与北京市食品配送中心业务更加紧密。但是当时各方面给我们厂的评价是：一流的酒，二流的宣传，三流的瓶型包装。这个包装问题凸显出来，瓶型不但土而且瓶盖漏酒，发给北京的货销出60件，还库存140件，但销出去的普遍反映漏酒。与北京方面商量之后，决定改进瓶盖，我们厂迅速到柳州加工制作了新的瓶盖，有内盖外盖，于是带一大堆瓶盖到京城，到北京市食品配送中心的仓库去，一件件一瓶瓶重新翻工换瓶盖。

想不到那个年头我带人去北京做工。1991年6月14日，我带着三江酒厂几个人上北京做工。韦如英、老荣、邱姐、吴姐共四人，我们坐6次特快，到北京后直奔广西驻京办招待所住宿。第二天，早上过早后在招待所门口乘坐公汽，转两次车到市南郊的食品配送中心大仓库做工。1991年的北京，交通顺畅，公汽走得很顺，不堵车，一个多小时，从东三环中路居然可以到市南郊的角门外，当时南郊的角门外还较偏僻。早去晚回，中午就在食品配送中心的食堂吃午饭。这样整整干了10多天完工了，之后，我带几位工友游天安门，上长城八达岭。6月30日，我们几个人回到了三江酒厂，前后进京做工17天。

8

1990年11月、12月间，我与陈副厂长在北京工作，筹办糯米蜜酒进京新闻发布会，其间，我俩专程去拜访一位司长。

这天，我们来到国家民委大院，大院门卫室问我找谁，我答道：民族事务司谢司长。门卫立即打了电话进去，之后告诉我们：司长在办公室等你们，并告知我们进大院之后如何如何行走。

我与陈副厂长来到司长办公室，初次认识谢司长。

谢司长客气地让座、倒茶，接着关心地询问糯米蜜酒获长城杯奖的事，还详细了解了三江酒厂的全部情况。

我一一作了汇报，说了很多很多。

之所以来拜见谢司长，是缘于柳州地区经委领导的介绍。前不久，我到地区经委汇报工作，谈到将进京举行品酒新闻发布会的事，这位领导说:"柳州来宾籍有位领导在国家民委任司长,家乡有这样的好事,侗族作为少数民族有这等好酒,司长一定高兴,他也会帮你们在京城作个推介,这也是为少数民族在做工作。"接着又说他与谢司长是老朋友,最后,这位领导还写了一个字条,叫我进京时拿他的字条去找谢司长。

现在,我来到谢司长办公室,我递上了柳州地区经委领导的字条,谢司长说:很高兴,柳州已经来过电话了,三江侗族出了这样好酒,很值得高兴。

接着我汇报了此次进京是与北京市食品配送中心联合在前门饭店举行糯米蜜酒进京品尝新闻发布会,邀请谢司长参加,并汇报说届时县长也来。谢司长高兴地说:"一定去一定去,家乡的事,侗族人民的好事,我作为国家民委民族司工作者,一定到场。"

我们说起家乡桂柳话,更加融洽,更加亲切,在这天下第一大都市的北京里有家乡人在这里当大官,而且今天我们又到国家民委司长办公室做客,三生有幸啊。

我们谈了很多很多。

晃眼过了两个小时,我们辞别了谢司长,回到广西驻京办招待所。

过几天,即1990年12月1日,在前门饭店如期举行新闻发布会,谢司长按时来到会场,还在主席台上就座。

谢司长来到时,带来了他的亲笔题词,题词上签了字加盖了印章。

谢司长题词为:

三江蜜酒获金杯,侗家芦笙动春雷。
中外嘉宾齐称赞,饮誉四海众望归。

他一手好书法,文笔遒劲,飘洒自如,令人叹服。

后来,我们与谢司长这位大领导便成为很熟很熟的朋友了。

谢司长很重视三江酒厂的工作进展。

1992年谢司长作为国务院赴三江代表团副团长,参加三江县庆,亲临酒厂视察,并当场与韦主席题诗书写赠予我们。

诗曰：

侗乡飞出金凤凰，有口皆碑蜜酒厂。
君若有幸来光临，雨淋三载仍留香。

落款为：韦纯束主席诗，谢启晃书于三江酒厂。

韦主席的题诗，谢司长的墨宝，至今仍珍藏，这也是我的厂长生涯中最辉煌的一页。

谢司长还与原地委曹书记一道亲自到三江酒厂办公楼的二楼办公室，新闻记者拍下了谢司长与曹书记亲临三江酒厂、亲到厂部办公楼接待室听取汇报的照片，照片至今我仍然珍藏着，这是我一生的荣耀。

后来，过春节我派陈副厂长进京看望家乡人，顺便带些土特产：糯米10斤，茶油2斤，香菇2斤，冬笋5斤，这些农副土特产表达了我们一片真情，而谢司长夫人很是高兴地说："三江糯米、冬笋比人参燕窝还珍贵。"我听到后心里暖融融的，这是远在北京的故乡人故乡情啊！按当时的价格，糯米、茶油、香菇、冬笋总价不超过20元哇，这才真叫礼轻情意重啊。

9

1990年12月间，为了参加酒厂在前门饭店举办的新闻发布会，县领导进了北京。

新闻发布会过后，一天中午，吴县长告诉我和桂主任说："总政首长要接见我们。"吴县长对我们说："这位总政首长早年在广州军区司令部任职，当时我在广州军区司令部任人事科长，跟着这位首长同在司令部而且与这位首长私交很好，后来，我转业到地方，回到县里出任县长，而我的这位首长也从广州军区上调到解放军总政治部任副主任。这次来北京我已告知首长，首长安排今天下午3点钟在他办公室接见我们。"吴县长还说："这位副主任的名字经常在报纸上见报。"

吴县长这一番话说得我们心情特别激动，想不到一位解放军总政治部副主任、一位受人尊敬的将军，能抽空接见我们，这是做梦都想不到的事。

首长和蔼可亲，与吴县长问寒问暖之后，吴县长叫我简要汇报酒厂进京展销的情况。我早有准备，随口一二三四简要汇报了一通，简明，简短，这是指挥千军万马的将军听我的一瓶酒的汇报，谁重谁轻，不言而喻。在这样的将军面前，我的一瓶酒分文不值，不值一提，但首长听完汇报之后，很高兴地称赞了一番，当然我听得出，这个称赞是称赞他的老部下吴县长领导有方，并不是说我们能干。

但是得到首长的表扬，我终生铭记，这是我一生的光荣，这是我一生的骄傲。

接见、听取汇报结束了。

将军一一握手道别，送出办公室。我仔细端详了将军，他身材高大，头发乌黑，脸色光亮，精神矍铄，这是我一生唯一一次零距离见到将军，令我终生难忘。

我们离开了总政大楼，还是那辆小车送我们回广西驻京办，但回程的路上我们三人话特别多，感叹唏嘘，万分荣幸，佩服加佩服，能让我们回去可以对所有人吹嘘说：我们到过解放军三总部之一的大楼，我们见过总政治部的大将军——总政治部余副主任。

10

1991年5月11日，在这个初夏的早上，我提着行李乘上厂部唯一的一部吉普车。老科开车，余副厂长和杨副厂长及韦如英三人也上吉普车送我，从酒厂开往县城对河的县汽车站，乘坐县城至柳州的班车。我从车窗向三位挥手告别，班车开动了。我独自一人去柳州，此行是出国，随团赴日本东京都，中信集团组织国内知名酒厂赴日参加国际酒博会。平生第一次出国，太激动人心了。

班车一路顺风。这天晚上我住在柳州铁道饭店。厂部派出跑柳州南宁专办赴日报批手续的郑副科长送来了刚从南宁批办回来的审批手续及出国护照。

5月12日，我乘上6次特快列车从柳州直奔北京，经过一天两夜，

5月14日上午到了北京。

广西人到北京出差大多数先到北京东三环中路的广西驻京办招待所，我也是如此，到北京的当晚先到驻京办招待所住宿及托存行李。第二天才打面的车到北京亚运村服务中心3号公寓，到中华酒文化研究会报到。他们请我吃了午餐，还交代并列出了出国参展的各种费用。然后我下午仍回驻京办住一晚。

第二天即5月15日，我花100元租了驻京办小车送我带着行李去亚运村集中报到，这是出国参展人员按规定在北京报到集中的日期。

这天晚上我便在亚运村的五洲大酒店指定的房间住宿，接受出国前的集训。同时我电报打回厂部和经委桂主任，让他们按出国组团负责人的要求汇来经费，桂主任及厂部在家领导第二天便及时办好了汇款，汇入了指定的银行账号。

这个晚上我独自一人躺在亚运会五洲大酒店的客房里，回顾几个月来忙乎的出国准备。

此次出国由中信集团的中国信托投资公司组团。最早的通知是1991年3月12日《中国国际信托投资公司出国、赴港澳任务批件》（资人外字〔1991〕404号），通知中已列出广西三江酒厂一人，通知发到广西区外办和柳州地区外办，可见其权威性。有了北京下达的指标，厂部领导几经研究确定由我和李副县长出国，但后来北京指标增加不了名额，于是只好我一人出国了。接着便是到柳州地区外事办领取《初次出国（境）人员审查表》，这个表是中共中央组织部统一印制的，除了填清自己简历，连祖宗三代也都要写清楚。这份表经柳州地区行署周副专员批准之后加盖行署公章才能到省公安厅办理护照。拿到护照才能到省政府外事办拿一个《出国（境）证明》。

5月15日这个夜晚，我住在北京五洲大酒店，夜，已经很深了，我睡不着，还在回想几天前离开酒厂前，县长、常务副县长召见我所作的一二三四点指示。覃常务说："一、经县府领导研究，认为此行出国参加酒博览会对本县工业发展是件大事。二、到了日本东京，在酒博览会上抓紧联系糯米蜜酒的业务，尽量订期货，每单订10吨20吨，

6月以后供货月，供30吨半年，180吨，以集装箱为准。三、走前要安排好厂里的工作生产，保证产量质量，调度资金合理使用。四、关于酒厂扩建工程，县政府将很快下文，尽快扩建，上规模，上档次。"另外还表扬我下厂后工作很有起色。对于县领导的交代，我一一记在心里。

夜已经很深了，我久久不能入睡，因为激动、兴奋。

第二天，也就是5月16日上午，在亚运村服务中心的小会议室，出国全团人员集中培训。组团单位的分管领导以及具体带团单位中华酒文化研究会的领导分别作了出国前集训报告，并正式公布了此行出国行程安排：

5月15日，出国人员北京集中报到。报到地点：北京亚运村中华酒文化研究会办公室。地址：北京亚运村服务中心。

5月16—17日出国前集训学习及出国前准备工作。

5月18日早由组团单位统一派车送往首都机场，乘坐中国民航班机到日本东京。

5月19日至21日，布展。

5月22日至25日，第三届国际酒饮料博览会开幕及会展活动。

5月26日至28日，在日本考察。

5月30日回国。

在集训会上，首先是中信公司办公室梁主任代表公司来看望大家。

接着，中华酒文化研究会常务副会长张同志说："中华酒文化研究会已成立6年，以酒文化为优势促进酿酒的发展。西方对中国酒认识少，但中国酒有特色，酒是好酒，不过中国酒是一等酒二等包装三等价格，原因是没能与国际接轨，基于这个原因，相关领导指示中国酒多多出国走走看看，努力与国际酒同行同步发展。这次中国的酒类贸易小组出国是首次，今后国家将会多多鼓励大家走出国门去。"

再接着是此次组团的张团长讲话："出国要特别注意纪律，内外有别，还要互相帮助，如日方有新闻记者提出正式采访，要立即请示，经批准后正常接访。在对外联谊交往中可以有不同的看法，但不能强加于人，还要防范敌对行为和语言，如发生及时报告国家驻日大使馆。"

组团程副团长讲话说："此次酒类贸易组团长主要责任对外，我主要负责团内事务。张秘书长负责日常事务。"

最后交代工作的是张秘书长，他说："明天起程赴日，各厂送行人员可送到首都机场，全团请两个日本翻译随团工作，业务需要大家可以通过翻译对话。"

然后是讨论、提问及解答。

一些多次出国的人员说了他们的体会，如贵州遵义董酒酒厂厂长陈锡初，他是贵州省政协常委，他说了很多注意事项。河南宋河粮液酒厂副厂长马海金也说了一些具体事项。北京华尔森啤酒厂厂长贾德田则讲了中币外币的兑换常识。

而我，一则从未出过国，二则是山里人，听这些东西如雾里看花，隔云隔雾，什么都不懂，是一个典型的乡巴佬。

两天的培训，我慢慢理清了出国培训的全部内容，总起来说：一、统一吃、住、开会。二、不准个人上街，必须全团统一行动，出街购物要两人结队。三、与外国客商交易时由翻译统一讲解，合同签字则由中国公司统一办理。四、不准有损人格、国格，注意仪表仪容礼仪。

出国参展关系到国家尊严。1991年改革开放不久，出国贸易还是极少极少的。培训让我们了解了许多出国常识。

第二天，第三天，团队让各成员各自根据培训内容做最后准备。

我忙了三件大事：第一件事，到北京王府井百货大楼服装店花了300多元买了一套标准的西装衣裤、衬衣、皮鞋，从头到脚换装，把从桂北带来的土装土货存放在五洲大酒店。第二件事，花200多元买了一个标准旅行箱。第三件事，到王府井一家出国定点理发店，耐心地让理发师给我理发整发修容。北京理发师整出了我前所未有的仪表仪容。在日本东京酒博览会上照了许多相，那发型服装就是在北京做的。

1991年5月18日上午10点，参加日本东京第三届国际酒与饮料博览会的中国展团一行30多人，在北京亚运村服务中心的中华酒文化研究会办公室门口上了大巴前往机场。

一个小时后，大小车辆来到机场，贵州董酒酒厂的厂办和厂接待办主任们，以及河南宋河粮液酒厂的领导，还有北京华尔森啤酒酒厂的送行领导各自开着厂部小车，贵州遵义董酒酒厂的小车据说是从贵州开过来的，送行人员中有厂办领导，有家属子女，大家来到首都机场停车场下了车，展团负责人有意识地叫展团人员及送行人员一齐在机场大楼前照相合影留念，随后展团成员步入候机大厅。在候机大厅将展品酒报关过检、行李托送、卫生检疫、边防验照、人身安检，然后径直进入登机走道登上飞机。

飞机航班是波音747飞机，可容乘客三百多人，乘客落座后空姐送来饮料茶水，广播反复交代各项安全事项。

5月18日下午2点飞机从首都机场起飞，飞机往上往上，很快进入云层，我从机窗外望，万里太空白云层层，什么都看不到，从北京起飞两个小时后到了上海上空，飞机要从上海越过海面飞往日本国，飞越海洋上空，蓝色海洋望不到边，船只只是一小点一小点浮在海上，也许是一艘艘大船，但我从空中望下去仅是白帆点点，从上海飞过去大约三个小时便进入日本群岛上空。日本国以群岛著称，从空中望下去，一岛连一岛，小岛、船帆、海洋、白云构成一幅美妙的图画。

飞机很快进入日本岛陆地上空，飞机开始往下降，日本岛陆地上的整齐方块的田野、纵横交错的路网、村镇港口一一呈现在我的眼前，这是一个对我来说陌生的国度，陌生的生活环境，陌生的政治社会制度。

从上海到东京三个小时，也就是说离开北京几个小时后，飞机飞到了日本首都东京都的羽田国际机场。

5月18日下午6点，北京时间7点，时差应是一个小时，我们乘坐的飞机降落在日本东京羽田国际机场。飞机停稳时，我邻座的贵州董酒酒厂陈锡初厂长禁不住双手鼓掌，事后我悄悄问陈厂长："为什么飞机降落停稳后你鼓掌？"陈厂长说："我飞来飞去飞得太多了，看见空难也多，担惊受怕的事也多，一旦飞机降落停稳，表明这次飞行又平安而过了，值得庆祝一下，于是鼓掌，这是情不自禁的鼓掌，生命毕竟太重要了。"我不置可否地呵呵附和着。

11

飞机到达日本国东京羽田国际机场，夜幕已经降临。

我们走出飞机步入机场通道，经过验照，进入亮如白昼的繁华的机场候机大厅，提取行李，然后跟随团队步出候机大厅。

眼前，一片繁华的夜景，人们行色匆匆，工作车辆来回奔忙。高中低多层灯光照得机场如同白昼。

1991年初夏时节，我们国内的改革开放为时未久，经济发展刚刚起步，而此时的日本东京已呈现一派空前繁荣景象，已呈现一个现代化程度极高的都市轮廓。

我们一行在团长和翻译以及日本方面接团人员的引领下，在空港乘上了接站大巴，前往市中心。

大巴在机场高速路上奔驰，来回双向八车道全封闭，这是我第一次看到高速公路。

大巴驶进了东京市区，展现在眼前的是一个全新的国际大都市，高耸入夜空的高楼群，上中下三层的街道车道交叉纵横，车辆各行其道畅通无阻，街上行人行色匆匆，但都会自觉遵守交通规则，绿灯行，红灯停，偌大的都市并无浮躁的喧哗。

大巴来到市中心的一处小街边停下，这就是我们团队住宿的异国宾馆。选在这里住宿，大概是这里离酒博会的阳光大厦很近的缘故吧。

这天夜晚10点我们住进了酒店。夜晚10点住进了日本酒店，前后历经12个小时到达异国他乡。

我与陈锡初厂长同住九楼，小宾馆电梯，电动客房门，房间内电视电话洗浴设施一应齐备，配有一次性用品，全是现代化的。房价

9000日元折合人民币450元，这是1991年的价格。

静静的宾馆，舒适的房间，我完全沉浸于一种全新的感觉中。人生第一个异国梦就在日本东京都这个宾馆九楼的房间里做成了。

第二天和第三天，即1991年5月19日和20日，休息日，张团长指派两名翻译带我们一行粗略熟悉一下这个新的环境，我们一行随翻译上街走走。

东京是国际大都市，地域非常之大，从富士山下延伸到大海之滨。东京是日本国首都，位于日本国本州关东平原南端，濒临东京湾。面积2155平方公里，人口超过千万，是日本最大的城市，亦是一座现代化的国际大都会。东京古称江户，始建于公元12世纪，后来，1603年德川将军在此设幕府，成为当时实际上的政治中心，1868年明治天皇从京都迁都江户，改名东京，1943年东京市改为东京都。都为日本最高一级行政单位，其下设道、府、县、市。

市区内高楼大厦此起彼伏，几十层的高楼群比比皆是，入夜，高楼大厦灯火辉煌，是灯的世界，是五彩缤纷之城，是不夜城。

如此巨大的都市，街道纵横交错，路网普遍是高中低三层立体相交。如此大的都市，没有这样纵横交错的高中低三层立体相交的市区道路交通，那么就会变成一座死城，变成一座拥堵的城。立体交叉的路上车流如水，无声无息，快速流动着。市区内还有地铁、高铁。

市区大街一尘不染，干净得可以席地而坐，可以地面为餐桌，偌大的东京都一尘不染，做到这一点谈何容易。

街道上，十字路上，全是信号灯在自动显示，完全不需要警察人为指挥。过街的人们无声无息，行色匆匆，红灯停，绿灯行，人们循规蹈矩意识非常强。

街头两边装饰着小块绿地、绿树、小花园，赏心悦目，竖立着各种各样的城市雕塑，栩栩如生。

街头街边随处设有无人售货亭，人们只要自动投币便可拿取物品，饮料、糖烟酒、其他小百货，无所不有。

街边处处设有产品宣传柜，各种产品广告任人挑选，各种导游杂志，有图有文，装帧精美。

我们走进街边商店，里面全是开架自选，电脑计价收费。这是1991年，而我国的城市商店实行电脑计价收费那是距此10年之后的事情了。

东京都的物价指数在世界各国首都中首屈一指：1991年我国的一碗米粉是3角钱，而东京已是800日元，折合人民币40元，鸡蛋一个60日元，折合人民币3元，猪肉一斤2000日元，折合人民币100元，简简单单吃一餐饭要1万日元，折合人民币500元。而当时国内50元便可供几个人大吃一餐。住宿费每晚8000日元，折合人民币400元。我们乘坐的大巴从机场到市区80公里，过路车费3000日元，折合人民币150元，而当时我从县城坐班车到柳州200公里只需3元。普通一支笔5000日元，一块小手帕300日元，折合人民币15元。一瓶酒约3000日元折人民币150元，而当时我们酒厂的酒品不贵，只卖2元一瓶。日本物价消费水平高，但人们的劳动收入报酬也高，打工者一个小时1000日元，一个月工资20万日元，折合人民币1万元。

12

我们此行日本东京，是中信集团和中华酒文化研究会组团出国参展。全团20多个厂家，约30多人，带去了40多种名优酒。飞抵日本东京，稍事休息两天，让团员熟悉一下环境之后，5月21日便统一进展厅布展。

酒博会设在日本东京都的阳光大厦。东京这座阳光大厦是当时东京高层建筑，地面共60层，之所以称阳光大厦，意指楼高可近太阳。

酒博会的组委会由美国、英国和日本国的商界人员组成，组委会总裁由美国商界人员担任，日本国的通产省相当于我国商务部，派出指导小组到现场办公。全球共有54个国家和地区参展，共设2000多个展品展位。美国、英国、法国、德国、意大利、加拿大、西班牙、日本、中国等均派出厂家参展。

各国的布展各有特色：美国的展台配有大圆形唱机，不停地播放音乐，增强展出气氛。而英国的展位有一个轻音乐团在弹奏轻音乐，流水般的乐曲让参观者倍感轻松。德国的展位突出他们的凯旋门模型。日本东道主则用录像电影解说产品，真可谓八仙过海各显神通。

5月22日，酒博会正式开幕，开幕式举行之后，人们便随着组委会的总裁们参观各展品。

今天东道主组织了日本国各行各业的人员来观摩展品，有日本通产省官方官员，有酒业制造厂家，有日本进出口公司，有百货店、酒店、饭店业主代表，还有商家门面的业主代表，更有新闻界记者，展厅内人头涌动。

我们厂的酒在中国展厅内，与其他酒厂的产品排列一起，开展的第一天，酒博会总裁、副总裁带一大批随员走到各个展台，也来到我们三江酒厂展台前。总裁听翻译评说这是中国黄酒，是发酵酒，而日本的清酒也是发酵酒，于是总裁很感兴趣，逐一品尝，又看了说明，又听翻译作了酒品介绍，然后竖起大拇指赞扬说："低度营养健身，符合当前国际酒类饮食方向。"总裁拉了拉我说："合影留念吧。"新闻记者一拥而上打开快门，给我拍了国际酒博会上极其珍贵的几组照片，这些照片至今我仍然精心保留着，那是人生的闪光，是人生辉煌的闪光。

同时，时任中国驻日本大使馆的李立屏商务参赞也来到我们酒厂的展位面前，大加赞赏，并合影留念。

从5月22日到5月25日，四天展览期间，我带去的10箱样品酒全部品尝光。我们厂的酒轰动了东京展会，好评如潮。

商家来了，生意来了。

日本新生交易株式会社的总裁奥村一男先生和助手阿部良一先生两人来到我的酒厂展台通过翻译交流，后来奥村一男不用翻译，直接用华语与我交谈。他们公司在北京设有办事处，派有一位山本千鹤子女士担任所长，长驻北京开展业务。日本新生交易株式会社决定进口我们酒厂的糯米蜜酒，奥村一男先生称赞这是中国南方特有的黄酒，特有的发酵酒，与日本清酒同一工艺制作方法，只不过原料不同，日本清酒用的是稻谷籼米，而广西黄酒用的是稻谷糯米。所以说很有特点。我与奥村一男先生进行了几轮谈判，双方商定一瓶酒出厂价为10美元，折合人民币100元，在日本市场可卖3000日元，折合人民币150元。双方签订了合同。

接着，日本东方商务株式会社也来3人商谈，还签了意向书。

还有，日本东京株式会社自治体事务所也来几位代表进行考察商谈。

几天里接待了众多商家代表，留下了美好的记忆。

日本新生交易株式会社奥村一男先生签合同的这天晚上，他请我去吃西餐。奥村一男先生小车接我到一家日本料理店，点了生食鱼，生食牛肉。日本的生食很讲究，一盘冰冻过的牛肉生料、鱼生料，配有佐料，生牛肉是大块地切，大块地吃食，菜也是生食，我习惯吃鱼生所以我不忌，大口大口地享用着。

经过几天的交往，我与奥村一男先生很熟了，不但谈成了生意，私下交情也有了。他交了1万日元托我回广西买两套女侗装给他，我回来后照办了，后来我再次进京时将侗衣加银饰一同带去，送到他公司驻北京办事处，交给该所所长山本千鹤子。

展会结束后，奥村一男先生又特地到展台前送我一部日本录放机，时价1万日元，我也回请他吃了日本的中餐。

酒博会最后一项程序是评奖：

日本东京第三届国际酒与饮料博览会，设酒类金奖、银奖、铜奖三种。中国展团获得金奖6个，银奖2个，铜奖2个。我们酒厂的糯米蜜酒获得国际金奖。

我回北京后立即电报汇报给县经委桂主任并转报县委县政府，整个县城都欢腾了，大家兴高采烈。毕竟一个少数民族县的酒厂主打产品获得国际性的认可，获得国际性评比的金奖，多么难能可贵。

13

酒博会闭幕之后的几天是考察活动。

5月26日这天的安排是东京观光一日游：日本皇居，东京火车站，东京银座，东京铁塔，东京新宿红灯区。

我们全团人员乘坐东京导游公司大巴，第一景点便是位于东京中心地带的日本皇居。

日本女导游用华语详细讲解了日本皇居的过去与现在。

日本皇居是天皇及家眷的居处。

天皇由日本宪法规定为日本的象征，是日本人眼中的神。但日本皇室一向十分保守，皇室的一切绝不对外公开，皇宫因而更引起人们的关注和兴趣。

皇居位于东京心脏静谧的中心，宫殿作为天皇及家眷的住所，隐藏在大片树林和庭园的深处。皇居一年对外开放两次：第一次是新年即每年1月2日9：30—15：00，另一次在天皇诞辰日即12月23日8：30—13：00，届时天皇要出现在民众面前，向大家挥手致意。

此时我们已来到日本天皇的住所，占地约17公顷即225亩。整个皇居被静静流淌的护城河环绕着，皇居正门前的二重桥，身姿古朴雅致，氛围宁静厚重，形成一幅绝美的风景画。它是公认的日本标志。皇居外苑草坪碧绿，还有很多经过精心雕琢的青松翠柏。

皇宫分为皇居、外苑、东苑以及北之丸公园等几个区域。皇宫的大部分包括宫殿本身，隐蔽在厚厚的石墙、古老的树木和护城河内，一般不对外开放。皇居共有7个入口，平时出门天皇走哪一门无法预知，是临时决定。现在的日本天皇只是一个象征，从第一代神武天皇至今第124代，虽然只是一个精神象征，但天皇的工作还是排得满满的。

皇宫正殿是宫殿的中心部位，皇室的主要活动和外交礼仪活动都在正殿的松之阁举行。

皇居南面为皇居广场，皇居广场铺满砾石，并有大片草坪与树木。站在皇居广场即可看见皇居外苑的宫墙以及皇居著名的景点：二重桥。

二重桥是通向皇居的特别通道，每年两次开放日公众可通过二重桥进入皇居并接受天皇的垂爱。二重桥凌驾于城外的护城河上。河边垂柳依依，河水碧波荡漾，这里成为游人们拍照的绝佳景点。

从外部看，皇居白墙黛瓦，错落有致。宫门重重，外面有警察守卫，增添了神秘与威严。整个皇居及广场，闹中取静，令人赞叹不已。虽不能进入内部，但通过资料了解到，皇居内部极为简朴，与中国古代宫殿的奢华完全不同。据导游讲，天皇一家的一切行动饮食都由宫内町制定。

我们到二重桥广场时，恰逢天皇一家外出，前后摩托车开路，一排轿车鱼贯而出，威风凛凛，疾驰而去。

皇居前广场矗立着日本有名的楠木正成将军骑马铜像，他是日本镰仓幕府末期至南北朝时期著名的武将。他在推翻镰仓幕府中兴皇权中起了重要作用。铜像铸造于1904年，高4米，重6吨多，反映了当时日本铸造技术的最高水平。

我在二重桥边，在广场上日本将军铜像前，都照了相，相片保留至今。

告别日本皇宫，我们直奔东京火车站。

东京是日本最大的城市，亦是现代化的国际大都会。东京车站是日本交通最繁忙的车站之一，因为这里有多条铁路、地铁、通勤列车在此交会，所以成为最繁忙的车站，尤其是上下班时间，几乎是被人潮推着走的。

东京火车站大约占地0.5平方公里。东京车站有别于一般车站，东西两侧的建筑风格各不相同，却相互衬托，位于西侧出入口的建筑风格属于文艺复兴时期的红砖瓦建筑形式。

东京火车站几乎是每个来到东京的人必到之地。

我们从东京火车站来到东京银座。

说到东京，人们的脑海中首先就会浮现出繁华热闹人群拥挤的都市景象，东京银座区就是象征这个繁华都市的代表之一。

银座位于东京都中央区，17世纪初叶这里开设了铸造银币的银座役所铸造厂，因而有了这个地名。明治三年即公元1870年，这里更名为银座。

银座是东京最繁华的商业区，这里有东京的心脏之称。

日本有三个象征性景点：富士山，东京都，东京银座。东京银座与巴黎的香榭丽舍大街齐名，是世界繁华街区之一。

日本可以说是一个惜土如金的国家，然而弹丸之地创造出来的财富却能够让人瞠目结舌。银座寸土寸金，是全日本最昂贵的黄金地段。东京银座街的地价高得惊人，一个脚印那么大的土地地价是内阁高级官员一个月的工资。

东京，现代化国际大都市的形象，征服了每一个初到日本的人，进入繁华的银座，才知道什么叫发达国家，什么叫经济帝国。

银座是日本东京最繁华的街道。银座大道全长1.5公里，大道两旁的百货公司和各类厅堂店号，鳞次栉比，还有很多茶座、饭店、小吃店、酒吧、夜总会，以及百年老店，游客可以坐在街心饮茶聊天。在这段街上，有4家大型百货公司，500多家特产商店，2000多家饭店，1600多家酒吧和歌舞厅，还有30多家剧院和100多处画廊，街面上商店的商品来自世界顶级企业的高档商品，出售的世界名牌商品价格高得惊人。最精致潮流的时装，高贵典雅的锦绣和服，各种珠宝、高级佩饰和精美的工艺品，琳琅满目，五颜六色，光鲜诱人，形成一片璀璨光华的商业聚集地。

入夜，街边大厦上的霓虹灯变幻多端，构成了迷人的银座夜景。从1970年起，银座大道禁止一切车辆通行，成为步行街。

银座的夜生活很有名，自明治维新以来，夜间的银座一直是日本政界商界最高阶层出入的场所。银座的俱乐部据说每个席位至少打出3到5万日元的消费，此外还要付相当于饮料价格好几倍的小费。

热闹的东京银座，在俱乐部里可以知道很多内部情报，因为来的都是头面人物，很多政客在这些俱乐部里，一边喝酒，一边进行权钱交易、权色交易。

银座大道的酒吧、夜总会，每一家，每一夜，都上演着无数的悲欢离合的故事。

我们一介布衣、工薪小民，怎么能承受银座商店商品的价格，只不过是看看，开开眼，见识一下罢了。"物价吓人，也就是来看一看"，这是导游说的。我们进了几家商场，乘电梯连着看了四层，商品标注的价格触目惊心，让人望而却步。我们来到银座，导游给了我们两个小时，对于想在东京购买世界名牌的游客而言，两小时太少，而只是观光的，两小时足够了。我们从一丁目到八丁目一个来回，一个半小时。

14

提起日本旅游，想到的还有：樱花雪、富士山以及东京铁塔。

东京铁塔号称日本第一塔，虽然它是以巴黎的埃菲尔铁塔为蓝本而建，但是333米的高度还比埃菲尔铁塔高10米，矗立于东京都的东京铁塔是日本人引以为傲的旅游景点，它是日本战后经济复苏的象征，代表着：科技、进步、富裕。

东京铁塔被视为东京市区的象征性建筑。

铁塔由四脚支撑，为棱锥体，塔身被涂成一段一段的橙黄色和乳白色，鲜艳夺目。该塔肩负着电视台、电视中转台及广播台的无线电发射任务。

东京铁塔，开工于1957年6月，竣工于1958年10月，当年开始正式营运。

这座日本最高的独立铁塔，塔基底的四只脚墩之间各隔80米，四脚之内建有一座5层大楼，里面设有餐厅、百货店，供应齐全，楼内开辟了科学馆，展出电视、无线电设备、各式各样的实验仪器、丰富多彩的科普图片，使游客既尽游兴又增长知识。

塔身150米的高处建有一座2层楼的瞭望台，供来客登高赏景。

塔身250米的高处设有特别瞭望台。3台电梯不停地运送参观的人们。从大楼底层到瞭望台，乘电梯只需一分钟，若徒步则需攀登563级台阶。瞭望台内是一个20米见方的房间，四周用整块的大玻璃镶装，游客置身其中，仿佛凌空出世，远离人间。晴天，向下俯视，整个东京一览无余，美丽的富士山，淡妆素裹，绚丽多姿，令人赞叹。入夜，塔身饰灯在夜空中构成一幅绚丽多彩的图案，愈发显得神奇雄伟。

登塔要付钱。1991年，一个人的入塔票820日元。

我在东京铁塔下照相留念。

第十九章

1

1992年12月3日，是三江侗族自治县四十年县庆纪念日。

这天，各族人民集中县广场，举行建县四十年庆祝大会。

1992年的广场还是在县招待所门口、旧大礼堂旁的大坪地上，虽然不是很宽，但这里是20世纪60—90年代全县政治中心，几乎所有重大集会都在这里举行。

今天，在县招待所对面广场尽头搭起了一个彩台作为主席台，台上挂着"热烈庆祝三江侗族自治县民族自治四十周年"的横幅，两边还挂了一副对联。主席台上以及会场四周红旗飘扬，节庆气球高挂。

在主席台上就座的有来自国家民委，国家经贸部、交通部以及广西各级领导。

与会人员按单位、部门、行业分区域端坐，各方队都有标志牌子，满满一个广场都是喜庆的人群。

高音喇叭播放着激昂喜庆的歌曲，各路记者摄影师各自选定了拍点。

上午10时，庆典大会开始。

县长主持会议，人大常委会主任作主题发言，然后是领导宣读国务院办公厅的贺信，国家民委的贺信，自治区政府办公厅贺信，这一套套的程序结束之后，便开始了"三江四十年发展成果汇报大游行"。

按照会场游行总指挥的布置，所有在广场开会的分队，启动游行时都要先经过大会主席台前，接受大会主席团领导的检阅，然后再沿着县委大门口、县政府大门口，过物资局，下坡，经过新街，过邮电局门口，再绕过粮食局，下到老街十字街，再走老街中长街，到镇小操场集散、结束。

今天，游行开始时，走在全县游行队伍最前头的就是酒厂方块队。

酒厂方队由马副厂长带队，全方队60人，分为男30女30人，全部统一着装，每人手拿鲜花与小红旗，方队扛着两块大横幅，第一块大横幅是"三江酒厂"，第二块大横幅是"长城杯奖"图案和"国际金牌"图案。当酒厂方队经过大会主席台时，方队队员向领导行注目礼，主席台上响起热烈掌声，各位领导挥手向酒厂方队致意。

各路摄影师纷纷用照相机把这珍贵的历史镜头记录了下来，这是酒厂最辉煌的一日，最辉煌的时刻。

此前为了训练方队，厂部出钱给他们统一置办服装，领导班子分工由马副厂长管，他已经训练了一个星期，前几天大会总指挥还把全县各单位方块队集中到广场作了预演，确保今天的游行效果。

事后，交通部办公厅张主任对县领导说，当看到酒厂扛着金牌图案游行走过主席台前，他心里高兴极了，在远离京城几千公里的边远贫困山区，干部职工能有这样的精神面貌，确实难能可贵。就在那一刻，张主任欣慰感慨：此前国家交通投资公司投放支边扶贫贷款182万元到酒厂搞基建很值得，很值得。

2

参加县庆的各级领导于12月3日之前陆续赶到三江，县里面在县庆大会即12月3日之前，安排了两天对全县的视察，比如说工业类的酒厂、民族景观点的程阳风雨桥。

县庆前，我接到县委办也是县接待办的电话通知，确定12月1日上午，国务院慰问团部分领导和自治区原领导到酒厂视察。

为了迎接领导视察，我接到通知后做了很详细的布置：办公楼一楼的杂物马上搬开，一楼门口风景树下的坏瓶子立即打扫干净，厂区全部插上红旗、彩旗，办公楼及接待室扫得一尘不染，会议室铺上大宣纸准备好笔墨，扩建工程工地道路打扫干净，做了一块很大的工程示意图，还组织了几十名职工临时作为欢迎队伍并布置如何致意。这一切我很刻意也很真诚，目的就是在领导面前展示三江人的热情纯朴。

12月1日这天，天气格外晴朗。早上8点，我便和厂领导组织欢迎队伍等候领导到来，我们从厂职工中挑选了几十名职工，分两列排队站在厂办公大楼门口，一直延伸到公路边。8点半，领导车队下来了，一长排小车在厂门口停了下来，各位领导一一下了车，我和厂部领导站在欢迎队伍的前头，见领导来了，便迎上去，我一眼认出第一位是谢司长，同行的还有几个月前来剪彩的韦老主席。后面跟随着的是地、县领导。

领导们上到三楼，到厂部接待室，谢司长、韦老主席、地委曹书记、行署杨专员、县委王书记、县政府韦县长，一一就座，曹书记发话后，我开始汇报。

摄像机的闪光灯不停地闪亮，留下了极其珍贵的照片，至今我仍保留着谢司长与曹书记并排坐在接待室听我汇报的照片。

汇报完毕，我知道领导此刻所做的讲话也是即兴的，不用什么讲稿，也全是溢美之词，我看火候已到，话题一转，提出请领导题词的要求说："领导，会议室已经铺好宣纸，备好了笔墨，敬请领导留下墨宝。"

谢司长、韦老主席谦让一番便起身走向隔壁的会议室，在会议室，谢司长说："主席，你吟诗，我代书。"韦老主席思考了一下，信口吟道：

侗乡飞出金凤凰，有口皆碑蜜酒厂。
君若有幸来光临，雨淋三载有余香。

全场响起一片经久不息的掌声，连声称赞"好，好"，大家的情绪沸腾到了极点。

谢司长当即挥笔泼墨，一挥而就，落款写道："韦纯束诗谢启晃书于三江酒厂。"

全场又一次响起热烈的掌声，近乎欢呼雀跃。

接下来，领导们兴致勃勃地由我带路视察了酒厂的旧楼二期陈酿室，旧楼过滤车间以及新扩建的工地，在车间里还品尝了糯米蜜酒，连声称赞："好，好。"

最后，仍是掌声，彩旗，欢送队伍，送各位领导上小车回县城，直到车队绝尘而去才散场作罢。

3

为了县庆，我们厂设计了一款礼品酒。

酒瓶是瓷瓶，去湖南望城县订制的，是一个可当茶壶用的酒壶子。我们的支撑论点是喝完酒之后这个酒瓶可作茶壶或开水壶用，壶身上印制有厂名和酒品牌名，还有县庆40周年的字样，外加一个精美的纸盒包装。

县庆到来之前的几个月就着手此事了，到县庆时共包装入库5000套，在县庆过程中，我们厂赠送给县庆办400套，出售给县庆办也包括其他单位共1300套，销售2000多套，县庆过后库存无几。

正是这几千套礼品糯米蜜酒，打响了酒厂蜜酒的品牌。

县庆过后，我作了盘点：礼品酒总收入7.5万元，会议餐宴用酒收入0.5万元，县庆街头零售点收入2万元，整个县庆几天即收入了10万元。

当时已是12月份，1992年全年计划销售收入70万元，11月份以前已收回52万元，还有17万元任务，结果县庆收回10万元。此外，长沙销售收入4万元，桂林销售收入1.6万元，柳州销售收入1万元，南宁以及各县业务员又收回6万元，于是1992年的12月，我们完成了当年70万元销售收入的任务。当然，扩建搞完后的1994年销售收入600万元1995年销售收入1200万元，那是另一个话题了。

1992年12月的40周年县庆，县委宣传部组织了一个整版面《广西日报》专版，刊登了三江县庆的消息，其中，发表了一篇我署名的文章，同时柳州地委机关刊物《桂中经济》也刊登了这篇文章。标题是：《发挥本地资源优势振兴民族酿酒工业》。

这是一种难以忘却的记忆。全文抄录如下：

三江县酿酒厂始建于1958年，是我县国营企业骨干厂家之一，占地面积2万平方米，现有职工220人，固定资产800万元，年生产能力1500吨，现在注册酒类产品5个，其中主要产品有糯米蜜酒，其他品种有糯米三花酒、大糯米酒、三江米酒等，产品畅销区内外三十多个县市，并已出口日本，成为地区"八五"时期抓好"十个一"的拳头产品之一。我们的主要做法是：

一、看准优势，抓当家产品。三江盛产大糯米，其还原糖高达43%，我厂的当家产品糯米蜜酒，就是以三江特产优质大糯米做原料，采用本地含多种矿物质的井水经长期陈酿而成。其技术成果主要是这种酒不加色素，不用添加剂，酒质保持了自然成分，含有丰富的人体所需的氨基酸和多种微量元素，氨基酸含量国标只要求0.01%，而我们的酒含量高达0.039%，属营养保健型低度黄酒。该酒在国内国际酒类评比中，连连获奖：1990年获广西轻工厅优质产品奖；1991年获广西区优质食品奖；1990年获北京亚运会首届中国酒文化博览会"长城杯"奖，被授予"中外消费者欢迎的产品"的荣誉称号，从而香飘京城，饮誉京华。1991年参加了全国第四届民运会商品交易会，被列为"民运会指定产品"，在广西首府南宁亮相，引来了一片美好的赞誉，被地区行署评为商品交易会先进单位。更令人高兴的是，1991年5月在日本东京的"第三届国际酒与饮料博览会"上荣获了国际金牌，从而敲开了通往国际市场的大门。在国内外酒博览会上得到了众多国内外专家名人给予的高度评价和赞誉，国家民委谢司长题词"三江蜜酒获金杯，侗家芦笙动春雷，中外嘉宾齐称赞，饮誉四海众望归"，北京市商业局副局长题词"菊花糯米酒，香溢北京城"。中国科学院高级工程师中华酒研会副会长评价"三江糯米蜜酒采用侗家传统酿酒工艺酿制而成，色、香、味佳好，特别是侗族的传统工艺值得发掘和研究，这是弘扬中华酒文化的重要组成部分，不愧为'中国名酒，广西一绝'"，在日本东京酒博会上，日本籍的酒博会组委会副总裁评价："低度营养健身，符合当前国际饮酒潮流。"

在南宁民运会期间，广西区党政领导都亲自品尝了此酒，中顾委委员乔晓光还亲自提笔签名，越南、波兰、日本等国家和香港、台湾地区的友好人士也都纷纷签名留念。

中顾委委员韦纯束在视察酒厂时题词："程阳桥糯米酒，堪称广西一绝。"地委行署领导也多次到我厂视察，行署黄专员多次对我厂作具体指示，地委曹书记在视察我厂时题词："发展民族工业，振兴三江经济。"地委和行署已把糯米蜜酒列为全地区十大开发项目之一。

1990年获得"长城杯"奖后，县长亲自率领经委和酒厂相关人员进京，与北京方面联办"新闻发布会"。之后，几十家报刊电视台等新闻单位连续作了广泛的宣传报道。《北京日报》、《北京晚报》、轻工部主办的《消费时报》、《首都经济信息报》、北京电视台、北京电台都发了消息，突出地报道："三江糯米蜜酒在京受到好评""广西糯米蜜酒进京"。相邻省区的广州市电台、重庆市电台、武汉市电台、石家庄市电台、福州市电台、长沙市电台、《西南价格报》、《老区建设报》等都发了新闻。在区内，《广西日报》、《广西工商报》、《广西民族报》、《南宁晚报》、《柳州日报》、广西电视台、广西电台、柳州市电视台、柳州市电台、《桂中日报》和《桂中经济》月刊等都作了宣传报道，从而很快提高了企业和产品的知名度，为产品的销售铺平了道路。目前我厂还通过自治区外贸与厦门进出口公司联系，抓紧出口日本以及港台地区。

二、狠抓管理，走出困境。我厂是一个名不见经传的山区小厂，1980年起生产的糯米蜜酒小有名气。但1988年以来，原材料价格上涨，生产成本增高，到1989年底和1990年初，经营性亏损额达100万元，糯米蜜酒陷入停产状态，企业的流动资金和固定资产总和减去贷款债务和亏损，资不抵债。濒临倒闭的企业要找出路，从何下手？这是县领导和经委考虑的首要问题，经委决定把酒厂列为重点扶持企业，派出工作组和经委干部到厂挂职工作，共同分析救厂办法，认为只有发挥本地糯米的资源优势，抓当家产品糯米蜜酒的生产，才可能解脱困境。1990年6月，酒厂恢复了生产，但没有启动资金，县政府领导和经委领导出面协调，在地区工行和县工行的支持下，放出了第一笔13万元的启动资金，酒厂才冒烟起来。此后，酒厂被列为地区工行和县工行重点支持的企业，生产流动资金才得以保证。接着，酒厂加强了企业内部门管理，建立健全各种规章管理制度，重新印刷了20种内控票证，从原材料的采购入库到生产领料、产品入库、销售出厂、资金结算都在良好的控制之下运行，做到有章可循，企业又重新恢复了生机。

三、今后的打算。糯米蜜酒绝处逢生，转危为安，我们捧回了长城杯，撷取了国际金牌，这仅仅是一个转折点、一个新的起点。如何使企业再跃上新台阶，这是摆在县经委、厂领导面前的一道难题，我们经过认真分析，决定今后重点抓好以下三个方面的工作：

1. 技改扩建，向批量生产要效益。糯米蜜酒虽荣获了几项桂冠，但我们厂现在仍是一个县办小厂，年产量低，产品的市场占有率也很低，销售区域的覆盖面不广，市场见不到我们的产品，徒有虚名。形势逼我们迅速扩建扩产，向批量要效益，向规模要利润。1991年初，在县四家领导班子的支持下，提出扩建糯米蜜酒车间的可行性研究报告。项目通过自治区经委、自治区轻工厅、地区经委组织的专家论证之后，得到银行的支持，第一期工程投资642万元，于当年10月底破土动工，糯米蜜酒车间大楼总建筑面积为9653平方米，工程完工后原始的小批量糯米蜜酒生产手段将得到根本的改变，陈酿场地及陈酿工艺也得到改造。生产规模可望实现年产1500吨，年产值年销售收入达到1200万元，年税利可实现370万元，对当地财税和企业本身都极为有利。扩大生产的有利条件，首先是原料来源有保证。桂北几个县年产大糯米数万吨，而我厂实现年产1500吨糯米蜜酒后，每年只需用糯米750吨，仅为糯米产量的3%，其次是厂区内具有含丰富矿物质的井水，质地天然，水源足够；再次是扩产需用电500千伏安供应有保证；邻近的从江县天柱县又是产煤区，燃料有保证。这一切，均形成了对我们发展生产的有利自然条件。可以说，振兴酒厂大有希望。

2. 依靠科技兴厂，提高产品质量。糯米蜜酒属黄酒，是白酒、黄酒、啤酒三大流派之一。但糯米黄酒与浙江一带的黄酒又不同，目前，我们正采用上海先进的黄酒澄清处理工艺，引进广西师范大学应用化学研究所的技术，对生产过程中的催熟、澄清、定色、灭菌四大难题进行攻关，依靠科技，把好产品质量关。此外，我厂有一大批富有实际操作技术实践经验的老工人，还有从理论上能解决生产中质量问题的工程技术人员，从而形成了我们厂的质量体系基础，为进一步提高产品质量，确保国际金牌奠定了基础。

3. 全方位开展销售工作，实现更好的经济效益。产品销售是企业生产经营活动的中心环节，也是企业实现经济效益的唯一途径，金牌产品如果销售不出去，经济效益无法实现。今后我们厂全部工作的重点仍是加强产品销售，我们的思路是：立足国内市场，尽快发展出口意向，把产品打入国际市场，立足国内市场就要利用当前的有利时机，在国内广为宣传我们的产品，争取在不很长的时间内，把产品打入国内各大中城市，把新闻媒介的宣传尽快变成消费者看得见的东西，从而最大限度地占有国内酒类市场，尽快发展出口意向，紧紧依靠广西土产进出口公司和厦门信达进出口公司，积极把我厂产品推向日本、港台地区及东南亚，在市场占有方面来一个大突破。

5

县庆过后，我们召开全厂干部职工大会，对参加县庆活动进行总结。在活动中，我们极其努力，极大地提升了企业形象。

一、认真接待领导视察及外单位到厂的观摩活动。在短短的几天县庆当中，到酒厂视察的领导很多：国家民族事务委员会民族司司长，亦是县庆40周年的国务院派出的慰问团副团长；中顾委委员、自治区原主席，国家经贸部副部长，国务院秘书处处长，交通部办公厅主任，自治区交通厅厅长，柳州地委书记，柳地扶贫办主任，柳地劳动局领导，柳地财政局领导，柳州银行行长，自治区银行处长；柳地财经学校、柳地师专数学系、柳州畜牧水产学校的师生。

二、县庆期间做足了宣传工作。我们厂在大会会场挂了两组大气球，在县城大桥桥头竖起了一块大广告牌，酒厂厂区挂了几条横幅，厂容厂貌布置一新，县庆有一个县庆展览馆，在工业组我们酒厂作了大幅展览，在广西电台作了广告，在报纸作了广告。

三、趁县庆开展销售业务。各门市部配了专门销售人员负责，街边摊位配了专门销售人员负责，还有定点餐厅供货组，也配了专门销售人员负责。

四、接待引导参观工作。这次县庆，做得最好的是接待工作，引导参观，招待用餐，这一切为企业树立了外部形象，成功地完成了接待工作，使各级领导高兴而来满意而归，我们做到了：不低贱庸俗又落落大方，以气质、风度得到各级领导对酒厂的肯定，特别是县庆大会游行队伍中的酒厂方队，不但走在全县游行队伍的第一队，而且经过主席台前时，引起了各级领导经久的掌声，这一切，都是在县庆活动中取得的成绩。

第二十章

1

农历壬申年十二月二十六（1993 年 1 月 18 日），周一，离春节只有五天。

我与杨副厂长两人，乘坐厂部小车直奔桂林机场，机票早两天已交代厂办订购好。趁着过年厂里放假几天，我与杨副厂长抽这个空，飞往上海虹桥机场，到上海、启东、杭州等地办理业务，订购扩建急需的生产设备，所以已经计划在外地过这个年了。

厂部小车送我们直达桂林奇峰镇桂林机场，等了一个小时，我们便从桂林起飞了。

不到两个小时，飞机在上海虹桥机场降落，我们走出机场，乘坐机场大巴直奔市里。当晚，我与杨副厂长投宿于上海外滩边的东方大酒店。

冬天的上海，尽管离春节只有五天，街上仍然很冷清，公交车不挤，我与杨副厂长乘公交车，跑遍了上海的大街小巷。这是我第一次到上海，给我的总体印象是几条主要大街都直通上海外滩。上海外滩像巨人的一个手掌，从外滩伸出的一条条街道，像手掌的几根手指延伸进市里。

第二天，我与杨副厂长跑上海业务，从农历十二月二十七日起连跑三天，即农历二十七、二十八、二十九，基本上办完了上海业务。

找了一个联系人沈老板，他计划在上海总代理销售黄酒，老沈是他的朋友的朋友介绍给我们的，此前电报书信已经联系多次，这次终于见面详谈，当然后来双方没有达成合作，因素是多方面的。

我与杨副厂长还到上海光学仪器厂选购了一批设备，当时的上海光学仪器厂在国内是唯一的一家权威的光谱仪器厂家。这个厂在南京路上有一个门市部，我与杨副厂长到门市部谈了两次，终于选定了气相色谱仪、分光光度计、光电电度仪、酸度计、生物显微镜、细菌计数器等，还有酒厂蜜酒发酵室急需的暖气片一组。

到了大年三十那天，上海该办的业务全部办完了。

2

大年三十。

我与杨副厂长睡了个懒觉，上午10点多才起来，东方大酒店服务员告诉我们："过年了，今天酒店餐厅休息了，而且连休三天，大年初三才恢复开饭。"我们只好走到大街上找吃的东西。

偌大的上海外滩，中午后，空无一人。

我们走出东方大酒店。今天特别冷，满天乌云，天阴沉沉的，北风呼呼地吹，冷风直刺骨头，我们瑟瑟缩缩地走在大街上，想找一家饭店吃点东西。我与杨副厂长找了半条街，居然连小吃店小商店都关门了，根本找不到一个填饱肚子的小店，无奈我们只好到一家面包店买了几个干面包啃着当午餐了，还留几个当夜饭。

不远处，还有一家烧烤店开门，我与杨副厂长走过去，当机立断买了两只烧鸭，留着当年夜饭，否则今年除夕夜不知到何处觅食。

街上极少行人，上海外滩上少许几个走动的人也是行色匆匆。我与杨副厂长兜了一圈之后又回到东方大酒店。我预感到，今晚连服务员也会全部回家过年，所以我提前问服务员："我想借一个碗来用。"

"没有，对不起，餐厅锁门了。"

"那么我借两双筷子用，行吗？"

"也没有，对不起，餐厅锁门了。"

天渐渐暗了下来了，年关到了，该过年了，我与杨副厂长在上海东方大酒店何等凄凉。

"吃年夜饭吧，老杨——"

杨副厂长和我坐在床沿，没有碗也没有筷，只好拿茶盘洗一洗放在桌子上，打开下午买回的烧鸭，没有刀，只好用手撕，放置在茶盘上。两人正式用餐，面包送烧鸭，而且手撕。

两人无语，慢慢地吃着，吃了一会儿算是结束年饭了。我洗了洗手，洗了洗嘴，说："这就算过年了。"

因为这个年过得太特别了，所以几十年来始终未曾忘怀，时不时回忆起在上海过的这个年。

从1983年起，中央电视台已经连年举行春节联欢晚会，除夕之夜，万家团圆，但在1992年我们过的那个年真特殊，太特殊，与两个月前搞县庆那样的热热闹闹反差太大，落差太大，以至于终生难忘。

3

我和杨副厂长吃过年夜饭，我说："既然如此大的东方大酒店员工都放假了，只有保安在守店，那么我们可否连夜去启东县，怎么个走法？"

杨副厂长说："坐海渡船，渡船码头就在外滩不远处，去吧。"

我们收拾行李，找留守酒店的一名服务员退了房，下楼，横过上海外滩大马路，沿黄浦江边的大堤走了一段路，便到海渡码头客运站。

杨副厂长去买了两张船票，在候船厅里坐了不大一会儿便有工作人员叫："去启东的乘客请上船。"

我们随客流上了船，一九九二大年三十晚上9点钟我们离开上海。

这客运船是一个大统舱，所有乘客都枯坐在统舱内，当然，在统舱的后半部也隔出了一些包间，包间仿照火车卧铺，四个床面对面，我和杨副厂长各买得一个下铺。

我们先是坐在床边，开船后不久才躺下来。

客轮慢慢离开上海外滩的大码头，慢慢地，慢慢地，上海外滩的街灯与房灯渐渐远去，渐渐远去，客船从黄浦江驶进了长江口，绕过崇明岛，便进入大海边沿了。

客船在大海边慢慢地行驶，推进机突突响着，外面已经一片漆黑，远处偶尔有一两艘渔船在海上行驶，远远地只见一点点灯火，大海浪拍打着船边，发出哗哗巨响，此时，我有些怕了，轻轻问杨副厂长："这船怎么走？"杨副厂长说："已驶出长江口，沿大海边沿，开往启东，没事的，是海的边沿而已。"

客船从上海外滩出发，沿着黄浦江航行，往黄浦江口驶去，当年上海浦东还没有开发，浦东还是一片荒凉，客船驶出黄浦江口便驶进长江口，再绕过长兴岛，沿着长江口驶过东海边沿，绕过崇明岛头，进入启东县的长江口支流。

上海到启东县的客船，在黄浦江、长江口和东海边整整航行了一个夜晚。天亮时候，才抵达启东县城。

当时启东还是县份，后来才撤县改市，现在称为启东市，这里已是江苏省的地盘了。

正月初一，我们乘坐的客船终于驶进了启东县码头。

我们来到了启东县酒厂。

启东酒厂是以生产黄酒为主要产品的大中型酒厂，年产黄酒8000吨，年产值1500万元，从业800人，我们三江酒厂早就与启东酒厂有业务关系，我们长年购进他们生产的糯米蜜酒的酒曲。此次扩建，糯米蒸饭机，发酵、压榨工序都模仿启东酒厂，此次过来就是实地考察并邀请他们派技术员过去指导。来之前已经向他们发出了电报，当年，电报是主要的快速通信工具。

这天，正月初一，启东县城街上冷冷清清，根本没人上街，大家都还在家里过大年初一，我们来到启东酒厂，通过门卫传告了消息。

下午，启东酒厂的厂长、书记、副厂长，以及与我们常联系的管科长，还有生产、财务、质检、保卫科的各科长都到厂里，我们举行了简短的会谈，参观了各生产车间，我是第一次领略到糯米蒸煮的现代化生产线。

晚上，厂长请我们吃饭，管科长与他们下午过来的全部人马参加。过年我们吃干面包烧鸭，过不好年，今天大年初一算是补上这一餐吧。我与杨副厂长在启东县的饭店补了过年的大年饭。

大年初一晚在启东县住下来了，启东县酒厂开了招待所的房间让我们豪华住了一晚。

该谈的业务全部谈好了，蒸饭机他们供，压榨机、过滤机要去杭州看。

初二早上我们离开了启东县，乘汽车班车去无锡市。

汽车离开启东县，绕过南通市，在靖江市渡过长江，直奔无锡市。

下午4点，我与杨副厂长来到无锡市，当时无锡影视城正在拍一个大型历史片，我们原计划住一晚，但当时到了无锡汽车站下了车，旁边就是太湖的航运站，此时连夜有客船过太湖去杭州，性格急躁的我便决定不住无锡市了，连夜过太湖。

错过了游览无锡影视城的机会。

夜深沉，外面漆黑一片，什么都看不见，我白走了无锡太湖一趟。

船过太湖之后，便驶进杭州大运河，我们在太湖边不下船，此客船是直奔杭州的。

1992年的京杭大运河，还没有很好整修，我们乘坐的船沿运河直奔杭州，只知道这已经不是太湖了，是运河了，因为在船上可以看到两岸的灯光村庄城镇。

大年正月初三早上七点半，我与杨副厂长乘船到了杭州，我们选择了杭州西湖边的一家宾馆住下，目的是近西湖，便于游览。

4

我终于如愿以偿来到西子湖边。

大年初三，我们安顿住宿完毕，便直奔杭州压滤机厂。一个女的业务主管接待了我们，我们就价格、供货时间、技术要求谈判一致之后便签订了一份合同，厢式压滤机是黄酒即糯米蜜酒生产线最重要的工具，否则无法进行渣液分离——这一要件在杭州落实了。

从年前到大年正月初三，我与杨副厂长两人在上海、启东、杭州该办的业务可以说全办完了落实了。在上海，黄酒销售点的业务办完了，还采购了各种质检化验设备；在启东，又落实了糯米蒸饭机的制作安装及技术运行指导，以及今后的黄酒生产的技术合作，就连"真空吸米机"这样的进米设备都落实了。可以说此行不虚，收获颇丰。

于是在大年初三这天下午，我们确定了返程日期为正月初五，还托压滤机厂的女主管购买了大年初五杭州飞桂林的机票。

这一切都办完了，该放松一下了。

初四上午，我与杨副厂长游西湖，在西湖风景点照了许多相片，这些相片至今仍保存着。

5

正月初五，我与杨副厂长飞回桂林，厂部派了小车专程来桂林接我们，余副厂长、陈副科长、小廖副科长专程跟车来桂林接机，当天便回到酒厂。

过了几天，正月初七，开始上班了，第一件事便是厂部举行迎春茶话会，总结1992年的工作，布置1993年的工作。

1992年全厂完成产量300吨。

销售量140吨，其中糯米蜜酒77.5吨，白酒64吨。

产值（不变价）96万元，现价240万元。

销售收入75万元。

纳税16万元。

利润30万元。

减亏10万元，实现税利29万元。

从业113人，工资总额21万元，年人均工资2000元。

产品销售收入每吨8000元。

成本每吨5000元，税费每吨1500元，业务费每吨530元，利润每吨880元，税利占销售收入约40%。

毕竟把一个濒临倒闭的小厂救活过来了，而且还进行了大规模扩建。

1992年过年这天，我盘点了一下，1992年结余下来的扩建资金尚余94万元。正因为我有上海冷清过年、过无锡市不游览无锡影视城这样的干劲，才使得酒厂正一步步走向辉煌。

第二十一章

酒厂的扩建工程紧锣密鼓地进行。自从1991年10月28日剪彩开工之后，工程进展很快。当然，作为三江边远县能搞一个这样的大项目不容易，所以开工后尽量扩大基建规模，于是一开工便超支预算，工程刚开始几个月就提出182万元的资金缺口。几经努力，终于在1992年9月下旬的这天，北京汇来了182万元，进账到酒厂在县工行的户头。

突然从北京来这样大一笔款子，一时间众说纷纭，以为是北京食品配送中心打来了糯米蜜酒的销售货款，其实不然，是扶贫支边款，是酒厂拆借交通部交通投资公司的扶贫支边款。

酒厂的扩建，如何从北京弄来这么大一笔款子，说来话长。

1992年5月底我接到县委办电话，通知说，6月中旬交通部领导将到酒厂考察。

交通部承担国务院扶贫计划，负责西南片几个省区，主要是修路扶贫，而扶贫点的选择则由国家交通部的领导自主决定。此前交通部已在广西境内其他县份做了扶贫工程。从1992年开始新一轮扶贫计划，交通部领导选定了三江。县领导趁着交通扶贫的同时，也报上县工业这一块，希望得到交通部国家支边扶贫资金的扶持，具体来说，县领导把酒厂扩建工程也列为项目上报交通部扶贫小组，此次交通部的领导是冲着县里面上报的项目来实地考察的。

同年6月7日，我按县领导要求，交上了汇报材料，这份材料主要内容有：一、酒厂概况。二、酒厂糯米蜜酒的技术成果及巨大的市场影响：其中细写了酒的流派、获奖情况、几次大型促销活动包含北京前门饭店的新闻发布会、名人评价领导题词、报刊电台电视台的连番报道。三、酒厂区内外、北京地区及日本等国的销售状况。四、扩建规模。五、资金缺口182万元。

四天后，即6月10日上午，交通部办公厅主任兼交通投资总公司总经理的张主任，与办公厅党组李书记、彭司长等三人在县领导陪同下来到酒厂视察。在厂部接待室里我将已上交的书面材料又作了一次口头汇报，然后带各位领导视察全厂各个车间。走完全厂后张主任一行初议：总投资530万元，已投资348万元，北京投182万元，也可以算作是交投公司扶贫支边吧。但交代我还要补上一些必需的材料:《一期扩建工程可行性研究报告》；经济效益分析；等等。

领导视察完毕即回县城去了。6月13日，一位来县里挂职的黄副县长给我传达：交投公司的182万元已基本落实，领导们回京后便研究具体操作方案。

9月8日，我陪同县委书记以及县府办县交通局等各位领导进京汇报。县里是带着公路项目、林业项目以及酒厂项目进京汇报的。

9月8日从桂林飞北京。

8日晚住进广西驻京办招待所。

9日与各部门接洽联系。

10日第一站到交通部汇报公路扶贫项目及酒厂项目，汇报会开了一整天，很成功。

11日参观游览长城。

12日我去北京食品配送中心谈业务。

13日县领导到林业部汇报项目。

14日下午交通部领导再次交代182万元的操作细节，嘱咐说182万元已经同意了，回县后送一些盖章后的表格进京，20号前送到北京，然后拨划款。

9月15日，我们一行飞回桂林，当天便回到三江。回厂后及时把从北京带回来的表格盖章签字，当天快寄北京。

至此，这182万元算是落地了。几天后，北京划来了这182万元到三江酒厂在工行开的户头。

一年之后的1993年12月，交通部领导一行再次来到三江，此时的张主任已不再担任交通部办公厅主任，而出任国务院组建的六大投资公司之一的国家路港投资公司总经理，承担国家重点扶贫项目——公路港口的投资任务，此时公司的投资重点已移到广东、海南的几个大港口。

此行，张总来检查项目进度情况，12月1日下午，看了古宜油路、八弄扶贫公路；12月2日上午看了独白扶贫公路，召开了座谈会；12月3日上午视察了酒厂听了汇报。

张总带来的领导成员有王处长、贾主任、邝工。自治区交通厅梁厅长陪同视察。"很激动，很有感想，计划已有成果了，公路质量很好，给公路的投资值得，对三江搞公路的干部，工作态度好，很满意，县四家领导班子很重视交投公司在三江的扶贫项目。交投公司在三江得到了各方面的支持，柳州地委行署也如此重视此项工作，给北京来三江扶贫创造了一个好的工作环境。""第一批四个项目同时上马，很不容易，很成功，很认真，初战告捷。""第二批扶贫项目，矿山520万元原则上同意投放，具体细节再认真商量。""酒厂原则上按期计付利息，按合同办，但是目前有困难，我下来之前收到酒厂报告暂缓付息，回北京汇报后再说，还钱有困难这是事实，工期拖一年，陈酿又一年，这也是事实，不过还是希望作为长期扶贫投资。"这些话都是出自1993年12月3日的汇报会上。

第二十二章

1994年春，扩建工程基本完工，转入了扩建后的规模生产，但是在新旧规模交替之时，全厂生产经营一时衔接不起来，发生了一些困难，也惹来了外界众说纷纭。面对指责与困难，三江侗族自治县召开了四家班子的专题研究会，用一天时间专题讨论酒厂事宜，这可以说是史无前例的，说明县委县政府对工业的高度重视。

酒厂的发展聚焦于这一天，这是1994年4月18日。

这天，县四家班子领导以及相关部门领导召开专题会议，专门听取酒厂以及相关部门的汇报，然后作了详细的指示。

会议地点：县人大五楼圆桌大会议室。主持：县委王书记、县政府韦县长。

参加会议领导和企业人员：县委王书记、韦副书记、邱副书记，县纪委杨书记。县政府韦县长、覃常务副县长，工业韦副县长。县人大梁主任、石副主任，人大财经委主任，人大办主任。县政协唐主席、李副主席。县政府办吴副主任，县经委覃副主任，财政局小马，税务局老伍。人行邱行长、韦科长，工行肖行长、田副行长、覃科长。酒厂我和杨副厂长、马副厂长、余副厂长、荣调度、赖会计。

上午，会议听取了我的汇报和工行肖行长、覃科长的汇报，下午县人行邱行长作了讲话，然后各位县领导作指导发言。晚餐则在鼓楼举行工作餐。

酒厂此时确实运行困难，我如实向各部门领导作了汇报。也正因为工厂出现困难，县领导才如此重视，召开专题会议解决，如果不困难，何需如此兴师动众？

这一天的会议对酒厂的发展起到了极其重要的作用。

首先，我代表酒厂向四家班子作汇报，感谢县四家班子领导重视工业企业管理，关心酒厂，召开专题研究会解决酒厂问题。然后具体汇报了：（一）酒厂1991年1992年1993年生产经营简要情况。（二）1994年初扩建工程竣工投产情况，形成了年产1500吨生产能力，总投资798万元，其中企业自筹120万元，用北京交投公司182万元扶贫款抵自筹，182万元中有62万元转入生产经营使用，人行支边扶贫贷款678万元，从1991年10月28日动工至1993年12月初土建完工，至1994年初设备安装完工，前后花三年时间完成这一改扩建工程，实属了不起，算是极快的速度了。（三）1994年运行情况：目前技改刚完成，工厂运行是亏损运行，亏损原因：（1）生产成本高；（2）原材料涨价；（3）运输成本高；（4）物耗大；（5）生产不饱满；（6）销售成本与价格倒挂。吨成本达3750元，吨销售价6000元，税率占1550元，毛利仅700元，管理费冲抵后基本负亏。（四）企业决心：外抓市场内抓管理，努力走出困境，达到新的盈利状态。

我汇报之后，韦县长发话："酒厂技改完成后提高了一个档次，上了一个新台阶，形势好，但在发展中出现新情况，出现新问题，有了新困难，今天四家班子领导开会，召集相关部门列席，共同听取汇报，共同研究。"

接下来便是各相关部门领导发言。

工行对酒厂已经贷了几百万的款子，当然很关注酒厂的运行。与会的田副行长讲话："一、销售前景不很理想。三年前以黄酒为主导产品，扩建也是为提升黄酒生产能力，但黄酒市场不畅销前景不乐观，发出产品100多万元，但滞销，工行于1992年8月对酒厂作了一次检查，1994年2月又进厂检查，了解到上述情况；二、产品价格不合理，目前产品价格与成本倒挂；三、历年挂账损失及潜亏129万元，加待摊35.7万元共亏损160多万元，在发出商品中还有亏损20万元加上递延48.9万元，于是亏损达200万元。"工行建议：1.市场状况重新调查，重新调整生产，黄酒降产量，白酒加产量。2. 调整销售价格。3. 挂账亏损部分建议县政府从税收返还帮助企业渡过难关。4. 抽调一些技术力量充实酒厂。5. 调整产品的结构。

田行长讲话之后，肖行长又作了补充。肖行长说："酒厂作为一个工业窗口，一面旗帜，表面上是一个很好的企业，但内部困难重重，工行已经给酒厂大力支持，三年累计放贷达600多万元，于是提出以上一系列问题。"

下午，会议继续。

下午开场白，韦县长首先作讲话，韦县长说："上午听了酒厂的汇报，听了工行的发言，很好。三江穷，工业少，大家对工业议论很多，但不要过多地责怪工业企业领导的工作，要多帮助，下午大家继续发言，献言献计，然后王书记才作归纳总结。"韦县长开场白之后，县人行邱行长作了讲话。

邱行长说："这个项目是1989年至1990年评估，1991年资金到位398万，人行放支边贷款348万，企业自筹50万元。项目在进行过程中，生产规模从年产1500吨发展到年产2500吨，厂房从8000平方米发展到1.2万平方米，第一次追加290万元，人行又放贷250万元，于是总投资已达648万元。工程竣工后，进行决算，又超支160万元，于是又追加160万元，两次追加450万元，钱放下去了，但收贷难，以最后一笔贷款于1994年2月8日放50万元计，总累计：人行放支边贷款598万元大数600万元，工行放流动贷款645万元，加上北京交投公司扶贫款182万元，累计总投入1420万元。当然酒厂形成固定资产960万元，流动资产盘存800万元，合计1760万元，资产大于负债，但目前刚起步，生产经营困难，我们认为酒厂已经达到这样的规模，要支持，病马当作好马骑。"

邱行长还说："我们共同支持酒厂走出困境，流动资金由工行帮忙解决，做到这一步了，不支持也要支持，支持还可以有活的希望，不支持就死了，我们要共同帮助。"

邱行长这样一番话之后，各部门及县四家班子领导开始作指示了。

县经委覃副主任说："全经委口第一季度的生产势头很好，对于酒厂现状，我们要用积极的眼光来看这个骨干企业，增加870万元资金投入来之不易，是一个有一定效益规模的企业，有竞争力的企业，企业的现状需要人才技术，加强领导班子建设，对于目前暂时出现的困难，经委从没有丧失信心。"

韦副书记说："酒厂上了规模要转入正常运转，要立足本地市场，觉得产品宣传跟不上，还应综合利用，废糟养猪，养香猪20斤重，买猪崽40元，养大出卖200元，酒厂可搞100头猪场。"

常务覃副县长说："酒厂做了一定工作，有一定成效，拿了金牌，完成了扩建，是目前工业企业最大的投资项目，产品应多做几个品种。但目前问题也很严重。1.税务负担不重，只是40万元，水电运输修理办公108万元，占608万中的25%。2.负债运行中间费用失控，给企业增加困难，企业内部管理亟待加强。3.如何做下去，建议几点：（1）要加强企业内部全方位管理，当今社会酒消费很大，得了一个金牌是一种机遇，不能放着机遇不发展。（2）现在又是一个机遇，桂北地区只有四个大酒厂，1994年工作计划是有，但心中仍然是盈亏无数，企业的盈亏平衡点没有分析，1994年要做多少吨酒才盈亏平衡，要有一定指标。（3）瞄准市场调整产品结构，实行两条腿走路，金牌不能丢，但发展适销对路产品，要大上好产品。（4）负债重，固定一块流动一块负债都重。（5）希望各部门齐心合力扶持酒厂搞上去。"

分管工业的韦副县长说："我认为：（1）技改投入，几年来狠抓了一把，酒厂技扩的建成与投产方向是对的。（2）1994年计划的盈亏平衡点找准来，然后全力以赴实施，加强内部管理，一分一厘地抓起。（3）产品结构调整，适应市场，发展适销对路产品，要抓质量与装潢。（4）立即调整产品价格，要拿出准确成本价，不要认为低价能占领市场。"

各位县领导发言后，县委王书记作了总结指示。

王书记说："首先，县四家班子开会听酒厂汇报、听工行汇报，这说明县里是重视的。几年来酒厂技改扩建，为提高效益做了大量的工作，他们工资低，非议也多，但酒厂班子做了大量工作，县人行工行筹备资金支持酒厂，我代表四家班子表示感谢。对酒厂领导汇报，会计汇报，分析亏损原因表示理解，我认为：1. 要充分认识酒厂目前的形势是严峻的。（1）历年潜亏大，1993年新亏20万元，1994年一季度亏7万元。(2)技改项目是对的，但超支过大。(3)流动资金缺口大。2. 通过听取酒厂的汇报，我们认为酒厂的前景是好的。（1）拿过金牌，地区内外有影响，是"十个一"，各级领导都来看了这个厂。（2）技改后形成1500吨，设备先进金牌效应未消失。（3）酒厂有市场竞争力，也已经占领了一定市场。(4)有一定管理能力，比过去的作坊式进步多了，厂班子虽然无文凭，但有实践。3. 现在是"不上也得上"，"不支持也得支持"。4. 今后怎么办？（1）树立信心决心，争取明年扩大效益。(2)调整产品结构，白酒1000吨，保健酒300吨，黄酒200吨，饮料1000吨。（3）加强宣传。（4）包装上档次。（5）加强财务管理质量管理。（6）抓节能降耗抓内部工资制度改革。(7)厂班子团结奋斗。(8)多方筹备资金。人行工行表示支持，很好，共同努力。总之，团结一致共同努力提高效益做出成绩来。"

王书记指示之后，会议由韦县长总结。韦县长说："县四家班子开会一天讨论一个厂的事，这在历史上从未有过，可见领导重视程度，大家要认真按照王书记所作的指示回去讨论落实。我们相信酒厂经过今天的探讨，会理出新思路来，尽快做出好成绩。"

散会了。

我回到酒厂，反复认真地回忆会议内容，酒厂扩建刚搞完，还未投入正常生产，遭到很多非议，而实际上酒厂也确实举步维艰，陷入困境。

第二十三章

1

《酒干倘卖无》是一首曾经风靡大江南北的歌曲。

"喝完了酒请卖出你的空瓶"，收购空瓶的要吆喝。销售酒的同样要吆喝。

我做了数年厂长，做了数年收购空瓶的吆喝大佬，做了数年销售酒的吆喝大佬，个中辛酸苦辣一串又一串，融安柳州来宾桂林南宁长沙广州北京都留下了我带一群人"走村串巷"吆喝卖酒的身影，留下了一路的吆喝，留下了一声声：

酒干倘卖无，

酒干倘卖无，

酒干倘卖无。

12月的一天上午，酒厂的瓶子场地上十分忙碌，柳州玻璃瓶厂的三部大货车在卸新瓶子，酒厂的瓶型和瓶子在"柳玻"订，一辆车拉三四百麻袋，每袋装200个，一车就是五六万个瓶子。这天来了三个车，一下子就是十多万个新瓶。巧合吧，这天下午，一个柳州肖姓老板也拉来四个大车的旧玻璃瓶。这样一来一天进货二十多万个瓶子。

三江米酒在柳州已经销售成风，大街小巷商店饭店都是三江米酒。酒喝了，空瓶出来了，"酒干倘卖无"，收购旧空瓶的小贩子走街串巷回收三江米酒的空瓶，五个十个地收，每个空瓶3分钱，小商贩收集成堆之后，送到专收旧瓶的中间商。比如说柳州蚂拐岩那条街就有三家大型的收购旧瓶中间商。中间商每家屯集的旧瓶一般都有几万个，当然，这中间商收购便是5分钱了，小商贩3分收来出售给中间商5分钱。

今天送货的肖老板便是柳州蚂拐岩街的其中一家收购旧瓶中间商。我们厂与肖老板定的收购价是一个1角钱，厂区交货，肖老板刨除收进的5分钱，还有5分赚，一个车拉五万个瓶子，赚的毛利是两千多块钱，刨除运费几百块钱，赚头也不小的。旧瓶中间商肖老板正在卸车。我们厂的保管员正在与他验货点数，收货后，保管员出单子，交财务一份，交供货肖老板一份，两份单子都送到我的办公桌上，要签字要付钱。很多时候，我们的现金转动不了，便折成"三江米酒"以厂价抵款给他，他来的车拉空瓶子，走的车又拉"酒"，一头空瓶子一头"酒"，有如此赚钱的生意，他们何乐不为？而我们厂呢，当然也合算，新瓶子是5角钱一个，旧瓶是一个1角钱，相差4角钱，那便是酒厂的利润了。

旧瓶不旧，一个瓶子可以循环使用，直到它自然破碎，用现在的理念来说这也叫循环经济吧，但必须是三江米酒专用瓶。当然，我们早就设计整套旧瓶清洗的工序，有专业的清洗池和消毒间，经过清洗，经过消毒，旧瓶便成为新瓶，当然，瓶盖是新的，商标是新的，纸箱是新的，酒更是新鲜出炉的。

这就是我津津乐道的"酒干倘卖无"。

2

1992年元月17日这天是农历十二月十三日，当年是2月3号过年，离过年还有17天，我召开厂务工作会议，动员全厂全部出动抓卖酒。

我在这次厂务会上，先总结传达几天前我带队参加柳州科技活动周的销售情况，我说："元月14日按县领导的统一布置，我们厂组团参加柳州科技活动周，14日下午我带薛科长、老马、老潘、老杨开车拉50件糯米蜜酒去柳州。15日，我们如期参加了科技活动周的活动，之后便带队开车进柳地行署大院生活区售酒，一天下来居然买光80件，我们喜出望外。第二天我又带队开车进地委大院生活区卖酒，一天下来又卖光50件，高兴，16日下午回厂了。"

我接下来布置工作。早先已经从报刊电台及主办方来函得知，柳州、南宁、桂林三市都举办大型的春节年货一条街，我们厂也已经电话与主办方报了名，要了摊位，决定派出人员带酒参加"一条街"，年前突击销售。厂部临时从各科室抽调人员参加春节销售工作：小吴、小朱、小石、小张、小崔、小樊共6人，原来销售科10人全部出动，加上新调入销售科的小黄、阿连，于是有了18人，加上厂领导共20多人，当时全厂共81人，出动卖酒人数约占全厂人员25%。

第一个销售点是县城，由小黄3人负责在年货市场开设糯米蜜酒专卖点。

第二个销售点是柳州年货一条街，由小覃姐等4人负责，从18号开始工作，要摊点，运货。厂部实行按销售收入提成奖励1%，厂价之外差价也作奖励，厂部包工资包旅差费用。

第三是南宁年货一条街，由薛科长等6人负责，待遇也与柳州组一样，但销售收入提成奖励提高到2%，从18日开始进入状态。

第四是桂林组，由利昌等5人负责，待遇与柳州同等，18日开始进入工作状态。

汽车安排方案是东风车送货柳州南宁，双排农用车送货桂林等地。

各年货一条街摊点的宣传广告工作安排如下：

柳州组：（1）硬板条幅"三江酒厂柳州年货展销点"；（2）长幅"三江糯米蜜酒向柳州市人民拜年"；（3）招贴画，硬板宣传栏；（4）价格公告"普装4.7元，单盒6.6元，双盒12.34元"。

南宁组的宣传规格与柳州组相同，但其中文字为"三江酒厂感谢首府人民的关爱""三江酒厂向各位领导拜年"，这些文字版块计划进入省政府生活大院定点销售。

桂林组也与柳州组相同，计划进广西师大校园卖酒，文字改为：

"三江酒厂向广西师大师生拜年!"

会议布置得很具体了,会后各组分头做准备工作,全厂突击年货销售可以说轰轰烈烈。

元月21日,柳州组南宁组桂林组分头出发,我与桂林组同去桂林。元月22日,我与桂林组开进广西师大生活区摆摊卖酒,很是火热,当天收款近万元。元月23日我们回厂,接着元月24日我去柳州与柳州组共同工作,25、26日在柳州卖酒3天,28日回厂。

柳州的年货一条街设在当时的广场上,那些年,春节前,市县都时兴搞年货一条街,把各种年货商品全部集中到年货一条街,那场面万分热闹。我目睹了柳州年货一条街热销的场面,一个上午顾客围在三江酒厂摊位前,熙熙攘攘,场面火爆,几百件酒一下子卖个精光,有些人还问起要买酒曲自行做甜酒和重阳酒,市民们对我们厂这种低度略甜适口的酒赞不绝口,有几个市民头天买回去喝完了第二天又来买,说是留过年喝。

我心花怒放。

最后是抢滩了,所有的酒一扫而光。

1992年元月28日,已是农历十二月二十四日,小年已过,我们各组人员回厂,元月28日下午,我召开全厂职工大会,对年货一条街的销售情况进行总结。我表扬了各组的工作:

"桂林组,几天收款近万元;南宁组从元月21日至28日收款2.5万元;柳州组从元月14日到16日科技活动周收款0.9万元,从元月22日到28日又收款0.7万元。仅仅这几天年货一条街活动就收回货款5万元,成绩很好。"

当然,1992年销售收入5万元我就表扬,因为当时全厂81人,年销售收入仅100万元,而1995年年销售收入达到1200万元,那另当别论了。

每每回忆起1992年1993年的年货一条街,我总是不胜感慨,那些日子,过年、年货、销售黄金时段,场面火爆,真让人回味无穷。

3

1992年5月16日，初夏的桂林满城生机勃勃，位于繁华江滨路的桂都大厦，我们三江酒厂的工作人员在忙碌着。

桂都大厦里的正阳酒楼大厅，这天下午我们全包了，偌大的餐厅墙上正中悬挂了一条大红横幅"三江酒厂糯米蜜酒发布会"，横幅的下面有一个小台子，早已装好音响设备，大厅布置了10桌酒席，邀请桂林市内各糖酒商店的负责人出席发布会及参加晚宴。

早在前些日子，我们就已经找到了桂林市糖司下属的一家分公司，作为三江酒厂在桂林市的销售总代理，我们两家签订了合同。我们计划把我们厂的糯米蜜酒推进桂林市，由这个分公司推进市场内各商店。为了让商家熟悉产品，增进厂商了解，我们两家共同举办了这场发布会，钱由我们出，邀请的人员由他们定，共同发邀请函。

此时，万事俱备，只等客人的到来。

当年的酒席可以说廉价，每席饭菜10个菜包干150元，外加烟40元，共190元，一个大型晚宴1900元就办成了，每位客人我们还送糯米蜜酒一盒双瓶装。

客人陆续来到，我们厂派了四位年轻漂亮的职工小吴小朱小石阿连作为礼仪小姐在酒楼门口迎候到来的客人。

为了推销产品，我们还在桂林电视台播出广告，每天一次，共12天，每次320元，共3840元，还在街道上恰当的地方报经工商批准后拉起了五条过街横幅，于是，当晚的新闻发布会可以说前面已有热身过程了。

下午6点，满满当当的一个大厅的客人都到齐了，喧闹声、招呼声此起彼落，发布会开始，东道主桂林方的经理作了开场白，接下来便是我的主题发言。

可以说，我已经不用念稿子就可以主讲一个新闻发布会了，我从蜜酒的酿造过程，到北京、日本获奖的情况，最后讲到在桂林的销售计划，一二三四讲得清清楚楚，场上不时响起热烈的掌声。

第二天，我便带领大部分工作人员回厂，留下来的几位负责具体的业务，还得与桂林方面的公司人员办理业务，一家一家商店去送货。这样的新闻发布会，柳州办过，南宁办过，长沙办过。我们就这样吆喝"酒干倘卖无"。

4

1995年我们的酒厂取得1200万元的销售收入。这骄人的成绩除了销售方案的运作，其起主导作用的仍是广告运作，广告引导消费。几年来，我的广告理念是大手笔大动作，功成名就之时，我独自一人坐在办公室里回顾一路走来的广告行为，从小到大从点到面从单一到多层次，多少的辛酸与快乐全部融汇其中：

1992年10月8日我带人到南宁，到广西电视台办理了第一笔广告业务，这是广告运作的开首之笔。广西电视台的广告很贵，每天播一次，时间持续三个月，收取广告费五万元。《南宁晚报》的火柴盒广告费1000元。1994年，县四家班子4月专题会之后，我们加大了销售力度，同时也加强了广告宣传。1994年8月7日，我在柳州驻柳办主持召开了一个销售宣传会议，总结与布置启动柳州总体宣传计划及广告运作。

其一，电视广告：从1994年7月5日开始打广告，柳州电视台电视影视欣赏节目间广告一天两次，分别是12点和18点钟，每天200元。

其二，电台广告：柳州广播电台从1994年7月6日开始。

其三，柳江桥头路牌广告：从1994年4月1日开始。

其四，《桂中日报》从1994年7月开始10次共1000元。

其五，三江酒厂邀请新闻记者采访工厂，计划于1994年8月15日至17日举行。

其六，柳州各经销点挂招牌共200块，柳州150块，各县50块，每块38元，200块共7600元。

其七，图片广告：图片印刷5000份，单价2.5元/份，图片开支1.25万元。张贴于各个经销公司、批发部、门市部、商店、饭店、饮食摊点、夜市、大排档、铁路公路站点、公共交通汽车站点、各娱乐场所。

其八，过街横幅5幅。

其九，派人到各经销点作品尝宣传三天。

其力度可谓大矣。

在广告攻势取得较好成绩的情况下，接着，1994年10月18日我又在柳州三中路军区招待所的驻柳办召开会议，布置下一阶段的宣传工作。

宣传广告：新增有线电视台、各销售点挂上"三江酒厂三江米酒"（经销单位）的大牌子。柳州电视台、广播电台的广告继续播下去，有线电视台我厂新增广告费2万投入，《柳州晚报》广告每天250元，两个月共投近1.6万元。柳州电视台和桂中电视台播放三江酒厂新闻采访专题片，有偿服务，《桂中日报》还发了新闻。

新增柳江大桥路灯灯杆旗子广告，22杆，投入2.6万元。这个柳江大桥路灯广告策划可谓影响最大收效最好。

销售代理商，每月定额5000件，酒款定额21万元。

1994年10月30日，我在柳州军分区招待所再次召开供销会议，此时设在军分区招待所的驻柳办已经很繁忙了，厂里面有10多人长驻柳州经办销货工作。我就广告方面加强布置如下：柳州市有线电视台广告从1994年11月1日起一直到1995年元月15日止，整个春节覆盖了。柳江大桥两边路灯杆的旗杆广告从1994年11月1日起到1995年元旦，长达两个月。《柳州日报》加豆腐块广告每天250元。

1994年和1995年，两年共支出广告费不到30万元，而两年销售收入达1700万元，广告费占销售收入的2%不到，这是正常且偏低的投入。正是这些广告的助推，把三江酒厂推上辉煌的顶峰。

5

酒厂驻柳办最早是1991年开设的，不挂牌，只安排佩玉一个人负责。当时是在河南桥头江滨二路靠河边一家私营旅社里，佩玉一个人，算是驻柳办人员，住在江滨那家私营旅社的一个房间，工作范围就是主管柳州的销售业务。我们厂有人出差到柳州，大多也在那家旅社里开房住宿，方便对接工作。

后来业务扩大了，我们决定正式挂牌开设驻柳办事处。1992年2月22日下午，我在厂部召集会议专门研究驻柳办的设立，决定租用县商业局在柳州培新路驻柳小组的房子的两个房间，每月租金30元，我们打报告给县商业局，很快得到批准同意。还决定安排人员四人：佩玉、老韦等，每人每月工资150元，另外给伙食补助每天4元，在柳州市开展销售业务，按销售提成1%作奖励。同年2月27日，我带销售科等四人到柳州，筹备开设办事处，安排办公桌、床架、炊具等。到柳州后，打报告送街道居委会盖章，连同租房协议书，送派出所备案，然后到柳州工商办理登记手续，领回了三江酒厂驻柳办事处证照。佩玉一个人长住驻柳办，分给她一个房间住宿，送货去柳州时就屯在那栋楼的一楼一间空房里。这天，我与他们去街上买了鞭炮，驻柳办开张之时，在培新路大街边放了一串炮，图个开业吉利吧。

驻柳州培新路的办事处营业两年之后，酒厂扩建工程竣工投产了，工厂规模大了，于是我们又将驻柳办搬到三中路头的军分区招待所，对外营业。在军招里租用了两个房间作为驻柳办的办公室，正式挂了牌，所有赴柳工作的人员几乎都在柳军招住。自从在柳军招设立驻柳办之后，我下柳所办业务几乎全是住在柳军招，我们厂送酒大车队也几乎全部停放在柳军招停车场。

久而久之，三中路军分区招待所便成为三江酒厂在柳州的主要联系点，几乎所有柳州客户都知道到军分区招待所找我们联系。再后来，驻柳办又设立了电信电话，还增派了几名人员长住在驻柳办守电话。

从1991年到1996年，在长达六年的时间里，驻柳办成了我们酒厂在柳州的产品集散点和联系点，在成就酒厂事业的过程中立下了汗马功劳。

6

1993年春节将临。

这天我突然收到一件法院快寄来的邮件。打开，是湖南省衡南县人民法院城关法庭的一份开庭通知书，通知说原告张老板起诉我厂违约不发货，诉讼要求赔偿，法庭决定于1994年元月10日开庭审理。我感到奇怪，认为日期有问题，立即对照日历：1994年元月10日即是1993年大年二十九，第二天就是大年三十了，怎么选定在这天开庭呢？

我找来了销售科相关人员询问，他汇报说："前不久在桂林市举办了一次大型糖酒交易会，我们厂参加了，签订了很多合同，其中有一份是湖南省衡南县某公司的。"

我们又查看了合同当事人的身份证，得知：张老板，原籍湖南省衡南县京山乡高林村，1963年8月13日出生，他在县城开办了一家贸易公司，购酒合同是以公司名义与我厂签的。但合同约定，衡南方支付30%的预付款到账后，我才按合同供货，合同标的30多万元。我了解情况后，分析认为：对方尚未支付预付款，怎么认定我方违约不发货，怎么起诉到法院，而那个城关法庭居然也受理了。我猜想这是一个陷阱，如果大年二十九我方不到庭，法庭就会以缺席判决，然后进入执行程序，直接查封我方银行账户划走钱。

我们决定去开庭。

1994年元月9日即农历癸酉年十二月二十八日，我们从酒厂出发了。我带韦如英、薛科长、老科、杨友仁共五人开小车，两个司机轮流开车，直奔湖南衡阳的衡南县，当晚在衡南县县城的宾馆住下。第二天即1994年元月10日，农历已是十二月二十九，早上我们从宾馆赶到城关法庭。

法庭没有人开庭，根本也没有做开庭准备，我们惊呆了。

我找到法庭办公室，找到主办法官，他想不到我们临近大年三十也赶来开庭。我拿着开庭通知书，拿出那份合同书当着法官的面陈述，张老板没按合同约定交付30%预付款，怎么起诉我方违约不发货呢？

法官不说话，顺手拿过我的合同书查看。

许久许久，他才说："原告方给了合同复印件，那份复印件没有预付款的约定，可能是原告作假了。"

我也顺水推舟："那么就撤销这个案子吧。"

"好、好，以你方这份合同书原件为准，这个案子不成立，我们退回给原告就是了。"

一个几十万索赔的案子撤销了。

我们的应对措施，是不顾大年三十仍然去开庭，这着棋走对了。如果不去麻烦就大了。

打马回府了。

为了鼓励随员大年三十仍为厂奔波，我们上街去，给每人买了一套工作服，在衡南县城买的，很好的粗布料，做工也考究，每套一百多元，五个人买了五套作为奖励。大年三十的中午我们五人回到酒厂。

这套衣服现在我仍然保留着，每次穿上这套衣服就想起大年三十的官司。

7

要走出困境，就要抓销售。

1994年6月18日，我在厂部召开销售会议，提出了分区定员销售方案，额定6月至12月半年包收金额，计划如下：

柳州市区：佩玉、小梅、韦如英三人，销售任务共23万元。

宜州罗城忻城：郑科长一人，销售任务5万元。

河池：小黄一人，销售任务5万元。

融水县通道县：老陈一人，销售任务5万元。

县城及各乡：小程一人，销售任务5万元。

象州来宾武宣：小廖一人，销售任务2.5万元。

机动销售任务4.5万元，以上销售任务合计50万元。

同时，柳州市区再细划分：韦如英分管柳北片及柳江片28家经销点。佩玉分管柳南片16家经销点。小梅分管城中片10家经销点。

会后各业务员按这个方案去落实。

几个月后，在广告的推动下，销售工作有了翻天覆地的起色，起死回生了。1994年9月17日我作了阶段总结：柳州的销售势头正旺。从全厂来说，元月至8月全厂收款150万元，9月1日到15日仅半个月如英收回31万元，佩玉收回45万元，全厂1994年估计可实现销售收入600万元。

又经几个月的努力，到年底，终于实现了570万元巨额销售收入的目标。

年底到了，1994年11月2日，县府召开汇报会，县工行参加，韦副县长主持，我作了汇报，韦副县长总结说：酒厂终于走出了困境。

1994年11月27日，地区工行到酒厂检查，我又就此将走出困境的状况作了汇报，皆大欢喜。

8

1994年8月18日，秋风乍到，天气晴朗，早上，酒厂门口一字儿排开十多部大货车，每辆车都装满三江米酒，厂部几十号人员各自在忙碌着，等待我下达出发的命令。

这是今天送酒到柳州的大车队。

第一辆车是厂部的小车，车头两边都插有小红旗，作为车队指挥车，还有一个标志牌"后有大车队"。

第二辆车：厂里新买的解放牌货车，司机杨友仁开，装了三江米酒300件，车头驾驶室上面用厚纸板制作了一个大牌子，红底白字写着"三江酒厂送酒大车队"。人们在很远的地方就可以看到这个牌子，就可以知道这是三江酒厂送酒去柳州的大车队。

第三辆车，厂里的东风牌货车，小黄司机开，装酒300件。

第四辆车，厂里的双排座农用车，新买来的车，装酒100件，赖司机开。

第五辆车，厂里的双排座农用车，也是刚从柳州农用车厂买来的，车价几万块钱而已，装酒100件。以上五辆车装酒800件，都是厂里的车。

第六辆车到第十一辆车，共6辆车，都是雇用柳地供销车队的车，外雇来拉酒的，每辆车都装酒450件。

以上十辆车共拉酒3500件，每件酒酒款以50元计算，总价款共约18万元。运费不高，每瓶7分钱，一件约15元吧。

早在昨天就突击装车了，整整装了一天。

生产包装则更忙，每天产酒600件，要集中发酒3500件，此前已经6天都不准发货，等到统一大车队送货。

为什么要这样做：造势。是的，目的就是造势。

我委托余副厂长任送酒车队总指挥，廖科长任副总指挥，他们已派人买了很多鞭炮，还准备敲锣打鼓，也是造势。

时辰到了，我下达了出发的指令。我与余副厂长坐第一辆小车，小车开动了，站在两边的几十名厂里的职工顿时鼓掌，放起鞭炮，那热闹场面感动了每一个职工，大家心里高兴，酒厂做到今天是多么的不易！

十多辆车子徐徐开动了。

一路上送酒大车队鞭炮不停，惊动了路边很多人，车队过县城中心时，一边放鞭炮一边缓行，街两边看热闹的人挤得水泄不通。

我们打了一个声势浩大的活广告。

好不容易慢慢挤过县城中心的闹市区，进入了去柳州的二级公路。

从县城到柳州200公里，一路上让路边的人们惊呆了，酒厂有这么多的酒，酒厂的酒如此热销。

我们已经通知了柳州的客户全部到军分区招待所的驻柳办接车。经过一天的长途跋涉，大车队进入柳州后，到驻柳办短暂汇集之后，车队的酒便由各位客户带去卸车了。

这样的送酒大车队，后来我们做了很多次，完全做成一个活的广告，声势浩大的广告。

1994年12月3日，冬日的太阳照耀大地，人们在这寒冷的冬季里感到格外暖和，这天，我们酒厂在柳州地区招待所三楼会议室举行了柳州大型客户座谈会，电视台电台各路新闻记者云集会场。

座谈会之后，在地招餐厅举行了大型招待宴会，15席每席10人，济济一堂，150人共同品味风靡柳州的三江米酒。来客每人还获赠三江米酒一箱，皆大欢喜。

柳州报纸、电台接着作了宣传报道，摘录如下：

"喝三江米酒，放心、满意！"

——三江酒厂客户座谈会侧记

"还是喝三江米酒好。""喝三江米酒，喝得放心、喝得满意。"这是12月3日三江酒厂在柳州举行的客户座谈会上，与会人员的一致赞誉。

正当"三江米酒"风靡龙城之时，三江酒厂厂长带着该厂全体职工的一片感激之情，在柳州召开客户座谈会，到会的客户有柳州地市的经销该酒的国营、集体、私营糖酒批发部和公司近100家，120多人。座谈会上经理们介绍说，三江米酒从今年四月开始大批量进入柳州市场以来，很快成为柳州人餐桌上的抢手货。有位经理说，我是"一手举金稻、一手举三江"，三江米酒之所以能令龙城人倾倒，一是知名度高，二是质量好，三是价格适中，适合广大消费者需要，有位经理说，三江米酒可贵新特之处就是用优质大糯米，经侗家传统工艺酿制，米香味浓，纯正，入口绵软，具有较强的保健功效，该酒出厂前经过区地技术监督部门严格检验，因此，荣获广西厅优、区优，国内荣获长城杯奖，国际上获得金牌，实属当之无愧，喝三江米酒的顾客尽可放心。席间，与会客户纷纷表示愿意与厂家携手合作，让三江米酒更加香溢桂中。客户座谈会上，该县副县长和厂长以热情的言辞，感谢柳州商业界和龙城人民对三江米酒的厚爱，愿与商业界共同努力，争取春节元旦前为龙城人民提供更多更好的三江米酒，满足龙城人民的需要。

喝了俺的酒，朋友都拍手
——三江酒厂踌躇满志献佳酿

"喝三江米酒，财源茂盛达三江"，厂长对这句广告词自我感觉良好，但"喝了俺的酒"，朋友感觉如何，近日他专门到柳州来听听意见。

三江酒厂这两年前进了几大步，通过技改其年产能力又从2500吨提高到4000吨，作为柳州地区"十个一"工程之一，它计划年创造税利500万元。获得过长城杯奖、国际金奖的三江米酒，大糯米酒、糯米蜜酒主要通过柳州向各地市场扩散。这些酒都属南方低度米香型，营养健身口感好，售价又是同类最低，因而在柳州的朋友越来越多，柳南有家经销商，曾一口气在10天内发货5000箱，俏得"没见过"，但眼看元旦、春节逼近，货源缺口也渐大了，听闻大家有这等反映，厂长且惊且喜，那就赶紧回厂，厂里每天要泡10吨米，出酒1200件，生产忙得很，不再抓紧点，赶不及了。

10

拼搏收获的1994年，转眼到了年底。

1994年12月22日这天，韦副县长和经委桂主任来到酒厂，在厂办召集厂领导班子开会，总结过去一年的工作。

在汇报会上我首先汇报了近期工作：仅从12月16日到22日七天内，发货6000件，此前已发货2.6万件，共发货3.2万件，七天回笼货款150万元，加上此前已收回的404万元，则达到554万元，成绩是主要的，但也有不足。

余副厂长说："断煤，断米，供应不足。"

杨副厂长说："厂务工作有些未理顺，资金运行也未理顺。"

经过各位厂领导汇报之后，桂主任指示说：客观方面原因，资金每天需要4万元，资金到位不及时，对生产影响大。企业外部形象不好，有困难时对外求援人家不搭理。主观方面原因则很多，要从主观上改进工作态度，现在已不是小手工作坊，现在已经是一个现代化的中型企业，领导班子的水平有待提高。

韦副县长总结指示说：厂领导班子管理水平差，企业管理跟不上如此现代化的中型企业的要求。要改进领导艺术提高素质。针对三江酒厂而言，原来是一个手工作坊式的小厂，发展到现在，是三江首屈一指的大厂，是三江技改项目最为成功的一个工程。经过几年技改，由年产1500吨的设计追加达到现在年产3500吨，超设计能力2000吨。技改刚完工的1993年底，企业处在低迷阶段，未形成新生产能力，当时社会上舆论颇多，对酒厂指责很多，企业压力很大，现在企业技改成功了，达产超产了，社会不议论了，按照目前状况，酒厂完全可以实现年销售收入1500万元，年税利300万元的目标。对厂领导班子而言，县里要求正职抓好全厂大的方向性问题，副职配合工作，但目前水平太差，没有能独当一面，今后要提高。对全厂今后工作意见是：认真按厂部的计划去实施，保证生产正常运行，保证生产进度，保证产品质量，切实抓好工厂的管理工作。我相信，1994年酒厂一定会走出困境，走出低迷，1995年会更加辉煌。

县领导到厂召开班子会议，过后几天，即12月25日，全厂召开干部职工大会，对1994年作了总结。

我在会上总结说："1994年下半年以来，三江米酒风靡柳州，走红柳州市场，三江米酒已经遍布柳州各个批发部，各个商店、粉店、狗肉羊肉摊，全是喝三江米酒。有些饭店卖价达15元，也有8元，也有5元，而我们规定的终端价仅是3.5元，同时我们从柳州各回收店也大量收回了三江米酒的空瓶。酒干倘卖无，从柳州能收回如此巨额的三江米酒空瓶，已经证明了我们对市场的占有率是90%。""1994年12月25日断账作财务总结，1994年全年实现销售收入560万元，与1990年技改前的80万元相比，提高了七倍。各项指标完成如下：

销售收入：实现560万元，县下达计划360万，完成155%。

产值：实现850万元，县下达计划500万元，完成170%。

纳税：实现80万元，县下达计划70万元，完成114%。

利润：实现1万元，县下达计划5万元，完成20%。

税利合计：实现81万元，县下达计划75万元，完成133%。

投料生产：实现1050吨，县下达计划1500吨，完成70%。

产出成品：实现1200吨，县下达计划1060吨，完成110%。

销售产品：实现1400吨，县下达计划800吨，完成175%。

销售利润：实现60万元，县下达计划18万元，完成333%。

从业人员：300人，与1990年80人相比，将近它的4倍。"

散会了，职工们沸腾起来了。

1994年下半年，酒厂完全走出了困境低迷状况，这得力于年初县四家班子召开的酒厂工作专题会，得力于县人民银行和工商银行对酒厂的支持。

三江酒厂走到今天，走过了寒冬，走进了阳光明媚的春天。年收入560万元，这对于刚刚搞完扩建工程的三江酒厂而言，具有伟大的现实意义，说明酒厂已经走出困境、走出低迷，很快会走向辉煌。

第二十四章

1

面对 1994 年骄人的成绩，全厂上下踌躇满志，早早就着手 1995 年的计划。

1994 年 12 月 27 日，我们召开厂领导班子会议，讨论贯彻县经委下达的 1995 年各项经济指标，当时经委下达酒厂 1995 年销售收入 800 万元，投料 3000 吨，产值现价 1600 万元，税金 120 万元，利润 8 万元。

我们经过研究之后，自行制订了 1995 年企业计划：

销售收入年 1200 万元，每月 100 万元，是县下达计划的 150%。

生产投料年 3000 吨，每天投料 10 吨，每月投料 250 吨。

酒包装，每天包装 1200 件即包装 12 吨，每月包装 3.6 万件即每月包装 360 吨。

原料购贮：每月 250 吨大米。

包装物：每月 3.6 万件酒即折算成 72 万个瓶子，商标 72 万套。

全厂上岗 340 人，其中编制内 260 人，临时用工 80 人。

这样一个新年计划在全厂职工大会宣布之后，极大地鼓舞了职工的志气。

1995 年元月 15 日即农历十二月十五，柳州市已进入了浓浓的过年氛围。这天，冬日高照，暖意融融，天气好，人的心情也格外好。

我带着一队人马正在柳州市大广场上参加一个作秀的大型活动——柳州市中糖公司承办的中糖杯十佳美酒，今天要组成大车队巡游全柳州城。

广场上已经组织了10辆大车，车辆是敞篷的，每辆车上装着一个大型酒瓶，还有几辆前导车，车上装有音响，不停播放音乐。

再过十五天就是大年了，广场上人来人往，热闹非凡，很多很多的人在驻足观看那10辆车子上的一个个大型酒瓶。

我们的三江米酒完全按照原型酒瓶放大，用塑料泡沫制作了一个特大的酒瓶，瓶子高度有一层楼高，瓶子上的商标、颜色、式样全部仿真放大，是一个完完全全的三江米酒大瓶子，而且这个大瓶子在一里路远的地方都能看到，又置放在车上，更加醒目了。

当然，我们三江米酒仅是其中之一，今天中糖杯十佳美酒还有：茅台酒、董酒、五粮液酒、孔府家酒、湘山醇、金稻米酒、九牛井酒、秦堤三花酒、罗城米酒。每种酒制作了一个特大的一层楼高的酒瓶，色彩鲜丽。

场面壮观，新颖。

我心中明白，什么中糖杯十佳美酒，其实根本不用什么评比，仅是市中糖公司根据当时市场流行红火的酒品种，迎合市民饮酒需要，认定这十种酒为十佳美酒，然后组成大车队巡游，每个品种收费2万元，其实就是春节前销售活动的一次造势吧，厂家也乐于做这样一个天大的广告。

此时，在广场上，主办方市中糖公司的领导与我们十个厂家代表共同举行了一个仪式，仪式结束后，便从广场出发，开始了十佳美酒大巡展活动。

前面三部小车，播放着激昂的音乐，不停地介绍着这十佳美酒的优点，鼓动市民去消费，这叫消费引导。

巡游车队从广场出发，沿着龙城路，过柳江大桥，经鱼峰路，过飞鹅二路到火车站，然后绕过进屏山大道，再走东环路，再回河北片的解放路、五一路。这一路走一路唱一路喊，用大半天时间，最后回到广场，巡展结束。当然，主办方事先已将巡展路线申报公安交警批准备案了，不经批准，在市区里不可能容忍大车队一路唱一路喊。

更为壮观的是，每个车上还有4位小姐站在酒瓶边，这叫酒模。巡展过程中，引来万千市民观看，也不仅看这十佳美酒的酒瓶，吸引人们视线的还有几十个漂亮的酒模。

美酒、酒模，这天在柳州全城绕了一个圈，这种广告效应是非常直观的，市中糖酒公司策划了这一个特大的作秀活动，推动了三江米酒在柳州发烧发疯。

1994年取得这般成绩，职工们甚是高兴，更让大家高兴的是1994年农历的春节，厂部做了妥善的安排，第一次给大家过了一个极其丰盛的大年。

早在前几天的领导班子会上，已经决定今年过年不放长假，职工也个个拥护加班生产，只是大年三十和正月初一初二放假三天。当年的1995年元月30日是农历十二月三十过大年，正月初三也就是1995年2月2日恢复上班。

职工不在乎正月不放假，在乎厂部安排的福利年货。

今年的过年，很是有模有样。

厂部由全厂公评，评出了县级先进工作者25人，厂部给每人奖150元。评出厂级先进工作者70人，厂部给每人奖120元，两项合计约1.2万元。

全员按出勤考核计算，每个出勤日奖金1.5元，全厂合计6.7万元。

厂领导，正副科长、车间主任每人年奖1000元至1500元，合计1万元。

特别丰盛的是，厂里早先已办养猪场，过年出栏70头大猪，分给职工过年，全厂190人，平均3个人1头猪，一头猪150斤，这一项使全厂职工个个喜笑颜开，连相关部门我们也送去了几头猪由他们分。杀年猪过年，这是中华民族的习俗。

此外还从柳州拉回两车甘蔗、柑橘、马蹄以及糖果、茶油分发给职工过年。凡是过年的年货几乎都分发了，能不高兴吗？全厂上下乐哈哈地过了一个丰盛的大年。

大年过后，便忙开了。全厂上下在这样一种气氛中开始了1995年的全面工作。

2

三江米酒风行柳州，大街小巷的商店都是三江米酒，三江米酒似乎发疯了。

1995年3月16日这天，我接到柳州市技术监督局的电话，说："三江米酒有问题，请速来处理。"我立即找来质检科几人备好化验单，备好各种证照，带厂质检科小兰当晚驱车赶到柳州。

第二天即3月17日早上，我们去了市技监局，领导介绍情况说："据柳江纸厂汇报，有位女工喝了三江米酒，中毒了，现在正在医院住院治疗。"

我听完情况介绍，感到事态严重，便与技监局的人驱车赶去柳江造纸厂。

柳江造纸厂厂址位于洛雒街。

造纸厂负责人带我们一行人到中毒女工宿舍。宿舍是单身职工宿舍，这位女工吃睡都在宿舍里，房间里有简易的炊具厨柜，还有一张小饭桌，饭桌边东歪西倒有五六个"三江米酒"空瓶。我心想：这个女青年怎么一个人喝这么多酒？

我带去的质检科小兰取了瓶样，里面还残留三江米酒，我交代小兰封样回去化验。其实，市技监局的领导昨天就已经取样化验了，当然他们不告诉我化验结果，我心里忐忑不安，这酒是否有问题，我心里没底。市技监局的人尚未展开调查，他们等我们厂家来了才共同联合调查。

现场拍了相片，取了样，当场封样。

下一步，我们决定到医院去看看病人，按常规，那位中毒女工的住院治疗费当由我们厂开支。

那位女工在医院住院治疗，我们一行人赶到医院病房。此时，女工经医院抢救，已经清醒过来了，我们在病房看望一下之后便到医生办公室，我们要与医生就病情与治疗费进行协商沟通。

医师说："经取胃残留的样品化验，确认是酒精过度中毒。"还说："经过治疗现在已经清醒了，目前还没有发现其他药物中毒状况。"

我们面面相觑，不知作何言语。

此时，女工男友进来了。女工的男友主动讲述了事情的全部经过：

女工住院治疗后不久就清醒了，她清醒后主动对男友讲述喝酒的经过。事情起因于情感纠葛，这位中毒女工与男朋友相恋已经几年，最近，男友提出分手，这个女工一时想不开，几年来形同夫妻一起生活，只要有空便聚在一起，女工还打了两次胎，现在男友提出分手，女工气不过，面对如此负义的男人，她气极了，左思右想，便想一死了之。但怎么个死法，喝农药，太毒受不了，从不喝酒的她，想到喝酒醉死吧。于是跑到造纸厂生活小区商店里一下子买了几瓶三江米酒，独自在宿舍里猛喝下去，于是昏倒了，醉"死"了，倒在床边。恰好这天男友想再次约女友谈谈如何分手的事情，跑来女工宿舍找她，这一来，男友惊呆了，急忙背起女友去医院住院治疗。

而造纸厂领导初始认为是喝三江米酒中毒了，事态严重，这是不得了的大事，便向技监部门汇报。

于是市技监局火速通知我们厂家领导到现场解决问题，市技监认为：如果医院确认是中毒，那么，行政上要追究三江米酒厂的责任。

好在，此时，她的男友如实道出了她是想以酒自杀的事实。

三江米酒本身没有毒，但一个从不喝酒的女青年，一下子连喝了几瓶，哪有不醉不昏的道理。

在场的人全部如释重负。

我感谢这位女工的男友说出真实情况，还了三江米酒的清白。

我也万分感慨地说了一句话："姑娘，好姑娘，情感纠葛，也不要走极端。这次假如您真的死了，又不说出实情，我们三江酒厂也就跟着死了，单赔偿罚款就要几十万，而且三江米酒也会被封杀了。"

但女工及女工的男友说出了真实的经过，这一场虚惊化解了。

我感激柳江女，交代随行的小兰，去街上买一束鲜花，买一篮果，买一对象征爱情永固的纪念品，再次去医院看望这位女工，慰问慰问，还亲自到交费处为这个女工的一百多元住院费买了单。

这位女工喝三江米酒只醉不死的故事迅速在柳州广为流传，而且越传越神。女工的情感纠葛，想寻死的行为，阴差阳错地为酒厂打了一个广告。

3

1995年第一季度，三江酒厂开门红，销售收入回款385万元。

这是一个了不起的数字。销售收入大增，这与经销客户大动作有关系。列一组提货数据说明。

柳北片要求发货6000件，我们发了4400件，欠1600件。

柳南片要求发货6000件，我们发了2800件，欠3200件。

柳州港龙公司要求发货2000件，我们发了2000件。

柳地糖公司二部要求发货1万件，我们发了4000件，欠6000件。

这样的大销售需求，不红火那才怪哪。

来宾当年还是县制，但来宾县是个100万人口的特大县，也是个消费大县。我们的米酒在柳州走红之后，往来宾伸延市场，做法按惯例先是找商家代理，然后与代理商共同召开当地新闻发布会，然后品尝酒，从而打开市场。

来宾县对三江米酒的市场需求来得快，得力于《来宾报》的推动，在这里摘抄一篇当年媒体文章，再现当年的"三江米酒旋风"。

由"三江米酒旋风"所想到的

自去年四月以来，由三江酒厂出产的三江米酒在柳州市及河池宜州等地市场越来越走俏，形成一股愈刮愈猛的"三江米酒旋风"，前不久，这股旋风在来宾的烟酒市场又掀起一个大浪，令来宾人为之一震。

三江米酒何以能在市场上刮起这样的一股风，原因之一应当首先归结于三江米酒的质量。三江米酒以三江特产大糯米作原料，用当地含多种矿物质的山泉水精酿而成，具有米香味浓、入口绵软的特点，其酒色、香、味俱佳，具有舒筋活血、增姿润色、延年益寿之功效，自1990年以来，其龙头产品糯米蜜酒曾先后获广西轻工业厅优质产品奖、北京亚运会首届中国酒文化博览会长城杯奖、广西优质食品奖、日本东京第三届国际酒与饮料博览会金奖，被名家誉为"中国名酒、广西一绝"。没有过得硬的质量，要想得到这样高档次的荣誉是绝对不可能的，"旋风"自然也就无从刮起。

三江米酒之所以能产生"旋风"效应，第二个重要的原因是厂方重视产品的宣传。去年，在资金极度紧张的情况下，厂方"忍痛放血"，拿出几十万元作为广告投入，开展了全方位的广告造势，让世界金牌产品深入人心，真正成为家喻户晓的名牌产品，没有强烈的广告意识，没有震撼千家万户的广告浪潮，一个边远山区的产品质量再优，也是难以在整个桂中大地引起"旋风"效应的。

如此看来，"酒香不怕巷子深"这句古训，今天恐怕不足为训了，若要想"酒"风靡市场，"酒香"自然极其重要，但是如果自恃"酒香"便泰然独处深巷之中，不将自己的"香名"传到深巷之外，那将落个"巷深沽者寡，酒美枉自香"的可悲结局。

1995年6月15日和6月26日，三江酒厂在供销会议上重新作出了部署：

全厂上半年已收回538万元，计划下半年再收1000万元，柳州片：韦如英销8万件收150万元，佩玉销8万件收150万元，南宁片小吴销9万件收200万元，来宾片廖科长销4万件收100万元，各县综合收回400万元。同时也调整人员，增加供销科人员，新补进几名业务员，形成了一支有10多名业务员外加驻柳办人员的销售队伍。

1995年，三江酒厂的销售收入达到1200万元。

这是山窝窝里的酒厂创造的一个伟大的辉煌。当然，这样的辉煌只能是自己与自己对比的辉煌，在这偏僻、荒芜、闭塞的桂北山窝窝里，无法与山外经济发达地区相比。如果与山外经济发达地区相比，那就渺小得可怜了。这叫作：矮子哪怕长高了一寸也是伟大的辉煌。

1958年三江酒厂建厂，一直属县办国有小企业，在技改扩建工程竣工投产后，经县、地、自治区经委的审查批准升级为国家中型二档企业。

第二十五章

1

三江酒厂取得如此辉煌的业绩，让人们很容易想到：既然如此红火，应该马上再搞二期扩建。

于是我们提出了二期扩建的构想，而且动作很大。

1995年3月30日下午，在柳地行署专员会议室召开三江工业经济汇报会，我随三江县党政领导向地委行署领导汇报。

在汇报会上，三江酒厂二期扩建项目得到了柳州地委领导的大力支持，并协调在场的银行负责人解决资金贷款问题。

三江酒厂二期扩建工程，准确地说是个技术改造填平补齐工程，酒厂在原来已经投产的一期扩建工程的基础上：1. 新装一台4吨锅炉；2. 增加糯米、籼米车间场地及部分设备，3. 新增加一条灌装线及贴标机；4. 新增一台蒸馏罐；5. 新设纸箱分厂；6. 新设瓶盖分厂；7. 新增加瓶子堆放场地。总投资470万元，其中贷款420万元，自筹50万元；其中新增设备240万元，新增土建140万元，新增分厂90万元。生产规模由年产2500吨达到年产5000吨，年新增产量2500吨。产值（现价）由原来的年1250万元提高到年2500万元，年新增加1250万元，税利由原来的年374万元提高到748万元，年增加374万元，其中年利润由原来的年62万元提高到年124万元，年新增62万元。建设期一年，1995年底竣工。

三江酒厂现有生产能力为年产2500吨，只新增技改资金470万元，就可以实现年生产能力达5000吨，比原计划生产能力提高一倍，也就是说只需用原投资的一半就得到新建一个同等规模的厂。可以以少量投资，达到生产能力经济效益翻番的目的，于国家和企业都是有利的，投资项目是可行的。

1995年4月13日，时隔地区工业汇报会不到半个月，三个项目的评估会议在柳州行署经委会议室召开。此次会议，地区经委下达了《年产5000吨二期扩建可行性报告、评估会议纪要》，并且下文批准立项。

1995年4月14日，柳州地区经委批复了三江县酒厂生产能力由2500吨／年填平补齐至5000吨／年技改项目可行性研究报告：

三江县酒厂生产能力由2500吨／年填平补齐到5000吨／年技改项目可行性研究报告，我委已于1995年4月13日在柳州市组织有关单位的领导和专业技术人员进行了评估，并形成了会议纪要，我委同意这个纪要，现具体批复如下：

一、同意三江县酒厂为了满足市场的需要和提高企业的经济效益，将生产能力由2500吨／年填平补齐至5000吨／年。

二、原则同意可行性研究报告提出的填平补齐方案。

三、同意项目固定资产投资为470万元，其中计划向人民银行申请支边贷款420万元，企业自筹50万元，另新增流动资金500万元。

四、环境保护设施要与主体工程"三同时"进行。

五、项目建成达产后，预计每年可新增销售收入1250万元，利润62万元，税金312万元。接文后，请协助企业抓好资金的落实工作。

项目批复之后，便进入进一步申报与落实投资资金的工作。

1995年8月8日，柳州地委行署组织相关部门负责人到三江召开三江县工业经济现场办公会。

办公会上，地委领导就如何解决三江技改资金问题，做了协调，并指示参会的几家银行负责人落实好。

1995年9月21日，地区行署邱秘书长带队再次到三江现场办公，了解8月8日现场办公会议的落实情况。

2

党政领导请银行负责人实地考察，目的是增强银行放贷的信心，这一步，大规模的三江县工业经济现场办公会做到了，下一步便是跑资金。

1995年10月25日，地委行署组成了庞大班子与三江一道到南宁汇报申请资金。一行人当晚到南宁。

第二天即10月26日上午，在自治区人民银行会议室召开了汇报会，自治区人行行长、自治区农行行长亲自听汇报。

去汇报的领导人员：人大曹主任、行署张副专员、行署龙副秘书长、经委张副主任、柳州人行李副行长、地区工行行长。三江县韦副县长带队，我和唐厂长参加。

先由人大曹主任汇报三江两个项目，要钱。听完汇报之后，李行长指示，具体找农业发展银行商量一下，人行全力支持，但具体是农发行放款。

1995年10月27日上午，我们全班人马又到自治区农业发展银行汇报，曹主任讲话之后，张副专员接着讲话，再下来经委张副主任讲话，最后我和唐厂长摘要汇报，还是两个字"要钱"。

农业发展银行行长作指示了，他说：

1. 扶贫资金从人民银行转到农业发展银行，但今年5月份资金使用全国大检查，指出不准投入大工业，只准投入28个贫困县。

2.1995年已经给三江560万元。

3. 支边贷款不存在支边贴息，统称扶贫贷款。

4. 原来人民银行支边的项目，农业发展银行无法续下去。

5. 最近三江报来2个金秀报来1个，已经没有贷款指标。今年不给指标也不给"给转"。

6.1996年再考虑。

7. 到1996年材料还得按计划逐级从地市往上报。

8. 也就是说今年是不行的，没有资金放贷了。

"没有计划、没有指标放贷"这一句话便是给我们的答复结论。

从3月30日以来忙乎的项目，到10月27日有结论了，这个结论就是："没有计划、没有指标放贷、没有钱放了。"

我们的项目到此结束了，说是明年再考虑，那是送客出门的一句客气话。

明年还得从县、地市农发行逐级向上汇报，也许走程序走一年到头来还是这句话："贷款指标已经用完。"

这就是三江酒厂二期扩建的结束语。

第二十六章

1995 年 11 月 3 日，我应通知赶到柳州开会。

会议主持人是张副专员。参加今天会议的还有几位新面孔。会上领导说事先已与各县经委领导商量过了，同意了才通知各位当事人来参加开会的。这个会议提出了一个重新兼并、组建大型酒业企业集团的方案。新的酒业企业集团公司的董事长即法人代表由一位资深人员担任，我与其他几位任副总经理。

也因为这个重新兼并、组建大型酒业集团方案，决定调我去柳州。

张副专员在征求得到地委书记的同意后，又征求了三江县委王书记的意见，王书记也表示同意，于是决定调我到柳州。

当时我任县经委副主任，是科局级领导干部，又任酒厂厂长兼厂党支部书记，这一级干部调柳州的事，必须经过县常委讨论。

事后得知，县常委开会那天，王书记脚痛，动弹不得，但他叫工作人员扶他到县常委会议室，讨论了我的调动，根据工作需要，同意放我离开三江调进柳州。

调动，特别是调进柳州，1995 年时的人事制度很严格，根本不允许调进柳州。当然，个人做出成绩，提拔调动到柳州那是提拔，凡是做出了成绩的人都想从各县上调到柳州，但，上调到柳州则有如登天之难。

我很幸运。

因为我创造了三江酒厂的辉煌，领导看中了我，打算调我到柳州。

经研究决定，县常委会议同意调我到柳州。组织部为我专程送人事组织档案到柳州地区行署人事局，柳州地区人事局于1995年12月签发《〔95〕第××号：干部调动介绍信》，这是给我发出的正式调令。这是一把我调进柳州终生铭记的金钥匙。

过后，我的户口关系、党组织关系、粮油关系、妻子孩子户口便一同调进了柳州。

这是我人生重要的一步，至关重要的一步。

机遇，贵人帮助，个人能力，这三个方面促成了我调进柳州市的美梦。

于是，我堂堂正正地走进现代都市。走进灯火辉煌的繁华都市生活。

这次调动成为我人生的一个新起点。

三江酒厂在我调离后，由于种种原因，不到三年便停产了。

第二十七章

1

1997年，阳春三月春风荡漾，春暖花开满山吐绿。我和阿科、韦如英三人开着小车去右江考察，听说那边有一个大型酒精厂有意聘请一位酿酒行家当老总管理生产，我们去应聘。

我调到柳州之后，在地直单位工作一年多，曾组建一个国有大型酿酒集团，因故流产，于是，我便想下海干个体。得知右江有一个酒精厂对外招聘高管，我便到右江去看看。事后，我万万想不到，这一看居然成就了我一番事业，令我终生难忘，初探右江有起因，但苍天意外给了恩赐，这是天意。

当时柳州走南宁还是老路，从柳州过柳江，过合山，路面狭窄，弯弯曲曲，从柳州到宾阳跑了好几个小时。从宾阳到首府，是新修的二级路，平坦，宽阔，路面全是水泥混浇而成。当时，这条路是全区第一条汽车专用公路。令人不满的是，不是双向车道，这种单向车道对于快速行驶的车来说很容易出事故。

从宾阳到首府只花一个多小时，途中我们爬了一个坡，那就是赫赫有名的昆仑关。这里在抗日战争中曾发生了一场血战，中国军队与日军展开了殊死的搏斗。

当时没有环城高速也没有环城快行线，进首府出南宁足足花了一个多小时。

走出首府我们过高峰林场，很快就到了武鸣伊岭岩。这是一个壮族古人类聚居的岩洞，在区内很有名气，但我无心去参观。过了武鸣县城，过了里建镇，过了锣圩镇，前面就是灵马水库了。

前面一排长长的车子停住了。我们的车东拐西拐往前挤，才赶到灵马水库山下。原来出了大车祸，一辆巴马来的客车从山顶翻下水库，客车原本从山顶正常行驶下坡，但在急弯处方向打不过来了，车子直冲下水库，翻了几个筋斗四个轮子朝天摔进水库里。乘客死伤三十几人，只有几个人活着，惨不忍睹。两部大吊车正在施救，吊车拉上来的客车，车门边还夹着一位中年妇女的头部，那情景，令人毛骨悚然。我们等了很久很久，才放行。

今天真倒霉，遇上一场大车祸。

几个月后，我们家也发生了一场大车祸，痛伤九族，我才醒悟过来，今天的出行太不吉利，是一个凶恶的兆头。

我们翻过灵马水库的大山，下坡，到半山坡，便是大山之中的一个乡镇：灵马镇。这里是三个县公路的交会处，从武鸣县来的、从大化县巴马县来的、从平果县来的三条公路在这里交会，而且都是半天车程，都刚好赶在这里吃中午饭。这样的地理状况，成就了这个灵马饭店一条街。一条街数过去，大大小小饭店四五十家。

我们在灵马镇吃了中午饭，继续往前走，下到山脚，便是一个古老的乡镇，名叫旧城镇。

从旧城镇过去，又是一马平川的良田沃土。跑了几个小时，便进入了平果县城。

平果县城，处在百里右江河谷平原的终端，从这里沿右江逆江而上，是田东县、田阳县、百色市。从平果县城到百色市，大约300里，这一狭长平原地带人们通称右江百里河谷平原。

美丽的右江，像一条蓝色的飘带，从桂西的崇山峻岭中缓缓飘出。右江的源头像神经末梢又像人手的几个手指，巴在贵州东南部的高山深谷之间。右江，从西向东缓缓流过。有右江，相对而言就有左江，右江在右边，左江在左边。左右两条江流到首府附近像打了一个结，汇入邕江。邕江再走很远很远流进西江，最后汇入珠江。珠江是中国三大水系之一，右江便是珠江水系的源头之一。从右江的百色市乘船经邕江、西江、珠江到达广州，在中国漫长的没有火车汽车飞机的年代里，船作为交通工具漂流在历史的长河，也承载着历史的重荷，可见右江水道在历史上何等重要。

明王朝的末代王室，被清军一路追杀，一路从北边逃下来，最后从湖南进广西到邕州，然后从邕州乘船上右江，再进云南企图从云南出境谋生存。途经武鸣时有一个皇妃去世埋葬在当地，现在那个地方还保存着那个皇妃的坟墓，那个村庄也就叫作皇妃村。当然这也许是戏说的历史故事。

当桂西大山里几条河流冲出桂西的山山岭岭，到达百色市汇合之后，河流变大了，变平了，人们习惯称百色市是右江的起点。从百色往东，此处的右江平静无波，安详地在这右江河谷平原中蜿蜒流过。流经田阳县、田东县、平果县，进入隆安县，汇入邕江，人们称从百色市到平果县这300里的河流两岸为右江河谷平原。右江，静静地在右江河谷平原中流淌，清莹、透澈、平静无波，清莹得可爱，平静得可爱。它滋润着两岸的春花秋果。

右江，在河谷平原中它的河床很深，深得哪怕是再大的洪水也难漫过两岸。所以，几十年也可以说几百年，甚至更久远的年代以来，右江无水害，右江洪水不曾肆虐两岸的田园和村庄，也正因为如此，右江两岸的子民尽享着右江给他们带来的福祉。

国家计划在右江修建梯级水利枢纽，建设百色水利枢纽、田阳水利枢纽、田东水利枢纽、平果水利枢纽，提高右江水量水位，从而十倍百倍地提高右江通航货运能力，几百吨级的大船从百色市可直达广州。这就是可爱的右江，美丽的右江，造福于人民的右江，人们怎能不去歌颂它。

右江河谷平原，宽度约有30里，长度300里，在这几千平方公里上，一马平川，是天然造就的一块宝石，当然对大中华来说，这几千平方公里的一个小平原不算什么，但相对于一大片大石山区四处崇山峻岭的桂西而言，这便是大山中的宝贝疙瘩了。

右江河谷平原，气候温和，雨量充沛，冬天无霜，非常利于农作物的生长。它是美丽而富饶的一片沃土，遍地黄金。在这片肥沃的土地上，人们种植香米、香蕉、甘蔗、芒果，闻名遐迩的八香就出产于这里。全国农业科技示范园就设在右江之滨的河谷平原上。

这一带盛产甘蔗、木薯和芒果，为当地的糖厂、木薯淀粉厂、木薯酒精厂提供了充足的生产原料，也为农民创造了极为丰厚的种植收入。

右江的芒果种植面积，占了全国的首位。右江芒果远销大江南北。

右江河谷平原的地下宝藏也数全国之最。这里有全国较大储量的铝土矿，几个大铅厂产量在全国名列前茅。这里还有全国储量最大的锰矿山。这里的煤在江南也饶有名气。有煤就有电，这里的水电和火电占了全省极其重要的位置。

这里是最早的红七军起义的红色革命根据地。

这里还有壮民族始祖布洛陀文化。

2

敢壮山是右江河畔的一座山的名称。

今天是农历三月三，右江河畔的敢壮山正在举办三月三歌圩节。

三月三是广西壮族的隆重节日。壮族人民在三月三这天都会举行形式各异的歌圩节，或对歌，或唱歌，踏歌起舞，踏歌传情，踏歌叙事，踏歌拜神，踏歌祭祖……四里八乡的村民踏歌而来又踏歌而归。

我们三人昨晚在田东县住宿，今天一早出发赶路，今天要亲自看看敢壮山的歌圩节，然后再上百色市。我们沿二级公路到了小镇，往右拐便是去敢壮山。从小镇到敢壮山十公里的路程，沿途满是穿着壮族盛装的男男女女、老老少少，他们踏歌而行，一边唱歌，一边赶路，他们都是去敢壮山的。我们的小车拐了几个弯，拐到最后一个弯时，我眼前一亮，啊，到了，前面高耸的就是我日夜叨念要亲自去拜谒的神奇的敢壮山。

敢壮山，高耸于右江河谷平原的原野上。敢壮山是一座独立突兀的山体，它没有与其他的山脉相连，在这空旷的右江河谷平原上，是那样的显眼。

整座山很像一匹奔跑的公牛。一匹大公牛，高抬着的牛头朝着西方，每天守候着西方日落。山上绿树葱茏，山花灿烂。在那高抬着的牛头上，修建有一座纪念祠堂，祠堂里供奉着壮族始祖布洛陀大王的巨型铜像。从"牛脊背"上"牛头"是一条双行山道，上山朝拜的人群从这里上去。这条双行山道从山脚到山上共有999级大台阶。山下，沿着山脚而过的是南昆铁路，铁路上已经搭成天桥，上山下山的人们从天桥跨过南昆铁路。

山脚有一座排楼式的山门。小山门前，是一个很大的圆形的拜祭场。拜祭场中央立着石块砌成的香火台，这里长年香烟缭绕，香客不断。

从拜祭场出来，是一左一右两个天然大水井连成的金水桥。

从金水桥出来，是一个四方形的小草坪，四方形小草坪左右两边，高高立着两块奇石。左边的奇石像男人生殖器，右边的奇石像女人阴处，惟妙惟肖。

再往外，就是一片宽大的歌圩草坪。草坪东西两边有两个小土山，小土山种满了芒果树，人们就是在草坪上、在芒果树下对歌传情。

从歌圩坪再往外，便是一个特大的牌坊，牌坊上横书着"敢壮山"三个字，是象形字。整个牌坊像是壮族特有的壮锦图案。大牌坊上，挂着十八个壮族特有的绣球。人们来到大牌坊前，首先映入眼帘的就是这些壮族的特征，让人们突然悟出：这里到了壮乡，这里是壮族人文发祥地。

古人类没有房屋，都是寻找山洞居住生存。敢壮山，山不高，也不陡，便于上下，山腰有岩穴，山下又是滔滔的右江河，还有富庶的右江河谷平原，长满了可以食用的野果。这山洞、水、野果，便是古人类最适宜居住的地方。按照今天的标准，那就是最优秀的宜居城市。所以，可以推理出，古百越人即壮族的祖先，在敢壮山这里生存过，这里可以算得上也是壮族人的发祥地之一，是壮族人文始祖地之一。山上供奉的布洛陀大王就是那"讲壮话的大王"了。讲壮话的大王当然就是壮族的始祖。

右江河流域，历史积淀久远，现在已经挖掘出很多古人类使用的石器、陶器。右江河畔的瓦氏夫人，起兵建立自己的一方天下，这位女将军是壮族女人的英雄形象。瓦氏夫人将军的故事在右江流域广泛流传，现在右江河畔的县城有一条街命名为将军路，就是为纪念这位女将军。还有，西林县在一个建筑工地的开挖过程中，挖掘出了一面特大铜鼓。这面铜鼓是至今为止发现的壮族地区最大的一面铜鼓，也应当是全中国最大的一面铜鼓。铜鼓是古代壮族部落首领用于集会起兵发起号令的打击乐器，它象征一种权力。古百越还曾在西林县的土皇村建国都，从这面出土的铜鼓得到了佐证。如今，这面铜鼓的克隆体，已经作为城市雕塑矗立在百色市火车站大道路口，作为这个城市的象征。

我站在敢壮山大门下，在遐想、在追忆、在怀念我们壮族祖先的伟大，我们壮文化的源远流长。

我们随着熙熙攘攘的人群，走进了敢壮山大门，来到歌圩草坪。今天的歌圩草坪，左边竖起一面铁制的钢鼓，右边竖起一个铁制的绣球。

歌圩草坪上，已是人山人海，这里一团，那里一组，在对歌，在踏歌起舞，男男女女都穿着鲜艳的壮族服饰，真让人眼花缭乱，他们唱的都是嘹歌。所谓嘹歌，它是一种有固定的曲调，有固定的句式，用壮语演唱的一种民歌，风行于右江河两岸，歌词的内容涵盖了历史故事、现实生活、男女爱情，现在还加入了政策宣传的元素。很多年轻人就是通过嘹歌，对接了爱情，成了夫妻。

你看，这一组男女，还在那里如醉如痴地唱着嘹歌，我驻足细听：

男：
妹是右江一朵花，阿哥有牛屋也大。

妹若嫁到哥那里，不用下田只管家。

女：

屋大牛肥数哥家，妹怕阿哥心事杂。

妹在屋头弄饭菜，哥在山上采野花。

男：

敢壮山前哥发话，哥的心事不繁杂。

妹若跟哥过日子，百年不采路边花。

女：

阿哥话语比蜜甜，阿妹起心连就连。

敢壮山神来作证，右江岸上定百年。

我已经听得出，今天的嘹歌盛会又将成全一对夫妻了。

歌圩草坪左右两边小山上的芒果林里，这一堆，那一团，男男女女在对嘹歌。有的还带来了扩音器，有的还配有乐器伴奏，歌声笑声此起彼伏，唱得口干了就跑到那两口井边咕噜咕噜用竹筒打水喝。还据说，右江有几位嘹歌王，会唱几万首山歌。

县里的文艺团体也来了，他们穿着舞台服装，分别在几个平地上舞台上跳舞唱歌，围观的人掌声不断。

我们再往前走，来到祭拜场。我站在祭拜场的台阶上，放眼四周，人山人海，少说也有10万人。

敢壮山的三月三，早就形成一个不成文的规矩：这一天，附近几个县，十几个乡镇，几十个村，每一个村为一个单位。每个村派出几十名村民代表，他们备着猪、羊、果品作为供品，还带来唢呐队、锣鼓手，有的还带舞狮队，那猪或羊宰杀后涂上红色，用两根竹竿扎成架子，四个人——前后各两人抬着，在猪羊的抬杆前面是扛着五色彩旗的人，后面是敲锣打鼓的人。每个村以这样的方式，轮流到山上纪念祠堂拜祭布洛陀大王。

这时候，祭拜场上，少说还有几十个村的人在等着上山。

到了纪念祠堂前，人们把猪羊摆放在台上，按规矩献香、献酒、献果、鞠躬、叩首。司仪按照格式喊着唱着那些程序。然后让村民代表祈求。各个村民代表早就拟好了祈词，照着宣读，无非是祈求风调雨顺、五谷丰登、六畜兴旺、村宅平安、人丁兴旺，念毕祈词就烧纸钱鸣炮奏乐。完成祭拜仪式的村民当着布洛陀大王的面还要割些熟肉果类吃一点，然后下山。

下山的人们，脸上流露着满足的神色，似乎他们已经得到了神灵的应允，今年保证五谷丰登六畜兴旺家家平安，在心理上得到了极大的满足。事后人们总是在悄悄地流传着自己村里去年拜祭如何灵验的神秘故事。

我们随着祭拜的人群，也开始登山。

我终于随着人群，爬上了山顶，来到了布洛陀神像前。我真诚地上了三炷香，烧了钱，双手作揖，三鞠躬，三叩首，跪下，心中默默祈求。对于神灵，信则灵，诚则灵，此时我心静如水，诚信憨厚，耳边响起山下那回音缭绕的嘹歌，似乎听到了布洛陀大王对踏歌起舞的信男信女的安抚慰藉。

第二十八章

1

这天下午，我们告别了敢壮山，辞别了布洛陀大王，驱车前往百色市。

我们的车子奔驰在右江河谷平原上，我的思路驰骋在这块神奇的土地上，它的地理地貌，它的红色传奇，它的壮文化脉搏，什么都新鲜，什么都吸引我。这天夜里，我们住在市里。

第二天，我们去拜见了那个酒精厂上头公司的总负责人，说明了我们的来意。按照总负责人的意思，我们还是先到厂家实际考察。

接着我们回到田东县住了下来。

第二早，上班时，我打了厂家负责人的手机，他昨天已接到总负责人的电话通知，来到我们所住的宾馆，我们认识了。简单谈了一些情况后，这位负责人便带我去参观该厂。

我第一次踏进这个厂。

这是我人生新的一个转折。

从这一天起，我在这个厂，历尽艰辛，忍受了人间最难忍受的苦难，也开创了我后半生耀眼夺目的业绩。

厂家负责人带我到了他的办公室，接着到厂里各车间走了一圈，我认真查看了生产线的全部状况。

这是一座新建的酒精厂，占地50亩，完整的投料、蒸煮、糖化、培种、发酵、蒸馏生产线。以木薯为原料，生产食用酒精。年产量

1万吨，年产值4000万元，工人180人，投资方投资了几千万元。注册公司名称为"广西贸远化工有限公司"，是一个完全按照公司法组建的非国有的地方财政没有出资的股份制的企业，没占用地方财政的钱。

搞酿酒，是我的老本行；管企业，我也当了若干年的厂长。一切轻车熟路。

参观考察完毕，我和工厂的领导班子们共进午餐，饭桌上大家互相认识，下午，我便急匆匆地上百色市找总负责人汇报。

我向总负责人汇报了我的看法，我认为管这样一个企业，我轻车熟路，总负责人高兴极了，当场表示这事一定很快落实。但是还要走程序："1. 要经过公司领导班子集体研究，大家都同意的话才能算成。2. 你再到酒精厂做一次认真的考察，并且将你的管理方案拿出来，你拿出管理方案之后，由公司董事会即三方股东开会表决任命。3. 还要向自治区投资方分管领导汇报。"

告别了右江我们回柳州。

我回到家里等待着，在等候的过程中我做了大量的准备工作，食用酒精生产工艺的技术资料、企业管理的基础材料等一大堆。

几天后，总负责人打了我的手机，告诉我："开会研究通过了，基本同意聘任你为总经理。现在你可以正式去酒精厂做调查研究，然后拿出你的工作方案，凭你的工作方案是否可行才最后确定。"

我高兴极了，我约了阿科还约了姑爷，带了一大堆材料，出发了。

我们又来到了酒精厂，这是第一次住进酒精厂。

我们住在酒精厂办公楼的招待房里，吃饭在职工食堂。就这样，我们开始了正式调查研究工作。

我查阅了酒精厂建厂的可行性研究报告，查阅了建厂的全部设计方案与图纸，查阅了大量的土木工程设备工程的发包合同。我到车间认真查看了设备的规格型号，查阅了一年来的生产原始记录，召开了不同层次的职工座谈会，讨论生产中诸多问题，与技术人员研究如何降低物耗提高出酒率，与公司领导沟通了如何加强企业管理……我要知晓这个厂的方方面面。

在这个基础工作之上，我着手写我的工作方案。大概外人不会相信，我上述全部工作，都在七天内做完了。

第七天，我拿出了一个有模有样的考察报告。我们连夜拿到县城芒果街一家文印店打印装订成册。这一份考察报告揭开了我在右江发展的序幕。我拿着考察报告风风火火赶往百色市，交给了总负责人，又在招待所住了一晚，等待总负责人以及他的班子初阅这份考察报告。

第二天，上班，我到了总负责人办公室。这次，我们谈了很多很多，谈了方方面面的工作，谈得很投入谈得很深，最后我们达成了初步共识，其实，这也是他们领导班子的意见：1.聘我任公司总经理实行全面管理。2.法人代表仍然由三方股东出任。3.对我的工资报酬实行与聘任职务所定的公司经济指标挂钩的制度。

当然，这几点意见还不是最后定案，总负责人说："是否聘任你为总经理还要过三关：1.经过公司董事会监事会讨论举手表决，有效才算数。2.请示当地政府听听领导的指示。3.上报自治区投资方，看看是否被否决。"接着说："你还得先回家等候通知。"

我们告别了总负责人，回到柳州市家中，这次10天的右江考察工作，走出了实际的第一步，下一步还得听，还要等待。

<h2 style="text-align:center">2</h2>

1997年春夏之交，我在不安的等待中度过。我人在家里而心思已经到了右江，我在翘首等待右江传过来的消息。

总负责人终于打了我的手机，告诉我："公司已召开了董事会监事会会议，讨论了你的考察报告，一致同意聘任你为总经理，主持公司的全面工作，这样有利于公司的发展。"

至此，可以说，这件事算是通过了。

但什么时候去任职，还要等一等公司内部的一些调整工作。

1997年5月底的一天，总负责人终于又来了电话，通知我可以到酒精厂做一些正式任职前的准备工作。

我约了阿科还约了姑爷，带上行李出发了，我将到右江扮演新的角色开展新的工作，我将要负责的是一个全新的酒精厂。我们还是开着那辆桂 B7972 私家小车，一路上按捺不住喜悦的心情赶到右江，进驻了酒精厂，安顿食宿，开始了全新的工作。

我与公司签订了聘任合同书。我接受了公司给我颁发的聘书。我接手了各项工作。

这天，艳阳高照，万里无云，酒精厂召开全体职工大会。会场设在闲置的机修车间，200 多名职工，整齐地坐在会场里，主席台用几张办公桌拼成，用台布盖着，上面打条横幅"酒精厂全体职工大会"。主持人宣布开会，简短的开场白之后，各位公司领导分别作了讲话，讲了很多很多，最后郑重宣布公司的文件：

第一个文件决定：聘任总经理，今天起正式上任，主持全厂工作。全场响起了热烈的掌声，我站了起来，鞠躬致谢。职工中早些天就已经传闻新的老总来上任了，而且是个老厂长，是个行家、专家。

第二个文件决定："公司董事会决定，聘请县领导任顾问。"会场又响起了一片热烈的掌声。

我作了亮相讲话，讲了我的工作方案，我的管理理念，我的决心，我讲了很多豪言壮语也讲了谦虚的话，反复表白我治厂的信心。职工们相信我有长期当厂长的经历，投以了信任的目光，投以了信任的掌声。

第二十九章

"三板斧"这个典故最早出自《说唐》，程咬金在梦中遇到了他的师父，学斧头技法当中被人叫醒，只学了三招，虽只三招，威力却是很强的。程咬金的兵器以及他与敌人厮杀的三个招式，统称为"三板斧"，比喻解决问题的方法虽然不多，却非常管用。

受聘任总经理之后，我也使出了三板斧，抓了三件事：

第一板斧：抓企业内部管理，把200号人定岗定员安排好。

第二板斧：抓原材料供应，解决生木薯干木薯的供给，保证企业有米下锅。

第三板斧：抓食用酒精销售。

这也就是一个企业的三项大事：产、供、销。

我要让领导们知道他们没有用错人，我要让投资方知道我受聘不是白拿高薪，我是行家里手，我是企业管理和酿酒专家。

我走马上任了。

我接手前的酒精厂，没有生产指挥机构，也没有细分几个车间，全厂200人就编成一个酒精车间，一个车间主任管理，也没有一个二十四小时有人值班的生产指挥中心。我接手后，组建了总调度室。总调度室的工作职责就是全权负责全厂的生产调度安排，还任命了几位值班调度员，二十四小时三班倒在总调度室值班，总调度室的工作范围，涵盖了全厂各车间的生产调度以及辅助车间供水、供电、机修、质检等部门的工作。全厂的生产运行完全按照总调度室的意志来转动，公司老总的意图由总调度室去体现。这样，全厂200人有了一个看得见摸得着的指挥中心。任何一个生产车间，任何一个环节出了问题，马上就会反映到总调度室来，总调度室会马上派机修车间或其他人员到现场去解决，有效地保证了全厂生产正常持续运行。此前，生产处在极不正常的状态。有时半夜出现机械事故，要等到天亮才有人去现场处理，全厂当班的职工，回家也不是，上班也不是，只好伏在岗位上睡觉。现在，组建了总调度室，形成了一个生产指挥中心，很多问题迎刃而解了。

我接手前，全厂200人就编成一个酒精车间，下设几个班组，生产机构设置本身就不切合生产的实际。我接手后，马上组建五大车间：

第一，投料车间。投料车间负责生产原料的粉碎和预热这一道工序。将木薯投入粉碎机是重活，在全厂各工序中居于首位，没有原料的投入和粉碎，拿什么去发酵和蒸馏？独立地设立投料车间，也就是说由一个车间的人员负责投料的工作。

第二，酒精车间。酒精车间负责煮料、糖化、接种、发酵、蒸馏。这些工序是酒精生产的核心工序，技术性最强，这道工序主要是通过仪表来控制生产，与其他车间相比，它需要技术水平较高的工人来操作。我组建了酒精车间，细化了各道工艺的操作管理，还组织这些人员学习蒸馏发酵技术，对全厂生产起到了极好的效果。

第三，锅炉车间。锅炉车间负责锅炉运行。全厂生产过程中的热能由锅炉供给，煮料要蒸汽，蒸馏要蒸汽，锅炉停下来全厂就停产了。而锅炉工是需要持证上岗，没有锅炉操作证不准安排在锅炉车间工作，但锅炉工又是最辛苦的，调煤、碎煤、供煤、鼓风、引风、排渣，全是在高温环境中工作，特别是热天，当班人员汗流浃背，对锅炉工还需要给予高温补贴。我组建了锅炉车间，又外送一些人去学习考证，这样真正保证了锅炉的正常运行，也就解决了全厂的供热问题。

第四，环保车间。环保车间是我亲手组建的。过去没配套环保设施，我组建环保车间主要负责废水废渣排出后的处理工序。从废水废渣排出到冷却，到添加菌母，到厌氧，直到后期处理，都是由环保车间负责。

第五，动力机修车间。动力机修车间分为供电班、供水班、机修班，承担全厂的供电、供水和机修，而且配备机修工具。这套人马，有效保障了各车间机械的正常运转。

五大车间的组建，使得全厂的管理井然有序，工人们也不得不佩服我的管理水平。此外，我还强化了质检科、供应科、销售科、仓管科、保卫科、后勤科的工作，仓管科包含了地磅班和酒精库以及原料库的管理。

后来，我从其他渠道得知，相关的县领导、投资方各位领导看到我在企业内部这样一整套的管理，都伸出大拇指，领导们心中暗忖：我们选准了一个人才，看准了一个企业家，满意了，放心了。

我接手前，一些生产设备极不匹配，因为设备安装是整体发包给外地老板做的，诸多部位没有按设计安装。我知道了这些内情，但我刚接手我不想得罪人，于是我只是小打小闹，在重要的地方非换不可的才换下来，在关键的地方动了一下，它的效果就完全不同了。我这样做，即显示了我的内行又不得罪前面的人，不声不响中帮他们补了很多漏洞，这样一来，皆大欢喜。当然，另一个原因是，我刚接手，不想在设备上花钱。

这是我所做的第一件事。

我亲自去组织进口越南木薯干片，保证工厂的生产原料供给。

1997年6月的一天深夜12点钟，工厂交班刚过，上夜班的工人下了班，在厂内住的回宿舍去了，在街上家里住的骑单车回家了。上零点班的工人已经提前十分钟来接班。我到几个车间检查了一遍生产情况和工人当班状况，放心了，我心想，刚走上正轨的四班制三班制已经正常交接班。

我走出生产区到办公楼，此时已经一点多钟了。按照今天的日程安排，我和供销科陈科长还要出差。

公司的吉普车早已在办公楼前等着，我拿个手提包，与陈科长上了吉普车连夜出发了。我们要去钦州市土产公司谈进口越南木薯干片的业务。

吉普车是去年建厂时购买的，公司只有这部小车，人们戏称是电影《南征北战》中张军长坐的车。但我刚接手顾不得讲什么排场，方便出行就行了。开车的司机是个新手，驾龄不到一年。老司机已调走了，公司换了这位职工来当司机，我当时对一些具体的人事安排还没有很多发言权。

吉普车在夜幕中飞奔，途中一路出了几次险情。吉普车本身提速就慢，但这个司机很喜欢超车，当超车时，速度上不来，与被超的车辆平行很久，这时对面来车了，危险，司机又踩刹车，重新回线，跟在人家屁股后面。拐弯了是盲区，但司机根本不顾这些驾驶常识，也超车，又出现险情了。我根本不敢睡，双眼没敢合一下。一路上，就这样担惊受怕地跑着，天刚亮，终于来到了首府。

我们开了廉价的招待所，30元一间房，洗漱，睡了一大早，将近中午时，又起来赶路了。

傍晚时分我们来到了钦州市。按照市土产公司联系人的指点，我们开到了一家饭店。刘经理他们几位早已在那里等我们了。刘经理设饭局招待我们。

饭桌上，我说："我们酒精厂日产酒精30吨，月产酒精1000吨，按照木薯干片1：3的出酒率，每月要3000吨木薯干片，眼下计划3个月就是1万吨。我刚接手这个厂，目前在没有生木薯的情况下，为了维持生产，经过公司董事会同意，决定弄越南进口的干薯片。"

刘经理很高兴，谈了关于越南木薯干片各方面的情况，还决定明天带我们到企沙港走一走，亲眼看看那越南来的木薯船。当晚，我们在钦州市住。双方酝酿合同草案。

第二早，刘经理带我们去到企沙港。

企沙，是一个镇，企沙濒临北部湾海，这里海水深，于是便成为一个天然的深水港码头，到企沙港停的船大小都有，所以港口业务很繁忙。

我们上了一条越南来的木薯干片船，我不懂越语，经刘经理介绍，知道是越南来的木薯船，最小是600吨，大的有900吨、1200吨，客户要货，每次必须提一船货。船从越南港开过来在海上要走五六天，所以船到后必须马上起岸。

我抽样看了越南木薯干片，真是好货，木薯白得像棉花，淀粉含量高出国内木薯4个百分点，出酒率当然也是相当高的，我满心欢喜。

我们离开企沙港，回到了钦州市土产公司，我与刘经理签订了合同，我签了字，盖了章，剩下具体提货发货的工作就交给陈科长。

我回到了酒精厂。

几天后，进口越南木薯干片进厂了，大货车带拖卡，一车就是30多吨，陆续拉来，工人们看到原料进厂也是十分的高兴，他们所想的只要有班上就有工资拿。

第三件事：我亲自跑销售，解决酒精大宗销售的渠道，建立起销售网络。

酒精厂在原料足够的情况下，每天产出30多吨，两天一个火车皮。价值20多万，一个月15个火车皮，300多万元。现在，越南木薯干片来了，酒精库的酒精储量也一天天在增加。如果不及时销售出去，资金就不能及时回笼，于是销售也摆到了桌面上来。

我向公司董事会提出了我的想法。

南宁化工集团，他们需要酒精作原料，我们应继续保持对南宁化工集团的供应，但其需求量不大，还有不少酒精，我们应该寻找其他出路。

这出路，我们首先要考虑的是著名的白酒生产厂家，他们需要大量的食用酒精作白酒酒基。我们应该选最近距离的贵阳、遵义来发展，遵义那一带汇集了全国几个著名酒厂，而当地没有木薯、玉米，做不出酒精来。

公司董事会同意了我的意见。

我和陈科长登上了西去的火车。

我们来到重庆、贵阳、遵义，当然，在重庆我们上了歌乐山。

我们来到遵义。

遵义市不大却是一座历史名城，城市绕山而建，著名的遵义会议旧址在旧城中心，它原是一座公馆，所以建筑风格很有特色。

我们参观了遵义会议旧址所有的陈列，会议场面，领袖们住的地方，我还在人们常留影的地方留了影。

我的业务开展得很好。我拜见了遵义董酒酒厂厂长陈锡初，我们谈了食用酒精业务，草签了意向书，达到了我的目的。

董酒，已经不用多介绍，是中国八大名酒之一，他们的产销量极大，酒精量需求也极大。我们找对路子了，我们参观了董酒厂厂区，那雄伟的工厂大门给我留下了深刻的印象。

我们满载而归。

一脚踏进酒精厂，料想不到我接手后竟如此顺风顺手，内部整顿立竿见影，东下港口越南木薯干片陆续到来，西行推销马上找到了一个大酒厂用户，这一切我十分惬意，这叫作：要风来风，要雨来雨，心想事成。

就这样，一个中型企业在我的手上运转起来，各方刮目相看，好评如潮。但外人不知道，事事我都要亲自开个头，我付出了比常人多十倍的辛苦。

第三十章

1

1997年7月12日。

太阳当空，万里无云，已是三伏热天。我正在公司上班，将要下班时，有人到三楼办公室门口告诉我："老总，你的爱人来了。"我收拾桌面上的文件，走到阳台走道，果然是妻子韦如英站在楼下，我说了一句："您来啦。"打了个招呼，便下楼去接她。妻子挎个黄色的皮包，穿一件白衬衣，蓝裤子，脚穿凉鞋，她历来都留着刘海衬着她白皙的脸，虽然是近50岁的人，却显得很年轻，此时正亭亭玉立地站在路中间。我把她带上我的住房。我住在办公楼三楼的301号房间，她此次来估计是住几天。

妻子仍在那边的酒厂供销科任副科长。虽然她的户口早已随我迁入柳州市，一家人的户口早已落在柳州，但她的工作关系目前正在办理调动，所以现仍暂时在酒厂工作。自从我到右江来发展，特别是6月1日正式受聘任老总后，她与酒厂的领导商量，由她负责将酒厂的产品打入右江河谷几个县的酒类市场，前不久她已经跑了铝厂一条街，又跑了几个酒类销售网点，还发了几车白酒产品到批发客户手中。这次，她与余副厂长一同来右江还是为她的销售业务，昨天已经到平果县住了一晚，办了一些业务上的事，今天过田东县来。

妻子来后，帮我清洗了衣被，还帮住在二楼的杨副厂长也清洗了衣被。

我的宿舍没有卫生间，公司决定改造，打通一个门连接隔壁的卫生间，妻子来到的第二天施工人员来施工。"砰砰呼呼"搞了一天，基本打通。由于房间施工给妻子住宿带来了很多麻烦，我催那师傅做快些。果然他很出力，到7月14日抹灰，一个室内卫生间施工完毕了。施工把房间搞得乱七八糟，床上地上尽是碎砖灰粉。妻子好不容易才收拾干净，将我的起居生活打点安顿恢复正常。

　　7月15日，妻子说："想回家了。"同行的余副厂长也办完业务来到酒精厂商量明天回去的事。妻子说"阿燕很爱吃芒果，要买些芒果回去。"我请供销科陈科长帮忙买几箱，他满口答应，说："下午直接到芒果地里买，明早或今晚带到厂里来，明天可给嫂子带回去。"

　　我告诉小车司机，下午开吉普车去加了油，明天要送人去柳州。我还与杨副厂长商量，叫杨副厂长去采购一些常用设备配件，杨副厂长领了一些旅差费列了配件清单，准备明天出差。

　　7月15日晚上，不知怎么我头痛起来，也许是搞了几天房间，多洗了几次冷水澡，感冒了，半夜过后，头痛更厉害了。

2

　　1997年7月16日。

　　清早五点多钟，陈科长开吉普车去芒果园买回了几箱芒果，来到我房门口叫我下去看看，我睡在床上应道："我头痛，不用看了，花的300块中午交给你。"

　　天气炎热，那吉普车没有空调，杨副厂长昨晚就说："赶早出发，凉快些。"于是不到五点钟，妻子便洗漱完毕下二楼去招呼杨副厂长和余副厂长。余副厂长昨晚在杨副厂长房间睡，他们一齐下一楼，准备乘车。我头痛也勉强起床，拿了一床小的白色蚊帐和小的白床单用个尼龙袋装着，想拿回去方便子女去学校用。我拿到一楼吉普车边交给妻子："拿回去给小孩学校用。"妻子说："我不拿。"我坚持说："拿吧，不要紧。"妻子韦如英说了一句："出了事你负责任。"

　　我万万想不到，这句话竟是妻子最后一句警语了，而且是白色的床单白色的蚊帐，多不吉利，当时我完全没有考虑到这一层意思。

　　吉普车停在办公楼门口，车尾朝着大楼，三人先后上了车，杨副厂长坐车头前排副驾位，妻子坐在副驾后面，余副厂长坐在司机后面。妻子与余副厂长同坐在后排。我知道司机开车技术不行，去钦州市看木薯回来时在途中我已警告他，他再开快车开猛车我就下车另坐班车走，途中乱超车、追车、乱刹车，险情不断，让人心惊肉跳。我回厂后曾想提出更换司机，但当时出于刚接手任老总，有些事不想马上拉下脸皮，所以只写了一个计划更换司机的报告交给董事会，但我没有催着要董事会马上换人，由于没有马上换人，以致铸成了大错。

　　吉普车驶出了厂门口上路了，我没有什么交代，头还是很痛，又继续回楼上房间睡觉。早餐后我几次想打杨副厂长的手机，叫他提醒司机一定要开慢些。谁知阴差阳错最终竟没有打出这个电话。

　　上午我吃了一片去痛片，头好些了。在厂里忙了一个上午吃了中午饭后，我便上街去。

　　7月16日下午3点多钟，我的手机响起了急促的铃声，我打开接听，是办公室的来电，韦副总打来的，他说："我们厂的吉普车在邕宁五塘出事了，车上四人三伤一死，死者是女的。"我急切地问："是我老婆韦如英吗？"韦副回答说："是。"我顿时觉得天旋地转眼冒金星，呆了一下子，憋不住了便放声大哭起来。急忙回厂。

　　我回到厂办，呆若木鸡地坐在办公桌前，按照韦副给的电话，打通了昆仑交警中队的电话，对方警官告诉我："吉普车在拐弯处违章超车，与对方相向行驶的大货车相撞，车上三男重伤，一女死亡。重伤者已送邕宁五塘医院，死者姓名叫韦如英。"一切都是真实的了，一切都既成事实了，我放下电话，双手握脸，禁不住号啕大哭，我已经控制不了我自己的感情，我顾不得是在办公室是在公司，我第一个闪出来的念头是："假如我不来接这个厂就没有这个事了。"

　　我坐在办公桌前，一遍又一遍地哭诉着打电话告诉家人。首先我打到了屏山花苑的家里，阿燕接电话，我说："你妈出车祸了，在邕宁五塘过世了。"阿燕顿时放声大哭说："阿爸，这不是真的，不是真的，我妈没出事，我妈没有死，我妈还在。"阿燕哭得那样凄惨，我听了痛彻心扉。

我打通了阿阳的手机，阿阳正在单位上班，阿阳说："阿爸，一切由我来安排，我来处理。"我告诉阿阳约阿科、阿燕、红梅立即开车下邕宁五塘，或包出租车或开桂B7972来，马上来，快些来，我也马上去邕宁五塘。阿阳照办了。

接着，我泣不成声地电话告诉家里的妹妹覃美运，美运顿时放声大哭，她与她嫂子两人最要好，她嫂子买了很多很多衣服给她，突然间出了这事她无法接受。我又流着泪电话告诉了老家三叔，三叔年事已高，顿时也感叹不已，十分悲伤。接着，我电话告诉了云姑，姑姑惊呆了，哭着说："这怎么办，这怎么办？"我电话再打到河池市二叔家里，二叔也禁不住流着眼泪感叹唏嘘。我又电话告诉二妹夫并且要二妹夫出来主持处理所有事务，他满口应允说：责无旁贷。我还亲自电话告诉了板六村韦如英家里老弟阿厚，阿厚也惊愕了。整个家族，所有亲戚，不胜悲伤，全都沉浸在万分悲痛之中，人们想都想不到，我这个小家正在蒸蒸日上之际，正是全家族人希望寄托之时，正在运气亨通之际，竟然出了这等大事，让人万万想不到，让人难以接受，噩耗传出，痛伤九族，悲及九天。

此时，已是7月16日下午4点多钟，我对董事会代表说："我要用车，我要马上去邕宁五塘。"董事会代表立即汇报了相关董事领导后，立即调派车子出发。

当时，越南干木薯片来了很多，厂里的生产很正常，工人们仍在上班。然而，办公楼各科室的人员知道了这一噩耗，都惊呆了，一些下了班的工人，看见这情景，也都在关切地过问打听，当他们知道出了大车祸时，都流露出万分同情，虽然我到厂才一个半月，虽然我与工人们相处还不是很久。

我什么事都放在一边了，厂里什么工作也不过问了。我什么都不准备，什么行李都不带，我完全沉入极度悲伤之中，我带陈科长与陆副厂长几个人，急匆匆地上了车，急匆匆地上路了。

我们从田东县悲痛急切地赶去邕宁五塘，途中陈科长在什么地方买香纸鞭炮我根本不知道，一路还用手机与阿阳他们联络，阿阳他们开着桂B7972小车过来了，全家人，阿梅、阿燕、阿科、梦香等全都过来了。

我坐在车上，想想又哭了起来，伤心到极点，我几乎不知道是怎么样走过这漫长之路的。

过南宁了，很快上了邕宾汽车专用道，这条路当时是全省第一条二级路，但这种汽车专用道，设计为双行线对开，各条行驶线上的车辆都无法超车，要超车就得占对开的车道，且道路两边都装有防护栏，一定程度上也限制了车辆避险机会。就在这条要命的路上，夺走了我的至亲至爱。

我们驱车来到昆仑关的事故地点，停车了，我跳下了小车，这是一个拐弯处，路中央还有一摊血，血渍已干，路边散落满地的芒果和芒果纸箱，地上还有一只鞋子，后排坐垫也丢在路边，上面有很多血渍，路边一片零乱，杂草和小树均被踩踏得倒地，路边的防护栏被撞弯了一大段。

我看到了妻子的鲜血痕迹，我禁不住对天放声大哭，哭声在空旷的山谷中回旋，哭得如此的撕心裂肺，我在抱怨苍天无眼，我在哭诉阎王绝情，我甚至抱怨妻子：你为什么这么狠心，全然不顾儿子还没有结婚，女儿还未曾出嫁，居然一走了之。

我长跪在路边烂坐垫前，那上面有妻子的血。

我头磕在地上，我在放声大哭，哭声在这寂静的山谷中是那么的悲凉。悲哀的嚎声，痛断肝肠的思念，都表达不了我对妻子的不舍。

不一会儿，阿阳、阿燕、红梅的车子也到了，全家人都跪在路边，抱头痛哭，悲痛欲绝，就这样永别了母亲的女儿哭得昏倒在地。早上，她妈妈还电话打到屏山花苑家中告诉说："女儿，今晚可以有芒果吃了。"而现在却是生离死别，阴阳永隔了。我抱着女儿的头，对妻子哭诉道："我们刚搬进屏山花苑新家，房子还没住暖啊，你怎么就丢下一对宝贝儿女，长别了呢，与世长别了呢，与我们长别了呢？"

我们就在这妻子离开的地方痛哭，追思，悲怆。阿科、梦香、所有来的家人无不失声痛哭，大家都抱着头，跪在地上，过往的车辆到这里，也不得不放慢车速，目睹眼前悲怆的这一幕。

这个拐弯，变成了我们永别的地方。今天是我妻子的忌日，今天永别了我亲爱的妻。

此时已近黄昏，在这空旷的冷寂的山谷，夜来了，更显得凄凉恐惧。

我们在悲凉哭声中点燃了很多香、烛，在公路边排着插过去20米远，香火在夜幕中闪烁，香火香烛照明妻子上天的道路。

我们在悲凉哭声中烧化了很多很多纸钱，在路边化财，钱纸的火光在夜空中闪烁，钱财送给妻子，让她在天堂享用。

我们在悲凉哭声中鸣放了很多很多鞭炮，鞭炮声在空寂的夜空中回响，一路送妻子登上天堂。

久久不断的鞭炮声在这邕宁五塘地带，在这昆仑山下，在这空旷的山谷夜空中悲壮地鸣响，山谷回音一阵阵，似乎鞭炮声送去了很远很远，这是送妻子上天路。

妻子升天的天路，升天的天路，天路，天路。

我们待了很久很久，久久不舍离去。这是我与妻子永别的地方，这是儿女和母亲永别的地方，在这里，在这里，铸成了终身遗恨，这个地方，这个日子，将成为我们永恒的纪念。

夜幕中我们一步三回头地离开了事故地点。

为了急切地了解车祸的详情，急切地看到妻子遗容，我们前往昆仑交警中队。

半夜过后，我们来到了昆仑山半山中的昆仑镇，来到了昆仑交警中队队部，昆仑镇上已是万籁无声，昆仑交警中队大院里的宿舍也全熄了灯。我们问了门卫，我们敲开了中队长的宿舍，中队长醒了，开门带我们进队部办公室。中队长姓韦，我们说明了来意，说明了我们与死者的关系，又出示了单位证明，韦中队长给我们介绍了事故的详细经过，又给我们开具了死亡认定书和尸体认领书，还交还了妻子生前的身份证。

韦中队长介绍事故经过说："7月16日中午一点多钟，桂L2033吉普车从首府往宾阳县方向行驶，柳州市火电公司大货车从宾阳县往南宁方向行驶，在昆仑山下的邕宾专线60km+300m处，上坡、拐弯，吉普车的前面有几辆重车同向行驶，上坡速度慢。吉普车打方向超车，刚驶过中线往右道，突然发现对面飞驶下坡的大货车，两车相会发现对方时只差十多米远，双方都来不及避让了，嘭的一声巨响，两车重重相撞。吉普车刚拐过去，斜行，相撞时，下坡的大货车重力撞在吉普车副驾这边。吉普车头被撞得收缩变形了。"

"车上的人，司机处在不受力的方向，且清醒地应对事故，所以轻伤。"

"坐在副驾位上的杨副厂长，被收缩变形的驾驶楼挤压冲撞，两条大腿骨折，双手骨折，胸肋骨也断了三根，而且被夹在副驾座上很难弄出来，救出来时，因流血过多，已昏迷不醒了，大家临时拦了过路的车把他送到邕宁五塘卫生院抢救。在五塘卫生院，杨副厂长仍未苏醒过来，经过简单包扎处理好，卫生院用救护车急送市中医院抢救。在市中医院经抢救才慢慢苏醒过来，如果抢救太慢，恐怕也没有命了。"

"后排的余副厂长，因为后排座位没有扶手，没有东西支撑身体，且后排座与前排座距离宽，座位又高，两车相撞时，余副厂长一头栽到车板上，太受力了，腰脊柱骨折断，脊椎骨神经断裂了，虽然也抢救过来了，也是及时送五塘卫生院后又马上转送首府市中医院，估计今后就是下半身瘫痪了。"

"车上后座的韦如英，坐车时已睡着了，两车相撞时，最受力，她一头猛撞到吉普车地板上，头顶破裂，胫骨也折断了，据苏醒后的余副厂长说，她呼叫了几声'哎哟，救救我'，后来还哼了几声'哎哟，哎哟'。当时交警还没到，只是几位司机和其他乘客抢救，她所在的车边门无论如何怎样撬也撬不开，怎么弄也弄不出人来。后来，我们昆仑交警队和施救车到了，交警只是轻轻拍了几下门，那门便可以打开了，抱她出来时，她已经没气了。拉出了吉普车后排坐垫摆在路边，将韦如英抬到上面，用一件衣服盖了脸。你们看到那长沙发上的血渍就是韦如英流下的，很可怜。"

"我们清理现场，从皮包里拿出了她的身份证，证实了她的身份，又从司机口中得知吉普车是酒精厂的车，我们才打电话到厂里，此时，已是下午3点多钟了。"

"我们呼叫了宾阳县殡仪馆的车，下午五六点钟吧，才赶过来把韦如英尸体运回县城殡仪馆，也就是说，女尸在路边停放了小半天的时间。"

"所有生还者和死者的东西，我们清理了，已经全部交给交警大队带回大队部去了。"

"事故的责任，肯定是吉普车司机，拐弯，盲区，违章超车，要承担全部责任。对方正常行驶，无责任，对方是火电公司车队的司机，有姓名、有电话，你们可以拿去，你们可直接联系。"

"眼下，请你们首先处理死者的尸体。"

我们在昆仑中队听着事故经过介绍，我与儿子、女儿哭成一团。红梅、老科、梦香等人全都泣不成声，就这样走了一个人，老科是老司机，听了介绍刚才也看了现场，他很懂，他说："这完全是新手司机开车太快太猛造成，拐弯超车，看不到前面车况，这是行车大忌。而且，出现意外险情时，他或者打回右道去，或者猛开过路边，那么结果也不会这样。但现在一切都晚了，已铸成永远无法弥补的大错了。"

我们听完了事故介绍，办了手续，天已亮了，三伏天虽然很热，但我们仍感到阵阵冷意，心紧紧的，一直在回想事故发生的一瞬间的情景。

1997年7月16日这一天，夫妻瞬间阴阳两隔，天地永分了。

3

1997年7月17日。

清晨，我们辞别了昆仑交警中队长，离开了昆仑镇，一行人急匆匆赶去宾阳县殡仪馆，急切要见到自己亲人的遗容。

县殡仪馆在县城近郊的一座山坡下。正大门是传统的牌楼式，大门上写着"宾阳县殡仪馆"五个大字。殡仪馆四周全是围墙，进了大门，便感觉到一片阴森森的，令人毛骨悚然，殡仪馆内有几栋建筑物，正面是办公楼，左面是一栋冷冻楼，右面是停车场，中间是个大地坪，靠里面是一栋吊唁大厅，再往后走，上了一片小松树林土坡，上面又是一片平地，那里是火化炉。

我们在殡仪馆里找到负责人，我们出示了全部证件，便提出要见死者遗容。负责人经商量后同意安排我们去见，但要等一会儿，于是我们便在殡仪馆的操场上等候，这一等竟等了两个小时，大概是馆里的人刚上班，他们还需要整理死者遗容才给我们见面。不一会儿，工作人员带我们走进冷栋楼，里面是一个宽广的冷藏大厅。大厅内设有几个大冷柜，每个冷柜分为上、中、下三格，每格是一个抽屉式的冷床，能装下一具人体，屉柜上贴有死者的姓名、性别及编号。

工作人员带我们到一个冷屉前，我见到了冷屉标签上写着妻子的姓名，工作人员慢慢拉出抽屉，现出韦如英的头、脸、胸口、身。我、阿阳、阿燕、红梅、阿科、梦香都朝着冷柜喊她。我看到韦如英的头、脸和上身与平常一样，还是今早的刘海，脸上的血渍擦干了，脸色苍白了许多，她穿着一件干净的衣服，儿女们见到了妈妈，见到了母亲，大声呼喊："阿妈，你为什么这样，你为什么这样？你怎么舍得离开我们？""我要阿妈！我要阿妈！"阿燕几乎悲痛得昏倒下去，哭喊着。我在那一瞬间，突然看到韦如英脸上似乎带着"笑"，我心一紧，"笑什么，是笑我"，似乎妻子说"这下老公你好啦，我走了，留给你了"，我很不解妻子为什么面带笑容，这个笑脸，终生铭记在我脑海中，也似乎是一个终生难解的谜团。

我对冷屉里的妻子拼命哭喊道："韦如英，你醒过来呀，我们共同好好生活下去，共同继续生活下去，我们不吵了。"但妻子只是微笑。

我们看过了遗容后，工作人员将冷屉慢慢合上，我和儿女哭喊着，依依不舍，依依不舍，今生今世，这是最后的见面了，这是最后的见面了，此后，阴阳两隔，天地两隔，将终生难觅音容。这一刻啊，包含了儿女对母亲多少的深情，母恩未报，母德难忘，母亲居然正当盛年之际，撒手而去，离别尘世，永不回眸。这一刻啊，包含了丈夫对妻子的多少深情，难忘贤妻，难忘贤妻，贤妻居然在家道中兴之时，抛家弃子，独赴天堂。

我们依依不舍、一步三回头地走出冷藏大厅。在冷冻楼门口，我们都停下脚步，都不想走了，全都坐在地上，我们在哭泣，在追思。冷冻楼前聚集了我们全部的人，我和儿女们根本不想离开这里，这大楼里面，有我的妻子在躺着，有儿女们的母亲在睡着，她什么时候才能醒过来，我们不能离开这里一步啊，万一她醒来……我们好不容易来到这里，见了妻子了，见了母亲了，我们怎忍心离开一步啊。

中午部分家人去吃饭，我们还在那里守着，他们送来了几碗米粉，我们摆了一碗在地上，供给妻子享用，我们吃不下啊。

我们守啊，守啊，守着我们的亲人，守着我们的亲人，我们的亲人在这里啊，在这里。

我们完全沉浸在极度的悲痛之中。

我们没有离开冷冻楼。

下午，我在冷冻楼门口地坪上打了几次电话，与远在老家的三叔商量办丧事。三叔叫我们无论如何要将人运回老家安葬。我与儿子商量，也是一定要将人运回老家土葬。我们派陈科长去找殡仪馆主任反映我们的请求，后来县民政局领导也来了，我们仍是坚持我们的申请。但得到的答复均是不同意将尸体运回老家，强调尽量在殡仪馆内火化后，再将骨灰运回去。

为这事，我们整整反复商量了一天一夜，殡仪馆、民政局仍不松口，怎么办？我们全家人就在现场商量，商量来商量去还是定不下。

当晚，我们一批人就在宾阳县住下，我要阿科、阿阳与我同住一个房间，我内心很虚弱，很怕，天黑下来，我完全不能离人，我怕得几乎变了态。当晚我们根本不敢关灯，也不敢合眼，我合上眼，似乎韦如英就站在床边，又似乎她刚从门那边进房来，就这样熬了一夜，好不容易才挨到天亮，在极度恐惧中度过了第一个不眠之夜。

我哭，吃饭时哭，坐着想想又哭，晚上睡在床上也哭，总认为对不起韦如英，有负于韦如英，几十年婚姻基本上是在吵吵闹闹的日子里度过的。一个巴掌打不响啊，吵架除了妻子的原因外，我当然也负有绝对的责任，她骂一骂，如果我不应嘴就没有事了啊，但每每吵嘴时，都是大吵大闹的，吵什么？闹什么？如今各走一方，永生不再见面了，还有什么吵。我突然良心上责备我自己了，良心上过不去了，所以内疚，所以哭，所以想念不已，这是自责，是反省，是后悔，如果两人相敬如宾，那么今天我就不欠妻子的情了，所以一想起妻子以死抗争，以死表白，我惭愧得无地自容，于是，我哭，哭得很伤心、很悲痛，但哭也哭不醒妻子了。

4

7月18、19日。

宾阳殡仪馆内。

眼前摆在我们面前的事是如何操办韦如英的丧事，我们在万分悲痛之中与殡仪馆领导商量请示运人回去的事，同时，还与老家三叔商量着运人回去后如何办葬的事。两头都要反复商量。昨天，与殡仪馆领导谈了，虽然没有结果，而寨上的规矩也让我犯难，我与三叔在反复讨论这个问题。

三叔在电话里说："按照村寨上的规矩，凡在外面过世的人，一般只能运到寨子边，搭棚做道场，比如我们现在这事，大约寨上只给运到河边沙滩上搭棚做道场。"

三叔说："我们下蛮法送进寨子送进家里，就担心寨上弟兄不进场，那么我们就丢脸了。"

"怎么办呢？"我说，"这边民政局也不给运尸体回去，只能火化才准运骨灰回去。"

三叔说："火化了，就等于过火炼了，我再去与寨上弟兄商量。"

三叔的意见，寨上的规矩，儿女们、阿科他们都懂了，我们也在商量着这事如何办为好。最后，阿阳想到一个新问题，如此炎热的天气，如何运尸体回去，如何去雇请冷冻车运尸体回老家呢？如果不解决冷冻车，用普通的车子运回去，两天两夜的车程，会不会出问题。

大家这样商量来商量去，最后全家人都同意在殡仪馆火化，运骨灰回老家。我将我与儿女们的意见电话告诉三叔。三叔说："火化了，等于过了火炼了，升华了，化灵了，寨上弟兄说完全可以按正常老人进家中摆棺材做道场了。"

所有的商量讨论，最后就这样决定了，在这里火化，在这里举行追悼会，然后运骨灰回老家。

这样决定之后，我立即分头通知老家的所有亲戚。我还提出：全部老家家里的人，外氏的人，全部亲戚朋友，由我安排几部大班车，从老家接到宾阳，在这里举行追悼会。我指定二妹夫全权负责雇请车辆，通知人员，安排途中吃喝，这一排电话打出去后，老家的人全部行动起来了。

二妹夫在县汽车站雇用三部大客车，先下到各村里接人，然后到县城集中，100多人，分乘三部大客车上路了，此时，已是19日清晨。

我还通知了酒精厂的其他领导、县领导，电话汇报了相关领导。

我们决定了准确日子和紧要事务：19号老家的人到齐殡仪馆，20号举行追悼会和火化，然后当天运骨灰回老家。

殡仪馆的人员也为我们做了相应的准备工作。

老家所有亲戚，19日下午五点多钟，分乘三部大客车，终于来到了。100多人全部到齐，三叔、四叔、小叔来了，我的姐妹、姐夫妹夫来了，老家中的堂弟、堂弟媳、堂侄来了，还有云姑、姑爷，还有阿科的外氏亲戚，还有韦如英家里的老弟、姐姐、妹夫、侄儿都来了，还有媳妇红梅的外家冠洞一族。三部大客车开进了殡仪馆，在球场上停车了，100多人先后下车，我们在球场边的小松树林里等候，云姑、覃美运、大姐、覃美新、覃美鲜全部过来了，一下车，整个操场和小松树林里便是悲痛的哭声，我和儿女们见了老家来的亲人，顿时哭天喊地，泪流满面。阿燕伏在美运和云姑的怀抱里苦苦地喊道"阿姑，我要妈妈，阿姑，我要妈妈"，美运和云姑也哭得万分伤心。阿阳去接待舅舅，跪在他舅面前，头磕地，哭喊着说："阿舅，我妈不该走，我妈不该走。"他舅舅哭着扶起阿阳，说："这是苍天无眼，我们无奈啊。"

所有老家来的姑、婶、弟媳与阿燕、红梅、梦香她们抱头痛哭，哭成一团，那情景，令人终生难忘，令人撕心裂肺。

5

1997年7月20日。

妻子韦如英的追悼会在殡仪馆吊唁大厅内举行。

吊唁大厅内前台正中，高悬一条横幅：韦如英追悼会，左右两边悬挂着用一整块白布写成的挽幛：悼念爱妻韦如英。

上联：三十载恩爱夫妻，起源寨脉落户柳州。家境安康全凭夫人操劳。忆往时夫妻间，有议有论有争有吵，但雨过天晴艳阳重照，万千恩爱上眉梢。夫君才高八斗，不嫌妻愚憨厚，几多忍让几多谅解，只求白头到老，鱼峰山下共度天年晚景。

下联：七一六诀别右江，登车田东落难五塘。车道无情更恨苍天无眼。思昔日贤夫人，积善积德积财积富，怨上苍混浊良莠不分，梦断蒙尘千古恨。夫君情思万缕，更知妻意痴凝，满腹愁肠满腹忧虑，期望逝者重活，柳江河畔携手共赏月光。

吊唁大厅内，哀乐低沉缓慢回响，阵阵哀乐，痛彻人心。大厅内几百人在哀乐声中肃然站立。谁也没有心思说话，也没有什么话可说，我率领孝子孝女站在妻子遗体边。韦如英的遗体用透明水晶棺装着，摆在吊唁大厅前台正中，她的遗体四周摆满了鲜花。在吊唁大厅前台的两边，排放着各界人士以及亲朋好友送来的花圈，一些相关单位也派人送来了花圈。

吊唁大厅里，摆满了花圈，也挂满了挽词，白花、白纸条、白布、白花圈，一片白色的凄凉，那些轻轻飘动的白纸条和白花似乎在哀乐中沉寂流泪。

追悼会由二妹夫主持。

二妹夫用低沉缓慢的语调宣布："韦如英追悼会现在开始。"

全体默哀三分钟。默哀毕。

宣读悼词。

就在默哀毕，准备宣读悼词时，二妹夫抬头之际，他竟然看见韦如英嫂子站在哥哥身边，与儿女们一排儿站在那里，很清楚，她还面带笑容，但定神一看，就再也看不见了。

这是事后二妹夫告诉我们的事，二妹夫还说："这绝不是幻觉，绝不是眼花，肯定是嫂子显灵，她舍不得离开大哥和儿女们，她舍不得走。"二妹夫说得那么真实，凄凉。

二妹夫在肃穆的气氛中宣读了韦如英的悼词，给了她一生的最高评价，总结了她一生的主要经历与成绩。

二妹夫读毕悼词，接着宣布："亲属、亲戚、朋友、各界人士，瞻仰韦如英遗容，最后向嫂子告别。"

全场又响起了那催人落泪的哀乐，一阵阵揪心裂肺，人们开始绕场瞻仰遗容，向遇难者最后告别。

我走在最先，第一个走到韦如英遗体灵柩边，我深深向妻子鞠了三个躬，心里默默在叨念："如英，你醒过来吧，你活过来吧，我们仍然好好地做夫妻，好好地做一家人，好好地生活下去，我们不去右江了，我们回家，回我们屏山花苑那个家，那个家是新家，你住都还没住暖啊。"

我差一点向妻子跪下了，二妹夫扶着我，我自责："我对不起你，如英，我惭愧，我内疚，我有负于你，妻子，我终生后悔了，生前不该与你争吵。从此后，生离死别，阴阳永隔，你丢下一对子女，你怎么舍得撒手人寰，抛夫离子而去呢？"

我声声呼唤，妻子已经不会应答了，也不会顶嘴了，她仍然微笑着躺在鲜花丛中，我随着一阵阵揪心的哀乐，缓缓地绕着妻子的灵柩走了一圈，大厅里早已是哭声一片。

儿子走过来了，几乎是跪着匍匐地绕她母亲灵柩一圈，他双手摸着水晶灵柩，哭喊着"妈妈，你不能走，你不能丢下我们不管呀"，哭得那样凄凉，使得美运、云姑也悲痛得几乎昏倒在地。

女儿阿燕已经哭昏了，美运和几个姑姑扶着她拖着她绕行母亲水晶灵柩一圈，她只是反反复得地哭叫"我要妈妈，我要妈妈"。阿燕泪眼已经模糊了，已经看不清她母亲的遗容了，阿燕知道，这是最后的见面，这是生死离别啊。从这一刻起，要想再见母亲，除非是在梦中了，母亲已经离去，母亲再也不会说话，母亲已经不在人世，母亲已经在鲜花丛中永远躺下，永远躺下了。

我的兄弟姐妹依次走过韦如英遗体旁，韦如英的兄弟姐妹也依次走过遗体旁，所有的亲戚知道，这是最后一次目睹亲人面容。

美运哭得最伤心，她的女儿阿柳是韦如英最怜爱的，10多岁就跟我们去柳州市生活，韦如英关照美运的女儿，如同关照她自己女儿一样，每年韦如英都给美运买很多衣服过年，而今，嫂子不在了，没有人可怜她了，她怎么不伤心、怎么不哭得痛断肝肠。

我和子女绕遗体一圈后，我率儿女们仍然站在遗体旁边，向前来吊唁的亲戚、朋友、各界人士致意。

酒厂的领导和妻子生前好友来了，他们以单位名义打了500元的封包，送了花圈，安排1500元作埋葬费。县经委领导来了，送了花圈，以工会名义打了500元封包。柳州市经委的领导来了，他们送了花圈，也打了封包。田东县委也托一位副书记和县经委主任前来吊唁，送了花圈，他们是开专车来的。宾阳县民政局也送了花圈。

我和子女们肃然站立，一一向前来吊唁的亲戚朋友、各界领导致以谢意。

吊唁大厅中，阵阵哀乐回旋，亲戚们已经哭干了眼泪，哭哑了嗓子，万分悲痛，气氛凝重。

追悼会在阵阵哀乐中结束。

6

1997年7月20日。

火化炉在后面小坡上，火化炉前有一片坪地，给人们摆祭供品，火化炉和地坪的四周是一片松树林。

韦如英遗体由殡仪馆工作人员从专用通道用平台车推到了火化炉前固定的位置，在这里，供孝子孝女祭拜，然后才火化。

子女们和美运、美新、美鲜、大姐几个人，早已准备好供品，现在拿上来摆上供台，猪头、鸡、鱼、三牲、果品、酒、茶，全部摆出来了，点燃了香烛，连地坪四周都排满了香烛。子女们不停地跪拜。

儿子说："妈妈，吃饱饭，喝够酒，好上路，上天堂的路很远，要吃饱饭，一路走好啊。"

听了这样的肺腑之言，亲人们无不泪流满面。

摆祭了很久，儿女们还不愿撤台，酒过三巡，酒又过六巡，最后酒过九巡，时辰已到，化财了，鸣炮了，子女们烧了几个箩筐的纸钱，鸣放了一个大箩筐的鞭炮。

韦如英在一片鞭炮声中，被工作人员推进了火炉。

过火炼了，升华了，升天了。

三叔先是验准尸体，再而认准骨灰，并交代师傅不能烧得太过火，要留下头骨形状。师傅都答应了。

火化的时间不长，也就是10多分钟吧。

火化师傅将出炉而且冷却了的骨灰，用一个特制的尼龙袋子装了，头骨放在最上面，验明清楚交给三叔和我。我们早已在殡仪馆买了价值9000元的玉石骨灰盒，三叔和四叔将骨灰袋子小心翼翼地装进玉石骨灰盒里，头骨仍然在上面，然后合上盖子。

韦如英的一生以其对家庭对子女对社会极大的成就到此盖棺定论，她对子女的功德大如天、深似海啊。

玉石骨灰盒似一个梳妆盒子一般大小，是昨天我们在殡仪馆里挑的，是全馆最昂贵的骨灰盒，当年市价9000元，10多年后的今天该是几万元的价值了，盒子的材质是翡翠玉石。

在一片鞭炮声中，阿阳手捧这个玉石骨灰盒，在我们簇拥下离开殡仪馆。

扶柩回家。

7

1997年7月20日。

灵柩回乡的车队在宾阳县殡仪馆操场上编队。

100多人在附近小饭店吃了中午饭。吃饭的事由陈科长主管，我不用操心。亲友们吃了饭，便陆续按二妹夫的安排上车了。

走在前面的是灵车。

灵车是我们家的桂B7972小车。车头上扎了一朵很大的黑花，4条黑飘带绕过车身。韦如英的遗像昨天儿女们已在县城放大晒了出来，装在一个黑框的镜框里，车头竖着遗像。阿科开小车，阿阳手捧他妈妈的骨灰盒，阿燕和红梅坐在后排司机座后，我坐后排副驾座后。

第二辆车是公司临时调来的车。

第三辆是韦如英所在单位来的小车。

第四辆是云姑小孩开来的车。

第五辆、第六辆、第七辆都是二妹夫办来的租用汽车站的大客车。

所有亲戚朋友已经分别上车。

悲壮的车队在一串串长长的汽笛喇叭声中，在连续不断的鞭炮声中，缓缓地驶出了殡仪馆。阿阳对他的母亲说："妈妈，我们回家了。"阿燕也哭泣着对她母亲说："妈妈，我们回家了。"

"妻子，我们回家了，我们回家了。"顿时我感到小车的喇叭声都似乎在呜咽悲鸣。

悲壮而浩荡的车队驶出了宾阳县。

我们先是往南走，我们先要去出事地点赎回妻子的灵魂。

四五十分钟后，车队来到了邕宾公路出事地点。

一排车队在路边停下了，阿阳捧着骨灰盒，阿燕捧着遗像，我们全部下了车，红梅、阿科、美运他们在出事地点点燃了香烛，摆上果品、酒、鸡、鸭、鱼、三牲，酒过三巡，我低声道："妻子，我们回家了，我们回家了。"

化财、鸣炮，鞭炮声在山谷中回响，万分凄凉，催人泪下，所有的亲属目睹这出事地点，又哭了，哭得那样伤心。

阿阳捧着他妈妈的骨灰盒又上车了，一再告诉："妈妈，我们接你的灵魂回家了，我们接你的灵魂回家了。"

"妈妈，走了啊，回家了啊，跟我们回家了，妈妈。"

阿燕和红梅跪在地上，头磕到地上，痛哭着："妈妈，跟我们回家了，不要在路边了，不要在路边睡了，妈妈，我的好妈妈，跟我们回家吧。"

美运、美鲜、美新、大姐全部放声痛哭，都在呼喊："大嫂，回家了，大嫂啊，跟我们回家了。"

亲人的哭喊声，伴和着鞭炮声，在山谷中引起一阵阵回响，和着那七八部汽车的轰鸣声，在这罪恶的山谷中，在这让我诅咒一辈子的地方，久久回响着。

灵车车队掉转头，往回驶，离开了事故地点。

已经是傍晚时分，太阳西下，在这昆仑关下，更显得格外凄凉，灵车车队走了，留下了路边一排长长的香烛，留下了随晚风飞舞的纸钱。

我们往柳州市赶路，车队默默地一辆跟着一辆往回行驶。

半夜时分，车队路过合山收费站，我们老远就鸣放鞭炮了，收费站人员看见小车前面的黑花黑飘带，又看见庞大的送灵车队，便打开栏杆，不收费，让我们一路前行。

天将亮时，车队驶进了柳州市。

大家都很累了，需要停车休息一下，安排大家吃早餐，我们也需要进家里收拾韦如英的衣物用品。车队七八辆一辆紧接一辆便在屏山大道边停下了。人员随地休息。

我们全家人以及阿科、美运等七八位姐妹，全部进家里收拾韦如英的衣物。我一再告诉阿阳、阿燕和红梅，注意妈妈的存折存单。他妈妈起码还有一些钱在手上，她的存折存单还没有发现。就在几天前，韦如英还刚到屏山花苑门口工行续存了一笔存单。此时阿阳、阿燕、红梅与几位姑姑回家去，认真收拾她妈妈的衣物用品，收拾了很久很多，阿阳去收拾东西时，我从后座换到副驾来，我双手接过韦如英的骨灰盒。按照规矩，在没到家之前，这骨灰盒绝不能沾地，不能落在任何一个地方，否则就算下葬入土了，那是乱葬，谈不上风水龙脉和吉利时辰，所以我接手捧着。阿科也去帮忙收拾东西了，就我一个人扶捧着骨灰盒，独自一个人坐在车上。

黎明前的街上静悄悄的，没有一个人影，而此时我没有感觉到怕，心里只是默默地念着："妻子，到柳州市家中了，我们还要回到老家去，回到我们老祖宗的地方去，子女们去收拾你的东西，我们等啊。"

天刚亮，滋高大哥从柳北赶过来了，他特地来看韦如英，见了骨灰盒，深情地鞠躬祝福了一句："弟嫂，你一路走好，你一路走好啊。"我对滋高大哥这兄弟情谊，万分感动，在此落难时刻我深领大哥之情。

天亮了，子女们收拾完毕了，韦如英的衣物用品很多，而且都是新的贵的，但子女们全部收拾了，让这些东西都随他妈妈回老家去。全家七八个人，还有姐妹叔侄，大包小包地把韦如英的东西全部搬上几辆车。

二妹夫和陈科长安排大家在街边小吃店吃了早餐米粉，然后又陆续上车。

我们继续赶路，此时已天亮。

昨天，我已电话告知了河池市的二叔一家。大江、小江、阿革、东风几位妹妹及妹夫，昨晚已从河池赶过来，天亮后不久已到市里，我与他们约定车队在柳北跃进路那里会合。

我们车队过河之后，他们已在跃进路那里等候，我招呼他们上了车。

我们的送灵车队便往老家驶去。

此时，已是7月21日的早晨。

送灵车队昨天中午从宾阳县过来，已经走了半天一夜，为了赶到老家，我们加快了车速，往大山深处的老家驶去。

下午3点多钟，灵车队驶进了桂北的县城，七八部灵车，一路鸣炮过街。

灵车车队驶进了酒厂，妻子还有很多东西在酒厂的宿舍里。这是她工作过的地方，现在让她回来看看，最后看一眼她工作过的单位。子女们又上宿舍楼四楼去收拾她妈妈的衣物去了。还是我在小车上捧着骨灰盒。

整个厂的气氛显得很凝重，她的好朋好友早两天已经知道她遇难了。

陪我们回老家的右江那边的公司领导，下了他们的车，点了一把很大很大的香，深深地向酒厂鞠了三个躬，又对着韦如英骨灰盒鞠了三个躬，然后把香插到了路边，又化钱纸。对我说："老总，我们就送到这县城了，我们不再下乡到你们老家去了。我们就在此分手吧，我们赶回去了。"我说："好吧，我们回老家按照习俗还要几天才能办完丧事，分手吧，谢谢你们的好意，辛苦了。"

这时子女们收拾好他妈妈的东西下来了，已是下午时分，我们要赶回家。

车队从酒厂出发了，酒厂很多旧友也随同上了客车，一同回老家去。

我们过了斗江街，过了扶平村，过了凉亭，过了白言村、白口村，过了三湘村、大寨村。

我们的灵车队驶过大寨村，出了寨头就看见老家。车队燃放了密集的鞭炮，这剧烈的鞭炮声惊动了家乡。到家了，到家了。

灵车车队在小学和三叔屋门口一带停了下来，我们也下车了，阿阳捧着骨灰盒下车，阿燕捧着她妈妈的遗像，红梅跟着走在前面，我们回家了。鞭炮放得更密更响了，阿阳、阿燕、我都哭了起来，子女们哭喊："阿妈，到家了，阿妈，到家了。"

我们哭着，走过田塅，后面便是全部送灵人员，我们走到河边回头望去，从河边到小学门口到仓库地坪，全是送灵的人，悲壮，浩大。

此时已是夕阳西下。夕阳西下的故乡更显得万分悲怆。

我自从参加工作后，便带领全家离开了家乡，此后，每年清明我们回来扫墓，但每次回来都大包小包、欢欢喜喜，特别是妻子，每次回来都买很多东西分送给叔父婶母。万万想不到，今天是这样回老家，是这样捧着韦如英的骨灰盒回老家。以往回家时，我总习惯地远望我老家对面的高高的笔架山，心情格外欢畅，而今天，笔架山下一片哭声震撼，高高的笔架山沉默了，一抹抹西下的夕阳余晖，伴着哭声鞭炮声，更让人觉得故乡今日格外凄凉，格外凄凉。

阿阳捧着骨灰盒，上了自家木楼，到堂屋了，他双手把骨灰盒放在堂屋左边的小桌上，跪下，头磕楼板，哭告母亲："妈妈，我的好妈妈，我们到家了。"

阿燕和红梅也跪在地上，哭告："妈妈，我们到家了，我们到家了。"

所有姐妹，全部跪在韦如英灵柩前，满满一堂屋的人，全跪下了。

哭声、鞭炮声，惊动了全寨，惊动了白镐河，惊动了故乡的人，惊动了故乡的山山水水。

我与妻子终于回到家了，但此时的妻子再也看不见家乡的笔架山，看不见家乡的白镐河。

楼上、楼下、屋里头、院外面，全是送灵的亲戚朋友。

我们经过两天的奔波，终于回到了生我养我的老家，回到了我与妻子熬磨过最艰难岁月的老家。

8

1997年7月21日。

当晚就开了道场。道公是下屋的启杰伯父以及他的徒弟一班人，还增加了融安县喇叭村那一班人。两班道公组合起来做道场，很是隆重。

道场做了三夜两天。

还请了几名鼓手，半夜时分，横箫吹起，格外凄凉。

前来吊唁的人，我们当地叫烧纸，惊动了一条河。

我这一辈分的亲戚朋友都来了，"大餐"也叫"正席"多达80桌，可谓整条白镐河第一隆重的白事。前来烧纸的人，站满我老家、隔壁老高家、下屋三个叔的家，几个屋子住满了人。

我仍处在极度悲痛之中，每见一位熟人，就忍不住相对而泣。每到吃饭时，我端起饭碗，一想到韦如英，就又忍不住流泪。

7月22日，道场的最后一个夜晚，半夜过，就是社祭了。所谓社祭，就是家里子女做第一台家祭，之后，社会各界亲戚朋友按辈分亲疏轮流做社祭。这是在家中最后一道追悼亡者的程序。

家祭由二妹夫主持，一篇祭文也是追悼词，追思了韦如英一生的经历，歌颂了她对子女的养育之恩，治家之德。读祭文的人是真情实意，而跪听祭文的子女们听到伤心之处，又是泣不成声，全场痛哭。在这夜半时分，在寂静的故乡夜空中，万分凄凉。

家祭之后，轮流做社祭，首先是韦如英家中兄弟姐妹，称为外氏，他们失去的是姐妹，我失去的是配妻，伤痛是一样的，无不悲伤至极。之后，按辈分、亲疏轮流做下去，主祭，司仪、司酒、司乐、司炮，各司其职。这一切牵动了所有亲戚好友。

这是在家中最后的悼念了。

7月23日，清晨，到出柩的时辰了。

道公穿着法衣，摇着法铃，拿着法剑，口中念念有词，最后，道公法剑一刀劈下，把妖魔鬼怪全部都赶走，出柩了。

出柩前，我们把骨灰盒用白布包裹着，在白布包裹的里面、在骨灰盒的上面我放了一枚宝石银戒指，这是我送给妻子的终生纪念品。

出柩时，几个人手捧骨灰盒，在一片鞭炮声中和急促的锣鼓声中，捧抬出堂屋，下了楼梯，下到楼底。

楼底准备了一副黑色的大棺材，是我们回家后，临时向寨上覃贵荣家买的，花2000元，此时，我三叔亲自指挥装棺。把骨灰盒放在棺材中间，前后左右上面全用韦如英的衣物围着。全是很多贵重的毛毯、毛衣、棉被，装满了一个棺材，隔壁的广南婶感叹着说："如英这样多的好衣服，有的我们连见都没见过啊。"棺材正中是玉石骨灰盒。三叔检查过，我又查看了一次，大家都认为装好了，然后才盖上棺材盖，这就叫盖棺定论。

接着，寨上弟兄几十个人，大家"嗨"的一声高喊，在震耳的锣鼓声鞭炮声中，抬起棺材出了楼底，往河边走去，子女们手捧灵位牌、遗像、灯笼走在前面引路。弟兄们把大棺材抬到河边，放置在两张长板凳之上，按照习俗，要在这里扎轿和举行路祭。

寨上弟兄送棺材到河边，就回来吃早饭，做下一步的准备工作。

挖墓穴的人员前两天安排好了。三叔请来地理先生和阿阳、荣厚、三叔、四叔他们去踩地，前后两天才定下来，这要合韦如英的生辰八字，又要讲究龙脉风水，坟墓定在拉谢。

早饭后，寨上弟兄来扎轿了。所谓扎轿，就是用一对大楠竹把棺材扎绑在中间，竹两头两端供人们肩扛。

中午时候，时辰将到。

要举行路祭了，送葬的人们全部自觉地集中到河边。

所谓路祭，就是上山之前的最后一道祭拜与追悼。孝子孝女们全部跪在棺材前面，此时的棺材已经捆扎好竹杠了，路祭主持人按司仪的口令，率领孝子孝女三跪九拜，然后跪读了祭文。

路祭当时，正值中午，太阳酷热，晒得人们全部到河边的树荫下乘凉躲躲，但孝子孝女仍然跪在地上，跪在棺材前，大概这是天意，为报母亲养育之恩，应该受点累，受点热。这也表达了子女不畏烈日跪谢母亲养育之恩的心意。

路祭结束，便是还山起杠之时。

寨上弟兄全部排在棺材两边、两头，8个人顶杠，左右前后还有几十人扶杠、护杠。

主祭一声令下，在一阵猛烈的鞭炮声中，弟兄们高喊一声"嗨嗨"，还山起步了，密集的锣鼓声骤然响起。

整个送葬队伍少说有一千人。

走在最前面的是扛幡的。

幡就是各位亲戚朋友送来的一块两米长的布料，写上几个大字："梦游瑶池""音容难忘""母恩难报"，还署了送幡人的姓名、亲戚关系。

布幡像古代战争旗帜那样张扬着，今天是几十张布幡，那情景，是白了一条长长的路。

接下来便是孝子孝女的队伍。

也是四五十人，全是白衣白孝布，挂着一根竹拐杖，每根拐杖头都包着一个白线扎的纸头，又是一片白色的人群方阵。

接下来是抬棺材的队伍。

几十号年轻力壮的人，在猛烈的锣鼓声中，一路高喊一路猛跑。

后面还有千人的送葬队伍。

从河边起杠，棺材一路从河中间跑下去，到沙坪转头上岸，然后从拉谢田塅过去。在河里奔跑时，激起一片片水花，悲壮之势，令人叹息。送葬还山的人群从拉谢河堤连到拉谢墓地，前头的人已到墓地了，后面的人还排在河堤边，可见送葬人数之多。

七八个人管放鞭炮，由两个人专门挑着箩筐装炮，挑炮的、鸣放鞭炮的，都很忙，那炮烟从河堤弥漫到拉谢墓地，在那一片很大的田塅上，炮烟居然很久很久没有消散。

棺材抬到坟地了，接着便是孝子孝女对所有抬棺材上山的人跪拜答谢。

接下来便是一整套严格的下葬落棺仪式。地理先生杀鸡，绕棺一周，钱纸烧坑、葬鸡、落棺，调准向道，然后填土，地理先生给孝子女分送钱粮，然后弟兄们培土、整坟，安葬完毕。

几十个人忙了几个小时，坟墓堆起来了。莫说妻子的音容笑貌，就连她的棺材也不见了。妻子将永远永远安睡在这里，她将永远与青山做伴，与天地共存，留给我以及子女们的只有这黄土一堆。眼前这一堆黄土，埋进了我们多少的思念，埋进了我们多少的悲伤。

天亦悲伤，天亦垂泪。

坟墓刚填土完毕，突然间，从南边飘过来一大片乌云，来得那样快，瞬间整个天空便遮住了，刚才还是烈日当空，刚才还是万里无云，这下子全变了，满天乌云，"轰隆隆"响起了一阵巨大的闪电雷鸣，接着便是瓢泼大雨，这瓢泼大雨啊哗哗而下，整个白镐河全是大暴雨。

送葬的人们刚才还是汗流浃背，而现在却全身湿透了。

天亦落泪，天亦悲伤啊。

好一阵大雨。

不一会儿，雨住了，云散了，太阳又出来了，雨过天晴，又是艳阳高照。这是巧合？偶合？不，地理先生说，这肯定有玄学道理，有阴阳之说。

灵异，无法解释的灵异。

我们全家人依依不舍地离开墓地，我们一步三回头，走一步回头望一下，走一步啊回头望一下。妻子永远不会跟我们回去了，妻子将永远留在这山上，一步三回头啊，依依不舍，依依不舍。

好不容易，我们才回到家，家中已没有妻子的身影了，想到此，我禁不住又是号啕大哭。

9

过了三朝，我们去培了土。

过了七朝，我们接回了灵魂。

我们要回市里的家去了。

我们请启杰伯父来，把妻子的灵魂接出来，装在一个道公特制的法袋里，交给阿阳，我们要把韦如英的魂魄接去市里的家中供奉。

要回市去了，我们将如何离开这个家啊，我们将如何离开妻子韦如英的坟墓啊，我们走了，留下妻子韦如英在老家这里，心里怎么放得下啊！全家人一提起要回市，要辞别亲人的坟墓，个个舍不得，人人痛哭流泪，阿阳、阿燕、阿梅一家人全都放不下啊。

阿阳要回单位上班，我要回酒精厂，不得不走了，留下他们的妈妈一人在老家，多么孤零。

出发了，小车出发了，三叔、四叔、婶母流着泪送我们出门，我们掩面抹泪痛哭出了老家的门。

走了，走了，心境孤寒地走了。

小车发动了。

小车过板廖村，小车又过韦如英坟墓对面的公路了，我们停下车，全家人下车来，跪在公路边，朝着韦如英的坟墓，告辞了，多么难舍难分，毕竟全家人，阿阳、阿燕、阿梅、我都去柳州市了，只留下他们母亲孤寒的坟墓在这里，如何忍心啊。

毕竟要走了，全家人恋恋不舍地上车了。

从老家到柳州200公里，我们一路心境孤寒地走过来了，回到柳州家中，阿阳把他妈妈的灵魂安上香火台。

到柳州家中没有几天，我和阿阳阿科开桂 B7972 小车到首府南宁，到邕宁县交警大队去清领韦如英的遗物。

领回了韦如英那黄色挎包，里面有她的各种证件，我再次看到韦如英的这个黄皮包，睹物思人，禁不住又是号啕大哭。

我们在邕宁县宾馆住了一晚，我心里很恐惧，说不出的恐惧，整夜都不合眼。

第二年清明前，我出钱给四叔和妹夫主持修坟，把那坟培土建好。

坟前有两块田，我们用另一个地方的两块地，另付给他们一些现金，把那两块田换了过来，然后打上水泥地板，做成拜台，一个很大很大的拜台，一个很大很大的坟。

我还出钱在柳州买了一块特大墓碑，请刻字厂家用电脑刻出字，其中包括墓志铭，这是阿阳起草定稿的。

墓碑高2米，宽1.5米，几千块钱，拉了回去，又请二妹夫雇工用水泥和砖安装完毕。

一个特大的坟墓，一块特大的墓碑，一个特大的拜台，我把韦如英的坟墓做成了白镐河最大的坟墓。

10

此后的每年清明，我们全家人开几部小车回老家，给韦如英上坟。

再后来，有孙女了，有外孙女了，我们都带着孙女和外孙女去上坟，又隔几年，有孙子了。于是，每年回家做清明，阿阳、阿梅、阿燕、小蒋、孙子、孙女、外孙女，济济一堂，韦如英在天之灵应该有知，应该心满意足，应该放心了。

此后的五六年内，每年的7月16日我们都是全家人回去，忌日之祭，延续了五六年，后来才不去，只在柳市家中供祭。7月16日是我们家永远的忌日。

我们把韦如英的相片装一镜框，安上了家中的香火台，每当过年过节供奉祖宗时，也供奉韦如英，而且特别地给她上香，上供品，作为永恒的纪念。

我还将韦如英的生活旅游照片整理出来，装成几个册子，每当看到这些相片，我心酸楚。韦如英与我走遍了大江南北，北京、上海、广州、深圳都留下了我和妻子的照片，每当看到这些照片，心中那种酸楚无以言表。

十几年来，每当我开小车路过那段出事地点，还在很远很远的地方，我就会掉泪了，每过一次，都要在那里停下车，再看一眼，再看一眼那地方，永远永远放不下啊。

再后几年，我出钱买了几块大墓碑，把祖宗几代未装墓碑的祖坟都装上了换上了新墓碑，并且刻上墓志铭，特别是田边半坡的覃秀禄的坟，他是三湘对面覃龙文九品登仕郎的父亲。

过后一年多，也就是1998年，我出巨资，修建了老家白镐河上拉谢的那座桥，村上人命名为柳松桥。大桥落成那天，通桥典礼很隆重，良口乡河里南寨村同祖宗的几十人全部过来，唱了几天大戏，摆了几十桌酒席庆贺。

此后，每当我听到那首《长相依》的歌，就特别心酸，特别伤心，禁不住又潸然泪下。

第三十一章

1997年7月车祸事故后不久，我回到了酒精厂，恢复了生产管理。

1998年6月2日，上班后不久，县环保局的工作小车进厂，几位领导径直上楼到我的办公室，寒暄几句后，直奔主题，拿出一份地市环保局文件叫我签收。

我扫了一眼文件题目：环保停产整顿通知。责令我们立即停产。

我无语。

地市环保局的这一纸红头文件，这样的一纸封杀令，真要命，我不得不停产了。

送走了来人，我立即向公司董事会汇报，向三方股东汇报，他们也无奈，只能干瞪眼。环保是一票否决，谁也帮不上忙。

这一天，是我受聘任总经理整整满一年，即1997年6月1日接手，一年后的今天，1998年6月2日，一辆负重向前的火车，终于被迫停了下来。

这是一个不眠之夜。

我想不通，第二天，直奔地市环保局，时任第一把手的一位女局长接待了我，我向女局长诉说了实情，说着说着，我竟然流了泪，就在那位女局长的办公室。这件事后来广泛地传扬，一个大男人啊！为了环保工作，竟然在环保局局长面前哭了，流泪了。

从1997年的6月起，我受聘主持全公司生产经营工作，生产是正常的。

然而，从1998年4月份起，县环保局多次到厂，指出工厂的环保工程未配套。工厂生产的酒精废水直接向右江河排放，严重影响了右江河的水质，责成我们整改。

我知道，这个整改谈何容易，因为1995年建厂时环保工程虽配套上马，但没有竣工验收，而且环河治废方案也不可行，环保工程是个半截子工程，做了一半，钱花了，但启用不了。

这是建厂时的重大失误，要我补漏洞，小打小闹是不可能的，这是先天性的不足，我无法弥补这一缺陷。我置之不理，也很难理，要理只有重新选择环保治理工艺技术方案，重新设计，重新施工，但当时刚刚接手，要做这样一个大工程谈何容易。谁知惹麻烦了，县环保上报地市环保，地市环保立即派人下来核查，不久后，我们被停产整顿了。

我不服，于是我向自治区环保局提出行政复议申请书，区局办公室受理了，邮寄给了我受理申请通知书，我喜出望外，以为有救了。然而，我想不到不久后，自治区环保局下达裁定批复："维护地市的决定。"我无奈了，工厂只得停死在这里，我向县领导作了汇报，大家都无奈，因为这是环保停产令。

也正是这个环保停产令，促使公司董事会后来作出了转让这个公司这个酒精厂的决定，这是甩包袱啊，面对眼前的局面，谁能启动生产呢？公司董事会领导选择的是脱手，甩包袱。谁接手这一摊，摆在面前的一项重要任务就是蹚过"环保工程"这一关，解决工厂的环保配套工程。

第三十二章

1

1998年9月11日。

南宁民族大道泰山大厦。广西农商总公司总部。农商总公司刘总经理办公室。

我与广西农商总公司的陈副总正在向刘总汇报。

我对刘总说："我收购一家公司，其注册名称为'广西贸远化工有限公司'，这家公司名下有一座新建的酒精厂。我个人自有资金不足，请求农商总公司借款200万元，用于收购广西贸远化工有限公司转让的全部股权。"

陈副总已经告知我，他们公司也正在寻找机会，与人合作收购一个酒精厂，我此举正好找对了伙伴，也就是说，我向广西农商总公司拆借200万元用于收购这家公司。而广西农商总公司出借的目的，也是想与我合作经营这个酒精厂。

刘总说："这样一来，达到我们双方共赢的目的。""关于拆借资金的手续如何办，由陈副总去与财务部商量办理。"

事情就这样敲定了下来，我与陈副总退出刘总办公室，商量如何操作。

我万万没有想到，融资竟如此顺利，如此快捷，200万元马上可以到手了。后来得知刘总他们内部已经开会确定了此事，只待我亲自向刘总当面请求。

回想近一个月来，为了筹资，我是厚着脸皮找了好几个朋友了。

我个人自有资金不足，急于筹集到200万元，计划是从社会上进行民间融资，拆借资金的目的同时又是为了寻找合作伙伴，因为在生产中还需要几百万流动资金来运作。

右江河畔我有个朋友名叫陆道，他介绍我认识了南宁一家公司的周老板。周老板很自信，信誓旦旦地说："200万元没有问题，容我商量几天再答复你。"之后，我一天三催，急迫地请她借钱给我，我追得紧了，她最后摊牌说："有些困难，一时办不到钱。"实际上是借不出钱。但可贵的是，周老板介绍我认识了广西农商总公司的陈副总，我找到了陈副总恳谈此事。陈副总的公司近年来一直在做酒精生意，每个月少说发出30个车皮，2000多吨酒精，一年起码发货近万吨，陈副总他们的酒精销售量，可以说是全自治区酒精销售大户。但他们没有生产基地，全是买进卖出，利润不大，他们正想找一家酒精厂，自己生产经营，从购进原料到生产到销售一条龙，这样，酒精的利润空间很大，一吨少说可以赚三五百元。我找到陈副总，两人一拍即合，谈话很快进入主题，对于右江这个新办的酒精厂，他们去看过，全新的厂房全新的设备，他们很感兴趣。于是很快就达成了共识，他们拆借钱给我，然后他们与我合作进行生产经营，在生产经营中用我应分得的利润逐年偿还他们。陈副总向他们公司决策人汇报了，他们公司高层领导经过商量，一致认为可行。

于是，1998年9月11日上午，我与陈副总到刘总办公室向刘总请示，刘总很爽快便同意了。

当天中午，我与陈副总各自起草了一份拆借200万元的协议书，然后两人合并成一份，修改后打印出来送给财务部。他们公司财务部部长认为这种拆借协议不妥，说："拟一个酒精合作购销合同，把200万元说成定购酒精的定金和预付款。"陈副总马上起草一份《工矿产品购销合同》，意思是向我订购酒精若干吨，给付定金60万元，支付酒精款140万元，一次性将200万元打到我在田东的公司的银行账户。

我和陈副总双方在《工矿产品购销合同》上签了字，这份合同便交到农商总公司财务部了，我可以放心回田东，等着他们打来200万元。

我有我的考虑，我已经接收了广西贸远化工有限公司，我付收购股权款的期限是三个月，合同依法生效。今天，我的南宁之行达到了预期的目的。

1998年9月16日，即合同签署之后的第五天，200万元就打到了我的账户上。

一切都如此高效地顺利地办理完毕了。

200万元到账后，我先是将这笔拆借来的资金拿给注册会计师事务所验资，验资是为下一步我自己注册一个公司作注册资金。注册资金分解为：我80万元，儿子70万元，女儿50万元。三个股东的注册资金也顺利地办好了。

接着，我按合同约定，将200万元资金付给广西贸远化工有限公司，然后由该公司分三笔支付给原三方股东，清退其股份资本金。

我从民间融资来的200万元，全部用于退给三方股东，至此，收购公司股权合同约定的事项，双方全部完成履约义务。

当时厂内厂外，只知道我弄来了200万元，并不知道其中细节，人们也不去过问我是如何弄来的。三方股东也不过问我是如何弄来的，他们只管收回各自的入股本金。

200万元民间拆借融资的到位，让我与出让方及出让的三方股东的履约义务画上了句号。其三方股东经过清算程序后，全部退出原公司，其原公司"广西贸远化工有限公司"依法到工商部门注销。

2

我收购了广西贸远化工有限公司后，该公司经依法清算后解散注销了。我重新注册了新公司。

1998年9月28日，父子三人以现金出资的方式，不是用实物或土地厂房设备作价出资的方式，注册成立广西田东酒业有限责任公司。三个股东的注册资金分解为：我80万元占40%，儿子70万元占35%，女儿50万元占25%。我任董事长，法人代表。新公司的《公司章程》由律师代为起草，向工商局申报注册登记也由律师代办，一切都很顺利，没有什么梗阻，很快各项手续都办全了。公司名称我改了又改，最后定为广西田东酒业有限责任公司。

工商管理部门于1998年9月28日颁发了企业法人营业执照，广西田东酒业有限责任公司于9月28日依法成立。

此前几天，我还派人在芒果街那里定制了两块厂牌：一块是广西田东酒业有限责任公司；另一块是田东酒业有限责任公司生产厂区。

新公司的工商营业执照，也是当天上午刚刚从工商局领取回来的，下午就召开成立大会，挂了牌，启用新的公司公章。一切开始新的运转。

9月28日下午，酒精厂厂区内一片喜气洋洋，彩旗招展，在工厂大门内的空地坪上，全厂职工集中开会，他们整齐地按车间班组站列队形。

上方一条大横幅："热烈庆祝广西田东酒业有限公司宣告成立"。

厂大门边挂上了一块新招牌。

会议上，我简要介绍了新公司成立的来由，接着，宣布："从今天起，广西田东酒业有限公司正式成立。"顿时，锣鼓喧天，鞭炮齐鸣，满地红色礼花，职工们喜气洋洋，我心中也万分高兴。

散会后，职工们已经四处散走，我站在厂大门边望着新的厂牌，那厂牌油漆都是新刷的，还带着油漆的味道。

9月28日的晚餐，是庆祝宴会，在公司食堂安排了20台酒席，宴请全厂工人大吃一餐。

一个新公司到此时露出其庐山真面目。

感谢苍天。感谢大地。

我禁不住热泪盈眶。这是一个幸福的时刻，为了这一刻，我付出了努力。

一切重新开始，万物复苏。

这叫春风得意马蹄疾。

第三十三章

1

1998年10月。

这天，天高云淡，秋风送爽。厂里举行填平补齐技改工程与环保工程开工典礼。

还是那老一套仪式：大横幅、彩旗、锣鼓、鞭炮。职工和施工队的工人都有序地站立着。我作了主题讲话，施工方负责人也作了表态发言，保证能按时按质按量完成工程。最后我宣布："酒精厂填平补齐技改工程和环保工程现在开工。"我和施工方负责人以及总经理小陈三人亲自剪彩，然后鞭炮齐鸣，锣鼓喧天，施工队的工人便正式开工了。

工程内容：一是新增糖蜜桔水原料生产工艺生产线，二是新增"EM技术治理废水"环保工程。

开工仪式结束后，我回到三楼办公楼，不由得脸上泛起满意的笑容。这个工程的前期工作历时多日，费尽了我的心思。

酒精厂嘴巴小，肚子大，是个畸形的生产流水线，我刚接手时就发现了。因为基建时，各种原因造成两条投料生产线很小，投料不达产，很大程度上浪费了后续的那些发酵罐和蒸馏塔的容量资源，投入原料量不足，发酵罐空闲，蒸馏塔吃不饱。

填平补齐扩大投料生产线之后，可以使年产1万吨提高到年产2万吨，工程因此定名为"年产2万吨填平补齐技改工程"。

再则，这次填平补齐，重点是增加桔水原料生产工艺。

糖蜜桔水也是加工酒精极好的原料，而且也是大宗原料，在右江河流域，糖蜜桔水非常丰富，每个县都有一两个大糖厂，糖蜜桔水是糖厂的下脚料。用糖蜜桔水加工酒精比木薯更省事，加工成本低，出酒率高，如果把木薯与桔水混合同时加工，出酒率更高。当时建的这个酒精厂，只考虑木薯原料，只按单一的木薯原料设计生产流程，很可惜糖蜜桔水这样好的原料资源这个厂不能利用，因为当年基建时，没有设计桔水原料的生产工艺。

早在1998年初，我便主动提出了"2万吨填平补齐技改项目"，经评估认为可行，县经委下达了项目批复文件，但当时公司处在三方股东共管的机制下，不想融资，没有办法去实施这个工程。

1998年8月，企业到了我手上，我可以按计划实施这个工程了，于是，我提出了《年产2万吨填平补齐技改工程项目可行性研究报告》。我不可再推延，必须做好这件事，企业才能达产运行，才能平衡运行，而当时我还无法拿到贷款，我只好自筹资金来启动这个工程。

在这样的状况下，我找到了可经垫资的工程公司，他们同意垫资施工。他们来到了田东酒业公司。

1998年9月10日，我与承包方经过反复讨论，最后达成了共识，同意以167万元的价款发包、承包这个工程，签订了《年产2万吨填平补齐技改工程承包合同书》，工程承包总款167万元。

1998年10月的今天，工程终于开工了。

工程开工后，进展很顺利，我们决心赶在这个榨季开机之前，新木薯上市之前，完成这个工程，便于新榨季的正常开机。

主管这一工程的主要是杨副厂长，他亲自出图纸，亲自下施工现场督促、指点。我还亲自与杨副厂长两人到武鸣县里建镇华侨机械厂选定一条大功能的铁板链条输送带及二级粉碎设备全套机械，单是这条输送带就是几十万元。整个工程杨副厂长设计，小陈带班施工，工程进展很快，三个月不到，整个技改工程就全部完工了。

1998年12月底，工程竣工验收通过，试机运行很正常，能足额完成投料粉碎指标，保证了全厂达标生产，可以说，这次技改获得了圆满成功，整个企业提升了生产能力。

当然，这167万元的技改工程款，不仅投料生产线，新增糖蜜桔水生产线在各道生产工序中都作了整改，就连全厂各工序的往复泵都全换新的了。原来设置在预热与蒸煮之间、蒸煮与糖化之间、糖化与冷却之间、成熟醪与蒸馏之间的全部往复泵，都是40个立方的小排量的往复泵，根本无法足量输送料醪，这次全把它们换成了80个立方的大型往复泵，输送量比原来大了一倍，有效地提高了生产量。还有，原来的冷却横排管冷却指标也达不到预期效果，降不到30度料温。这次也改成了螺旋板式冷却器，而且安装了两台，极大地提高了冷却效果。

我从事酿酒生产很长时间，可以说是专家了，我这次抓的填平补齐技改工程，一下子把工厂的生产能力提高了许多，这对于今后企业运作是非常有利的。

2

1998年的10月，喜事连连。10月14日，环保工程可行性评估会举行了。这天也是一个秋高气爽的日子。

田东酒业公司酒精厂办公楼三楼会议室，正在举行评估论证会议。

会议室坐满了市县相关部门领导和专家技术员。会场正面横幅写道：酒精厂EM治理酒精废水可行性研究报告评估会。到会的有：市县两级环保部门的领导，县政府和县经委相关领导，广西EM微生物环保工程公司的董事长和专家。会议还特邀了厂所在地附近村委会干部，还有县电视台的记者到会采录新闻，厂内中层以上管理干部也都参加会议。

会议由县环保局主持，我协同主持。县环保局领导在会上作了主要发言，我作了主题发言，介绍了酒精厂被环保部门下文关停的情况，关停后我着手环保工程上马，我们采用EM微生物技术治理废水的主要特点，今天评估通过后我们将立即启动环保工程等，我将一系列问题阐述得很清楚。

广西 EM 微生物环保工程公司的董事长作了技术性的主题发言。他着重介绍了 EM 治理废水的特点、工艺技术方案，并就可行性报告中的若干问题作了讲解。

《EM 治理酒精废水可行性研究报告》早几天已呈送给相关领导和相关技术人员，今天广西 EM 微生物环保工程公司的技术专家阮工程师对可行性报告作了系统讲解，并且出示了相关图片资料。与会人员听得很清楚。

之后，与会专家、技术员、相关部门领导对可行性报告中的若干问题进行了讨论发言，大家肯定了这套 EM 技术治理废水的优点，其长处是操作简便，工程投入资金小，治理运行费用成本低，治理效果能达标，不足之处就是这套技术方案的工程设施需要大型的氧化塘，占地面积很大。但这点在我们工业欠发达地区完全可以解决的，氧化塘用地不成问题。

市县环保部门领导作了权威性的总结讲话，肯定了这套 EM 技术能够达到治理酒精厂废水。这套 EM 技术亦是环保部门认可推行的五套技术方案之一，是可行的方案。谁都知道，环保部门领导的发言是一票否决式的发言，环保部门领导肯定了的事就可行了。县领导在会议结束时作了总结指示：肯定了 EM 技术治理废水的可行性，表扬了酒业公司采取积极的措施来治理废水的工作态度，欢迎广西 EM 微生物环保工程公司到田东县来技术扶贫，并要求酒精厂在今天的评估会之后，尽快办理手续，尽快开工建设环保工程，尽快竣工验收，早日恢复酒精厂的正常生产。与会人员自然是很高兴的，大家最头痛的环保问题终于在我手上解决了。

我向相关领导表示了态度，一旦可行性报告评估通过，我们将尽快开工，早日竣工，早日恢复生产。

会议结束了，圆满结束了。

会后，县环保局印发了《酒业公司"EM 治理酒精废水可行性研究报告"评估会会议纪要》，加盖了环保局公章，我们终于跨过这道门槛了，蹚过这道河了。

评估会结束后，下午，我与广西 EM 微生物环保工程公司的梁总坐在我的办公室里，互相庆贺评估会的顺利通过，也回顾了几个月的工作历程。

几个月来为了解脱环保查封工厂的局面，为了启动生产，为了启动环保工程，我做了许多许多工作，付出了千辛万苦：

大家对停产令都无奈，我也无奈了，工厂停死在这里。

也正是这个停产令促使公司董事会领导迅速作出了转让这个公司的决定，这是甩包袱啊。面对眼前的局面，谁能启动生产呢？公司董事会领导们选择的是撒手，是甩包袱。

我接手之后，所有责任都在我肩膀上，我能不想办法吗？我能推卸责任吗？于是，摆在我面前的一项重要任务就是闯过环保工程这一关，完善工厂的环保配套工程。

我当时考虑的是首先要选择环保治理的技术方案。采用什么工艺技术，采用什么方案来治理废水。有人介绍我去南宁找广西 EM 微生物环保工程公司，当时，我很积极地就去找了。我来到南宁新竹路的科技活动中心，在后排的一座小楼上，广西 EM 微生物环保工程公司租用了三层楼的全层办公。在那里，我第一次看到了他们用 EM 治理明杨公司酒精废水现场真实的照片，成功了，给我第一印象是工程造价低，投入少，运行费用低，效果好，但必须配套一个很大面积的氧化塘。我与广西 EM 微生物环保工程公司的梁总见了面，他的办公室设在财务部大办公室里的一个小办公室里，显示它的神秘性，不轻易见人，保持他的技术的深度。我与梁总谈得很投机，我们进行了两个小时的谈话，我很佩服他的技术方案。当时，我心里就有底了，我决定采用他这一套技术，第一次见面我就下定了决心。

几天后，他联系好了明杨公司，约我再度到南宁，他带我去明杨公司参观，我依约下去了。

当时正是八九月份，明杨公司已经停产了，我们参观了工厂的酒精生产线，又去氧化塘参观。明杨公司年产3万吨酒精，他们的氧化塘300亩，好几个大山塘，他们的废水从生产线蒸馏塔出来之后，要经过几级泵分级抽上山塘。尽管如此，但处理的效果非常好，氧化塘边长满了青草，塘边的甘蔗也长得绿油油的，说明处理过后的废水肥力强，能促进植物和农作物的生产。而且那塘水很清，又不臭。听他们介绍说，氧化塘分三级氧化，废水从第一级氧化塘到第二级氧化塘，再到第三级氧化塘。在第三级氧化塘，他们可以放养鱼，多么神奇的效果。这一次现场考察，我完全信服了。

从明杨公司回南宁，我又与梁总进行了长谈，他请我到饭馆吃晚饭，我们在一个很安静的小饭馆的包厢里，两人相对而坐，一边吃饭一边商量，最后他表态了，按照预算的工程造价，他优惠我，我们两人最终拍板了。

第二天，我与他们公司正式签订了工程协议书。

签约之后，梁总便布置他的工程师编写这个项目的可行性研究报告，执笔的是阮工，但阮工分出其中一部分章节给我执笔起草。我回公司后，赶写了几天几夜，之后，我和阮工各自起草的材料都弄好了，我送到南宁，综合之后，一份《EM治理酒精废水可行性研究报告》便出笼了。

根据工程方案，我必须配备50亩的氧化塘。而要配备氧化塘，必须租用附近村庄群众的旧水库或鱼塘，而要动用土地，必须经过县政府批准。县政府批准土地之前，这套环保方案是否可行，还得由环保部门评估认可，于是10月14日这个可行性评估会便在这些工作的基础上召开了。只有得到县市环保部门对这套方案的认可，才能继续走下去，特别是租土地这样一件政策性很强的事，没有政府的首肯，是办不到的。

10月14日，可行性报告评估会开得很成功，大家对这一新的EM技术方案评价很好，专家技术员好评如潮，当然环保部门也认可了。

这一关终于过了。

EM技术治理废水的环保工程，最中心的问题是需要10万立方的氧化塘，我将这个问题向县领导作了汇报，县领导同意我先租用。

通过我与村干部交谈，得知3公里远的河边有一个旧水库约50亩。

村干部带我们去河边看了一下，我很满意，那是一个70年代大办农业、大办水利时代兴建的一个旧水库，现在已经废弃了，位置处在河边，低洼地，但四周都是高坎围起来，是一个很完整的氧化塘。我与村干部当场定下来了，但我和村干部都知道，这旧水库已承包给若干村民，艰苦的村民思想工作还在后头。

要租用这旧水库作氧化塘，群众最担心的是：以后积存的废水是否对周边的水稻和芒果有害。我们仅靠口头解释是不够的，是没有说服力的。要解开群众心头的疙瘩就要让他们看到样板。于是我决定带三个村干和三个屯长去考察，让他们亲自到南宁明杨公司的氧化塘参观。

1998年12月的一天，我带几位村屯干部，坐我们公司的小车到南宁去了。在南宁住了一晚，我给他们每人买了一件衬衣和一双凉鞋，他们到了明杨公司的氧化塘，大开眼界了，塘边长满青草，甘蔗长得也很茂盛，塘里养的鱼四处跳跃，没有臭气，水很清。活生生的实际的东西，让他们相信了。EM不是有害的化学品，而是对植物生长有益而且可以当肥料用的东西，村干部信服了，没有顾虑了，他们同意回村里后负责给村民宣传和解释。

很快地，我与村委、村民小组和村民们的租塘租地的协议基本达成了。

我邀请测绘干部到现场丈量，测出了准确的用地面积，在此基础上，我代表公司与村民正式签订了土地租用协议书，面积约50亩，每三年付一次租金，每期届满，必须在约定的时间内支付下一期的租金，才能继续使用下去。租金是每年每亩2000元，三年一付就是30多万元。村民小组代表签了字盖了章，村委会干部签了字盖了公章，我代表公司在合同协议上签了字盖了章，并上报土地局备案。

这件天大的事，终于定下来了，几十亩的氧化塘租用成功，对于我做好这个环保工程有根本的保证。

我雄心勃勃，信心十足地干下去。

1999年4月，我按协议书向村民支付了首期租金，合同生效了，之后，我便可以动土了，我可以开工挖塘了。

整个挖塘整塘的工程，我承包给田阳县老陆。

氧化塘位于河边，离厂区3公里，靠河边是旧水库。以旧水库改造成环保1号塘、环保2号塘、环保3号塘。原来的排洪水沟在这里拐了一个弯，规划中要开挖打直成一条新水沟，将排洪沟改直后，弯处便是塘，但新水沟是在一片荒地中开挖，地很硬，工程量也大，同时，那弯曲的水沟也要再深挖几米，新培堤埂，这样才形成水塘。工程队日夜施工，经过两个月的奋战，河边的50亩氧化塘总算成形了。氧化塘是有模有样了，总共容量约10万立方米，可容纳酒精厂生产一个年度排出的废水。而EM技术处理达到排废水国标标准也只需要一年，生产与废水治理可算是平衡了。

氧化塘的启用，真正完善了工厂的环保工程，我的心全放下来了。

EM环保工程历时数月终于完工，整个工艺流程和技术路线所需的硬件都已新建或改建完工，酒精废水再不是直排右江，工艺流程已经是人们看得见摸得着的东西了。

酒精废水带渣从蒸馏塔底部排出来之后，首先进入新建的四个沉淀池，在这四个沉淀池里，废水与木薯渣分离，木薯渣由当班工人把它排出来另行堆放处理。而那废水出炉时温度高达100多度，在沉淀池里要迅速降温到50或60度，四号沉淀池的一个抽水泵把废水抽出来，经过封闭的管道，排到中和池，在中和池里添加石灰，石灰与废水中和后，抽进EM生化池。在EM生化池里，有固体和液体的EM微生物菌。微生物与废水中的物质迅速生化。然后把带菌的废水抽进厌氧池，经过厌氧池的厌氧处理后，再抽进曝气池，用大马力鼓风机进行曝气处理，这样几经折腾的废水，再用泵抽进3公里长的输送管道，排到河边的50亩氧化塘。

在氧化塘再进行EM添加驯化和净化处理，再经过半年的氧化，废水慢慢地流过1号塘、2号塘到达3号塘时，水已经清了净了，达到治污标准了。

EM冷却池、厂内输送管、EM添加池、4公里的封闭输送管、河边氧化塘，这些都是这次环保工程新建项目，都投入了使用。

竟工了，启用了。

县环保部门来现场初步勘察了一次，市环保局来现场核查，不久，便下文批复了。1999年4月30日市环保局下达了文件，同意环保工程试运行，同意启动酒精生产试运行。

从1998年6月2日下达停产整顿，到1999年4月30日下文同意恢复生产，这期间耗尽了我的心血，然而，我自慰的是：我毕竟将一个濒临死亡的工厂抢救过来了，使其恢复生机了。

第三十四章

1

1998年11月1日。

今天特别忙。南宁的广西农商总公司第四经营部的陈副总他们今天来了，刚刚进厂。他们来了四辆小车10多个人。早上我已经布置手下清理办公大楼一、二、三层楼的办公室及房间。

三楼腾出了302室给他们做办公室。现在他们人来了，陈副总的人和我的人共同布置他们的办公室。陈副他们拉来了一个铁质保险柜，七八个人从一楼慢慢抬到三楼，放置在他们的办公室。有两位正在忙着装电话，电话线早已拉到里面了。办公室里安排了四张办公桌，陈副他们还带来了一块小黑板，那是用来公告调发火车皮的。办公室门口挂了个小牌子：广西农商总公司驻田东办事处。

二楼的202室，给他们做宿舍，四张床住四个人，这是长驻厂里的工作人员。

一楼的102室，给他们做接待室，供司机休息和业务接待用。

陈副总的人和我手下的人，大家都在忙碌着。

前几天，我与广西农商总公司第四经营部——我们简称农商总四部，正式签订了来料加工合同书，约定从1998年10月起到1998年12月30日止，由农商总四部独家在我厂做来料加工，合同约定了合作的若干事项。他们出钱收购生木薯和桔水，他们还支付给我厂加工费，加工费包含工资、买煤费、购电费以及所有辅料费，加工费是预付给我厂的。我们做好安排，保证启动生产。我的人各就各位，做好原料调进和生产加工的全部工作，他们的人担任出纳，我们只管生产，凡生产需要的，就由他们给钱我们开支。最终酒精产品由他们调发出售，他们如何划价、调给谁、货款回笼，全是他们的事，这就是典型的来料加工合作模式。我只当生产队长，陈副总当钱老板。

由于上个月他们拆借给我200万，所以我真诚对待我们两家的合作，双方工作配合得很好，就连他们的工作班子，我都让他们搬到厂里来，同在一个办公大楼工作，今天是他们办公运行的第一天。

双方忙了一个上午，全部工作就绪了，一切都启动运行了。

厂门口今早已贴出收购木薯的公告，公告大量收购生木薯，价格280元/吨，扣杂2%到5%，卸货即付款。

此时，我和陈副总两人正去地磅室看看木薯收购情况。地坪上已经堆了半个场地的生木薯，地磅室还在不停地过磅，二大门门口的木薯车排成了长龙。都是小四轮，王牌农用车，手扶拖拉机，大车较少。王牌农用车也能装5吨左右，手扶则一般只是2—3吨。过了磅的农户，跟着仓管科农务科的值班人员去卸车，农务科的人根据生木薯杂质状况开列出扣杂单子，农户拿着扣杂单带空车来称皮，地磅室称皮后开给他们一张木薯收购凭单，农户持这张凭单就可以到财务室去领现款。钱统一由农商总四部的业务员交给我的出纳，大约每天10万元。晚下班后统一轧账，然后跟农商总四部的人员对账，然后再支出第二天的钱。

现钱现货，农户非常高兴，木薯来得很多。

我与陈副总看了木薯场，很满意，我们接着去锅炉车间看看。

锅炉今天温炉。我与陈副总来到锅炉车间，工人们还在加柴火。温炉时先用柴火引火烧木炭，这样的烘法要两三天，待整个炉膛升到一定温度时，才正式投放煤，投煤点火成功，锅炉就能供汽供热了。

今天是11月1号，锅炉开始温炉，预计3号才能点火升炉供汽。

这个榨季，就在这样忙碌之中开机生产了。

这是第一天，而且这个榨季很特殊，全是由商总来料加工合作生产。

11月3日清晨，我被拍门声叫醒，是村上一位相熟的朋友，他说："老总，我有五辆农用车木薯，昨晚在厂门口排队过了夜，你们门卫发给的入门条编号到了80多号，少说也要到中午才能轮到我进厂，你出去看看，木薯车排队差不多到气象站那边了。木薯来得多呀，请你给我优先放车进来，我还要下乡拉木薯。"我们是老朋友，我们厂的环保氧化塘就是他协调办成的，他出面求情，我不能不给这个面子，今后厂里的废水有些小事故村民出来闹，还得靠他去劝解。我答应了，我扯了张纸，写了几个字交给他，拿着批条可以超越厂门口排队的木薯车，直接不按排号编号进厂过磅交货。他高兴地走了。

我洗漱后，下楼去。

地坪已经堆满了木薯，凭经验知道，这个晒场堆满了就是1000吨。我又到投料棚看，这里也堆满了，少说又是400吨。我顺着厂内水泥路往后走，在酒精罐的四周通道上也堆满了木薯。我转出到二号仓里面也堆满了。全厂的有空地几乎都堆满了木薯，总量少说也有2500吨，价值70多万元的货。因为是现款收购又收得晚了一些，所以木薯来得空前的多。我心想，再不开机投料场地就要爆满了。

我走到锅炉车间。

今早9点钟要准时点火升压。

昨晚锅炉车间黄主任已从财务支领了200元去买一些炮、香、纸等用于点火升压仪式的物品。

这时，我到锅炉车间时他们已将这些仪式举行完毕了，车间黄主任正在调试设备。

9点正。黄主任拉开煤闸，投煤了，炉里烈火熊熊，气压马上升起来，黄主任起动供汽闸，开始供汽，一切正常，一次点火升压成功了。那边蒸馏塔马上响起"呲呲呲"的排气声。投料车间的供汽和供热水也到位了。我和黄主任以及锅炉车间当班工人鼓掌庆贺。锅炉升压成功，正常运行，才能保证全工厂的生产启动。

我离开锅炉车间，来到投料车间。此时，陈副总以及他手下几个人都来了，10点钟，投料车间要正式投料培种，所以大家都来了。

投料车间的工人已准点到岗。那台大铲车已将生木薯铲到投料输送带边沿，在办公大楼门口还挂了一串鞭炮。

10点正，投料车间李主任亲自点响了鞭炮。

然后李主任回到投料车间电控板，按下按钮，"哗哗哗"输送带启动了，粉碎机也启动了，投料生产线那大洗笼匀速地转动着，投料粉碎启动，一切正常。我和陈副总由衷高兴。

今天培种投料，起码要投生木薯100吨用于培种。所谓培种，就是酒母罐已经备置了5吨的固体酵母酒种，必须投入木薯熟料，让它们在酒母罐中酒化成熟，这时间大约需要36个小时，一旦酒母培种成熟，就可以正常流加投料进行循环生产了。

陈副总看到我所组织的生产如此顺利，他放心了。

晚餐就在食堂开宴，摆了五桌，火锅狗肉，陈副总的人也参加，大家纷纷举杯庆贺，我与农商总四部的第一轮合作，居然一步一个脚印，步步成功，大家开心畅饮。

转眼到了11月5日。

今天早班八点开始正式流加生产。

前天只打了一天便停机了，培种料够了，经过36个小时的发酵，今天酒母罐已经成熟可以流加了。所谓流加，就是不停地投料生产开始。

我把全厂工人按各车间分为四个班，每天实行四班制三班倒，每天零点到8点，8点到16点，16点到零点，这种四班制三班倒的模式，就是现代生产的模式。投料车间按各岗位设置，每班18人当班。还配了一台铲车专门铲木薯。三条投料线：A线，B线，C线间歇开机，每天平均投料240吨，每小时几乎就是10吨生木薯，数量可以说相当大。

还有桔水罐流加过来的桔水。木薯与桔水的配比是6∶4。这两种原料配比投入，出酒率相当高。桔水料含糖分高，木薯料含淀粉多，混合后发酵充分，有效提高出酒率。生产形势实在令人高兴。

我站在晒场上看到铲车已把投料棚的生木薯铲完了，现在正一趟一趟地跑到晒场上去铲木薯过来，一斗就是几吨，工人们也正忙着用耙、铲等工具将生木薯扒到输送带上，全厂只听到投料机器和铲车的轰鸣声，人面对面说话都难听得见。

好一派热闹的生产景象。

11月8日，出食用酒精产品了。

从11月1日的锅炉温炉，11月3日锅炉点火升压和培种，11月5日正式流加投料生产，一路下来，到11月8号，蒸出第一桶酒精。

11月5日流加生产开始后，我每天都盯着木薯醪料往前推进的进程。生木薯上了输送带，经滚筒水洗，便自动落到两台品字形的粉碎机，然后流下集料池，再用泵抽上来，推进预热罐，预热到60℃之后，用往复泵压进蒸煮罐。三个蒸煮罐一字形摆开，里面的温度达120℃，木薯料充分煮熟，然后经往复泵抽进糖化罐进行酶化，酶化后的醪料，送到冷水冷却器冷却，降温到30℃才能进酒母罐。温度太高，会烧死酒母。酒母酒化后的醪料自动进入发酵罐。这些发酵罐共有12个，前四个是前期发酵，从第五罐起中期发酵，从第九罐起进入后发酵期了。发酵罐底部有管道自动连接相通。流加生产起动后每天加满四个罐，三天下来，12个罐全部装满了，根据质检科的化验，最后面的11、12号罐酒度已到10度，酒分够了，于是我下令：开蒸。

成熟醪压进粗塔，再经醛塔，最后进精塔，便产出酒精了。每天产出60吨，每班20吨，其实每小时就是2.5吨，那个集酒桶是4吨装，一个多小时就是一桶，满桶后便自动流到远处的酒库贮藏罐。

也就是说，整个生产线，我们肉眼看到的是生木薯和生木薯粉碎以及桔水，之后，就全是封闭式生产，当班工人只是从观察孔里看到醪料的流加而已，这就是现代化的生产模式。

今天是11月8日，出第一桶酒精了。

生产进入正常循环的程序了，我十分高兴，所以约陈副总带上几个人到街上的饭店大酒大肉地喝了一餐，大家都松一口气了，一切都正常运行着。

我与农商总四部的来料加工合作步入了正常的生产，他们很快便可以出售酒精了。

2

1998年11月的这天。

初冬，天高气爽，这是右江河谷平原典型的晴冬气候。

我坐在厂办公大楼三楼我的办公室里。

我的办公桌上摆着两部电话机，一部是邮电局安装的外线电话，一部厂内生产指挥专用的内部程控电话。我在等待地磅班的汇报。这时早餐时间刚过，各部门各车间都已上班。"嘟嘟"电话响了。我提起话筒，传来了地磅班长的声音："报告老总，农商总四部的两辆槽车空车都已过磅。我已派专人跟空车去酒库装酒。"

"好，我等着你们的过磅数。"

我放下话筒，接着又拨通了酒库电话，问："农商总四部的空车到了没有？"

"到了。"酒库保管员回答，"正准备装酒。"

我放下话筒。我知道，装一车酒大约需要两个小时。

我走出办公室，下楼去。

我从工厂办公区走进生产区大门，信步往酒库去，酒库在蒸馏塔发酵罐区的后面。在发酵罐区，在蒸馏塔，在投料生产线，每个车间工段都有工人在工作。整个工厂占地50亩，从生产二大门到后面的酒库少说也有200多米。

此时，我径直到了酒库值班室。酒库有三个大酒罐，圆柱形，两大一小，大罐直径10多米，高20多米，容量1000吨。三个罐顶都设计安装有冷却水喷淋器，24小时不停洒水，这是给酒精降温保安全的措施。地面上绕罐底建有一个大圆形集水池。从罐顶沿罐壁流下来的水在底部集起来，二次使用。三个罐底部又是一个长方形的大地盘，把酒罐围起来。酒库值班室设在罐子边，里面有抽罐装酒的电动泵管。此时，保管员正在抽酒装车，两辆车排队待装。我打了个招呼，看了一下，便离去了。

我从酒库来到了地磅旁，它设在工厂生产大门内。进厂车辆直上地磅铁板过磅。几个过磅员围在地磅值班室里上班。此时，一部小车进厂了，直开到地磅室边停下，车上下来的人是陈副总，我上前去打招呼，两人便走进地磅值班室。我和陈副总坐在地磅值班室的办公桌边聊了起来。

我问道："陈副总，今天装几个槽车？发往那里？"

陈副总说："今天火车站给来了两个槽车待装，我们调了两台车短运，每车装酒约26吨，两个车子一趟可装满一个火车槽车50多吨，这是最后两个槽车了，发往四川德阳。"

我接着又问："质检单拿了没有？质量保证没问题的。"

此时，女质检员从办公楼化验室送来批货质检化验单，交给了陈副总。陈副总看了看，放心了，说："每批货都随货给对方发去货检单，对方盯这个质量很要紧的。"

我与农商总四部的合作很坦诚，双方心里都很舒畅。

我和陈副总信步在厂区里。不知不觉，将近中午了，刚才那两车已过磅运到火车站，又空车回厂了，现在又装好第二轮了，过了磅就开往火车站。

陈副总邀我一同去火车站看看，我同意了。他们小车在前面，我开小车跟后面，一前一后往火车站走。

从我们厂到火车站，大约5里路，不远，不一会儿就到了，这里有个大型国企石油采炼厂。这地方地下富藏石油，采油、炼油成为全区最大的石化基地之一，所以在火车站开设了一个油品装卸站台，是石化公司专用的，要装酒精，则通过火车站的货运室与石化公司联系，可以甩进空槽车，借线装酒精。

我和陈副总到现场看了看，两辆汽车正停在专线边，电动泵正从汽车专用罐抽食用酒精进火车槽车。陈副总的几位手下与火车站工作人员正忙着，我与陈副总也不去打扰他们，看了看，我们放心了。

我与广西农商总公司第四经营部的合作，这是第一单，陈副总既是公司副总，又是他们公司下属的第四经营部的经理。

3

忙忙碌碌转眼过了两个月，元旦过后我再度下南宁。

这天是1999年元月10日，我开小车赶到南宁，径直到民族大道泰山大厦。还没到下午上班时间，我抽空在一楼大厅独自坐着休息，静静地回顾两个月来的生产情景。

刚刚过去的1998年11月和12月，正是木薯酒精生产的黄金季节，广西农商总公司第四经营部投入了几百万流动资金，每天大量收购生木薯。由于货到付款，不打白条，农户卖木薯的积极性很高，每天都是300多吨收购量，一个月下来8000多吨，加上桔水，两个月来，做出了近3000吨酒精。他们几乎每天都发出一个车皮酒精，钱进钱出，资金循环正常，生产正常。陈副总他们很能干，每吨净赚不少于500元，这两个月，赚了约150万元纯利，农商总四部为他们公司争够了面子。总公司认为农商总四部找了一个好伙伴，认为有了一个好的生产基地，认为他们借出200万，却赚回了300万，很值得。在一番赞扬声中，陈副总向我抛出了1999年全年的来料加工合同，我当然欣然同意，双方用传真机往来讨论了几稿，最后定稿下来，今天我带上公章来签合同。

不一会儿，上班了。我乘电梯上楼，陈副总也来了，我与陈副总分别在《一九九九年度来料加工合同书》上签了字盖了章，然后我与陈副总到刘老总的办公室向他汇报。刘总笑哈哈地说："这下子你酒精厂可以吃饱了吧，1999年全年计划生产1万吨酒精，我们要调进几千吨干木薯片，收购一两万吨生木薯，还要调几千吨桔水，你们厂的加工费就有八九百万元，这一年足够开支了吧。"我说："千谢万谢刘总啦。"刘总还说："下一步我们要讨论如何合股合作了，你与陈副总拿出个初步方案来，我们把两家合成一家。"我说："从借你的200万元那天起，我就一直向这方面努力，力争尽快合股合作。靠上你这位著名企业家，我也放心了。"刘总手一挥说："冲着你这几句话，今晚晚餐，让陈副总带你到我们的酒店去吃一餐特色火锅。"

签完了1999年全年合同，我真的对全年生产放下了一颗心，合同约定，全年内商总做来料加工，力争生产10个月以上，资金保证到位，好好干上一年，我什么都不用操心了。

晚餐期间，我的手机铃响了，打开看，是厂里生产调度室打来的，邓调度说："老总，7点多停电了。"

我问："为什么停电？"

邓调度说："我们欠太多的电费屡催不交，所以停电了。"

我急了，急忙向陈副总说明一下情况，便开车回厂里了。

4

回到厂里，我马上去了解情况，供电接待的人说："你们厂欠旧电费75万。现在每月生产用电15万，又是两个月不交电费了。年底了，过年前我们要收账哪，还有旧欠电费也必须每月随交20%，签个合同，补交两个月电费，马上恢复供电。"我听罢求了几句情，没用，也无奈了。

今年的木薯11、12月来得太猛，现在已是元月尾，已经没有生木薯进厂了，农商总四部的生产也已于前些日子停了下来。一是没有生木薯，二是桔水又没有贮藏存放，拉一车生产一车，很难运作，停产后，工人们进入检修，为了储存桔水，农商总四部借钱给我们，我们两家共同外雇一队施工人员再制作两个新的大桔水罐。

由于没有生产，我也无法再问农商总四部要钱来付电费，我们自己又没有那么多钱，于是也只得听之任之。

我与小陈商量，小陈说："还是要解决生活照明用电，一要检修，二要制作桔水罐，三要抽水，这三方面都要用电，不可能停死在这里。"

我问小陈："怎么办？"

小陈说："实在不供电，我们去弄一台柴油发电机过来，自己发电，应付几个月。补交电费要60万元，而购置一台二手柴油发电机，几万元就解决了。"

我非常赞成小陈的意见，立马派小陈去柳州市寻找二手柴油发电机。

小陈原是柳州市工程机械厂的车间主任，是冲着我而下海来酒精厂干的，他矿冶大学毕业后直接分到柳州市工厂工作，在柳州市待了近十年，很熟悉业务。不两天，我接到他的来电，汇报找到一台柴油发电机组，还说了型号规格、发电能力、耗油状况。我似懂非懂，满口同意他的选择，他于是请了一部大卡车，用起重机吊装上车，整体拉运了过来。

到了厂里，还是小陈到街上请吊车来卸下柴油发电机组。我们选择在办公楼头那块空地，作为柴油发电机组机房，折腾了半天，终于吊装下来了，安装完毕，傍晚我们就灌上柴油试机。

厂总调度室已布置机修车间的供电班把外电线路临时拆断，在配电房改上了内部自发电的线路，并且选择性地停了几个车间的生产用电，只解决生活用电和检修、制作桔水罐、抽水用电。配电房的线路改装已整改完毕。保证能安全送电与用电。

晚饭后，我与小陈都到现场，我插不上手，全是小陈在张罗，柴油已经备了两大油桶放在临时工棚里，还从柳州市临时请了两位师傅来试机。他们很在行，准时起动了，"嘘嘘嘘"，一阵刺耳的声音响起，柴油机组正常运行，他们再合闸，带上发电机，刹那间，办公楼、生活区，打泡灯管全都亮了。

试机成功了。电压虽然不太稳定，但照明不成问题。

第二天，柴油发电机运行更加正常了，我和小陈去到桔水罐加工现场，看他们用电焊是否能行，果然没问题，能启动电焊机，当然，检修也就没有问题了。

柴油发电机的购置、使用，引来一些非议，说什么年代了，水电火电都用不完，何苦去用柴油发电。但他们不知道我们的苦衷，我们是没有办法的办法，这也只是临时措施吧。

过后不久，春节将临，供电公司恢复给我们供电，柴油发电机组才停了下来。

5

1999年元月很快过去，忙来忙去转眼到了农历新年。

农历十二月二十八，离过年只有三天了，我坐小车带两个人又去南宁，去讨钱回厂安排过年。年关来了，一次性发两个月工资，一个人月工资200多元，车间主任300多元，180号人算下来，一个月全公司工资支出5万多元，两个月工资就是10多万，还有过年奖金，总共近17万元。还欠几单锅炉燃煤款几十万元，供煤方在厂里等钱。30万元的过年资金计划已经全部做出来了，但资金还没有到位。生产时收来的加工费，早就安排当月各种费用，没有一点积蓄，而农商总四部又处在停产状态，没有正常支付加工费，于是，只有提前支取1999年度来料加工的加工费来应付过年了。

今天去南宁，还是去找陈副总安排些钱过年。他答应可以商量，但只是同意商量啊，要钱到手才算数才放心。我电话约了陈副总，他说下班前他在办公室等我们。我们紧赶慢赶，当时还是走老路，过平果过灵马过武鸣，我们小车开进南宁民族大道泰山大厦停车场时早已下了班。我们进了泰山大厦，一楼已经很冷清，下班该走的人都走了，我们估计陈副总也不在办公室了，我打了他的手机。他说："下班还未见你们来，今晚我们有集体活动，所以就走了。"

我说："怎么办，明早谈谈行吗？"

陈副说："我明天要去钦州有事哦，要么你们现在过来吧，在双拥路海鲜大酒楼一楼大包厢，我们农商总四部的人全部集中吃年饭，你们也过来吃吧。"

我听了心寒了一截，他们已经安排吃年饭了，而我们还流落街头讨钱过年，够寒碜了。我本不想去凑那热闹，没有那心情，但不去，明天他去钦州了，见不着面拿不到签字，怎么拿钱回去。于是也只好硬着头皮过去了。

年关的南宁已装饰华丽，街道两边的绿树挂满了红灯笼，挂满了景观灯，一闪一闪把绿树映照得格外亮丽。街两边的路灯全是五彩霓虹灯，彩光四射，格外亮丽。所有的大楼全装上了景观灯，依着大楼边沿轮廓流光溢彩，或者在顶部装成集束射光，还有在每层墙壁下装反光映射灯，反照得楼墙五光十色。大街横幅是一盏盏红灯笼，一个个五彩绣球。街道的桥也装修一新，桥栏两边都是壮锦图案，一派壮族首府的气派。南宁的南湖，水中矗立着人工彩叠的祥龙，祥龙吐彩，倒映在南湖水中，让人流连忘返，到处是一派喜气洋洋的年节景象。

我们的小车开到了双拥路的海鲜大酒楼，在停车场停下了车，我下了小车，突然一阵寒风吹来，我感到格外寒冷，毕竟已经是深冬了，夜寒袭人，加上我心情很不是滋味，繁华的南宁与我们讨钱的乞丐样子反差太大，感触太深，再加上腊月寒风，不禁令人倍感凄凉。

我们三人硬着头皮进了包厢，一个大圆桌，摆满了美味佳肴，一桌酒菜少说也是3000元，再加上若干瓶五粮液100多元——十几人，一顿年饭，便耗资三四千元。

我们三人勉强坐下，什么山珍海味都不想吃，只想尽快与陈副总谈妥，他签下字来我们走人。我们草草扒了一碗饭，找了一个借口想辞席了，陈副总过意不去，拿笔出来签了个30万的银行汇单，我达到目的，便告辞出来了。

这一夜很不是滋味地在南宁住了一宿。

第二天即农历十二月二十九，我早早到了他们办公室，找财务人员办了30万元银行汇单，便急忙回了。

厂里180人还在等着发钱过年啊。

农历十二月二十九当天，我拿回银行汇票，厂里忙了大半天把过年钱全发了下去。最后我安排了过年的值班保卫等各项工作。

农历大年三十这天，清晨，我独自一人开着小车回柳州家中过年，路上车辆很少，一路空荡荡的，年关到了，独自一人驾车回家过年，我倍感孤独，不禁想起妻子车祸遇难，一路驾车一路痛哭，直到下午才回到柳州家中。

此时，柳州已是家家户户过年吃团圆饭了。

第三十五章

1

在柳州家里过了年，正月头休息了几天，我便回厂里了。

这天，我亲自到两个桔水罐制作现场，今天要封顶了。制作桔水罐的封顶不是做最上面的罐顶，而是焊制最下面的一圈钢板，这也叫封顶。我站在罐子近旁，抬头望上去，两个十几米高的罐子，两个月便矗立在这里了。

桔水罐选址在锅炉房边的空地上，离酒精罐较远，便于施工焊接。罐直径十几米，高也是十几米，单体容积2000多立方。数钢板就知道它有多高，每块钢板一米五宽，从下到顶共10块钢板，就是15米高了，还有圆锥形顶部四米高。焊接工人就在罐址上施工，先焊成顶部的圆锥形盖子，然后焊盖顶下的第一圈，焊成一圈后用起重葫芦提起来，又在下面焊第二圈……直到倒数第十圈，也就是最底部的一圈，焊成这圈便叫封顶了。

建设这两个罐子，首先是农商总四部找好他们熟悉的施工队伍，然后叫我去与这个施工队订合同。施工队进场了，工程款是我写了借条给农商总四部，每次写10万或5万，然后农商总四部把钱直接打给施工队，施工队收到钱又写收条给我，最后共投了72万元。

今天终于建成了。

往后几天，便是刷油漆，安装进出管，便可以使用了。

农商总四部已定了几千吨进口桔水，急于要用这两个罐子贮存桔

· 349 ·

水，所以过年后我便一直忙于抓这项工作。

今天终于封顶，两个罐一共能装桔水6000吨，折算过来就是1500吨酒精。

2

转眼到了1999年3月间。

这天，我与阿华坐小车，阿科开着小车下南宁，我们拟去钦州企沙港。走灵马老路好不容易才赶到南宁。阿阳、阿梅、阿燕等三人今天也从柳州市坐车去南宁，我们到南宁凤凰宾馆接了他们三人便一道下钦州，一路上，小车颠簸着，那旧的三级路，路面很窄，坑又多，很难走。

今天去钦州企沙，仍然是去看木薯。农商总四部着手从越南大量进口干木薯片，我们此行是去协助工作的，计划调进几千吨或上万吨越南干木薯片。

我心里明白：1998年冬第一次合作，农商总四部取得丰厚的利润，得到了骄人的成绩，他们更有信心加强合作了。

1999年初，陈副总代表农商总与我签订了1999年全年度来料加工合同，合同约定，1999年他们计划加工1万吨酒精，原料是生木薯、干木薯片和糖蜜桔水。干木薯片打算进口越南货，加工模式仍是1998年冬那样。我盘算了一下，如果完成了这1万吨的加工量，足够生产开支，也有效保证了全年的工人上班。这也是我接手这个厂后迈出的第二步，对于我来说，拆借200万后，他们更加真诚合作，这是双赢的效果，皆大欢喜。我接手工厂之后，进行填平补平技改工程，增加了桔水酒精生产线，又大规模动工兴建环保工程，保证了生产能够正常运行，农商总四部拿几百万来运转生产，双方的合作可以说是互利互惠，各有所获，所以双方都尽力尽心。

过年后的4月份，本地生木薯没有了，一般3月底就挖完了。清明之后，桔水也越来越少，各地糖厂一般在5月份左右也相继停产了。

过了清明，农商总四部大规模调运越南干木薯片。当然，合同是他们自行签订的，供货商是他们自行找的，陈副总早年在钦州工作过，有很多朋友。陈副总派了老梁、老吴等几位手下到钦州港口专办进口越南木薯的业务。我也带几个人，主要是质检科的人，到港口去协助工作，由我公司质检科李科长负责。我们主要把关越南木薯的质量，这是产酒率的基础保障。

我已经不止一次下钦州企沙港，今天又去，而且今天下午又要到企沙港口，调查一下越南干木薯片的质量，取小样回来化验其含淀粉率。

眼看快到钦州了，大家忘记了疲劳，兴奋了起来，我也来了兴趣，说起了越南木薯：

"我国南方是全国的木薯产地，木薯种植面积达500万亩，木薯产量达600万吨，占了全国木薯产量的百分之七十。巨额的木薯产量培育了众多的木薯酒精加工厂和木薯淀粉加工厂。全自治区大大小小的酒精厂达80多家。后来因环保不过关淘汰了一大半，也还有20多家。木薯酒精加工成为农业龙头加工产业之一。但，国人往往如此，喜欢一哄而上，看见木薯酒精赚钱了，大家都上酒精厂，各地都争着上酒精厂。酒精厂无控制地上马，而木薯种植面积又不可能无限量地扩大，这样就形成僧多粥少的局面。大家都吃不饱，于是大家都要去跑进口越南或泰国的木薯。"

"越南气候炎热，很适宜种木薯，可以实现两年三熟。越南、泰国也以木薯种植当作农业主导产业来抓，所以木薯产品极为丰富。同时，越南泰国的木薯加工产业相对滞后，于是便大量出口干木薯片。越南烈日炎炎，很容易制作木薯干，他们在沙滩上将木薯切成小片，不几天就干爽爽的了。"

"越南木薯品种优质高产，他们可以达到亩产5吨木薯。木薯品种好，含淀粉量高，越南干木薯片含淀粉率理论达到80%，实际上普通的品种达到78%—79%，而我们国内木薯干片含淀粉只不过是70%或73%，差了几个百分点哪。"

"进口越南木薯，大多数从海上船运，走陆路过龙州凭祥的较少。海运路线主要是从越南南方的岘港发船，船在海上航行五至七天便到企沙港。大船装1200吨，中号装900吨，最小的船起码也装600吨。"

"这些木薯船进入企沙港之后，有些是早有货主有订单，有些是散卖。但不管怎样，一律付款交货，钱货两清，在码头过磅完付款清楚，且都是人民币现款交易。当然，办关税口岸税等这些就是钦州农产品经销商的拿手戏了。内地的要进口越南木薯，大多都是经这些商家中介来的。他们熟门熟路，甚至钦州有些商家还派人长驻越南专跑这类业务。"

我兴致勃勃地谈着越南木薯，不觉间到了钦州市。农商总四部和钦州方的商家包办了我们的吃饭、住宿，当晚，我们住在钦州市。

第二早早餐后，陈副总的钦州朋友安排吉普车送我们去企沙港，走小路，路面不好，大车重车太多，压坏了路面，而另修的二级路还没有开通，所以还得走老路小路，好不容易跑了两个小时才来到企沙港。

企沙港是钦州港区内的一个小港，港口不大，但港口水很深，是一个天然好港口。

吉普车拉我们驶过企沙小镇街中心，直达港口，停车。

我们脚下便是码头了，前面便是宽广无边的大海，深蓝色的大海直连到天边。港口码头浮着大大小小的船只，泊船待命。

家里几个孩子从未见到大海，现在一下子来到大海边，而且站在码头边，脚下便是无边的大海，大家都很兴奋。

这就是大海，平静如镜，宽广无边，海水深蓝，海面浮动着大大小小的船只，海天上飞翔着海鸥。大海，就在我们面前，那么直接，那么直观，那么亲近。

几个小孩到码头边，双手捧起海水洗脸，水是盐味的。

我们几个人跨上踏板，爬上越南船只，船里装满了木薯，麻袋打包，盖得严严实实，我们叫他们打开让我们抽样，越南船员不懂中国话，钦州朋友翻译了，他们听懂了才动手掀开篷布，我们抽了样。越南干木薯片，白、嫩、轻，我们一看就知道是好货，高兴极了。

随后我们从企沙经钦州回南宁。

两天后，我们回到了厂里。

农商总四部这次大手笔，一下子调来30多辆大货车，清一色的带拖卡的重卡车，每车都装上30多吨干木薯片，一路浩浩荡荡从企沙港开往右江田东厂里。

老天爷也开眼，这个月没雨，干旱的天气成全了农商总四部拉运木薯。几十辆车来回跑，在一个月的时间里，路上全是长长的木薯车队，一些散落的木薯，让路人感到吃惊，也让那些村民吐出了舌头，啧啧称赞。

农商总四部这一次调进了近6000吨干片，每吨900多元，这6000吨就是近600万的资金。

还有，他们又调来了5000吨进口桔水，每吨500元，这又是近300万元。合起来近1000万元，一下子农商总四部投入了近1000万元哪，我佩服到了极点。

1999年的四五月份，大突击调运越南木薯干片。

先是堆放1号仓，从四楼装下来，四楼装了700吨，再装到三楼、二楼、一楼，每层700吨，这四层楼就是近3000吨了。仓库里有一台缆车式的升降机，人工操作，从汽车上扛下来的木薯袋，往升降机里堆，提升上楼，楼上再有工人在那里接袋，从升降机里抬出去。虽然土、陋，但也能解决搬运的问题，总不至于用人工抬上去。

2号仓一楼堆得最多，估计有1000多吨，木薯袋叠得高达五六米，两边的窗户都加了木板挡住那些玻璃。2号仓没有楼层，是用过去的机修车间改装的，木薯袋也堆到了天花板下，起码有10多米高。

我厂的晒场约有1万平方米，全都堆满了木薯袋，也堆叠五六层。整个晒场全是白色的木薯袋，还是装不完。

于是，办公楼底、食堂、办公楼门口空地，都临时堆放木薯袋。整个厂区全是白花花的木薯袋，那架势甚是喜人哪。

生产已经启动了，每天也仅是吞进200吨不到的干片，还有桔水混合生产，所以，几个月内，这些木薯才能加工完毕。

保管这些木薯，就是我们的责任了。晴天好办，但老天爷变脸了，起风了，起云了，天黑了下来，看样子是要下雨了，我急得连夜下南宁，花几千块钱买了几十捆尼龙彩条布，雇车连夜拉回厂。保管员全体动员人人动手，剪开尼龙布，盖上去，两边压紧，果然，第二天下雨了。农商总四部看见我们及时采取了保管措施，也无话可说，满意了。

这一批干木薯，总数达到六七千吨。

农商总四部还调进了大量进口桔水。

他们在钦州港弄了三条大船的马来西亚桔水，共6000多吨。进口桔水都是整船来的，来一船少则2000吨，到港后，用泵机抽出来，直接打进拉运的油罐车，这些专用车本来是拉石油的，经清洗后用来拉桔水，每车也是30多吨。

罐车到厂里，开到桔水罐下，那里有一个周转槽，罐车里的桔水用泵抽进槽里，周转槽里装有高程泵，直接抽上贮罐顶上打进桔水罐里。

两个罐装了5000多吨。

工人生产时，打开桔水罐底的阀门，这里有管道连到酒母罐，可直接抽进酒母罐。我们的技术是木薯与桔水配比6：4，出酒率特高，效果非常好。

农商总四部的大批原料，鼓舞了工人们的志气，上班很正常。

从4月底开机，一直干到8月份，连续生产了几个月。

晒场上的木薯，仓库里的木薯，桔水罐的桔水在消耗，眼看一天一天少下去，当然酒精也一天一天在产出，一天一天往外运。

农商总四部投入这1000万元，现在靠酒精外调逐步收回来，每月调发酒精1500吨，实价每吨4000元，一个月就可收回600多万元。

这一批原料的生产，开创了我们工厂的历史新局面。

我接手后，与农商总四部的愉快合作，让人们看到了大规模生产的现场版本。

自然，各方各界人们对我接手这个厂评价很高，好评如潮。

3

1999年8月中旬的一天。

厂部办公楼2楼的财务科正在算账。我们厂方的会计、出纳、保管、农务科长，农商总四部的驻厂人员老梁、老吴，还有陈副总和我，双方清理账务。

这批原料从4月份开机以来，到8月10日结束了，全部加工完毕。

农商总四部的酒精也已经出库完毕。每车出库数都是双方拿着账，现在要坐下来，对对账，昨天已经算了一天了，今天是第二天。双方要核对的，一是越南木薯干片的入库数。二是马来西亚进口桔水入库数，按照双方测定的糖分和锤度折算出净产酒精的吨数。三是将木薯干片按合同约定的2.8∶1的出酒率折算出厂方应交的酒精。四是按桔水扣糖分后的净重数按合同约定的5∶1的出酒率折算出应交酒精。五是两种原料共应交出酒精是多少吨，已经产出和提货多少吨。六是按产出酒精总吨数和单价（每吨800元）算出应交的加工费，已交了多少，是超交还是欠交。

结算结果，越南木薯干片如果按2.8∶1的出酒率折算，我厂除已产出和提货的酒精之外，还欠产500吨酒精，按市价折算就是200多万元，也许当时农商总四部比较乐观，开机不到两个月后，双方签订了一个补充协议，将2.8∶1调到3∶1。但如果按3∶1计算，出酒量与应交酒刚持平。但是，农商总四部则不合算了。国内木薯干片的出酒率也是3∶1，但国内干木薯片价格仅是每吨700元，运费也只20元；进口越南干木薯片，在企沙港口价就已经是1000元了，拉到厂，运费又是150元。这样一算，农商总四部觉得吃亏了，双方闹起意见，农商总四部坚持要按2.8∶1折算，我们坚持按3∶1折算，结果僵下来了，结算根本没有什么结果。

进口的马来西亚桔水出酒率就是5∶1，农商总四部的成本也高了，运费多了一大截哪，国产桔水几乎是4.5∶1的出酒率，而马来西亚制糖技术先进，设备先进，出糖率高，自然桔水含糖分就少，出酒率就低了。

两种原料都让农商总四部亏了本钱，农商总四部投资1000万，连利息都拿不回，还亏本近100万，分歧意见越来越大，一些人认为这样做来料加工，如此亏下去，没办法收场。

　　于是，结算之后，我厂与农商总四部的关系发生了微妙的变化，双方蒙上了一层阴影，往后的关系就不好处理了。

　　我们也有苦难言，越南干木薯片含沙量特别大，生产过后，几个沉淀池居然全是沙子，所有的管道都积塞了沙子。越南人在处理木薯干片时，有意掺进大量沙子，而质检时，肉眼看不出这些夹含到木薯肉质里的沙粒，但是测定淀粉含量是达标的，天啊，这就是商业陷阱。

　　8月中旬，停产了，放假了。

　　双方心里都背负了一个重重的包袱，亏损的这几百万，白白地丢了。我已经看出农商总四部在动摇了。要想他们再这样大规模地调原料来生产，估计是不可能了，往后如何走下去，我心情格外沉重。

4

　　1999年冬，新的榨季又开始了。

　　我的合作伙伴退缩了，使得我对新的榨季忧心忡忡。

　　已经是1999年11月初了，我已经从10月初就安排了检修，也就是20多个工人分头检修吧，现在也差不多检修完毕了。以往的规律是：10月初检修，10月20号开收木薯，11月1号开机生产，但今年慢了，农商总四部迟迟不进场，而我与他们的合作合同还未解除，又不便自作主张启动生产，于是，只有等。

　　农商总四部终于来了。陈副总带人进厂了，老梁、老吴，还是那一套人马。贴出公告开收木薯了，几天后开机了，生产趋于正常了。

　　但今冬榨季，农商总四部动作不同了，去年他们把加工费，把收购木薯的钱全部交给我厂的财务人员，由我们支付，今年不这样了，除了每天他们拿钱来收生木薯之外，其他的钱他们自己支配，账记我们的，电费他们自己去供电公司交，开我厂的单子，煤款他们直接支付，也是开我厂的条子。工资呢，只有等我们把工资单列出来，算出总数是多少，交给他们审核后，才照单支付工资，就连辅料和五金配件也是货进厂了拿到单子才得去领钱，已经完全没有我们支配的权力，这样显得关系很紧张，也许是8月份那批亏得太严重了，他们心虚了，总担心又亏，所以资金拿得紧巴巴的，运转已显得不灵了。发展到后来，他们自己也欠了几十万元煤款，农商总四部没有钱支付，只好将他们公司一部进口小车原价近30万，作价15万抵煤款，小车还是八成新哪。

几个月下来，虽然加工费不超支，产量不欠产，但双方已经心知肚明了。

过年了，好不容易才拿到安排过年的钱。

过年后，农商总四部的资金显得更加紧张了。

农商总四部的来料加工，从1999年又延长到2000年5月，最后于2000年5月7日全部结束。

双方刚结束来料加工业务不久，因财务问题闹起意见来了。

2000年5月中旬的一天。

陈副总带着一班人马，来到我的办公室，吵着要把去年超支的几十万加工费签单，还吵着要把去年欠产的500吨酒精折成200万各负一半，所欠的100万也要签下条子。我心里明白，不能签，但嘴上没有什么理由，只是不肯签证，僵持了，他们来气了，气冲冲地走出我的办公室，老梁打了几个电话，叫了一辆他们的五菱面包车到厂里，他们要搬家了。他们来了七八个人，一楼、二楼202、三楼302，几个房间的东西，他们全部搬，闹腾得厂里一片喧哗，搬走了棉被蚊帐衣物，搬走他们的办公用品，最后五六个人，哼哼哈哈地抬着那个大保险柜下楼去，又好不容易抬上他们的面包车，拉回去了。

终于走了，终于全部搬走了。农商总四部彻底结束在我厂的业务了。看着那架势，我感到十分心寒，我与农商总四部就这样分手了。

5

农商总四部虽然退出了来料加工业务，但我们仍有联系。双方为结算一事仍纠缠不清，公司与公司之间一直纠缠不清。双方互相发出结算数据，但一直达不成一致意见。

尽管双方公司业务纠缠不清，但不影响个人关系，我与农商总部几个老总关系仍然很好，我下南宁他们都招呼我吃饭喝茶。

刘总一直还在努力操办合股合作的事务。

2001年3月的一天，刘总电话约我去他公司，于是，我又来到刘总、陈副总办公室，这是我熟悉的地方，我是这里的常客，几年来，我在农商总部常来常往，与几个老总的个人交往很深。

刘总说："我们想谈重组事宜。"

我满口答应说："刘总，你是全区著名的企业家，我们重组，我说老实话，我也想依靠你这棵大树，我也想投靠你这棵摇钱树，大树底下好乘凉。"

刘总当场表态说："好，一言为定，我马上委托总经理助理与你商量，我们马上签一个重组合同。"

周总助进了办公室，周总助五十多岁，是一家国有大企业下海出来与刘总合作的。周总助还有海外关系，刘总介绍我与他的周总助认识了。周总助把我带到他的办公室，我们详细商谈方案框架。中午了，周总助与陈副总还是请我吃午饭，我们还是到他们的双拥路那重庆火锅城吃饭。但此时的火锅城，已不比四年前那样繁忙与兴隆。下午，我与周总助继续谈。第二天还在谈，周总助起草了一份协议草稿。到了第三天，我们双方就协议草稿再详细逐步修改，最后终于形成一份企业重组合同书。为了深入工作，双方成立了一个重组工作小组，各抽几个人参加工作，主要是清理账目债务。

这个企业重组合同书的主要内容，决定引进香港一家公司，我们两家与香港这家公司三方共同签订一份正式的重组合同书。三方都愿意以右江之滨的酒精厂为平台，做大这个产业。香港这家公司计划引进香港一个大财团融进巨额资金来启动这个项目。

为了给香港财团提供书面材料。周总助与我商量拟写一份商业计划书。周总助列出计划书大纲，列出十个要表述的问题，交给我组稿。

我轻车熟路，奋战了十天十夜，一份高质量的商业计划书终于写出来了。写成后我交给打字员，然后在打印稿上过细修改，改了一稿、二稿、三稿，终于定稿了，还专门制作了一个很好的封面，于是，2001年4月间终于完成《右江酒精项目商业计划书》。

这份商业计划书共100页，印制了20本，农商总部交给香港这家公司及计划融资的那家香港大财团。

然而，事与意违，香港这家公司没过来，计划融资的香港那家大财团也没投资。重组的美梦落空了。

从1998年9月开始与农商总部合作到2000年合作终止，我与农商总部的合合分分是苍天注定的缘分。

第三十六章

2000年5月的一天。我在办公室思索眼前的局面：农商总四部走了，走得很不愉快，两年的合作居然就这样结束了，我们是吵着分手的，双方心里很不是滋味。往后怎么办，生产怎么弄下去，如何动作，如何启动大规模的生产，我思绪万千。

近中午时分，门卫带了几位不速之客上到我的办公室。

对方一位姑娘自我介绍说："老板，我们是柳州某贸易有限公司的，这是我们郑总，今天我们来，想谈谈业务方面的事。"我听说是柳州人，很感兴趣，热情攀谈起来，从双方交谈中得知：郑老板，从事茶叶进出口生意，与南宁的茶叶进出口公司的合作已有几年了，他们也搞酒精销售业务。

昨天，郑老板带几个小姐去凌云看茶叶，路过右江，听说酒精厂是柳州人多年在这里包的厂，于是回头的路上拐进来看厂。

我们在办公室谈了很久，很谈得拢，郑总有意来厂搞来料加工，而且郑总说他的干木薯和桔水的来路很广，待他回柳州与几个股东商量一下，此事便可定下来。

离厂前，我带郑总走了厂里一圈，看到崭新的现代化生产线，看到崭新的厂房，郑总表示马上回来与我签订来料加工的合同。

我热情欢迎他来厂做来料加工，他领情了。郑总带着他的几位小姐回柳州去了，他说他会马上过来的。

郑总走后的第二天，另一位不速之客又来了。

他自己找上门来到我的办公室。交谈之中得知，这位老板姓肖，肖老板是四川省隆昌市的，长期从事四川隆昌市的食用酒精批发业务，他的货大多是从广西发去的。所以，肖老板对我们的酒精厂家非常熟悉，右江的百色市、田阳县、田东县、平果县、德保县等几个酒精厂他都跑过了，这次他来，想做来料加工业务。而他这种想法刚好迎合我的想法，所以我们一拍即合，我带他到厂里走了一圈，他立即定了下来搞来料加工。

这天，我和肖老板签订了来料加工合同书，他马上组织干木薯片和桔水进场了。

想不到，农商总四部刚刚撤走，肖老板自己找上门来了。

很快，马上恢复生产了。

肖老板的原料进场了，工厂又运转起来了。

更让我高兴的，郑总回柳州不几天，真的马上回头了。

我与老郑马上草拟了一份全面的合同，双方讨论了一下，改了一点，就签订了，事后郑总对他的手下说："酒精厂老总起草的合同，几乎与国际接轨，定的条款考虑很周全。"

我与郑总签订合同之后，他也调来了大量的桔水，他还通过茶叶公司的关系，调来了一批干木薯片，郑总的加工业务也启动了。

此时，是2000年的5月份，想不到肖老板和郑总竟是自己找到我，来我厂搞来料加工，我的工厂重新运转起来，心里当然高兴。

从2000年5月份到8月份，肖老板、郑总两单的来料加工都做完了。

经过对账，又惹出麻烦事：华金公司郑总的货我们是发够给他了，但超支了40多万加工费，而肖老板的酒精欠产150多吨，折算成钱是60多万元，只好打了欠条给肖老板。

肖老板回去后不久出事了，当地警方以他涉嫌偷漏税为由将他抓了起来，关了将近一年，赔了钱又罚了款才放他出来。他出来后再不敢做酒精业务了，做怕了。他来过我厂一次，我与他见了面，他想要一些钱，但因为公安搜他家时把我们的欠条搜走了，没有凭证，我们也不好结算，而肖老板对生意也心灰意冷，此事后来也不了了之。

郑总那边，我们欠他几十万元加工费，但他也拿不回钱去，只好留下一榨季，他重新来做生产。

2000年冬郑总果然来了，做到2001年春，但又有扯不清的账，欠酒精也超支加工费。结果2001年冬，郑总把茶叶公司拉来，又把我与郑总的来料加工合同转让给茶叶公司，越扯越复杂。后来到了2001年冬和2002年春，我与郑总终于爆发了一场险恶的争斗。

第三十七章

2002年4月5日清明节。

全厂还在正常生产桔水酒精。没有木薯投料线的机器轰鸣声，厂区内显得格外宁静。我以及我从柳州带过来的几十人，都没有回去做清明的计划，而正在厂内做来料加工的郑总一行人，也没有回柳州市做清明的迹象。

但我也预测到：也许郑总会在回柳州做清明之时挑起事端。

厂里没有放假，职工也没有回家做清明，右江一带的习俗，他们不在清明节去扫墓，他们习惯是农历三月初三做，与新历4月5日是不一致的，而且他们当地不称作清明而叫拜山。所以今天职工没有回家拜山，全部都在厂里正常上班。

上班过后，我在办公楼三楼办公室与我的几个助手说话。不一会儿，郑总公司的林老三，他的人称他为林副总，上来了，进了我的办公室一声不吭，我叫他坐在长沙发上，而我坐在我办公桌旁的靠背椅上。

我与林老三的嘴巴仗就这样开始了。

"林老三，你问你的老郑敢不敢和我各买一副棺材，摆到厂里，然后我们对打，决一胜负，敢吗？"

"我操你妈，老覃，从去年以来，我到这里搞来料加工，你欠了我们好多加工费，我们做三年，还抵不完你欠的这笔账，是你胜还是你负，还要争吗？"

"我们没有多收你林老三、老郑什么加工费，你还欠了我的环保费、机械损坏改装费，你还欠我们厂方的钱，而不是我欠你们的钱，现在什么都不说，你们如此蛮横无理，我们厂方要终止来料加工合同，收回我的设备厂房，我要你们滚蛋！"

林老三站起来指着我："你敢，赌你敢！"说罢转身出办公室下楼去。气氛一下紧张了起来。

我望着林老三的背影，心里很不平静，我想，我惹上了一群麻风的人，难下台，难收场。

我呆坐在椅子上，脑子里映出去年以来的一幕幕情景：

2000年5月，老郑公司与四川老肖同时进场做加工，几个月后，四川肖老板出事了，剩下的只有华金公司老郑一家与我合作。双方没有什么意见，可以说合作是愉快的，2000年冬天的榨季我与老郑又续签了一期来料加工合作，从2000年冬天一直做到2001年5月份结束。

在2000年冬的这期来料加工中，老郑公司只管调进桔水，只管发售酒精，只管三天两头付钱给我们，不管是收购生木薯还是加工费，均现金支付给我们，最后每天晚上对账。这样一个榨季下来，到2001年5月份榨季结束时，双方算总账，我们欠产了一些酒精，又超支了一些加工费，但我们不可能找钱来退给他们，于是这欠款就只有通过再度搞来料加工业务，在下一期的加工业务中逐渐抹平这些欠数。

在这样的状况下，2001年八九月间，老郑又来厂里找我谈判，如何续做下去了结双方的欠数，而且是以租抵债的方式签下了二份合同书，一份是2002年1月1日至2002年4月30日四个月的期限，每月以租金10万元的价格共40万元抵清旧欠，租做四个月。再则从2002年5月1日至8月30日又是四个月的期限作为备案，这四个月则按每个月5万或10万的租金以现金方式向厂方支付。

我当时也太笨，不但签了以租抵债的合同，而且我方完全退出生产管理，由老郑公司自行管理，这还不算，还正儿八经地把全厂生产设备列出清单，托交给老郑公司代为管理，我这一着非常失败，促使了老郑公司的老郑的胃口无限膨胀，他想赶走我，独霸这个厂，所以2001年11月份，华金公司带人进场后，气焰非常嚣张，第一天就把电话线拉进二楼老郑的办公室，还把宿舍区阿阳老科他们的宿舍电话线拉断，门卫全换了他们的人，而且老郑通过关系找了附近几个劳改出来的年轻人来做门卫，这几个门卫当班时，居然干涉我派驻的留守人员进入厂区检查，大有炸平庐山之势。更为严重的是，开始打人，林老三还找了一个小小的理由，打了老科，林老三还在街上遇到小陈时，拦住他，打了他几个耳光。

有一天，老郑、林老三在二楼办公室，算计我的人，他们把小陈、老科找到二楼办公室之后，就不准他俩出办公室，还派了好几个粗壮青年守着两人，门口、楼底老郑全安排人守着。老郑要老科和小陈签欠条，承认还欠老郑几十万元，代表我签字，小陈不同意，老科想打电话给我，老郑一手把电话按住，不给他打。到了中午，不准他们吃饭，还说，如果下午不签，就打他俩，老科准备打电话报警，老郑一手快动作把电话线扯断。到下午，林老三动手打人了，扇了小陈几个耳光，又踢了老科几脚，小陈的嘴角被打出了血，也不给去洗，很多职工看见心里都害怕，这是老郑故意整人的。

双方的关系非常紧张。

而此时，我已回柳州家中了，自从2001年1月份把以租抵债合同签了之后，我们便回柳州家中，厂里只留下小陈、老科、老五两夫妇、周康等几个人，作为留守人员看厂。

我笨了，主动把这个地盘让给了老郑，而老郑认为捡到了一块大肥肉，进而想独吞，想赶走我的野心也逐渐膨胀了。

老郑签了合同之后，马上回柳州，不几天便组织了30多人，一下子突然进厂驻厂，原料区酒精仓的保管、地磅过磅、发货业务、收购木薯业务、购买桔水业务，全部由老郑从柳州市带去的人负责。钱则更重要了，完全由老郑的出纳会计负责，厂方休想再见到一分钱，不但如此，门卫他也换了，我们守厂的人员进出生活区、办公区还要受到他们约束，甚至他贴出公告，不准留守人员进入生产厂区……"司马昭之心，路人皆知"了，整个厂的气氛完全翻了天，似乎我已被赶出了厂，这个厂将永远是他老郑的了。商场如战场，不进则退。

老郑几个头目，租了街上一栋房子三楼的一个三房二厅作为居住点，生活设施全部配齐，大有长久居住下去的意思。同来的一位湖南籍的范丽小姐，不知从何时起就给老郑了，大概是跟他跑茶叶业务时开始的吧，跟老郑同居生活几年了，范丽给老郑按摩捶背，故作娇滴滴的样子，说起话来嗲声嗲气。范丽管钱，也管业务。

同来的还有小韦、小红。小韦一直跟着老郑工作，在他手下工作也有几年了，过去也做茶叶生意。小红任出纳，管钱及与厂方每天的付款与对账，小红是柳州人，是老郑从柳州市人才市场招到的人员，她学医，中专毕业后，到人才市场待聘，也在老郑公司工作几年了。

老郑用分期付款的房子作抵押，在柳市商行贷了很多款，过去用于做茶叶生意，现在则用于做酒精业务。同时，老郑还收了很多酒精订购商的订金，用于生产周转。

老郑，四十多岁人，原是教师，后搞勤工俭学，办了一个勤工俭学公司，后来他干脆下海，自己开公司，做茶叶业务，也做酒精业务，因为他与南宁茶叶进出口公司的老总是朋友，所以在茶叶进出口方面，揽到了很多业务，由此逐渐做大。那次去凌云回来途中，偶然进了一趟田东县酒精厂，便与我结下了缘分也结下了仇恨，恩恩怨怨，无了无休。

老郑出身教师，外表斯文尔雅，很难想象他能动粗，他还找了一个五大三粗的副手林老三。

林老三，三十多岁人，长得眉粗脸横，体形粗壮，手脚冒青筋，他曾因与人打架致他人重伤被判刑劳改八年，他家住在东化那边一条小巷子里，是一层的平房，他本身系无业居民，从劳改农场出来后，便主要帮老板看场子，看赌摊，每月工资2000元，这个职业很吃香，从业的人胆子要大，那是随时准备打架的，老板也专门挑选从劳改农场出来的人担任这样的角色。这次老郑为了动粗，为了赶走我们，好不容易物色了林老三这样的助手，后来还得知，老郑同意给他30%的股份利润作为报酬，每月另付工资，还任命他担任副总，老郑弄这样的一个人来厂里，一场恶斗自然就免不了。

林老三虽然勇猛，但两手空空，没有钱，老郑毕竟还是缺钱，于是又拉上了林老三的同胞哥哥林老二来合伙。

　　林老二是林老三的亲二哥，早年经营汽车跑运输，积累了几十万，这次老郑把他的钱口袋掏出来，拿来酒精厂合伙。再说，林老三不懂业务，是个粗人，林老二长年做生意，很懂得生意经，而且把自己一台汽车也拉来田东县酒精厂，给老郑壮粗了腰杆。

　　还有一个，林老二的舅仔，俗称眼镜，是个年轻人，他精于管理，老郑把他放在生产管理的岗位上，再则，他不知何时何地还学得一身武术，弄刀弄棍还有几下子，又年轻，让人畏惧几分。

　　这样一数下来，老郑的班子算是配得很足了，老郑、范丽、小韦、小红，这是财务班子，管钱管账管发货；林老二、林老三、眼镜，算是生产班子，管生产、管业务，还兼弄拳头，以武力助生产保生产。三十多人的队伍，黑压压一片，罩住了酒精厂，我感到后悔了，这是引狼入室，与狼共舞，自食恶果了。

　　春节过后，正月十二，老郑原形毕露。

　　当时我的人在厂里只有小陈、康文、阿五、老科几个，显得势孤力单。

　　眼镜带人去老科、小陈几个房间收电费，是我的厂还要向老郑交电费，岂有此理，几个人当然不交，眼镜与老科发生了口角，争了起来，越吵越大，林老三听见了，从晒场木薯堆里抓起一把铁耙追过去，直指着老科的鼻子，喊"你不愿交电费就搬出去，搬出去"，老科与康文当然与林老三顶起来，林老三火起来了，拉扯康文，把他扯出去，这时小陈、阿五几个人一齐跑下去对抗林老三。在宿舍门口那块草地上，林老三拿着铁耙在中间，围着的是老科、康文、阿五、小陈，一时间，林老三气红了眼，挥舞铁耙，在中间打转转，一边转一边高喊："哪个敢进来？哪个敢进来？"眼镜、林老二几个人也手拿水管一齐围上来，小陈几个人看见不对劲，便主动往大门外撤走，林老三扛着铁耙，还一路追过去，一边追一边喊："怕死啦，跑啦，有种的你他妈的莫跑。"

太多太多的职工在围观，但谁都不敢说话，谁都不敢出声，心里也害怕。

老科早在房间已经打了110报了警，此时，警车来了，林老三等人见警车开进厂大门，急忙丢掉手中的凶器，四处散开，小陈、老科、康文、阿五他们才算解了围，脱了险，但毕竟老郑凶相毕露了。

老科电话详细地跟我汇报了这一切，我听后气得不得了，坐立不安，我在想，我再不出面不出兵，小陈、阿五他们就待不住了。我虽在柳州家中待着，但那边天天有电话，酒精厂所有不愉快的事都反馈到了我耳朵里，我分析揣摩，如果不采取一定措施解决这个局面，那么就会让老郑永远霸下去，我作为主帅，如果不拿出主意，那么老郑会认为我们已经惧怕了，逃跑了，把这个厂让给他了，经过几天的思考，我决定带几十个人回厂，我要终止以租抵债合同，我要收回我的厂。

我在家中三楼大厅召集全家人商量，也算是开会吧，阿阳、阿燕、阿梅、老科、梦香、阿华全部参加，当然，大家也各有一些看法，但还是同意我的意见，接着我们便研究带什么人去。研究结果，我们决定从老家拉人来，加上我们原有人员，总共就三十多人了。

当天我们在柳州家中电话向这一串人发出了通知，他们知道了工资待遇和任务，都同意了。我们定的待遇是：每人每月工资800元，包吃住，包来回车票，不用正点上班，只是观察动静，待机而动。

我定了22日到厂，那么老家的人就必须在21日到柳州，我还调用了三辆车，所有的资金预算也出来了，一切都在积极准备当中。

我们商量了一下，决定让阿华去打前站，安排购买铺盖等生活用品。

阿华一个人提前坐班车先去了，当天就到了酒精厂，当晚就回到厂里我们那个家住下。

第二天，她带了钱，带阿五他们几个人上街，买了几十顶蚊帐，几十张军被，几十张席子。还叫阿五他们在三楼大房铺床板床架。

老郑也不示弱，马上叫来了当时的一位熟人匆匆来到厂里，上了三楼，见了阿华，问："你们不做生产，你们来做什么？"阿华不示弱："这个厂是我们的，我们为什么不能来？现在只是租给姓郑的做几个月，你算什么？"那人还说了几句，阿华也照顶了过去，最后双方都不好意思再说什么。

阿华的前站工作一切都顺利进行。

我们的人员21日傍晚全部到了柳州家中，在家中安排吃住，大家也休息得好。2002年3月22日清早，我们车队从柳州出发了。

傍晚时分，我们三部小车的车队来到了酒精厂，打前站的阿华已经布置人买了鞭炮，在厂大门那里等着，当我们的车队开进厂大门时，鞭炮齐鸣，很是轰动，连村上的村民都说："酒精厂的老板回来了。"老郑的人看见了也无奈，只好站得远远的，敢怒不敢言。而部分职工不想惹事，也站得远远的，我理解。

我带一批人马回厂，自然震动很大，我的人全部在食堂开饭，住在三楼大会议室，我的小食堂也在四楼，我在三楼办公，二楼大会议室给老郑办公，二楼财务室是不给动的，一楼头间老郑改为小食堂，他们公司来的人全部在小食堂吃饭，也是供给制，包吃，还轮班在小食堂做厨工，老郑很会做样子给工人看，每天开小车从街上生活区进厂上班时，总是提着他那个密码箱，让人认为里面装着大把钱，殊不知只是装几本账本而已。

老郑的生产还是照常进行，我们的几十号人每天都闲逛，我知道这是人多壮胆而已，两个姓杨的住在三楼大会议室，他叫我们买几根洋铲木棒备用。而每天二杨都用一块红布扎紧腰，手持木棒在三楼大会议室练功，他还故意使劲用脚蹬楼板，或用木棒打击楼板"嘭嘭"作响。特别是他瞄准老郑在二楼办公或者有人来找老郑在二楼谈业务时，他便"嘭嘭"敲得天响，老郑有苦说不出，却不好发作。

针对我们进厂放炮，针对我带来这样多的人，就在我们进厂的第二天，老郑便在厂区二大门贴出半张公告：在厂区内不准放鞭炮，不准闲杂人员进入生产厂区。我们看了，根本不理他，晚上，我叫人暗中把它撕了。

我给县经委上材料，罗列了老郑公司的违约事实：一、不管环保治理，臭水装满氧化塘，欠环保治理费30多万元。二、乱改设备，不经我的同意，损坏了我的设备。三、不交职工的养老保险，又欠了30万元。四、打人打架，违反治安管理条例。所以我厂方要求合同只履行到4月30日，5月1日准时由我厂方收回，终止租赁协议。而老郑几天后也上材料，他说他投资了多少万元，如终止合同，将给他带来巨大的经济损失，要厂方给付现金，那么他们马上可以退出。

　　几天后的一个晚上，在县府办公楼三楼会议室召开了双方的调解会，县府办以及经委、环保、劳动局、司法局、调解办等部门的领导都来参加，县府是下决心解决这场纷争。我和小陈、老蒙早早就到会议室，各位领导也陆续赶到，晚八点准时开会。谁知时间到点了，老郑却没到。县领导又打了他手机，过了许久，老郑才赶到，但已经喝得醉醺醺的，脸色通红，满脸酒气，走路也不平稳。会议开始了，县领导开场白之后，双方发言。先让老郑说，然后我才说，双方各有各的道理。最后县领导认为：如果要终止合同，那么厂方应根据欠账数最好能现金给付，然后双方好合好散。而我认为：对方欠我厂方好几笔钱，双方应该对账扯平。各持己见，僵持不下。开会到半，老郑居然在会场里呕吐，酒气臭不可闻。

　　会议调解不成功，双方只有通过诉讼来解决，于是我着手准备材料，向法院起诉老郑公司，通过诉讼来终止合同和双方互相对账对数，解决双方谁欠谁的事。

第三十八章

今天是2002年4月5日清明节。

我仍坐在办公桌前的沙发上呆想，我预感今天会出现什么事，气氛似乎凝结了似的，令人感到窒息。

果然不出所料，林老三刚才下楼去没多久，又气汹汹上来了，一进我的办公室，一拳猛击我的办公桌，骂道："老覃，我就不信动不了你。"我猛然站起，刚想回骂几句，但办公楼下已经吵了起来了，老红高喊："杀人了，杀人了。"

林老三刚才下了二楼，也到了一楼，大概是布置什么东西吧，现在才又冲上三楼，而眼镜跟着在他们一楼的小食堂里操起一把菜刀，气汹汹冲上楼梯，老红刚下楼，见不对劲，马上迎面拦住，眼镜把菜刀扬起要劈向老红的头，老红双手搂住眼镜的腰紧紧抱住，使他下不了手，接着老红急转到眼镜背后，双手从背后搂住眼镜，老科也下来了，双手卡住眼镜的双手，康文阿五还有几个人，听到老红的喊声，一齐下楼，围住了眼镜，眼镜的菜刀被我的人夺了下来，他只好挣脱包围下楼到他的小食堂。

林老三从三楼跑下二楼，刚到拐弯处，林老二、老郑也从二楼大会议室跑了过来，到二楼小陈的房门口，就被曹仔拦住了。刚才一分钟，小杨仔刚从街上回厂，刚进厂大门就听见吵起来了，其实他瞄很久了，早就忍了很久了，只是没有导火线引爆而已。小杨仔在办公楼里大声喊："曹仔，拿东西下来。"曹仔见小杨仔回来了，马上跑进三楼大会议室他们睡的地方，从床铺底下拉出大木棒，这是几天前他们上街亲自挑选买来的。曹仔从三楼走廊丢下一根大木棒到地面草地上，小杨仔操起大家伙冲上二楼，刚到拐弯处，正看见老郑，小杨仔冲上去，抢起大家伙，猛打老郑的腰，这边几下，那边几下，然后冲上去，一手卡住老郑的喉咙，把老郑顶到墙边，小杨仔死死卡住老郑，同时又用大木柄打击老郑的头，脚踢老郑下阴，老郑吓得脸色铁青，连声喊："哎哟，哎哟!""莫搞了，莫搞了。"

曹仔也跑下二楼，也在小陈房门口，一手抓住了林老三的背后，大脚大脚搞得林老三"嗷嗷"叫，林老三往日的威风全然扫地，敌不过年轻力壮的曹仔，曹仔眼疾手快又有劲，打够了又抓起林老三的头发，把林老三的头猛往墙上撞，撞得林老三眼冒金星，林老三从来没有遭逢过这样的年轻对手。曹仔早几天就瞄准了林老三，心想，一旦有机会，就找林老三对着斗，非要狠狠教训他一顿不可，要给林老三吃够皮肉之苦——谁教他林老三太过分了，太霸道了。

老红和几个老家的年轻人，也冲到二楼拐弯处，他们抓住林老二，猛打猛踢，把林老二猛往墙壁上撞，撞得他高声大喊："老覃，莫搞了，莫搞了。"我刚从三楼下到二楼拐弯处，老郑、林老二同时大喊求饶："老覃，莫搞了，莫搞了。"

同一时间，楼下还有另一场恶斗。眼镜刚才跑下一楼进他们的小食堂，从门背操起一根大水管出来，瘦高仔和老郑公司的几个男仔也各拿起一根水管，那水管都是一米左右，老郑早就备好放在小食堂门背了，几个男仔跟着眼镜和瘦高仔，拿着凶器出来，一路高喊："哪个敢过来？哪个敢过来？"但只是壮胆而已。老杨小杨两人也已经从三楼操起他们的木棒，那两根木棒是杂木的，很硬，一路跑下一楼，两杨对着眼镜瘦高仔以及几个手持水管的老郑公司男仔，就在办公楼一楼门口草地和水泥路上对仗起来。两杨马步、背靠背，木棒横扫过去，老郑公司几个年轻人手中的水管全被扫落在地上，这几个人已没有胆量去操水管了，只有跑开，逃离格斗的现场，剩下眼镜和瘦高仔，两人对两人。眼镜会些功夫，也会些路数，这一招一式，对着两杨，而两杨也不示弱，特别是小杨的手很有劲，那木棒很有劲，打得眼镜手都发抖了。瘦高仔敌不过老杨，已被老杨的木棒扫落了他手中的水管，也只有逃离现场。剩下只有眼镜一人，这两杨对一人，几下子，就把眼镜手中的水管打飞过一边，眼镜也不得不跑过一边去了。

很多职工在草地上围观，事后他们说今天是亲眼看到了一场少林功夫的打斗，不是电影，而是真人真棒，大开眼界，而且还听到了清脆的木棒打击水管的声音，一招一式，很像电影，他们不知道，两杨和眼镜都是有一点功夫的人。

老郑、林老三、林老二都下到一楼前的水泥路面，我在三楼走廊观望着这一切。老郑脸色铁青，全身发抖，手颤抖地拿出手机拨打110报警。我听见老郑说话的声音都已经发抖了，结结巴巴地报了案。我的阿四很憨厚，还拿着一根木棒，站在老郑的面前，事后大家都拿阿四这一举动来开玩笑，说是给老郑做贴身警卫。

老郑报警了，我们也报警了。

既然报警了，双方都在做扫尾工作，打扫战场，转移或藏匿木棍铁管。

曹仔和杨仔动作很麻利，放走老郑和林老二林老三之后，马上把大木棒拿上三楼，而眼镜的菜刀被我们的老红缴了械，已拿上三楼，放到我的办公室留作证据。

不一会儿，警车来了，一下子来了七八个警员，先找老郑问情况，老郑指手画脚说了一通，但说话时仍然颤抖不停，语无伦次，还翻开衣服露出腰两侧的伤痕给警员看。警员还察看了林老三的伤痕。

警员上楼来了，到我的办公室问了情况，我如实说了眼镜扛菜刀冲上楼要杀人，最先挑起事端，我们纯粹是自卫，双方对打，难免有伤，但不出血。

我为了迅速平息事端，如实汇报了打架经过，强调"没有流血"。我知道流血与不流血这是分界线，事态不算严重。

老郑指控我的人动刀，"白晃晃的大刀，好几把，他身上还有刀痕"，但我们否认。警员三四个人上到三楼，开始搜查凶器，我派人陪同，先进三楼大会议室，那是我手下住宿的地方，全面翻了一遍，也只搜出几根洋铲木柄，连水管都没有，更没有刀具，接着又查看了几个办公室，仍然没有什么，我指着我的房间问要看吗？警员回答："私人房间不看，我们不办搜查证，不进家了。"

对我们厂方的搜查，只寻得了几根木棒。轮到老郑公司方面了，我派小陈带警员去，先到办公楼一楼小食堂，就在门背搜出一大堆一米左右的铁水管，还有一把铁耙，警员将这些东西拿上车去。又到对面宿舍，他们有几个人住在二楼，警员又从二楼宿舍搜出几根粗水管，拿上了车。

我们还将老郑手下眼镜拿的菜刀交给了警员，搜查凶器就算结束了。

公安要双方都带相关人员去讯问，老郑自己上了警车，林老三也去了，眼镜也去了。我们厂方只去了老家的两杨、老红、小陈、老科这些人。

警车带人走了。

厂里一片死静，一场恶斗过后的死静。

职工们全散开了，全不见人了，老郑公司那几个女职员早就溜出厂了，据说当天就在外面坐车回柳州了，她们不愿卷入这场纷争。

我和老科开车出厂，回到厂已经中午了，厂里静得可怕，老郑公司的人心有余悸，都出去了。中午时分，老郑等三个人回来了，开着他的小车回到楼底，还进他们小食堂吃饭，他是在试探我们是否还动手。我传话下去，不用理他了，由他吧。

风雨已过，双方无心再斗。

老郑公司已经全面疲软了，我的目的也达到了，过了几天，我把带来的人全部撤回柳州去了。

又过了若干天，此事还没完，公安局又带来一批警员进厂，找我们厂方中层以上人员，开了个座谈会，主要强调平安、稳定、团结，不准闹事，不准出乱子。

正在开会间，谁都想不到，老郑带了柳州市一位律师，三人开着一辆老式小车进厂，直上三楼，找到公安递了材料，又说了些什么，之后走了。

后来据说因为老郑的眼镜先动手扛刀上楼要杀人，才挑起这场恶斗，责任在华金公司方，而且我们厂方也搜不出任何刀具凶器，此案就不了了之了。

我与老郑闹也闹了，打也打了，调解也不成，最后只能走法律途径。4月底，我对华金公司提起了民事诉讼，我起诉他双方抵扣后还要赔偿我方30多万，诉讼费也交了几千元，县法院受理了，把副本发给了对方。

结果老郑反诉我，瞎凑了几个数字，瞎编了几条理由，要我方赔偿他100多万元，而且说不能终止合同，还要继续做下去。

我不请律师，全由我自己和小陈两人，我除了本诉列举了一整套证据外，还驳其反诉。

诉讼后不久，我便到南宁工人疗养院小住，在那里我全面编写了诉讼和反诉材料。很多事情则由小陈在酒精厂处理。

这一场诉讼是我到酒精厂在我手上开展的第一场诉讼。这场马拉松诉讼为时长达一年，判决下达时，我们厂方胜诉，华金公司败诉，要赔点钱，但此时老郑已彻底垮台了。

老郑的结局：

冷了几个月后，2002年冬，老郑、林老三、林老二又主动与我讲和了，又来合作搞生产开机，还拉来湖南的何老板，结果开机不到一个月，上级来了工作组，因为环保责令停产了。这一停产，老郑与林老三、张老板、湖南何老板之间"你骗我，我骗你"的行径全部暴露了出来。谁都想不到，有一天三个人因争吵，老郑与林老三等三个人在厂区二门口，扭打滚成一团，从此便决裂了。

决裂后的老郑又主动找到我作为合作伙伴，共同对付林老三。结果有一天，林老三、林老二把老郑从酒精厂绑架到南宁，拟押回柳州，到南宁收费站给拦住了，但他们否认绑架，说是经济纠纷，要回柳州算账，林老二投了几十万收不回，林老三的百分之三十股份利润分成拿不到手。

老郑的情妇范丽小姐在这伙人忙于吵架的时候，卷走了老郑的100多万元，回老家躲了起来。资金被拐走后，老郑一路走下坡路，外债高达100多万元，银行贷款也无力偿还，银行拍卖了他的房子，老郑陷入绝境，破产了。

而林老二和林老三兄弟俩合伙去桂林又做了什么生意，也亏了，结果兄弟俩也大吵特吵，差不多闹到法庭上。

第三十九章

1

酒精厂年产2万吨食用酒精的生产线在我手上，但喂足原料不容易。其中年产糖蜜桔水酒精1万吨需要糖蜜桔水原料4.5万吨，年产木薯酒精1万吨需要生木薯原料7万吨。

怎么解决木薯原料稳定供给，除了发动本地群众种木薯，我们只得自行试办木薯基地。

2005年8月底的一天，我在柳州市家中宴请了几位贵宾故友：县委原领导王老书记及书记夫人，县人民银行已退休的老行长，还有几位陪同的人员。我们家弄了一桌饭菜。大家吃得很高兴。饭后，王老书记一行人参观了我们家的三角花园，后花园，又上二楼、三楼及天面四楼阳台空中花园看了看。随后，我们在一楼大客厅落座，泡了壶好茶。我们一边品茶，一边海阔天空地围绕经济、企业、事业聊了起来。

王老书记话题一转对我说："我退了，退了几年了，但久而久之，想再做些项目上的事，找些钱，我家还欠一些外债。""你长期在外搞企业，你认为有哪些项目好做。"

我毫不思索就回答："我们租地种木薯，租地几千亩几万亩种木薯，几年下来可净赚几百万。"

王老书记听罢说让他考虑考虑后再决定。

我小车送客了，刚才我开车过对河河堤住宅区去接王老书记，现在我又开车送他们回去。王老书记从融水老家来柳州亲戚家小住几天。

过了两天就是农历八月十五了，今年八月十五的月亮特别亮。

我的手机响了，是王老书记来的："我与几位老同志广泛讨论了，他们认为很多老板种植木薯都成功，种植木薯项目又好又快，就选木薯种植项目吧。"

我和王老书记就在这中秋之夜，确定了种植木薯的项目，当然，我们有很多事要马上做：马上到实地考察，马上出一个可行性报告……

一个新的项目，就这样确定下来了。

2

我们厂在右江之滨，本地已有很多木薯地，再要扩种，难乎其难。若说去外地，距离太远，运输成本又高。思来想去，只好选择稍近的邻县天等来扩展木薯基地，但我对天等县的土地资源、地理概貌、风土人情、气候环境一概不知，现在最要紧的是我们要有第一印象。当务之急，要跑一趟天等。

八月十五刚过，新历9月2日，我们赶早出发了，我们用阿阳的小车，我、阿科、阿阳三个人，由阿阳和老科轮流开车，从柳州回到厂里，住一夜便立即过天等县。

今天不知什么原因，大概前些日子大暴雨，路面落下大石头堵了去天等县新修的公路，在岔路口见到交警的改行旧路标志。

我们顺着标志走老路翻坡，这坡是紫胶林场的地界，小车沿着蜿蜒的土路往上爬，车后扬起一股巨大的尘土，上到半山，展现在我眼前的是漫山遍岭连绵不断的木薯地。9月的木薯已长到顶了，青翠的木薯叶，绿油油一片，我打开摄像机，停车下车，认真把这几坡几岭的木薯全部收入摄像带，甚是壮观，一坡一岭、一山一沟，起码几千亩木薯。后来打听才知道，此前紫胶林场计划全垦这山坡地种树，于是无偿把这几千亩山坡包给巴马民工，让他们头三年种木薯，把地垦熟了才种树，种木薯都不收租金，但以后种树给工钱，种了树还可以林下再种几年木薯，要求免费护理小树，双方都合算，每年能产出几千吨木薯，巴马民工干了。

我们今天去考察木薯地，第一眼便看到了这片可观的木薯，很受鼓舞。

小车跑了不久进入天等县地界，第一站是到平贯村，从平贯村下坡，沿途两边都是旱地，当地群众种玉米，这里很适宜种木薯，我又打开摄像机，一路摄了下去。

我们下到坡脚，见到一位中年妇女从山上收工回来，我们停车，我上前去问："大嫂，这个地方有地出租来种木薯吗？"

中年妇女用手一指南边，笑着回答："九十九岭到越南，九十九岭是黄金，怎么没有地种木薯，大把地。"

我又问："哪里的地最多？"

中年妇女答道："到前面乡政府拐过去，再走两里路，就到那利水库，那利水库四周都是上等好地，你们去看看吧。"

我们不多说了，告辞这位"九十九岭"下的农家妇女往前驶去。

到了那利水库，停车，我们三人上到坝首，放眼望去，四周都是好土坡，但我摇头了，这里路不方便，种了木薯难运出去，我们放弃了。

回头我们继续往前，不久后，来到天等县县城，我们在县城吃了些东西，然后到各乡转转。

之后，转回酒精厂。阿阳阿科他们回柳州去了。

过了几天，我又第二次去考察。

我到天等县县城住了一晚，第二天早餐过后，开小车去龙茗镇。

也就是几十公里吧，柏油老路，窄、弯、坡，路边树已长大，这些都说明这路已经很旧，很老。我上坡、下坡，到了龙茗镇。

龙茗镇在清朝曾设县建制，是县城所在地，是一方小镇，街道很窄，但很繁华，人很多，我问了几个人，驱车来到旧的龙茗淀粉厂，现在这里已是一片废墟了。龙茗淀粉厂建于20世纪80年代，当时是乡镇办的企业，占地30多亩，也曾带动了龙茗镇附近一带农民种木薯，但那时采用的是流槽沉淀，是一种很落后的被淘汰的工艺，它的生命力不强，龙茗淀粉厂早几年前就破产了。我到里边走了一圈，内心十分悲凉，已经不可能再生产了。

当晚我回到天等县县城住。

第二天我开小车去进结镇，这也是一个古老的集镇，晚清时期曾设县制，也是县城所在地，这是大山深处的小镇，自然也有其繁荣的一面。

告别了进结镇，已没有柏油路了，全是沙石路，走了不久后便到了进远乡，这里是大石山区，这里的人大多从事石材加工，打磨石狮石龙。

我在进远乡没停车，直驰而过。

从进远乡过来，便是东平乡。

从东平乡再过来，就是平贯村，我从平贯村再下县城。

几天时间，把天等县跑了一遍。然后回到酒精厂的家中。

我在右江河畔的酒精厂的家中，从电脑网络上下载了一些资料，因为我刚刚跑了一圈，已经有了第一印象。于是我马上整出一个简要的项目概况，几页纸。接下来，我便编写《木薯种植项目可行性报告》，花了几天弄好，又是打印，又是校对，第一稿总算出来了。

我拿着《木薯种植项目可行性报告》回到柳州交给王老书记。

王老书记看完《木薯种植项目可行性报告》之后，接着考虑投资问题。

经人介绍，柳州的杨总同意与我们合作，我与杨总通了电话，他大多时间在柳州，过去做房地产，后又到南宁发展，也是搞房地产。

我与杨总约在柳州市三中路半岛咖啡店见面。

我们第一次见面，他便直率地谈了他的设想：1.将我的酒精厂全部抵押给他，由他找钱来运作。2.用他的东西为我们作担保，合股在天等县投资木薯地，当然杨总他要控股。

我不作任何表态，只说好好商量。

分手后，我立即手机向王老书记汇报了，王老书记听了汇报，决定过两天亲自与我再次会见杨总，再谈谈。

只要有一线希望，我都会努力争取。我约了杨总，我们又在老地方见面了。杨总的态度比前几晚更强硬了，他说："什么我都不理睬，我的条件就是这样定。"

我们不谈了，分手后，我与王老书记分析说，把价值几千万的酒精厂抵押给杨总，他负责弄钱来，但钱如果弄不到厂已抵押给他了，这是要吃掉我的厂，根本不是做木薯基地项目，这样的合作是不可行的。

此后，我们再也不与杨总打交道了。

3

办木薯基地首先要租到一大片地。

2006年元旦，我和阿勇开小车去天等县，我们住在县城，每天开小车到平贯村、安然村以及各村屯进行租地工作。

2006年元月2日，平贯村村委会，村所属各屯屯长以及经济合作社社长来开会，有10多人。村部会议室在二楼，板凳、桌子上的灰尘，已经用毛巾擦了一遍，会议由平贯村黄支书主持，黄支书首先介绍项目概况，然后我介绍了木薯种植项目情况。

我说："租地方式可分为：一、全租，村民把地全租给我们，由我们种，我们管，我们收；二、半租，我们付一半租金，由村民自己种，然后共同管理，共同收；三、定向收购，我们向村民发放木薯种，按6角钱1斤，但现在不收木薯种钱，只是记账，村民自己种，自己管，自己收，我们定点收购，按鲜木薯1吨200元收购，然后扣除木薯种款，余下的钱当场付清。但都由村、屯统一填表，由我们掌握种植户，我们提供技术咨询。"

我这一番解说，很多村民听懂了，很乐意种，而且同意第三个方案。

我又说："在技术上，全部采取间种，玉米与木薯间种，先种玉米，待玉米长苗10—15厘米，然后才种木薯，收完玉米则专攻护理木薯，这样虽然少种一造玉米，但二造玉米产量很低，不如种木薯合算，木薯亩产1.5吨300多元，二造玉米亩产不过50斤，每斤1块钱也仅是50元。"

我这样分析计算，村民们信服了。

接下来是各屯估算能种木薯的亩数，由各屯屯长代表村民统一填表，签字，盖了屯级经济合作社的公章，村公所又加盖公章，村支书签字。

平贯村共有6个屯，合计种植面积有一千多亩，当天上午，就这样办完了一个村的合同书，我给来开会的屯长、社长每人发放误工费10元，每人还给了一包烟，中午又请大家吃了餐饭，平贯村的工作顺利办完了。

我们通过平贯村村支书，认识了安然村村支书，还有中和村民兵营长老梁以及乐龙村村支书。

2006年元月3号，我们到安然村，安然村离东平乡很近，不到一里路，这一带的村民较富，都建起了砖房，东平锰矿富了这一带村民。东平是全国重要锰矿矿区之一，可见其矿产资源储量之大，村民的收入有地面青苗补偿费和务工两项。

安然村黄支书，也通知了各屯屯长、社长，大家都来了，乡里还来了一名扶贫干事。我们仍然按平贯村的做法和程序开了会，填了表，签了合同，盖了村委会的公章，然后各屯来参加会议的人每人补误工费10元，每人给烟一包。中午，屯长社长都到村支书的家，我出钱买肉买酒，一共三桌人，吃了一餐中午饭。安然村的合同办好了，又是两千多亩，土地亩数很可观。

散会了，吃了中午饭后我们回酒精厂，我开小车，有一位七十多岁的老屯长，也是村支委，他家在隔界的一个自然屯，我叫他上我的小车同路回，他在车上一路说："小覃，你这个项目很好。小覃，你很尊重村民。"开口一个小覃，闭口一个小覃，天啊，我多大年纪了，怎么还称小覃？但我不拗他的口，笑哈哈点头说："是，是，是。"

我从天等县的平贯村回到酒精厂，车程也仅几十分钟。

4

租到了地，下一步就要组建天等县平贯木薯基地。

这天，我和阿华、阿勇去到平贯村，与平贯村黄支书商量租个地方做办事处的事情。他说平贯村边有个公路段宿舍楼，已经废弃不用了，可与公路局商量把它租过来。

　　于是，我和阿华、阿勇一齐到天等县公路局问了，最后以一年500元租金把它租了下来，写了租屋协议书，交了钱，落实了。接着派阿勇去打点那里的门窗、电灯、供水等。

　　我安排阿五两夫妇一起住到那里，作为木薯基地常驻人员。我任命阿五为平贯木薯基地经理。阿五名叫韦祥仁，是我老家的老表，长期跟着我管理企业。

　　平贯木薯基地总部从此设在平贯村的旧公路段宿舍楼。

　　宿舍楼为二层砖混结构，楼梯从中间上，一层楼有四间房，二层楼有四间房，木板门，木框玻璃窗，窗玻璃已不见了许多。这楼已是危楼，很陈旧，过去平贯至县城公路是沙石路，有一队公路护理工人住在这个公路段，后来此路段改扩为柏油路，就撤并走了，已经几年没有人居住。楼房靠公路的一端，因为公路扩宽，已拆除了这栋楼的一部分，靠公路外端的楼房露出了拆除时不平整的旧砖和楼板，凹凸不平，从外表看有点可怕。但村上一个没有家、没有父母兄弟的中年男人五保户，已在一楼的一间房里睡了几年，我们看他的房间，什么都没有，只有几块床板和一床蚊帐。

　　我们租赁了那栋旧楼，阿勇和阿五通过平贯村黄支书申办了用电，电力公司来拉了电线，装了电表，收费1000元，阿五还与村上申办了用水，村上是抽地下井水，半山上有一个池子，然后自流下各户，水很贵，2块钱1吨。

　　二层楼四间房，阿五两夫妇和孩子住第一间大的。

　　不久后，为了方便工作，我和阿华也搬到那里，住第二间，较小。

　　第三间做厨房，楼梯过去的第四间装杂物。一层楼我们不用。

　　楼前面有一个很大的地坪，能停五六辆汽车，楼的一端靠公路，另一端靠村边的大石山，大石山半山上有一座石头砌成的庙，全村人都上那去烧香。山下面，也就是楼头不远处有一座旧厕所，楼后面有块空菜地，阿五在那里种了菜。

这就是木薯基地总部，我们新的工作点。

过了几天，我和阿华又开小车去办工商执照。我已确定：名称为平贯木薯基地，注册地就在平贯村，办我个人经营的个体户执照。经过一番填表、签字、提供证明材料等手续，天等县平贯木薯基地的工商执照办好了，盖了鲜红的工商局公章。一应手续办好了。

前期工作事务很多很多。

这天早上，我和阿华两人又开车出发去天等县办事。此时龙须河大桥正常维修，封桥了过不去。我当时预感不出什么，但后来的事，我信了，这是苍天不让我去办这个木薯基地项目。

封桥了过不去，要么走那桐镇拐几百公里大弯，要么走田阳县过德保县也是几百公里大弯，都太远，就只有走作登乡小路去。

我和阿华开小车，到作登乡农贸市场吃了碗作登鸡粉，然后问清路，就赶路了。从作登乡过去是沙石路，一段沙石路之后又是一段村级扶贫柏油路，路面粗糙狭窄，我们走了很远，前面要翻一个较高较陡的坡，小车走到半坡，打滑了，我轰了油门，仍然走不动，我想了想可能是变速箱压盘磨平了，走不了，停车，我和阿华下车，我说："阿华，你走路上坡顶，我一个人开上去，车子轻些也许能上去。"阿华下车了，我再开车，仍然走不了，我心里默默许愿："小车小车，你跟我这么多年了，你应有灵性啊，今天你上了坡，走到天等县，我马上给你换压盘。"心里默默说完后，我再发动，奇了，小车能走动了，我加力油门，冲上去了，我不敢再停车，我要趁着惯性上到坡顶，因为在这荒山野岭，如果抛锚了，请车来拉也要大半天，我呼呼地往上冲，到了坡顶才停下等阿华。阿华在后面走路上来，她到坡顶时，气喘吁吁，眼睛还有眼泪，脸色铁青，她说："我在半坡看见你的小车上去，但后来你到坡顶小车就不见了，而坡顶上正冒起一股黑色的浓烟，我以为你的小车起火了，我连连高喊，都听不到你回答，我哭了，我急着跑上来，看见你和小车没事，原来，那冒烟的，是村民在山地里烧草，我才平息了心跳，以后不能冒这种危险了。"我听了，心里酸楚但很感动。

我和阿华上车了，小车又正常了，我们走完小路，从半坡上了大公路，当天中午到了天等县县城，马上去修车，我原来已备有一副离合片在车尾，三个小时就换好了。

办完事，我们仍回酒精厂家里，但不敢走那条路了，我们跟着一辆货车，走二糖厂老渡口过渡回县城。天黑了，我一点也不熟悉那渡口的情况，很多车在排队，轮到我们了，我开车上了渡轮，渡轮开到了对岸。上岸了，我不了解岸边是如此陡的坡路，小车下了渡轮但上不了岸边的陡坡公路，危险，如果退下去就掉进右江了，我猛加油门，车子冒出黑烟，今天刚换的离合片，又磨了一次，我在驾座上已闻到臭焦味了，但我没有退路，车子停不得，更退不得，后面不到一米就是河边高坎，坎下面就是深深的右江河，好险啊。

此时，已近年关了。还有五天就过年了，早饭后我和阿华开小车去天等县。小车在山区公路上行驶，这段路我太熟了，我向王老书记汇报，我从今年9月跑起，这个项目已经跑了几个月了，至今仍没有结果，说到伤心处我流泪了。

男人有泪不轻弹，只因未到伤心处。

第四十章

1

过年后，转眼到了早春二月。

春回大地，万物复苏，春播开始了，我也在考虑平贯木薯基地的木薯种植。

2006年3月16日。

我和阿华开小车从南宁回来，路过那桐良寨木薯地。

眼前是一大片宽阔的缓坡，平坦的红土地全是木薯地，有几千亩，地上许多村民在种木薯。此时已是春光明媚，春意盎然，土地透出的气息都散发着春天的温和，木薯种植的最低气温要求17度以上，早春二月也就是新历三月，桂南区域，普遍开始木薯种植。

我和阿华把小车停于路边，拿着摄像机往地里走去。

我们来到的这块地里，一对中年夫妇正在做工，妇女砍木薯种，男的用牛拉犁把地翻出一道土沟，然后捧起一堆木薯种，一根一根扔在沟里。他是那样熟练，扔下的木薯种茎是那样准确，大都是一米距离，不一会儿，六七排沟的木薯种下种完毕。接着，他扛起一袋磷肥，到地中间的一块尼龙布上放下，接着又从牛车上扛起一袋复合肥，他在尼龙布上将磷肥和复合肥搅拌混合，然后又用袋子装半袋，一手拎着，往地沟里撒肥，也是那样熟练，那样准确，在两根木薯种之间的地沟放上一抓，他那一抓肥就是刚适合的分量。一会儿又弄完了六七条沟的下肥。最后一道工序是盖泥，他手握一把铲锄，从沟头到沟尾，一路盖过去，那样熟练准确，一会儿六七道地沟的肥料和木薯种都盖平了。

然后，他在他的木薯地里重复着刚才那些工序。

他老婆一直蹲在一个地坑边砍木薯种，木薯种茎是去冬收木薯时就把种茎集堆，在地中间高处开一个大坑，装进木薯种茎，盖上厚厚一层泥土，四周开了水沟，防止下雨时水流进木薯种茎坑里去。冬去了，春来了，现在扒开坑，那些木薯种茎都已经冒出了黄豆似的新芽，他老婆一直在那里砍种，两米多长的种茎，要砍成每段10多厘米，还要不伤种茎的皮和芽。

一对农民夫妻，不说话，默默地各干各的活，很默契，用不着谁交代谁做什么，这些老套的耕种技艺他们早已熟记于心。

我用摄像机摄下了他们种木薯的全过程，然后我上去与那中年男子搭话：

"大叔，你们两个人这样一天能种多少亩地？"

他答："大约三亩地吧。"

我又问："一亩地你能收多少？"

他回答："三吨多吧。"

我再问："你们有多少亩地啊？"

他答："几十亩吧。"

我指着这一片土问："这片地都是你们村的？"

"是啊，你看今天都来种木薯了，这一片地几千亩，几十家人在种啊。"

我一眼望去，确实，都是一对对夫妻家庭种植的模式。

我问："一年木薯能收回多少钱？"

村民很朴实地回答："我们人工不算钱，种茎不算钱，以后护理，收木薯都不算钱，只是扣除一些肥料钱，一年下来，我家50亩就有150吨，每吨400块，就是6万块钱。"

我惊讶了："啊，收入高啊。"

村民答："是收入高，村子里全是木薯楼，木薯小四轮车，木薯摩托，木薯彩电冰箱，样样都是木薯赚的钱买的。"

他兴奋起来接着说："还有木薯老婆呢！"

"怎么的木薯老婆？"

"种植木薯赚了钱，年轻人也容易讨老婆了，很多姑娘都是冲着这木薯钱嫁来我们村。"

我啊了一声："难怪叫木薯老婆。"

我和阿华把这一切都看在眼里。

告辞了木薯大叔，我和阿华又上路了。我们要赶去隆安县城吃中午，隆安科技局老韦在那里等我们，我还要与老韦商量木薯种茎的业务。

我一路上在想：农民是愿意种木薯的，这个产业投入少，收入丰厚，木薯不用到集市上散卖，而是淀粉厂酒精厂集团收购，现在的行情已经提到400元一吨，每亩3至5吨，那就是一千到两千元的收入了，我认为平贯村一带的村民知道这些详细数据之后，肯定也是非常乐意种植的。只不过平贯那一带过去没有老板去培育发动支持这个产业的发展，村民看不到它的销路，也调不来好的种茎，也不懂套种的技术，所以还是一片空白。我这次下决心在平贯村建立木薯基地，把平贯村、安然村、乐龙村、中和村这一带30公里长的旱地实行玉米与木薯套种，办成一个面积很大的木薯基地。

为了搞好木薯基地，我要培训村民的种植技术，为此，我在电脑上下载了许许多多木薯种植技术资料，还多次到南宁和柳州的新华书店寻找木薯种植技术书籍，下载整理编出了一本小册子《木薯种植技术手册》，打字、印刷，弄了400本，准备发给平贯村种植木薯的村民。

我还在考虑，要抓住全自治区木薯种植的大好势头，发展木薯种植，全区木薯种植面积达500万亩，木薯产量达600万吨，占全国木薯产量和种植面积的70%以上，木薯产业已成为全自治区的龙头产业，我搞一块木薯地，正迎合了全自治区的产业发展需要。

说话间，我们到了隆安县城，在一家饭店门口见到了老韦，老韦热情地迎接我们，到一个小包间吃饭。

我和老韦认识，是他的广告媒介。

去年7月间，老韦把出售良种木薯的广告撒满了右江河。一天，阿勇从街上拿回一张广告，介绍木薯良种培育，可提供木薯种，有海南细叶等品种，价格面议。我根据老韦提供的电话打了手机，他接了，很热情，他说："我的木薯种基地就在那桐镇附近，你有空过来看看。"我当时考虑要种植3000亩，每亩需要种茎60公斤，那就么18000公斤即180吨，每车拉10吨，总计18大车，老韦约我去看。我们已经开小车到过他的那桐木薯地，望不到边的木薯地，其中有他的一片。当时已经收木薯了，他的技术人员还拿出几棵木薯，过称，每株25斤，照此计算，每亩600株，那就是15000斤即7.5吨呀，我佩服极了。

今天，主要面谈拉运种茎的具体事务。

我与老韦在饭桌上，老韦说："你要的木薯种我留足够给你，现在已是3月16日了，一般规律清明前要种完，你打算什么时候起运。"

我说："过几天，我今年刚开手，所有筹备工作都在运作中，慢些，待我把基地的事务处理完，就起运种茎了。"

老韦说："一般车子能装15至20吨，一天能发几车过去？"

我说："一天一车吧。"我还说："你负责找车子。"

老韦说："好。"

经过讨价还价，最后确定每吨300元。运费每车600或700元吧。

我说："一言为定，你这些天就听我的电话通知，我会亲自来装第一车，装完车过了磅，付款了才拉去。"韦老听我说付款才走车，满心欢喜。

2

2006年3月23日，我在平贯木薯基地总部召开了一次种植木薯的业务会议。

平贯村黄支书、安然村黄支书、乐龙村杨支书、中和村民兵营长老梁，都应约来了，我在会上说："马上就要调进木薯种茎，经过商定，我们确定的种植方案为：

第一，每个村每个屯有多少木薯种植户，名单由村支书掌握，我发木薯种茎，只发到村支书手上，各村屯各种植户自报种植亩数，自定领多少种茎，我发下一份"木薯种植户登记表"，现在领种茎，冬天凭这份表来收购木薯。

第二，种茎定价为每斤0.6元，以后木薯收购价暂定200元。因为市场价是320元至350元，其中我管运回酒精厂计80元，上下车费20元，从各屯地里拉出来到平贯木薯基地总部还要30元至50元，所以地头直接收购价定为200元。

第三，村支书每人免费送种茎两吨做种植样板，不收种茎钱，以后收购木薯钱照付。

我的三点意见，各村支书认为很好，特别收购价算得大家心里很舒服，这个会议很成功，中午，我自然请他们到总部吃饭，又是酒又是肉，但辛苦了阿华阿五弄饭菜。

2006年3月25日，第一车木薯种子送进村。

清早，我开小车和阿华下那桐老韦的木薯种地，我们在县城农行领取现金8000块钱，便离开天等县，过大新县，过龙虎山。今天的天气晴朗，龙虎山森林公园的许多猴子都来到路边，我和阿华有意停下车，一个猴头带着一群猴崽围了上来，它们要吃的，阿华打开小车门，从里面拿出一包饼干，那群猴子高兴得骚动起来，纷纷伸出手等待施舍，阿华撒出一把饼干，又是一阵骚动，但很快就拣完了饼干，它们吃得又快又有趣，我们会心地笑了。

中午过后，我们来到了那桐老韦的木薯种地，他已经叫来了大汽车，还有十多人在装车，种茎上车是慢的，必须一捆一捆递上去，每捆有20根种茎，车上的人必须轻接轻放，装满一车，起码要五个钟头。我和阿华在老韦木薯种地工棚里边休息边等候，直到太阳偏西了，才装好第一车。

老韦开小车，我也开小车跟着，大货车跟在后面，慢慢驶出木薯种地，那地里的路很不好走，很小心才驶出到柏油公路，老韦带我们到很近的一家地磅过磅，事先他已过了空车皮，除去空车皮，木薯净重是25吨，我支付给老韦7500元，便回程。

那位司机拉着木薯种茎，我们大约走了几个小时，才回到平贯木薯基地总部，此时天已黑了，阿五早就在总部前面的大地坪上拉上了电灯。我们只在总部休息一会儿，阿五从平贯村上找了几个人去卸车，每车80元，第一车木薯种要送到安然村。

平贯村到安然村几公里路，一会儿便到了，安然村村支书已经带了几个人在那里等，他选定公路边一块空地卸车。村民们在黑夜里卸车，没有灯，我只好打开小车大灯，在不远处照着他们，直到卸完木薯种茎。

那木薯种茎，又大又粗又长，还冒出新芽，安然村村支书很是高兴。

当晚是不能分下各户了，只能等第二天，于是我又出钱请人20元守一夜，安然村村支书安排了人，我们便回头了。到总部，拉货司机的运费800元付清，司机还在我们平贯木薯基地总部的食堂吃了饭才走，我们约定，第二天继续拉。

安然村的木薯种，第二天上午，就由安然村村支书分发下去，阿五老早就过去登记数据，协助工作。他们拉来磅秤，就在公路边，像分年货一样，各家各户都来认领，并且签了字。

第二天，2006年3月26日，第二车木薯种子送进村。

继续到那桐老韦木薯种地拉木薯种。第二车木薯种傍晚时分便来到平贯木薯基地总部，今天这车要送进中和村，阿五带几个卸车的人坐大货车，我独自开着小车在后面跟着，我们往中和村出发。平贯村到中和村有10多公里，沙石路，很不好走，半路上有一个山坡，下到坡底，还有一个急弯，在那急弯，司机不熟路，天已经黑了看不清，一晃，货车车身严重倾斜，车头上的人大惊叫"啊"，好险，差一点翻车了。后来我想，如果翻了车，那肯定是大祸了。那司机也吓得手脚发软，再不敢开快车了。

到了中和村，村干即中和村民兵营长老梁出来接车，全屯的人都来凑热闹。又是黑夜，我开小车灯在不远处照射他们卸车。村子门口公路本来就不宽，仅能过一辆汽车，现在木薯种车子摆在这里，木薯种茎卸在公路外边，堆得很高，这样大数量的木薯种子，堆满路边，村民是从来没见过。第二早，中和村民兵营长老梁推来他的磅秤，分木薯种给村民，那热闹场面很火爆，不到半天，一大车木薯种全分发完毕了。

第三天，2006年3月27日，第三车木薯种子送进村。

我们拉的第三车木薯种茎，仍然送去中和村，村门口的路实在太狭窄了，不好卸车，为此，阿五跟车去现场时决定放在中和村头的旱地里，夜里由中和村民兵营长老梁请人守夜。

第四天，2006年3月28日，第四车木薯种子来了。

拉了第四车，这车种茎就卸放在平贯木薯基地总部，然后用小四轮农用车送下平贯村的那贯屯，二里路，一会儿就到了，小四轮农用车卸在那贯屯的村口坳上，然后由平贯村支书在坳上分发。

第五天，2006年3月29日，拉来了第五车第六车。

这两车，就全部放在平贯木薯基地总部，平贯屯的村民他们自己来总部领种茎，由阿五和平贯村支书在操场上直接发放。

第六天，2006年3月30日。我开小车去中和村辖区内的一个小山屯——靠山屯，亲眼看见村屯负责人发放木薯种茎的场面。

此前根据阿五经理在现场工作的汇报，已经调了几辆小四轮农用车拉木薯种子进了靠山屯，但仍然不够，我便决定从总部再调两辆小四轮农用车的种茎去，同时我开小车跟着去。

过了中和村之后，在村头有一条泥路，勉强可开小车过，我慢慢地走，从中和村出发有一里多路，终于到了靠山屯。这是一个四面环山的小屯，屯子中间有一个大球场，前面拉进来的几车种茎还在那里，村民正分着，我后面补送来的两辆小四轮农用车又到了，屯长和村屯负责人扛着一杆秤，一户一户地称，一个会计在记账。村屯上的人今天都不去山上做工，全屯老老小小都来到球场上，排队分领种茎，小孩在大人之间追逐嬉闹。妇女用手背小孩也出来看热闹，几个老太婆在那里叽叽喳喳地说什么，脸上挂着笑容，过秤，登记，领得了种茎的男人或妇女，扛着、抱着种茎回家去，笑得合不拢嘴。

全屯像过年分年货那样热闹、高兴，球场上到处是笑声。

这是一个贫困的山村，交通闭塞，信息不通，技术落后，连玉米套种木薯这样传统的技术都不懂，更没有人一下子送来五六车优质木薯良种，他们从未见到这样粗壮的木薯种茎，娘肥仔大是他们的理念，好种子肯定有好收成，而且两天来，发的这么多种子，一分钱也不要掏，天下哪有这等好事，怎么不笑。我用摄像机拍摄了全过程。

但后来我亏了，他们不知道，这是我放血来扶贫啊，天呀，哪该轮到我来扶贫呢？

后来，我亏了，后悔也来不及了，世上没有后悔药啊。

前后经过一周，种茎调运发放终于完成了。村民不知道，我买种茎，运费已经投入了不少资金了，每车8000元，6车就近5万元了。

此时的平贯村一带，地里的玉米已经长出10厘米了，从向都镇到东平乡长达几十公里的山峎，全是旱田旱地，村民祖祖辈辈以种玉米为主粮，一日三餐都吃玉米。不可能不种玉米，那是主粮。于是因地制宜，提出了玉米与木薯间种的方案，当地村民非常乐意接受。

此时玉米已是一片绿茵茵，我开小车沿途经过安然村、平贯村、乐龙村、中和村，地上到处都是一家一户两口子或三个人在玉米地里间种木薯。他们用马把木薯种茎拉到地里，在地头把种茎砍成10厘米一段，用撮箕、箩筐装着种子，然后走到玉米地里，一根一根把种茎扔进已开好的小坑里，然后又用小锄头盖上土，在几十公里的旱地山峎里，那几天到处都是种木薯的村民。我又用摄像机把这壮丽的场景拍摄了下来，后来还制成了光碟。

3

这天，我接到平贯村黄支书来的电话，叫我明天中午赶到乐龙村去，乐龙村杨支书和几个村干要与我当面谈谈乐龙村石场那700亩荒地的租种事宜，我答应明天去。但，此时百坛高速公路正在大兴土木，到天等县的公路挖坏了，龙须桥修复也还未搞好，怎么走路，我们为难了，我们绝不能再走那条山路了，前次的惊险现在还心有余悸，于是我们决定从德保县过去。

我们开着小车，走祥周，走新修的二级公路直奔德保县，很快，不到一个钟头就到德保县县城了，我们在德保县吃了碗米粉继续赶路，这又是一条陌生的路。

这条路是20世纪50年代修的路，路面已经很烂，很难走，到了三岔路口，我们还得走更小的沙石路，从那条沙石路过向都镇，过乐龙村。

乐龙村杨支书、村主任、秘书三人在村部办公室等我，我们谈得很干脆：

一、这块俗名叫乐龙石场的梯地700亩我全部租下，由我请工种木薯，自种自收。二、租金每亩70元，一定三年，但租金一次交一年。三、这几天就办租地合同，要每户有地的村民都盖章，我给一个文本先由村民讨论。

三点意见双方都同意了。

过一天，杨支书拿着一叠盖了手印和签过字的租地协议书来到平贯木薯基地总部找我，交卷了，而我必须按约定支付第一笔租金，我也当场支付了，也在协议书上签字盖章了，这片土地就交给我们种了。

2006年4月天气干旱，很久不下雨，地干了，硬了，乐龙村的这一片地三年前曾租给另一个老板种甘蔗，后来亏了，也丢荒了，那地长满了草，当地村民已经习惯做牧场，放马放牛放羊，我看了那地，人工挖是不行的，肯定要用机耕。

做木薯种子的老韦联系了一个机耕机子来了，他就是拉运木薯种茎司机的叔父，他们三人从隆安开了一台机子来，80公里，是用运木薯种茎的大货车背来的。好不容易卸下机耕机，他们在旱地里工作，结果只犁了一个钟头，不干了，地太硬了，根本翻犁不了，机子都走不动，我一再恳求他们慢慢干，工钱可以加到1万，于是他们又犁了几圈，然而还是跑犁，根本犁不进地里，翻不了土，他们不干了，一分钱也不收，把机耕机重新装上那大货车，在傍晚时开回去了。

我第一次机耕宣告失败。

　　第二天，按我与木薯种老韦的约定，派人下那桐，拉回了最后一车木薯种茎，拉到乐龙石场的梯地边卸在公路旁，一大堆。木薯种来了，地翻不了，我心急如焚，当晚还得采取措施守那木薯种，于是阿五约了平贯村一位村民，两人拿尼龙布彩条布做了临时棚子，就守在那堆木薯种茎边，过了一夜，第二天，我还得开小车送饭菜去给他们吃。

　　这样一守就守了几天，仍不下雨，我烦极了。

　　2006年4月11日夜，突然起风了，下大雨了，一连下了两天，暴雨过后，我十分高兴，我便在天等县联系了两辆机耕机，他们进场了。

　　4月13日，两辆机耕机干了一天，翻出了那黑乎乎的泥土，散发出泥香，令人十分高兴。

　　4月13日、14日、15日，整整干了三天，两辆机耕机翻了土地。他们两辆机耕机分三道工序来做，第一道翻犁，第二道打碎，第三道开沟。我付了机耕费，他们走了。

　　4月17日下种。下种的工，我交给中和村民兵营长老梁负责，第一天他叫了全村40多位妇女，其中还有几位越南嫁过来的女人，她们干了一天，砍种茎，种茎下沟，放肥，盖土，她们还拉来了几匹马，那几匹马专门帮驮种茎和肥料到地里去，接连做了四天。

　　到了4月20日，是扫尾的一天，做到下午，下种、施肥、盖土的活路几乎全部完成了。但你想都想不到，已经晴朗了几天的天气，20日中午，突然下雨，开始是毛毛细雨，越下越大，后来变大雨，那干涸的地全泡上了雨水。我渴望下雨，果然下雨了。我当时在地边公路上，我跑出小车，站在雨中，让雨水淋湿我的衣服，淋湿我的头发和全身。

　　我站在雨中感谢苍天，当时我心情万分激动，也许是我的真诚感动了上天，天降大雨了。

4

5月的平贯村，木薯地里已经冒出了一片新芽，玉米也抽穗扬花，下个月就可以收玉米了。

整个平贯木薯基地总部的工作我交给阿五管理，我给他配了一部单车，他每天骑着单车到安然村、乐龙村、中和村、那贯屯四处查看木薯生长情况，与村干们保持联络，随时与我通电话，汇报基地的情况。阿五的老婆也在那里住，他们的小儿子也到平贯小学读学前班，在平贯木薯基地总部的门口，阿五还种了10株样板木薯，已经有20厘米高了。

我已经基本上不在平贯木薯基地住宿了，那里的工作全交给了阿五经理。

5

2006年5月的这天。

我在天等县办事，手机响了，是一位已退休的领导打来的，说："王老书记昨晚半夜去世了。"

我惊问："怎么回事？怎么回事？"

"昨晚半夜过后在县人民医院，一口痰咳不上来，就落气了。"

我说："下午五点钟，我还打手机向王老书记汇报项目进展。王老书记也很高兴的，怎么半夜就走了。"

我讲完电话，禁不住号啕大哭，我的好领导，好书记，好朋友，怎么就为一口痰咳不上来而去世了呢？

我什么也顾不上了，立即从天等县赶回酒精厂，并且电话告知阿华在厂里的家里做好准备，我回到家，就立即赶往柳州。我又与柳州的好友联系好，叫他们在柳州家中等我，我到了立即接他们一道去融水吊唁。

昨天刚下过大暴雨，公路边的山上还倾泻着雨水，路上还不时有落石，我飞车回来，天刚黑就赶到，阿华已经准备了一切，我们拿了行李，吃些饭就开车离开田东县了，天黑，下雨，我是冒雨开车，我

396

和阿华两人，很少说话，我集中精力赶路，夜里9点多就过了南宁。

从南宁回柳州是高速路，好走，但到宾阳、王灵、来宾那一段，暴雨像倾盆倒下，雨幕遮挡了我的眼，根本看不清车前的路况，不时还炸雷闪电，我们被惊吓得发抖，便停在路边等雨停，但那雨根本没有停住的意思，于是又只好硬着头皮开车走，那艰难无法形容，整整两个小时的大暴雨，把我们从宾阳淋到来宾，直到凤凰镇才停了一些，我想问苍天，为什么要如此刁难我们？

半夜过，冒雨到家。

第二早，我电话约了柳州的好友，我和阿华开小车去接上他们，就出发奔向融水。

下午时分，进了融水县城，拐了几条街，来到王老书记家所在的街，老远就看见他家门口已搭起用竹谷垫为顶的凉棚，四处飘散着白色的花，白色的纸，一片悲凉的氛围。我们在不远处停下车，我与几位旧友走过去，他儿子、媳妇迎上来，跪着接客，我们扶起，直走向家中。

一副黑色的大木棺摆在大厅左侧，棺材头黑得发亮，那黑色已使人悲伤不已。大棺材前摆着王老书记遗像，彩色的遗像，黑色的镜框，王老书记脸色严肃，两眼注视前方，目光有神，似乎目光还会说话，穿着西装，打着红色的领带，格外有精神，让人永远永远留下不可磨灭的记忆，让人永远永远在心里对他存有不可忘却的记忆。

正厅中已有好几个花圈了，还有几副挽联。

我们几位故友轮流取香，点香，鞠躬，上香，然后烧纸化财。我向王老书记深深地地鞠了三躬，我一生不会忘记他对我的帮助。

我给王老书记上了一副挽联：

"领导垂范，书记情满三条江；壮志未酬，英雄泪洒老君山。"

三条江，指王书记曾在榕江、苗江、浔江担任县委书记；老君山指王老书记所在县城的一处名胜景地。

是的，我不会忘记王老书记对我的垂爱，也不会忘记我与他的私交情谊。

当年，我踌躇满志在酒厂工作，县政府、县委组织部对我进行考核，拟提为经委副主任。再后来，前任书记提拔上调走了，这位王书记来了，我向王书记几次汇报工作，之后，他对我的人品能力极为赞赏。有一次，王书记要上北京汇报工作，是交通部投资公司选了这个县作为扶贫来定点支持的，酒厂的项目也在汇报范围之内，要我一同进京，他主持了县委班子会议，通过了我的经委副主任的任命，在进京之前就发下文件，我终于跨进了县科级领导班子的行列。

对我个人来说，这是一生重要的一步。

我和王书记私交甚好，我与王书记在一起时，谈古论今，很投缘。记得当时，全国热播刚拍完的84集电视剧《三国演义》，广东一位朋友送了一套那种大胶带的录像带《三国演义》，我没看完立即先送给王老书记看，他很是高兴。我与他在北京出差期间，夜半时分，我们两人还步行上街去吃北京涮羊肉。有时在柳州开会，我与他都是半夜过才相约去柳州饭店夜宵店吃夜粥。我们可以说是"君子之交淡如水"。我当年要调进柳州市，王书记因故脚骨受伤，走不得路，但他身体状况一切正常，便叫秘书和后勤科长，扶着他去县常委会议室开会。我事后知道，我感动不已。

这一夜，我为王老书记守灵，报答他的提携之恩。

很多故友都来吊唁，原地委书记、专员，现任的县委书记、县长，政界故交的副书记、副县长，已调到市里任领导的政界朋友等都来了。

守灵，在一片肃穆的气氛中进行。

第三天，出殡了，还山了，鞭炮齐鸣，送葬的队伍挤满了几条街。人们都说，几十年从未见过这么多人的丧葬队伍，从未见过这样大的排场，王老书记人缘好。

一切按当地习俗，当时少数民族县份没有实行火葬制度。

入土了，培土了，尊敬的王老书记，三天前我们还通了电话，木薯基地的工作地还正在进行中，还没有成果，你就一走了之，今天居然只见黄土一堆了，人啊，生命如此脆弱。

王老书记嫂子，几天来，瘦了一圈，她忧伤，才五十多岁，王老书记就扔下她独自走了，拉都拉不住啊。

王老书记嫂子说："那天晚饭后，王书记洗了澡，觉得有些不舒服，便独自拿了毛巾口盅上县医院住院，王老书记家族有遗传病史，但平时住院打吊针后便好转过来，而那晚吊针到半夜，王书记感觉不对劲，呼吸困难，且越来越困难，电话打回到家，全家人都去了，但已经回天无力了。王书记上气不接下气，泪水流了出来。他用手指着那吊着的药瓶，却说不出话来，半夜过，便停止了呼吸。"

我们听了嫂子的陈述，更加悲痛了。

人啊人，一旦呼吸停止了，一切都结束了。

下葬后我和同去的几位好友依依不舍地离开王老书记。

我们一步三回头地离开了融水。

6

7月的南方是暴雨季节，每年7月大都有暴雨洪水。

第一次山洪水：我第一次接到阿五电话汇报是6月底的一天，他说连续三天大暴雨，乐龙石场木薯地被洪水淹没了一部分，但当时我没空，没去看。

第二次山洪水：不久后又接到阿五电话汇报，乐龙石场木薯地又遭大洪水淹没了，而且很严重。于是，我等水退了一些后，马上开车过去，到了平贯木薯基地总部，接着与阿五直达乐龙石场木薯地。

到了乐龙石场，眼前是一片残留下来的木薯地，阿五说："接连下了三天大暴雨，涨大洪水，我们的木薯地下面平坦的那部分全部被淹没了，木薯已经长了有50厘米，多可惜。那洪水涨平了公路，淹没了公路，汽车有两天过不去，乐龙石场低洼平坦的那部分木薯地全部被淹没了，木薯被沤烂了。洪水整整泡了三天，那木薯苗全被淹死了，水退以后，只见那枯黄的木薯秆，整块地被淹没了40%，今年收成肯定少了很多很多。洪水淹没公路的痕迹还在，清晰可见，洪水还冲出了几条大水沟，把木薯连根都刮走，现在只剩下几条水沟。"

我看了十分痛心。

这是一个大山峯，形状像一个大锅底，没有水道排水，大暴雨时，四面山坡上的雨水全部流下来，汇集到"锅底"，而没有水道流走，只有南面一座大石山底下有一个石洞，据说那石洞通地下河，但是有人前几年用石头泥土把那石洞堵住，雨水流不出了。

但已经无法挽救了，木薯都长了50厘米了，无法补种了，今年只有倒霉了。

阿五说："中和村村门口那水塘积的洪水还要大，更可怕。"

我和阿五开车去中和村。

我站在中和村放眼望去，只见一片汪洋，如果不是身临其境，根本不会相信这是真实的现状。中和村，相当于建在半山上，村后靠着大石山，村前是一片低洼山谷，不下雨时，那山谷是一片肥沃的旱地，少说近300亩，村民种玉米黄豆，接连几天的暴雨，山谷变成了山塘水库，而且是一个巨大的水库，见不到底，水底下的玉米黄豆全淹死了。村民对我说："这水塘，少说要一个月才慢慢消失干净，才露出旱地来。"我说："村里如此缺水，那为什么不把这旱地底下打成水泥板，防渗水，做成天然水库。"村民说："以前想过，但这里通地下河，没有用的，水会流失干净，水藏不了几个月。"

中和村缺水，附近十几公里没有一条小溪，也没有一口水井，村民用水全是在房前屋后或屋顶集雨水，用石缸集雨水，全家人煮饭，洗菜，洗脸都是这雨水。为节省水，不洗凉，洗一把脸的水都还要洗衣服，洗家具，然后拿去喂牛，如果用这水洗凉，那简直像城里人吃数千元一顿的大酒宴那样豪华了。

村民的房子全是用石头或泥叠的，里面则用细竹分隔成房间，这几乎就是茅草房的模式。如此艰苦的生存条件。在这样贫穷的地方，我推广种木薯，村民们心里是十分高兴的，在他们眼中，我进进出出开着小车，送来了几大货车木薯种子不收钱，我是天大的老板，其实村民哪知我的苦楚。

平贯村一带，六七月玉米就收割完毕，全山峯几十公里原来是一片片金黄色的玉米秆和玉米苞，现在，几天时间里全消失了，露出的是那一片片绿油油的木薯叶。村民收了玉米，把玉米秆砍倒，沤进土里，当作木薯的肥料。木薯通过除草、上泥，此时已长到一米多高了，一片绿油油的。你可以想象，我驱车从东平乡安然村到向都镇中和村，几十公里长的山弄里，公路两边全是一片绿油油的木薯，壮观，喜人，气象一新，给这一带贫瘠的山村带来了一种新的种植模式，一种新的收入，一种新的起点。

我用摄像机摄下了这场景，后来还制成了光碟。

2006年10月间，木薯已经长得很高，我和阿勇阿五开小车走了一圈，从东平乡到向都镇中和村，每个点都去，而且到地里去。阿勇拿着钢尺量那木薯，高2—2.4米，他们进到地里，根本看不见人了，长势良好，当地村民也说，从来没见过这样高的木薯。

村民种的木薯和我们自己租地种的木薯，长得让人看见了希望，我们禁不住哼起《在希望的田野上》那首久唱不衰的歌。

转眼到了12月，木薯成熟了，可以挖收木薯了。

7

木薯的生长期为9—10个月。从11月起，就陆续挖收木薯了。

右江河流域也是10月下旬生木薯陆续上市，各处的酒精加工厂和淀粉厂都在10月20日前后就开收生木薯。

此时已是2006年12月3日，阿五给我两次电话，汇报说："据说有些人挖木薯了，偷着拿去淀粉厂出卖。"阿五非常着急收木薯的事，他说："平贯村、中和村、安然村三个支书都在催我们收木薯了。"我与阿华心里也着急起来。

我盘算着收购木薯要一手铺底资金，怎么办？

几天后阿华拿出现金10多万元，资金足够了，我放心了。

我叫阿华上街买了几百个新麻袋，把原有的旧麻袋全部收拾好，还买了一把杆秤，以及尼龙绳等其他备用物品。我和阿华、阿勇几个人开车去平贯村，连同平贯木薯基地的阿五、阿五老婆，几个人投入了实际的收木薯工作。

我们于2006年12月15日来到了平贯村。

第二天，我召集了平贯村、安然村、那贯屯、乐龙村、中和村各村的负责人，到平贯木薯基地总部开了个收购木薯的短会，布置下去：

1. 从今天起，全面开收开挖木薯，各村告诉村民突击挖收。

2. 分四个点收购：

（1）中和村点，由中和村民兵营长老梁负责过磅、收购、付款，钱由我直接交给中和村民兵营长老梁，由他代扣木薯种茎款。（2）那贯村点，由平贯村唐文书负责过磅、收购、付款，钱我直接交唐文书。（3）安然村点，由安然村黄支书负责，钱我直接交安然村黄支书。（4）平贯村本部，由平贯村黄支书掌握名单，由阿华直接收购、过秤、付款。

各个点收足了木薯汇报上来，我和阿五调农用车下去拉到总部卸车，然后在总部装上大货车调运出去。

工作就这样布置下去了。

平贯木薯基地总部的地坪上拉上了电灯，拉来了地磅和桌子，阿华忙了起来。那几天，地坪上堆满了木薯，从中和村、那贯屯、安然村拉回来的木薯，全部到这里集中，每天还有平贯村本地挖回来的木薯。平贯村的村民下午和傍晚送来的木薯最多，排队过磅。地坪上的木薯从山脚边堆出来，直到公路边，堆得与人一般高，每天还有几部大货车，在总部这里装车发出，装车的人都是本地村民，每车不少于七八个人，拉进来的，装车发出去的，很繁忙，每天天亮起来，工作到半夜，有时一天装几部大货车，从下午装到半夜才装完，半夜过大货车才能出发。

村民从来没见过这么多木薯，也没见过这样的场面，很多人感到新鲜高兴。阿五和阿华随时都要忙于调车下去中和村、那贯屯、安然村，下面三个点的电话也是不断。

地坪上人来人往，车进车出，而我们便随时都备有一些饭菜，有些司机来不及去吃饭，就在我们楼上的小食堂吃了，司机对我的大方很舒服，都乐意装运。

村上有位退休教师，他完全按我们发的《木薯种植技术手册》上的技术要点去做，结果木薯长得很好。他这次单挖了一株来过秤，重量达18斤。他高兴极了，每亩按标准是700株左右，那么总产量达12000斤，已经算高产了，每吨400元，每亩产值就是2400元了，对于这么穷困的山村，这是天文数字。

阿五在平贯木薯基地总部门口地坪边示范种了8株，拔出来过称，每株重量达22斤。村民们称赞不已。

贫困的小山村沸腾了。

中和村更热闹。

一天下来，收了很多很多木薯，中和村边就是一大片几百亩的木薯地，公路穿其而过，为了方便村民，中和村民兵营长老梁把地磅用板车推到了地头，这里离村屯有半里路，就在地头过磅，木薯堆在路边，我和阿五一天调了四五部农用车进去拉木薯，也没拉完。

夜晚，中和村民兵营长老梁就和他舅仔两人睡在木薯堆边守夜。

我开小车进去看了看，也惊叹了，公路两边全堆满了木薯，村民在地里忙着挖收木薯，公路两边的地里都是人，中和村民兵营长老梁已经忙不过来了，我只好叫阿五来帮忙。

中和村的木薯是种得最好的，木薯又大又长，比任何村的木薯都产量高。

还有那个靠山屯，送木薯种时我去看了，像过年一样；而今天收木薯了，更是高兴。他们在那闭塞的山窝里，山上是石头，寸草不长，地是旱地，只能种玉米黄豆等，生玉米一斤才五六毛钱，而且必须拿去县城集市去卖，出售玉米的钱还不够来回车费哪，如今每家每户都种了木薯，收入少则几千元，多则一两万元。这是财神爷来了。

那贯屯，安然村，所有村屯的情形几乎一个样。

开始收木薯时，我们派车下中和村拉回到基地总部卸下，集堆，然后再请大货车20吨或30吨地装着外运。后来，成本高了，中和村上车每吨10元，平贯木薯基地总部卸车每吨5元，又外运装车还要每吨10元，这一层中间费用就花25元。于是，我们派几部愿意跑长途的农用车进中和村去装，装好了一次性外运，减少中间装卸次数。

我们大忙了一段时间之后，各村屯的木薯基本上收完了，最后才轮到我们收乐龙石场木薯地那一块。

我们委托中和村民兵营长老梁负责。他们雇请来了几十人，收了几天，木薯种就留着送给中和村民兵营长老梁，由他支配，我们只收回那些木薯。但减产了，因为两次大洪水已淹没了一半的地，又加上迟种了一些时间，生长期还不足够，前期管理差，草长得疯，后来又不追肥，于是大亏了。

平贯木薯基地，最后以严重亏损而收场。

收完木薯，结清账我们回厂。过后不几天即元旦前，阿五一家也搬回了厂，他把办事处全部家当，都装好，包了车拉回酒精厂。

平贯木薯基地真正结束了。

亏，亏大了，亏怕了，我们不是种地的料，再也不敢去办什么木薯基地了。

第四十一章

1

我短暂地结交结拜了一位异姓兄弟新股东。

我们的认识缘于一条短信。

我与他本来素不相识，3月24日这天，我手机突然收到了一条短信："覃老板，我是桂县人，我姓凌，有意与你谈一谈右江酒精厂的合作事宜，如有意，请回个短信。"

我当天便回了短信："凌老板你好，我很乐意与你谈谈，假如双方都有诚意，也许我们会合作成功。"

就是这一来一往的短信，促成了我们的合作。

短信过后，我与凌老板开始手机通话，并且约定：清明过后，我们到南宁见面，当面谈谈。

第一次会见：

这年清明过后的一天，我开桂 L00524 小车下南宁，那天，我开小车到桃源路的桃源饭店时，我给凌老板打了个电话，问他到了没有，他回答说，他已经到了，他们在二号楼二楼开了两个房。我对桃源饭店很熟悉，以往在南宁有业务联系招呼吃饭都是在桃源饭店。我立即开车拐过一号楼即桃源大厦新楼，绕到后面在二号楼前停了车。他们一行人已在二号楼前等候我了。我们算是第一次见面，双方一一介绍之后，我便随同他们上了二号楼他们开的房间，大家坐了下来，凌老板便直奔主题："你那酒精厂马上开机可行吗？还缺什么？环保过关吗？"他根本不谈什么与我合作的事，似乎我们的合作早已谈好了，我坦诚地说："环保没问题，我们采用 EM 技术，能过关。"

他说："那很好，那么我们积极准备，力争尽快开机生产。"

第一次会见就这样短暂，他根本没谈及与我合作的方案，也就是见面 20 分钟吧，结束了，我下楼，他们也马上去办退房。

我们分手了，离开了桃源饭店。

第二次会谈：

我以诚实之心，马上起草合作合股方案，并且打印了出来。过了几天凌老板借口去北京，所以就委托手下两人再与我具体谈一谈。这天，我与阿华两人开小车到南宁，我与他手下两人相约在北大汽车站附近一家小饭店见了面，吃了餐中午饭，饭桌上，我把合作合股方案给了他手下两人。

饭后我们便分手，我们回酒精厂。

凌老板白天电话打不通，傍晚才开机通了话，他说他在飞机上，我如实谈了中午与他手下会谈的事。其实他根本没去北京，哄人的。这是第二次会谈。

第三次会谈：

5 月底的南宁，春意正浓，我们又约了第三次在南宁会谈，我一个人下南宁，住在荣伦宾馆，每天去桃源饭店会谈，偶尔也在凤凰宾馆大厅会谈，当时，连续几天都下着毛毛雨，就这样冒雨、湿身，在街上来回奔忙着。一开始我诚心诚意地提出我与凌老板结拜为异姓兄弟，我与凌老板谈了几次，长达七天。我摸不透凌老板心里如何想，采取什么方式来合作，猜不着，摸不透。经过几个月的接触，我与凌老板还达不成任何像样的合作共识，但他频频与我电话联系，表面上没有什么进展，其实他内心深处非常想加入这个厂，只不过是深藏不露而已。

凌老板还是不放心环保问题，5 月底，他提出要一道到市环保部门走一趟，我欣然同意了，我准备了一大堆环保项目的各种文件，会议纪要，批复等企业资料。

这天，凌老板一行三辆车，我和阿华开着桂 L00524 小车向市里出发了。当晚在市里住下，第二早，上班时，我们相约到了市环保局。汇报结束，还不到中午，我们及时退房打道回府了。离开市里时我也相约下南宁，大家约定到平果吃中午饭。凌老板三辆车飞也似的，跑在前面，我们车后面追着，开始时他们还不时停车等我们一下，差不多到平果时，他们快马加鞭，凌老板来电说，他们在县城三岔路口的一家路边饭店已经点菜吃饭了，他们边吃边等我们。但是，当我们赶到时，他们已经全吃饱了，饭桌上全是剩菜剩饭，并没有半点留饭留菜等我们的迹象，我完全明白了凌老板的为人，只好重新点了一个菜，争硬气随便吃个半碗就饱了。当时在那种场合，我们不吃，或者另到一家饭店点饭菜吃，不好，所以只好忍气吞声面对满桌残汤剩饭扒下那半碗饭。这件事，给我们印象极深。

回酒精厂后，我们中断了几天的手机联系，我不想与这位异姓结拜兄弟凌老板通电话了，但凌老板仍然来电来短信。

不久后的 6 月 30 日，我与凌老板在桃源饭店茶吧又见了面，就相关事务再次碰头商量。凌老板对我提出的几个方案正式表态说："1. 我马上进厂参加生产，但先不签合股合同。2. 仅是合股生产经营，生产经营利润按各 50% 分配，我要的报酬是经营利润的 50% 股份，覃总留下 50% 股份。3. 今后就按这个比例签合股合同，我占 50%，覃总占 50%。"

我听了之后，说："我同意这三点意见。"

此后，凌老板很是做作，做作得令人可笑：他把手机铃声调为一个机械撞击的声音，我什么时候打他的电话，他接听的同时我也听到"嘭嘭当当"的声音，似乎是在车间搞技改的工作状态，让我相信他在他原来承包的一个乡镇水泥厂的车间忙碌着。他通过他的小车司机告诉我，他原来承包的一个乡镇水泥厂正在大搞技改扩建，他投资了 1000 多万，以显示他非常有钱。手机里设置了车间的机械撞击声，是让我确信他在承包的工厂里忙着，其实，根本没有这档事，他一直在他家中。

我最早在4月就向凌老板提交了合作的合同文本。他不作回答，几个月来，我提出了几种不同方式的合作合股或租赁方式的协议文本，但他仍不作回答。

到了11月，眼看就要开机生产了，我与凌老板才签订了合同。合同约定：双方合股合作生产经营，双方各按50%分配利润，凌老板占股50%，我占股50%，但凌老板所占50%股份中并不包含酒精厂的土地及地面建筑厂房和全套生产设备的产权，仅指生产经营利润。于是凌老板成为新股东加入酒精公司。

异姓结拜兄弟新股东的50%股份中没有包含酒精厂50亩土地和厂房设备。结拜异姓兄弟新股东的50%股权仅是公司股份及在公司经营利润分配上占50%的受益权。转让的仅是公司生产经营的股权，不涉及酒精厂的土地和厂房设备。

我与新股东签订的《重组合同书》全篇共15条和修改后的《公司章程》13章共30条，也没有任何一个条文提到土地厂房设备等财产转让给新股东。

2

桂县的异姓结拜兄弟新股东凌老板加入公司参与酒精生产，目睹酒精生产丰厚的税后利润，于是膨胀了其个人私欲，自认为当年只提参股生产、只分配生产经营利润是亏了，于是滋生了要夺走固定资产股份的欲望，于是便变着法儿向我提出一系列要求。新股东提出：一、过去原股东注册时未曾出足资本金，要补足，如不补足，就丧失股东资格，就不是股东，不是股东就无权参与分配生产经营利润，这是指向我，要我出局了。二、新股东参股了，加入生产经营了，这个股份应该享有固定资产，即土地厂房设备应共同按股份享有。

我对于异姓结拜兄弟新股东提出的这些问题，依据双方签订的合同书驳回了，不予理睬。但是，异姓结拜兄弟新股东翻脸了，提起了诉讼，想通过诉讼达到他的要求。

我们之间的裂痕越来越深了。一场商场恶战是不可避免了的。不久后，一场旷费时日的诉讼拉开了大幕。

第一场戏便从股权纠纷开始。

第一个案件：股权纠纷诉。

异姓结拜兄弟新股东起诉提出："原股东在早期公司注册时，未曾足额交纳注册资本金，要补足，如果不补足，原股东就丧失股东资格，就不是股东，不是股东就无权参与生产经营利润分配。"

这是要我出局，天下哪有这样的道理？这是我注册的公司，我在这公司已经经营十年八年之久了。

我作为原股东答辩反驳："早期注册公司注册资本金200万元，法律规定允许注册后若干年补交齐注册资本金，在新股东进入公司之时，原股东已经补足注册资本金200万元。不存在再需补交资本金情形。更不可能原股东被出局股东会，不是股东。"

股权之诉就是股东出资的纠纷，原告方新股东企图起诉虚假出资，如不补足出资就没有股权，没有股权就没有股东资格，也无权提起分配利润，也无权查账。

商战狼烟起，这是一场战争。我知道，是我引狼入室了，现在他得寸进尺，得五想六，得饭想菜，得酒想肉了，这个人的野心，正在无限制地膨胀。

经过一审二审，又经过再审申请，异姓结拜兄弟新股东败诉了，原股东胜诉，法院依法驳回了新股东的诉讼请求。

诉讼结束了，胜利了，彻底胜利了，说不出的高兴，原股东的我走出高院大楼，眼前一片灿烂阳光，天上朵朵白云，迎面阵阵来风，心情格外舒畅。

第二个案件：财产产权纠纷诉。

异姓结拜兄弟新股东起诉说："新股东参股了，加入生产经营了，这个股份就应该共同享有其固定资产，即土地厂房设备应共同享有，否则，就是原股东单方侵占公司财产。"

我作为原股东答辩反驳："在双方签订的重组合同书中就已经明确约定。新股东只是持有受让的生产经营利润分配的股份，这个股份不包含酒精厂的土地、厂房、设备及无形资产的份额。酒精厂的土地、厂房、设备及无形资产不转让，仍属于原股东名下财产。"

经过法院审理，经过一审二审，异姓结拜兄弟新股东又败诉，原股东胜诉，法院依法驳回了新股东的诉讼请求。

至此，这块土地、厂房、设备的产权归属，终于尘埃落定。结拜异姓兄弟新股东已无话可说。

3

第一个战役是股权纠纷诉讼。第二个战役是财产产权纠纷诉讼。

自从引狼入室，合作公司再也没有平静过，两个股东窝里斗，矛盾骤起，纠纷不断，公司形成僵局，根本无法正常运行。

双方经过这样的诉讼，折腾到如此地步，两位股东不可能再合作了，唯一的解脱办法，只有司法解散公司。

又经过一审二审的程序，最终，公司依法解散了，异姓结拜兄弟新股东不情愿地退出了。

这叫尘埃落定。

这叫水落石出。

而我自己经过这几场诉讼，也心神疲惫了。想不到，交友不慎，引狼入室，与狼共舞，同室操戈。俗话说，杀敌三千，自损八百。我内心极度悲伤。

4

2009年10月17日。

秋末初冬的右江河谷平原的上空布满阴云，秋雨淅淅沥沥。

上级发下了一个停产通知，因为城市规划问题和环保污染问题，这个酒精厂要永久性地停产了。

工人解散回家另谋职业。酒精生产线搬迁到县统一规划的工业园区。原厂址作为房地产开发。

刹车了，停产了，开行了十几个年头的车子刹车了。轰隆隆、轰隆隆前行的一列火车戛然停下了，而且永久性地在原址停下了。

停产搬迁的理由有两个方面：第一，环保工艺——利用制糖厂的副产品废糖蜜为原料的酒精生产工艺，已经落后。酒精生产中成熟醪达10—12酒度，根据物料平衡计算，每吨酒精要排废液10—12吨，也就是说，每产一吨酒精，需处理10吨废液。而经过多年来科技工作者的努力，在酒精废液处理技术上有了很大的进步和突破，相对而言，一些处理技术比如氧化塘处理技术，已经明显落后，氧化塘的臭气严重污染周边空气，群众意见大。第二，已经不适应发展了的县城总体规划。酒精厂所在地已从十多年前的城郊变为现在的城市中心，完全处在县城总体规划的商住区域范围内。而酒精厂属于高危高污染企业，必须远离居民集中区，出于安全和环保等方面的考虑，不得不停产关闭，或进行搬迁。

股东纠纷，停产关闭，应着了一句老话：屋漏更遭连夜雨。

第四十二章

1

这天是 6 月 29 日。

天气晴朗，气候炎热，整个天空没有一丝云彩。已经进入夏天，早上八九点钟，太阳就已经很热了。

我和阿勇草草吃了碗面条，开小车出发了，今天要去市里。我开着小车刚出县城不久，小车名堂就来了，走几步就死火，我立即启动，但没几步，只要我一换挡又死火。什么原因？我心里纳闷。

刚才，阿勇煮好面条便马上下楼去搞车子，加水、加机油、清洗、发动。而且昨天阿勇还开小车到汽修厂搞了几个小时，后又去洗车，检查得清清楚楚，什么问题都没有。为什么今天会变成这样？

我耐心地停停开开。

有两位客户在市里等着我去见面。昨天他们就询问我在哪里，想尽快见面谈。我昨天说在南宁，晚上回来。他们现已经到市里等我两天了，相互约定今天见面。

我不想耽误时间去修车，还是硬着头皮开上去。

小车的问题越来越严重。

我打手机给老科，这时已近中午，老科说："停车路边猛踩油门几脚，冲一下那油路，可能油路堵塞。"我按照老科的话，把小车靠到公路边的树下，猛踩两脚油门，突然，"叭叭"，大大的声响，皮带断了。阿勇赶快下车去，打开车盖看，是皮带断了。

"什么皮带?"

"还不清楚。"

阿勇捡起落在地上的断带,我决定,只有修了,而这里没有村庄,看了看,前面还有几里路才到二塘。二塘有修车店。于是我再发动,又启动了,还能开,马上开吧,不然走不了了,赶紧开去修。

这几里路很难开,怕水温上来,开锅了就走不了,急忙赶到二塘,前面有个修车店,而此时方向盘已经很紧了,我赶紧打右边,开到修车店门口,小车停住了!这时已经是中午12点。

我和阿勇下车,阿勇检查,是皮带断了,那么就买皮带换吧,他问了店里,没有这个型号皮带。他又跑前后两家,也没有,怎么办,只好求着另一家修车店修了。

此时,我不能按时到市里同见我的客户,只好打手机告诉他,说我小车有些问题,车在这里检查一下,叫他们等我,估计一两点钟能弄好就上去了。

阿勇找不到皮带,只好作罢,叫修车师傅来弄,那师傅和阿勇打开车子再检查。

"是三根皮带同时断了,空调、水箱、电三根皮带都没有了。"

难怪刚才那一声响如此大,一下子断了三根皮带。

后来经了一件事,我才恍悟:老马识途,老马救主。桂L00524跟我已经十多年,什么艰难困苦都过来了,已有灵性,这是在报警,告诉我,百色市去不了,今天大难临头了。下午,仅几个小时之后,一切都证明了小车的灵性,这是救主啊,而我当时懵然无知。

小车在二塘搞了三个多钟头才弄好。我和阿勇下午3点多才开小车离开二塘上百色市。

我们把小车停放在街边一大楼门口停车位,我独自上去会客人。

谈完了,结束了,我下楼。我和阿勇开小车回酒精厂了。

还是我开车,我打算出了城再交给阿勇开。我和阿勇有说有笑地出了百色市。

大约是下午5点钟,我们的小车进了头塘街。

小车进头塘街了，前面就是头塘公路收费站。从街上出来有一条村屯水泥路，走一个半工字形，就绕过收费站。可以避开收费站省下几块钱过路费，我已经走了几次，去百色市就是从那里走的，现在我们还是从那条路走回去。我把小车拐进街边，往左进小巷。

小车开进村屯小路，路两边是水田菜地，路拐弯的地方有一口大大的鱼塘，水很深，小车拐弯时，一瞬间，打不转方向盘，小车冲下了大鱼塘。

小车冲下大鱼塘了。

小车冲下大鱼塘了。

出事了。

出事了。

此时是2008年6月29日下午5点钟左右。

我永远记得这个黑色的日子。

此时，整个右江河畔的朋友圈都在快速传告着这件事。

救护车来了。救护车拉响警笛，开走了。救护车来到医院。

我住进了医院。

这时，已是6月29日半夜11点钟了。

一些老朋友和家里人都来到县医院看我。老科、阿阳则每天都来医院看我。我心中不安。

我在县医院住院七天，病情好转身体恢复正常了，我转到自治区工人疗养院。小蒋告知：自治区工人疗养院费用很低，条件也好，于是，我们办了县医院的转院手续，去首府。还是小蒋的五菱车拉东西和人，我们很顺利地下南宁了，从县医院转到省工人疗养院。

自治区工人疗养院在南宁江南区一个很偏僻的坡上，那里全是高大的树木，一座四层高的疗养病房是自治区工会开的，环境确实很好，有公共汽车直达市中心，出行也方便，附近还有一个市场，想买什么东西也很方便，那一带还有几所中专学校，比如轻工学校、机械学校等。

我们很顺利地办了入院手续，每个房有两个铺，是独立病房，不与他人共住，我和阿华便暂时把家安在这里了，费用也很低，每个房每天仅收15元，一日三餐都有好饭好菜，也很便宜，又卫生，房中还有电风扇，有卫生间，还有阳台。这就算一个临时的家了，那个大密码箱装满了我全部的文件材料，阿华把它整理好，还有写字的桌子，很方便。

小蒋、阿阳他们开车回柳州市了。

我在自治区工人疗养院住了很长一段时间。

2

12月10日，阿华等着办出院手续。

到了傍晚6点多。我们收拾一些东西，穿好衣服、裤子、新布鞋，出了医院大门。

脱灾了，脱难了。

门口：阿华，阿勇，还有一辆小车。阿华一切都布置好了，小车在街上走了一圈，开到一家宾馆停下了，他开了一个房，我们一齐上了电梯，进了房，洗凉，洗身。阿勇还拿来了剃须刀，我洗头，修容，刮胡子。这一切都做好，把全身衣服从头到脚换了新的，原来穿的那套，卷成一团，阿华拿出房间拿到楼层尽头的垃圾堆，扔在那里。

阿华烧了高香，烧了纸钱。

我们电话告诉了柳州市的阿阳、老科，他们决定来接我回柳州市家中。

12月10日晚，柳州全家人来接我。阿阳开车，红梅、柳坤、宇锟、老科、梦香全部来，半夜到，住在宾馆。

第二天即12月11日，全家人吃过饭，然后，坐阿阳和小蒋的小车，回柳州。

终于出院了，全家人万分高兴。

两辆车装着我们和我的文件材料，回到了柳州市的家中。

此后的几个月，我一直在家中待着，电话遥控着右江酒精厂的工作。

3

在家中休养的日子，不断传来右江酒精厂的消息，令人心焦：

工厂停产后，因为是政策性停产，从业工人全部下岗，这些工人几乎都在县城住宿，于是停产后便自行回家。当然，只能另谋职业，寻找生活出路，停产的厂是养不起工人的。

全厂的生产设备全部停止运转了。工厂一旦停产，那些设备就像一堆废铁，堆放在那里，那些专用设备只能造酒精，除此之外，别无他用，只能静静地待在厂里。

厂里原来的供电设备装有100千伏安和500千伏安两套系统，正常生产时使用500千伏安的供电设备，但停产后就得停用500千伏安供电变压器，改用100千伏安的供电变压器。

工厂原在右江河边修建有一个大型的抽水泵站，还架设了一条专用供电线路。停产后，不得不停止这条线路的供电，同时拆除河边抽水泵站的专设的供电变压器，还拆回了一些重要的抽水泵机。

停产了，废水处理系统自然也作废了，那些排水管道都是一些直径120厘米的铁管，长达几千米，也拆除收回了。

2010年9月，根据上级主管部门的指示，对已经报停的燃煤锅炉进行拆除。拆除的标志是定向爆破锅炉大烟囱。谁都知道，锅炉烟囱拆倒了，这台锅炉也就废了。

接着，另一个停产标志：酒精蒸馏塔拆除。但是这个特种设备的拆除是在蒸馏楼内按各楼层的设备原地拆除，原地存放。一个酒精厂，蒸馏塔拆除了，当然也标志这个厂永久性停产了。

整个厂区，经过一个春夏秋冬，到处长满荒草，一片片荒草显示出一片荒凉。

更可悲的是，守厂人力不可及的情况出现了：偷盗猖狂，偷盗严重，不法分子连续撬开厂内我的办公室和私人宿舍，偷盗厂里的财物，偷盗工厂的设备设施。拉出去卖的东西有大小电动机，电线，各种钢管，阀门，锅炉部分设备，锅炉配件，机械零部件，变压器，库存备件，厨房电冰箱等。几乎几天又拉一些出去，附近的村民和厂内正在值班的人员都有记录，而且当天就电话告诉我，我都记录在案。

4

在柳州家中休养的日子，我彻夜难眠，夜深人静之时，万种辛酸涌上心头。

眼前浮现出右江河畔的黑色的日子——6月29日。

似乎刮来一阵龙卷风，一阵黑色的龙卷风，它来得那么突然，几乎让人始料不及，风速是那样的猛烈，似乎要摧毁万物生灵，然而，它消失得又是那样的快捷，瞬间即逝，人们还反应不过来，它一下子就不见了，一下子就消失了，消失得无影无踪，消失得那么惨烈。大地上只留下了风扫万物的凄惨痕迹。这痕迹将成为历史的烙印，深深地铭刻在我的心坎中！

一切都归于了平静。

夜无声无息，我的脑海也静静地沉思，深深地沉思。

我想起了前些日子的一幕幕场面，仍然心存余悸。

过去的已经过去了，回到今天，今夜我难以入眠。

我独自呆想：

早年读书时，我非常爱读《基督山伯爵》这本小说，我反复阅读了几遍，我被书中的人物、事件、故事情节深深地吸引住了。英帝国在海中一座孤岛上修建了一座死囚监狱，凡是投进了这个监狱的囚犯将永无再见天日的机会。基督山是一个普通的商人，但他被商业伙伴陷害了，他的商业伙伴变成了敌手，敌手用金钱买通了法官，将他判了死刑且投进了这座死囚的孤岛监狱。他在牢房里与同处一室的意大利长者相处相识了。意大利长者原是英帝国国王的牧师，他从英帝国祖传书籍中意外破译了关于早年国王收藏在基督山小岛上的、价值连城的金银财宝的文字记载。他破译了地洞入口的密码。他向国王讲述了他伟大的探索发现，但是，国王误解了意大利长者的本意，认为他误传了王国的祖传秘密，认定他是一个读书读得发了疯的精神病人，于是，轻而易举地判他死刑，并且投放到这个死囚监狱。他入狱后，整天口中念念有词，说他有千万财宝，如果监狱放了他，他可以与人平分这份富可敌国的金银财宝。狱卒也认为他真是个疯子。再也没人理会他。基督山与意大利长者同笼囚禁，基督山帮长者端饭、递水、洗衣、盖被、洗脸、擦身。久而久之，意大利长者看出了这个年轻人的厚道，于是教他读书识字，给他讲述许多的皇家故事。基督山潜心护理意大利长者，赢得了长者的信任，意大利长者把国王藏匿祖传的金银财宝的秘密全部告诉了基督山，并且要他死记硬背打开地洞的密码。不久后的一天晚上，意大利长者病逝牢中，狱卒用麻袋装着长者的尸体，等到第二天天亮时抬出去从后山上扔进大海。基督山当晚经过激烈的生死选择后，还是偷偷地掉了包，基督山把意大利长者抱出来放到床上蒙住头脚，自己钻进麻袋。天刚亮，狱卒睡眼蒙眬地把麻袋扛出去扔了。被扔进大海的装尸麻袋被潮水冲向岸边，让人想不到的是，被潮水推上岸边的麻袋里竟然钻出了基督山。基督山得以逃脱那死牢。他如愿找到了那座小岛，找到了那个地洞口，用密码打开了地洞石门，一下子成了世界顶级富商。基督山用这些钱报复了陷害他的商业伙伴，又报复了贪赃枉法的官员。他本来没有名字的，那座藏着金银珠宝的小岛叫基督山岛，于是他便取名为基督山，成为基督山伯爵。

我还想起了另一部也曾轰动一时的小说《红岩》，那也是我中学时代最为推崇的小说：

重庆歌乐山，白公馆，神秘、恐怖、阴森，国民党在这里设置了要犯、重犯监狱，一排平房是牢房，前面有一个大地坪，四周是高墙，四角都有岗楼，架着机枪。共产党的重要领导人曾被关押在这里，放风时，共产党员戴着脚镣手铐走出牢房，走下五级台阶，走到院中放风，不准互相说话，不准两人待在一起，院子里到处站着手握钢枪刺刀的士兵，气氛悲烈凝重。杨虎城将军被关在白公馆二楼，放风也只能到二楼门口站站。整个二楼都被封锁了。这里与世隔绝，只有呵斥、皮鞭、刺刀、钢枪和铁丝网……《红岩》我也是反复读了几遍，每读一次都激动不已。若干年后，我还亲身到重庆专程去游歌乐山，上了白公馆。新中国成立前的状态原模原样保留着，让后人去想象、去体会、去凭吊革命先烈。

我还想道：

过去我们散步在南宁繁华街头，看见路边的乞丐在讨吃，衣衫破烂，全身脏臭，我对阿华说："这是人类社会中生活在最底层的人群。"但是，后来我否定了这一说法。乞丐有人身自由，他想去什么地方就去什么地方，想做什么就做什么，他可以从南方沿途乞讨走到北方，也可以从西部高原走到东海之滨，他们有言论自由、人身自由。而在押犯、劳改犯才是人类社会最底层的人群，这些人没有人身自由，没有享受人类应该享受的生活，他们是在高墙大牢、铁门铁窗、刺刀钢枪加手铐之下，过着非人的生活。

我还在想：

深山老林里的庙宇，落发为僧的和尚尼姑。

深山老林的庙宇与世隔绝，当和尚尼姑，吃饱饭念经，敲木鱼，这一念一敲，就是——

一天。

一月。

一年。

十年。

数十年。

和尚就是这样过来的。他们不沾凡俗，不近色情，不与世争，也没有儿女情长，也许，这样心境就平和了，平衡了。

一切都归于平静了。

我的心绪回到了我在右江的十年风风雨雨。

回到了我1998年初次踏进右江时所听到的阵阵嘹歌。

十年右江，经历了多少风风雨雨。

十年右江，流下了多少心酸眼泪。

十年右江，得到了多少鲜花掌声。

十年右江，成就了多少辉煌业绩。

十年右江，遭遇了撕心裂肺的生离死别。

第四十三章

2011年8月11日即农历七月十二，夏末秋初，天气炎热，晴雨不定。这天我带着一批管理人员回厂。

回柳州家中休养已经很久了。六七月匆匆去右江厂里打了一转，但解决不了问题。几个月来在柳州家中休养的日子，不断传来右江厂里的消息，令人心焦：

工厂停产后，工人全部下岗，另谋职业。

全厂的生产设备全部停止运转。

燃煤锅炉停了，锅炉大烟囱爆破拆倒。

酒精蒸馏塔原地拆除，原地堆放。蒸馏塔拆除了，这个厂永久性停产了。

整个厂区，到处长满荒草，一片荒凉。

小偷猖狂，偷盗严重。

经过反复思考，我决定组织人员返回厂里，重新布置守厂工作。

我决定组织阿阳、阿科、阿勇、阿方、阿力、阿晚、阿勋共7人回厂。再增加阿战、阿辉、阿新、阿峰、老赵、阿电、阿亮、阿安等8人，共15人守厂。

这天清晨，我们从柳州出发。

我和阿科、阿勇、阿方一起，由阿科开新小车桂LB221从柳州出发，走高速，到王灵，遭遇堵车，改走老宾阳路，下昆仑走老路，过南宁，到酒精厂。阿阳、阿力、阿勋三人坐火车直达酒精厂。

2011年8月11日。

我们准时到厂大门，我们顺利地进了厂区。阿战、阿辉、阿新、阿峰、老赵、阿电、阿亮、阿安等8人早已在厂门口等着。

我们把两部小车停在大门进来的走道上，人全部下车。

我召集我的人走进旧办公楼区。

来到旧办公楼，一片破败，满地煤灰，一层楼的几个房门都半开半关，房里全是垃圾，一楼大房即101房间里面全是煤灰垃圾。

我就在这间房里召集大家开个短会。没有凳子，地也脏，大家都站着，我说话了。我先点名：阿科、阿阳、阿勇、阿方、阿力、阿勋、阿晚共7人，阿战、阿新、阿辉、阿峰，老赵、阿电、阿亮、阿安共8人，共15人。我点名后即发红包，每人200元，然后宣布阿战任守厂队长，同时宣布排班，今天就开始倒班。

然后，安排大家搞卫生，并且在101室、102室安置了一些桌凳作为我的办公室。

阿华买盒饭打三马（一种搭客三轮车）进厂，大家吃盒饭，有的在草坪石凳上吃，有的在旧楼里吃，大家散在办公楼和草地上四处游走。

此时已是下午5点，打算就在厂里正式住下来了。晚8点，大批行李进厂。阿阳、阿力、阿晚3人住103室，还有住101室的，全部布置住下了。

天意，一举成功，我重返工厂，我重回厂里，重新主宰厂里的一切。历史如此巧合，1998年也是8月11日，而这次从7月30日筹备以来，恰好也是8月11日这个好日子进厂来。

我们从这一天起又回到厂里。

接着，到锅炉房设立值班室。

再后来又在地磅房那边设立二门卫。一步一步加强管理。

不久后，我们10多人到敢壮山拜布陀洛人文始祖。

我们也想去市里朝圣。

右江淘金已经十几个年头，均未到市里朝圣，所以很多事历尽艰难，于是决定今天去朝圣。这天上午，我、阿华、阿力开小车直奔市里。小车开到起义纪念碑公园山顶。这里是全城最高点，高高的纪念碑矗立在山顶上，俯视全城。我买了三枝黄色鲜花，走到起义纪念碑前，肃穆站立，毕恭毕敬，三鞠躬，我心里默默地许了三个愿，不过，"愿"是天机，天机不可泄漏也。我还叫阿力为我照相留念，这是第一站。接着又去起义纪念馆，来到纪念馆前小广场，这里矗立一尊邓小平铜像，我面对铜像，肃穆起敬，鞠三个躬，也重复了三个许愿。这样一来，我终于解开了多年未来朝圣的心结。也许这次朝圣会给我带来好福气。

重新回到厂里，重新开始管理工作。

不久后我布置拆开已封了的二大门门洞，第二天雇来师傅砌好新二大门，同时封住了旧二大门。

早两天我已经布置制作两扇大铁门，今天上午又安排四个员工在仓库那边施工扫尾，直到下午6点制作成功。

下午6点钟，我和阿勇从旧办公楼接电源拉电线出去，我们从傍晚6点安装到晚9点，终于安装好工厂一大门的大铁门。

不久后，我们重整了大门门卫室、安装门卫铁窗。下午3点钟布置开工，干到晚9点全部完工。

古往今来，多少英雄都是在一场毁灭天地万物的战争之后夺取天下，多少英雄在屡遭失败、历经磨难后东山再起。

旧公司司法解散了。对社会公众而言即日起公司解散，公章作废。

旧公司解散了，我重新注册新公司。

2011年成立了这个公司。公司名称为广西右江工贸有限公司，我任公司法定代表人。

公司装修大门。

工厂一大门原来只有四根门柱，早些天家里的老人请风水先生到现场指点，说：在柱子上加个门楣，这个大门才能形成一个口，这个口能吞进水，水便是财，俗话说"财源茂盛达三江"。

公司已布置师傅专门制作了大门上方的门楣。大门门楣上，显赫地写着新公司名称。大门的门楣和大门的招牌显示了这个酒精厂已经关闭，取而代之的是重新注册的公司。

这天是黄道吉日，我们公司举行了隆重的挂牌仪式。

公司请来了街上的舞狮队，彩旗飘扬，敲锣打鼓，两头醒狮在公司大门口朝着大门，龙腾虎跃，驱邪降魔，招财进宝，预祝万事吉祥顺意。

家里的老人还请来道士在大门做法事，法师开光，其目的也是驱邪降魔、招财进宝、扫清扫平开拓进取的道路。时辰到了，公司的牌子由董事长亲自挂上大门口的大红柱子并揭开红绸布。此时，鞭炮齐鸣，锣鼓喧天，人声沸腾，热闹非凡。

公司的大牌子上写着：广西右江工贸有限公司。

这是一个伟大的新起点，一个伟大的新开端。

庆典晚宴于下午6点开席，在公司食堂，8桌。

感谢苍天。感谢大地。

我高兴得热泪盈眶，这是一个幸福的时刻，为了这一刻，公司上下人员付出了努力，往后，便是酒精厂搬迁另建，原厂址作房地产开发，一切重新开始，东山再起。

东山再起，原公司解散了那么就重新注册。

原厂址永久性停产那么就搬迁。

搬迁后原厂址进行房地产开发。

一切从头再来。

一首《从头再来》，唱出了我的心声。

一切从头再来。我编写了两个可行性研究报告：

第一个，《食用酒精年产5万吨（一期3万吨）暨芒果酒年产5000吨（一期300吨）搬迁技改项目可行性研究报告》。

第二个，《酒精厂原厂址50亩地房地产开发项目可行性研究报告》。

计划实施。

但愿天遂人意。

第四十四章

　　2012年11月12日，天高云淡，我与阿力阿方开小车从右江回柳州再回白镐河，此行是应邀参加县中建校80周年庆典活动。

　　再过十多天就到农历二十四节气的小雪了，但南国的冬日，我们在小车上还不时开着空调。下午1点多离开酒精厂，下午5点多到来宾市。正逢饭点，便进来宾吃饭。饭后再上路回柳州，天黑之时我们三人回到了柳州家中。

　　三江县中决定：2012年11月14日即农历十月初一在县中举办县中建校80周年校庆活动，邀请校友回校参加。我认为，县中是我们成长的摇篮，为感恩母校，我们一定回去参加校庆活动。

　　此次我回校参加庆典，计划12日从右江回柳州，13日到三江县中，14日参加校庆活动。回到柳州的第二早即13日，我们一行五人开小车离柳州，去三江。

　　天，阴下来了，不时还下些毛毛细雨，但沿途我亲睹了二级路两边熟悉的山影，熟悉的村落，熟悉的故乡，心情特别开朗。我们从六溪村路口拐进和平街，沿着白镐河顺河而下，过板六村，过板坡村，过笔架山山脚，过斗江街到古宜。我在小车上用手机通知在县城住的姐妹们今晚全部到三妹家中聚会吃晚饭。

　　下午6点，我们的小车驶进县城，我开小车去鼓楼广场旁边的风雨桥国际大酒店县庆校友接待处报到。报到之后，安排我住进风雨桥国际大酒店客房，并邀我进餐厅享用接待晚餐，但我因为要去三妹家里聚餐便告辞了，在三妹家晚饭之后，我回到酒店客房。

第二早，我起床下电梯约小叔和梁韬几个人到大餐厅过早，之后便相约一道坐我小车去大洲小岛。

2012年11月14日，农历十月初一，校庆日。

我开着小车前往大洲小岛，我们沿着宽大的侗乡大道走过古宜大桥，然后走兴宜街过大榕树，再走江边旧路，直达县中的大洲小岛桥头。

县城内长街大路三横三纵，四通八达。去大洲小岛的路也有几条：一条从县城走老路走江边过酒厂，这已经是几十年上百年的路了，我读中学时就走这条路，现在经过改扩，汽车可以直接开到大洲小岛桥头。

再有第二条新路，即从侗乡大道直到西游村，然后过新西游大桥上大洲小岛，然后沿浔江边路到县中大门口，大小车辆都可以通行。

还有第三条路可以从三角渡方向过新的大桥上大洲，直穿过大洲小岛，然后沿浔江边路到县中大门口。如此说来，路网交通今非昔比。

我今天仍沿着老路来到了大洲小岛桥头。

眼前的浔江，变了，过去围绕大洲的浔江是急流滩水，自从前些年建成了草头坪电站，回水已经涨上了几十米，河道水变深，浅滩急滩没有了。

这里，已经建成了两座大型的水电站，第一座是力金滩电站，那是1990年间的事，第二座便是草头坪电站。

这里，曾有20世纪70年代建成的九江电站，解放初期建成的大洲电站和桐叶小电站。而今，这些电站都已成历史陈列物，故乡县城的水电发生了巨大变化。

由于草头坪电站的回水，几十年前中学时代晚饭后到河边洗凉洗衣服的河边河滩全淹没了。路变，水变，今天回母校参加庆典活动，目睹这些变化由衷感慨。

我的小车慢慢驶过了大洲小岛桥，开进了县中大门。

校门之内，两边是长长的两排男女学生，身着鲜艳的民族服饰，作为校庆仪仗礼宾队，列队欢迎校友的到来。从礼宾队男女学生喜气洋洋的脸上，传出了母校热情欢迎校友归来的浓情厚谊。

我在礼仪人员的引导下停妥了小车。

展现在我眼前的县中校园，已经完全变了模样，大气、美观、豪华、现代化。

偌大的三江中学校园里，不变的只是那两排从旧学生食堂到旧男女厕所的鸡爪梨树，这两排树已经有几十年树龄，大概是建校之初的1932年栽种的，几经沧桑，这两排鸡爪梨树没砍，没变，而今，树又大又高。

还有一排柏树也没变，1962年我们读初中时，在平房教室旁边种下一排柏树，几十年来校舍几经改建，树没砍，而今树长大长高了。

还有偌大的操场没变，还是原来的位置，但现在铺上水泥地板，增宽增大了。

操场边新建起了一个牌楼式校门，校门上镶了镀金字"三江中学"。

大操场的里边，靠小坡脚的那栋1964年修建的旧式二层高的教学大楼，当年数全县一流，现已不存，取而代之的是新建了一栋七层高的有民族建筑特色的教学大楼，这是学校教学的中心。

教学大楼前特意修建了一个小型露天舞台。

大操场的右边，过去是一栋两层的教室大楼，现也已推平，重建了七层高的现代化的教学大楼。

大操场的左边，原来教师宿舍两栋简易平房的地方，新建了几栋教工宿舍楼，当然已不是20世纪那些没厨房没卫生间的单间宿舍，现在教师住房当然已是三房四房多厅多卫的格局，时代进步，知识分子的起居生活得到了社会高度的重视。

1963年我读初中时，初39、40班的教室是在柏树旁边的平房，读高中时，是在左边那小山坡上的教室。记忆中的这些也早已踏平另建了。

柏树和平房教室后面，早年是学生勤工俭学菜地和男女厕所，后山坡上早年是一排男生宿舍和教室，现已踏平，取而代之的是一栋高大的有着现代化设施的七层高的学生公寓楼和大型的可容纳三千人就餐的学生食堂。

记忆中，那两排鸡爪梨树从旧学生食堂到旧男女厕所，那个旧男女厕所是20世纪60年代全校师生男女共用的厕所，木楼结构，分两头，男女各一头，粪坑在低洼处。有一次下课我上厕所，我走到男生厕偏里边的便位，仅隔一层木板那边就是女厕所，当时女生那边也热闹非凡，我心跳加速，脸色涨红，赶紧拉完撤出。当年憨厚朴实的学生少年，多么难堪。

如今，整个校园全变了。当年我所住宿的地方，上课的地方，吃饭的地方，方便的地方，洗浴的地方全变了，母校变得更加漂亮更加雄伟，这就叫"与时俱进"。

今天，这所中学走过了80个春秋，学校在这里举行庆典活动，此时，大操场上已经人头涌动。

教学大楼前小型露天舞台布置为主席台，横幅写着：三江中学建校80周年庆典。

教学大楼即主席台背景，此时挂了几十副贺联，衬托出热烈而隆重的气氛。

庆典会场上分为三片就座，中间摆放了若干张凳子，留给回校的校友。两边是三千多名在校师生按班坐定。

上午九点半，主席台上主持庆典的人宣布嘉宾进场，点名特邀了几位官至省厅且年事已高的老校友、历任校长，以及现任县领导和市县教育局领导，上主席台就座。

会议惯例是：全体起立，升国旗，唱国歌。接下来是领导作重要指示，嘉宾发言，校友和在校学生代表发言。

主持人还公布了各项捐款，各项捐献的纪念品。

庆典会之后是文艺演出。

文艺演出最后一项是最具人气的"侗族多耶大歌"，学校文艺队早已编好关于校庆的侗语多耶歌词，几百名在校学生的文艺队涌向会场，拉起校友嘉宾的手，围成一个大大的圈，围绕会场边跳边唱，舞台上一位着侗装的领舞艺人手持麦克风，高声唱着多耶侗歌，跳舞的人群合着高音喇叭的音乐及节奏，欢快地跳着走着，绕行了一圈又一圈。

这时庆典会场气氛达到了沸点，人们手拉手一边跳一边唱，音乐声，多耶领唱声，人们的合唱声，回荡在三江中学校园上空，这是今天庆典会的高潮。

侗族多耶是最喜庆的大型的音乐舞蹈。今天庆典会以多耶舞蹈收官，体现了整个庆典设计者的独具匠心。三江中学现有在校师生三千多人，校友嘉宾回校参加庆典活动的又有近千人，此时全部欢唱在偌大的操场上，共庆县中建校80周年，壮观，精彩。

我手持摄像机，还有很多校友也手持摄像机，全程拍下了这珍贵的历史镜头。

庆典会后，是校友们相聚的难得时光。参加庆典报到时，会务处发了一本小小的纪念手册；在开庆典会时，我的老乡教育局原局长伍局长又特地送我一本厚厚的纪念册。

我从老乡局长所送的纪念册中得知，或者说很多很多人根本不知道，位居广西省部级领导的莫虚光早年曾在县中读过书。还有三江著名的吴老县长也曾是三江县中的学生。各个年代考取大学的时代骄子，现在职的正厅级领导等，许多都出自三江县中。

今天的庆典会上，一位邻市的教育局局长作了代表性发言。他当年以全县第一名考入了县高中，后来又以全县高考第三名考上了广西师范大学，毕业后任职于地市高中，一路仕途顺风，如今当上了地市级教育局局长。

20世纪60年代高五班的校友荣超武，毕业后考上武汉大学法律系，给学校写来一封热情洋溢的信，这一纸"校友来鸿"，不仅曾在校园里张贴，在学生大会上诵读，而且常常在我心海扬波，让我至今难忘。

这就是县中学子，风采照人。

多么激动人心的学子风采。

今天的大操场上，我见到众多校友同学，大家借此平台回校一聚，感慨良多。

高五班的荣老局长，在操场上一见面，便对众多高六高七的校友说："大家看看，看看，老覃这一身行头，几乎就是从外地刚回来的国际型的大老板哇，这就是县中的精英。"我无语，脸唰地红了起来，连声说："言过其实，言过其实，盛名之下其实难副也。"

我小叔也来了。初中毕业时，班主任方大杰老师对我小叔说："覃启强，我与黄校长商量了，决定保送你上商校，毕业后分配商业系统工作。"这是一生难逢的机会，但这机会与小叔擦肩而过了，小叔回家问祖母，祖母居然说："家里没钱，你不要去读了。"这一句话误了小叔一辈子。当然，农村也有用武之地，后来的后来，小叔入了党，当上村支书，也算一方名人。但如果当年上了中专商校，现在小叔就是商业系统的退休干部了。这是命运，机会瞬间即逝，终生遗憾。

高七班的同学来了10多人，我们在大操场上都见到了。当年的邮电局家属子弟的刘同学，我印象太深了。当年在高七班，他从家里拿来一台旧发报机，用他跟父亲学来的简单的发报指法在高七班宿舍演示，我万分惊叹，这东西可以发出语言文字，太神了，要知道，我是从60里外的乡下来县城读书，祖上都没有谁见过发报机。今天，刘同学嬉笑说："我们高七班很多人，有的成龙成凤了，我们呢还是蛇，比如一窝鸡崽几十个，会找吃的就长得特别大特别肥，不会找吃的，饿吧，瘦瘦小小的。"我们无言以对，只是感叹人生。

在操场上，还见到了昔日的语文老师阳世清，人老了，但还是那么精神，我对阳老师说："当年你身穿标准的中山装，一条白色的裤子，十分精神地给我们上散文《泰山极顶看日出》，绘声绘色，至今难忘。"

今天的三江中学已今非昔比。

三江中学创建于1932年，永远不变的是她一直坐落在县城附近的这个大洲小岛上，美丽的浔江河环绕大洲环绕学校流过，校内树木参天，鸟语花香。

而今天的三江中学已是省级示范性高中，校园占地面积扩大到120亩，有男女生公寓楼栋，食堂、教学楼、教室均配备先进的多媒体设备，有实验综合楼，内设多媒体报告厅、电脑室、生化实验室、画室、音乐室、阅览室、图书室。学校教学设备齐全，学校运动场地充足。学校还注重彰显侗族特色，学校新建的校门、办公楼、文化长廊、实验综合楼均融入侗族建筑元素。学校重视传承侗族文化，开设有侗族礼仪、芦笙、侗画、侗族大歌、侗族多耶舞等课程，以此彰显侗族厚重的民族文化。多年来学校不断有学生考入清华大学、复旦大学、中山大学、中国科技大学等名牌大学以及多所"国内一流、国际知名"的重点大学。

庆典活动上午结束了，我开小车离开了大洲小岛，离开了县中。

下午开小车跑了一圈县城，感受其巨大的变化：

三江县始建于宋朝，崇宁四年（1105）于融水县三口寨置怀远军，后改为平州，置怀远县，行政中心设在丹洲。后几经兴废，自明洪武十三年（1380）十一月二十六日复设县制，仍称怀远县，直至民国三年即1914年易名为三江县。1949年11月18日解放，12月18日成立县人民政府。1952年12月3日成立县级侗族自治区，1955年9月改为侗族自治县。现在正在"打造一个顶级大侗寨"，"再造一个县城"。在这样的发展思路指引下，城建速度前所未有，城市面貌日新月异。近年来，先后建设了三江风雨桥、中国侗城、三江鼓楼、侗族文化碑廊、民族特色的月亮街、奇石荟萃的奇石城、佛教圣地的福禄寺、多耶广场等旅游景点。在县城各个入口处，矗立着具有浓郁侗味的鼓楼凉亭建筑。如今漫步县城，一座座蕴含侗族元素的建筑、一处处独具侗族特色的景观扑面而来。

民族广场上耸立着世界最大的鼓楼。

鼓楼南面是世界最大单体木构建筑"侗乡鸟巢"。

西南面是世界最长三江风雨桥。

月亮街有如侗寨里的大巷道，外边是清一色的侗族吊脚楼，里边有长200米图文并茂的石刻碑廊。

还有迎宾鼓楼、油茶街、鼓楼多耶广场、凉禾架。

细数三江鼓楼、侗乡鸟巢、三江风雨桥、月亮街、多耶广场，无一不是侗乡木构建造技艺的结晶，闪烁着少数民族元素的光芒，令一个美丽壮观神奇的县城以独具特色大侗寨的形象展现在人们的眼前。侗乡，民族文化也在传承中发展，侗歌悠扬，侗舞翩翩，满含对生活的礼赞，赢得了"中国侗族在三江"的美誉。

大侗寨也成为广西、贵州、湖南三省区的交通枢纽。在县城交会的贵广高铁和原有的技柳铁路，三江柳州高速公路，桂林三江高速公路，构成了四通八达的交通网。县城成为两条国道、两条高速公路、两条铁路交会的地方。

大侗寨近年来旅游业发展迅速，宾馆酒店住宿业尤其日新月异，新增五星级标准的酒店，综合年接待量达数百万人次。

结束了光彩亮丽的校庆活动，激动不已，感慨良多。

第二天，我从县城回老家，再回笔架山、再回白镐河，在老家住下了。

第四十五章

1

回到了高高的笔架山，回到了清清的白镐河，回到了白镐河上的柳松桥，回到了我老家的木楼瓦房。

回到了老家，住下了。

我带全家人上到名叫拉谢的山头缅怀父亲。

在父亲的墓前我们上了香，烧了纸，三鞠躬。

在父亲的墓前，往事历历浮在眼前：

父亲于2007年8月去世，享年83岁。

父亲逝世时，我安排做了三天三夜的道场，很是隆重。从老家门口到公路边，一路立了三道青松翠柏竹木大挽门。

第一道挽门，在公路边岔路进寨脉老家的村路口，青松翠柏竹木，用4米长的白布条写挽联一副："笔架山脚阵阵悲声辞严父，白镐河畔滴滴泪水写恩情。"

第二道挽门，竖在河边的桥头，也是青松翠柏竹木扎成，也是用4米长白布条书写一副挽联："大塅田中，吾父耕耘数十年，今朝离去怎能舍？白镐清泉，为儿吮饮多少载，昨夜断流意难忘。"

第三道挽门，立在老家门口，挽门由青松翠柏和竹木扎成，然后也用白布条4米书写一副挽联："七柱老屋，祖辈选得风水地，勤俭立身，宝鼎生花香结彩，深恩永记；三堂故居，父母建成书香楼，耕读为本，育出一门好才学，大德难忘。"

单单是这三副挽联，这三道挽门，就已经表达了村民、亲戚、孝子女的追思之情，哀悼之意。

还山下葬之时，其隆重的场面更是堪称白镐河一流，近千人送葬，大餐是60多桌酒席，隆重悼念恩重如山的父亲。

当时已安了坟碑，但太小了，于是重新装上一块，以显源远流长的家风。

那年清明，我带全家人给父亲的坟墓重新安上一块墓碑。我们在柳州，找了一家石刻店花2000元买碑刻字，刻成了，到了清明前几天我们全家回老家时，雇车拉回来。托人择定日子在清明前三天安装。那天，我们全家人以及姐妹兄弟叔侄全部到场，选用午时，叔父还帮请了道公和风水先生，一道隆重地安上了新碑。原来的石碑埋在坟里，原封不动，等于安二重门吧。新装大门，原来的就是重门。还把坟墓封土四周扩宽一尺半，两边合起来等于扩大三尺，也加高一倍。风水先生说：这块地叫金凤下山，凤从田边大界山下来，凤头就在拉谢，凤头朝着白镐河。"日有千人朝拜，夜有万盏明灯。"父亲的坟就坐落在这凤头上，这是贵人葬贵地，福人葬福地。

今天此时，全家大小又站在坟前举行隆重的仪式，默立在坟前追思父亲的恩情，劳苦功高，恩深似海。

父亲在同胞兄妹中是老大。追随祖父覃贵林，继承祖父之父覃凤鸣的家业，传承高祖覃龙文的遗训，开创覃贵林一家的家业成为白镐河首富。

后来，我调去柳州之后的第二年，我把老科也弄去柳州，买了房子在古亭山。父亲跟老科搬到柳州来住，这一住就是十多年，直到2007年去世。这期间，父亲还一再叮嘱我与老科把老家旧居后屋修建，我们做到了，终于修好了后屋。他在生之年就已经看到了旧居修缮完毕，他闭上了眼睛。

父亲到了晚年仍热心公益事业。父亲于1999年主持修建寨脉柳松桥。我出资买钢筋水泥沙子石头，村上出劳力，杨副厂长设计，辛苦了几个月，终于在白镐河上第一次修建了一座可以过大车小车的钢筋水泥桥，从而结束了寨脉村门口要过河蹚水的历史。大桥落成之日，和里村同族兄弟也过来几十人，喝酒唱戏，热热闹闹了三天，道公覃启杰伯父举行踩桥仪式，穿着道袍，手拿钢刀雄鸡，一路念念有词，第一次走过新桥。桥头，由我撰写了一篇桥序，刻石立碑，记述了建桥的来龙去脉。至今，这块碑还立在桥头，而父亲却已千古。

看了父亲大人的坟墓，之后，我们去看母亲的坟墓。母德难忘。

母亲先于父亲去世，母亲养育我们兄妹，积劳成疾，早年仙逝，终年70岁。

母亲安葬在三湘村下面的一处风水地，叔父们请来的风水先生称之为蜈蚣下山，一条大山梁从测量尺大界山奔驰而下，到了水溪边停住了，前面横着一条小虫，这叫蜈蚣下山。该地祭拜供品不能用鸡。那天下葬之时，启国叔父挑着一对箩筐，供品里有一只活鸡，但到了墓地，下葬时拿鸡出来祭拜，鸡却死了。从那以后，每年清明我们都不敢拿鸡去上供。更奇特的是：就在母亲去世的前一年，附近村有一位老人过世，那墓地就在母亲坟地上面不远处的一块平地。当天他们已经把墓井开好，道公准备举行下葬仪式，将供品鸡杀了丢进墓井中，但那只鸡不死，撑起来，飞出井底，飞下半坡。他们好几个人下去找，找了很久，好不容易才找到。找到那只鸡后有人说"风水宝地该是在这里"，但事主说，墓井已挖成，不可能填平，又另行异地开挖，一人去世，开两口井，就会对家人不利。于是还是在上面那地方下葬了。而那鸡飞落下来之地，正是母亲选定的墓地，地理先生拿母亲的生辰八字和去世时辰，拿罗盘到那地方一测定，居然符合阴阳之理，于是便定下了。是上天要把这块福地留给我母亲。

2

父亲去世的之前之后，他的几个弟弟即我的几个叔父先后相继去世。

覃启武二叔早些年在河池市医院住院，医治无效去世。二叔从野战部队调回，先是在桂林陆军学校工作，后来从中国人民解放军转业到河池县当县委秘书，之后就一直在河池工作几十年，直到去世。二叔去世，三叔、四叔、小叔、丽云姑以及我们全家，全部跟随父亲去河池送葬，那时，父亲还很健壮。

覃启祥三叔于2009年也走了。我终生记得：1965年冬的一天，我从县中请假回家要伙食费，父亲说家中一分钱都没有了，父亲向生产队去借，生产队也拿不出钱来，父亲无奈对我说："你三叔（覃启祥叔）在高基板瓦村做瓦匠，你去看看。"当晚我到高基板瓦村瓦棚，在启祥三叔的工棚里与他共吃晚饭，睡在他床上，第二天早饭后覃启祥三叔给我10元钱，话不多："只有这10块钱了，你拿去做伙食吧。"我噙着泪水说："三叔，谢你了。"那个时候县中学生食堂伙食费是每月6.9元，高基瓦棚借的10块钱，吃得一个半月，我终生难忘启祥三叔的帮助。

三叔的坟地是家里的人请来六溪村杨先生选定的，也是金凤下山这条山梁，面对高高的笔架山，棺木抬在山上坟地边停放几个月，择日下葬，下葬时间是半夜。三叔一生爱养画眉鸟，奇了，第二年清明我与同族人去挂清，点香之时，对面山上画眉鸟叫了起来。更奇的是，第三年清明二叔孙子结婚了，清明节那天，孙媳与家人同去挂清，点香之时，对面山上画眉鸟又叫起来，而且是一对画眉鸟一公一母在叫。灵异，无法解释的灵异。

覃启宣四叔于2011年在家病逝。先是到柳州市人民医院住院，仅回到家一个晚上便去世了。一个普通的平民生命结束了，一个良心巨匠走了，留在人间的是一件件善良的故事。斯人已逝，美德长存。四叔是人品极好的平民。四叔一生活得太艰难。从"四清"开始直到"文革"，四叔便卷入了一场浩大的政治运动的旋涡，多遭波折几经漂泊。他从20多岁起便背负一个富农子弟的帽子，过着忧郁寡欢的日子，随着政治风向标时起时落，担惊受怕。四叔的一生又是病痛的一生。近20多年来，身体多病多痛，几次住院动手术，几次开刀，在身上割来割去，饱受药物煎熬，未曾得过几天宁静与消停。四叔擅长木工，我们老家的木工活全是四叔做的。"文革"后恢复高考，我千年等一回地考上了，要去读书前，我托四叔为我手工制作了一个大木箱，四叔无偿地做了几天。这只木箱伴我在学校几年，后来我一直珍藏着。可惜，2011年，一个木工巨匠生命骤然停止了。

族叔覃启国一个人在田边大界山上搭草棚长住十年，种了一大片杉木林，其儿孙因此收入了百十万元。后来的后来，覃启国叔叔老了，在家去世，享年85岁，我送了一副挽幛：

上联："幼时当马供吾骑，板廖油榨茶油炒饭侄充饥，往事历历似昨日。如今独坐神马赴仙池，阴阳两隔意惜惜。早年油炒糯饭过嘴仍留香，父辈恩德千载难忘记。"

下联："田边大界栽杉树，夜守草棚鼎罐锄头加蓑衣，汗水淋淋在往昔。只今终生仅享木一株，天地永别泪凄凄。前人种树后人乘凉儿孙福，劳苦功高名垂家族史。"

二婶罗碧娟即二叔覃启武的配偶，于河池市去世，享年84岁。我去悼念并送挽幛一副：

上联："恰过九月重阳，又近闰九重阳，遍地黄花不再香。片片落叶知秋意，降悲凉，二婶晚风天堂去，留下深恩深似海，侄儿铭记心头，千载难忘。"

下联："早年来过龙江，而今又到龙江，金城山水变迷茫。滴滴河水诉霜降，举挽幛，婶母祥云仙游去，养育之德比天厚，孝子灵堂黑纱，万种凄殇。"

覃启强小叔去世。是春节后不久过世的，我送挽幛一副：

上联："二月春风似刀剪，吹散披麻在灵前。幼时同在河池把书念，尔后亦同县中浔江边，毕业保送商校居然叔不去，一念之差错过人生九九艳阳天，今日盖棺定论怨无言。"

下联："地冻天寒冷心间，满堂孝子跪灵前。也曾出任村委当主任，尔后经营果园小河边，儿孙发达本该共享天伦乐，无奈病变名医抢救无力难回天。此后阴阳两隔泪沾涟。"

还山之时举行路祭，我亲自写祭文，但只念了几句便哭了，是哭祭。

小叔路祭词

回想幼时曾经同在河池把书念，尔后亦同转学县中大洲叔侄同在浔江边，小叔初中毕业校长决定保送小叔上商校，但祖母说经济困难不去了，一句话耽误小叔人生前途，恰似错过九九艳阳天。

"文革"后小叔入党出任村委当主任，换届离任又经营果园小河边，本该享受天伦之乐度晚年，哪知病变突然来，名医贵药无力难回天。

人生在世，长寿也罢短寿也罢，小叔你只当曾经来过，你只当是人生匆匆过客。

人世间，达官显贵，灯红酒绿，春花秋月，万种浮华，小叔你只当曾经享受，你只当它身外之物，生不带来死不带去。

小叔一路走好，莫回头，莫牵挂，莫思念，儿孙自有儿孙福，香火代代远流长。

今天在此一别，此后天地相隔，阴阳不见，山海茫茫，人世间，只留下那青山渺渺，黄土一堆，枯草一片。

此时，天阴沉沉，雨蒙蒙，乌鸦在附近悲鸣了很久，我听了倍感凄凉。

3

今天，我再回笔架山，再回白镐河。

回到了高高的笔架山，回到了清清的白镐河，站在白镐河上的柳松桥，站在我的老家木楼瓦房之前，感慨万千。

在这白镐河畔，在这笔架山下，一代代人走来了，一代代人走过去了，什么金银财宝富贵荣华，什么高官厚禄成龙成凤，一旦到了没齿之年便灰飞烟灭。

这就是"悟""空"，悟出了世事皆空的深邃道理。

于是在有生之年，在年富力强之时，该奋斗就奋斗，要争要干，成就自己的人生辉煌，成就自己的事业辉煌。不然，枉过一生。基于这样的道理，一部《逐梦岁月》，红尘滚滚，追逐梦想，反映出一个深刻的人生哲理：励志，奋发，图强，然后万事回归大自然，圆梦大自然。

故土情深。

圆梦笔架山。

附录一

　　从2008年开始，我爷爷开始创作《逐梦岁月》这部长篇纪实小说。小说创作经历十年，前四年一气呵成，后六年慢慢修改。爷爷都是在工作之余，忙里偷闲写书。本书共45章，洋洋洒洒数十万字，脱胎于爷爷多年来从未间断的生活工作日记。爷爷以这些年来的真实生活内容为蓝本，通过对两百多个真实事件的叙述和描写，为我们勾勒出了一个大山里的青年通过知识改变命运，从农村走向城市，从狭隘走向广阔的故事。

　　于我而言，打开这本书不单纯是打开一本小说，而是打开了我爷爷那些埋藏在脑海中的五彩斑斓的记忆，而这些记忆多数不为他人知晓。我生在城市长在城市，每年也只在清明时节跟随长辈回老家祭祖，对老家了解得并不深刻，这些浅薄的了解也只是来自长辈的片言只语。但是在这本书中，爷爷描写的笔架山、白镐河、老房子——在我看来十分破旧的老房子，以及浔江河畔的县中、县城老街等，都有着许多不同的故事和来历，让我了解了爷爷的少年生活与我的少年生活的不同之处。比如爷爷在书中描写的他在老家度过的那些孩提时光，像夜火赶鱼，拦江钓鱼，还有白镐河放竹排等，这些事我的父辈们也知晓不多，而现在别说是在城市里，就连在我的老家，在乡下，再去做这些事的人只怕也是寥寥无几。长辈的故事大多是口耳相传，而现在，我可以通过这本书来了解这些故事，读懂这些往事。其中最让我印象深刻的是，爷爷1983—1986年在广西师范大学中文系在职进修的事，这也是爷爷反复多次对我们这些孙辈提起的"光荣历史"。

与如今的全日制本科要读四年不同，爷爷的在职进修只有三年，是在大专学历起点上的三年。三年是那么的长，也是那么的短，但又是那么的璀璨和难忘。现在爷爷同我们说起此事总是深含怀念之情。在这本书中，爷爷写他的毕业典礼写得很动情，且全文抄录了当年毕业时写的打油诗《别了，广西师大》，诗中字字句句蕴含满满的不舍之情。如今，广西师范大学不仅是我爷爷的母校，2017年也成为我的学校，爷孙同为广西师大校友，这就是传承。

书中不仅写了我爷爷的故事，还详细描写了我的父亲因为游泳洗澡在水坝遇险的故事。这个故事在我小时候听过许多遍，每年回去做清明总会经过那个水坝，长辈也总会指着那个水坝一遍又一遍不厌其烦地说着那个故事，并且都说"大难不死，必有后福"，如今在书中看到这个故事，我感觉十分亲切。

另外，通过这本书，我了解了奶奶去世的完整版本。以往说到奶奶，长辈多是含糊其词，大悲大哀之事我想问个明白又不敢问。如今读完这一章节，我了解整个事件的来龙去脉。

爷爷在书中写道：

"这是一个拐弯处……所有来的家人无不失声痛哭，大家都抱着头，跪在地上……这个拐弯，变成了我们永别的地方。

"此时已近黄昏，在这空旷的冷寂的山谷，夜来了，更显得凄凉恐惧。

"我们在悲凉哭声中点燃了很多香、烛，在公路边排着插过去20米远，香火在夜幕中闪烁。

"我们在悲凉哭声中烧化了很多很多钱纸，在路边化财，钱纸的火光在夜空中闪烁。

"我们在悲凉哭声中鸣放了很多很多鞭炮，鞭炮声在空寂的夜空中鸣响，山谷回音一阵阵。

"我们待了很久很久，久久不舍离去。这是我与妻子永别的地方，这是儿女和母亲永别的地方，在这里，在这里，铸成了终身遗恨，这个地方，这个日子，将成为我们永恒的纪念。"

......

　　读了这些带泪的文字，我感到十分凄凉。合上书本，我陷入了无限的悲伤和怀念，斯人已逝，记忆犹存。此后，清明时节再到奶奶的坟前扫墓，缕缕青烟纷纷细雨加重了我的哀思。

　　时间从不会为谁停下前进的脚步，记忆会模糊，但是文字会长久地存在。

　　《逐梦岁月》一书在经过若干轮大修和细修后，如今终于出版。我不知道有没有人在读过这本书后产生共鸣，但是我坦言：这本书对我而言是感慨万千。

　　谨以此浅薄的言语表达我对爷爷的祝福和尊重。

覃柳坤

2019年2月寒假于柳州家中

附录二

2008年至今，外公的纪实小说《逐梦岁月》终于写成。成书约四十万字，而手稿远远不止这些。十年，洋洋洒洒写下手稿近百万字，之后不断地修改、精简，最后成书。外公写作并不是为了写小说才开始的，他从初中起就从不间断地写日记，如今已有一百五十本之多，家中的书房里堆放了一书柜的日记本。而这本书几十万字的手稿我亦有幸见过，稿纸合起来高度应能超过一个三岁大的小孩。

本书为纪实小说，外公这些年来的真实生活内容便是本书的素材。他的人生丰富多彩，生活充满艰难险阻亦有离奇趣味，从年幼到年长，从天真到成熟，从急躁到稳重，从穷乡僻壤走向繁华都市，从穷困潦倒走向富裕充实。

书中我印象最深的是外公从广西师大毕业离校之时写了一首他自称不成诗的打油诗《别了，广西师大》。我记得外公说："想要再进大学来读书，那是下一辈或孙子辈的事了。"外公说对了，他再也无法进入大学读书，而我们完成了他的心愿。

我从书中读懂了外公办企业历尽的千辛万苦。比如讨钱过年那个故事，外公写道：

"农历十二月二十八，离过年只有三天了。……30万元的过年资金计划已经全部做出来了，但资金还没有到位。……今天去南宁，还是去找陈副总安排些钱过年。……年关的南宁已装饰华丽，街道两边的绿树挂满了红灯笼，挂满了景观灯，……到处是一派喜气洋洋的年节景象。……繁华的南宁与我们讨钱的乞丐样子反差太大，感触太深。

"第二天即农历十二月二十九，我早早到了他们办公室，找财务人员办了30万元银行汇单，便急忙回了。厂里180人还在等着发钱过年啊。

"农历大年三十这天，清晨，我独自一人开着小车回柳州家中过年，路上车辆很少，一路空空荡荡的，年关到了，独自一人驾车回家过年，我倍感孤独，不禁想起妻子车祸遇难，一路驾车一路痛哭，直到下午才回到柳州家中。此时，柳州已是家家户户过年吃团圆饭了。"

又比如，为了解决酒精厂的原料供应问题外公开办原料基地，一年下来结果令外公感叹不已，外公在书中写道："平贯木薯基地，最后以严重亏损而收场。……平贯木薯基地真正结束了。亏，亏大了，亏怕了，我们不是种地的料，再也不敢去办什么木薯基地了。"

再比如，外公在书中写道："秋末初冬的右江河谷平原的上空布满阴云，秋雨淅淅沥沥。上级发下了一个停产通知，因为城市规划问题和环保污染问题，这个酒精厂要永久性地停产了。……刹车了，停产了，开动了十几个年头的车子刹车了。轰隆隆、轰隆隆前行的一列火车戛然停下了，而且永久性在原址停下了。"外公一心放在企业上，这一停，可想而知给外公的心灵撞击有多大。

……

我希望自己能像外公一样，或者说成为外公这样的人。无论遇到什么样的问题都能沉着地面对、接受、解决。也希望自己日后能有所成就，不负今日所有的学习付出。最后祝愿外公生活之树长绿，生命之水长流，能一直做他最喜爱之事：写作。也希望外公身体健健康康，能一直陪着我们长大。

蒋 芹

2019年2月寒假于柳州家中

附录三

　　爷爷的《逐梦岁月》是一部具有正能量的励志的书。

　　这部书通过一个特定的人叙述的一连串的故事，反映了贫穷的农村知识青年如何从大山小溪走向繁华都市的励志历程。

　　一个农村知识青年一无所有，依靠知识，艰难前行，虽然在途中有过种种挫折，但最终还是开辟了一个生存新天地。

　　这本书以"我"的目光，描绘了中国近几十年来社会改革的巨大进步，将几十年的社会变革浓缩其中。这本书还用文学的语言叙述了"我"的过去，既有厂长曾经的"辉煌"，也有厂长的没落，还有生离死别的话题，体现了人生的艰难困苦，正因为有这些艰难困苦才能铸就成功。

　　一年又一年的清明节，我跟着父母回老家挂清扫墓。我经常站在老家门口，站在白镐河边，远望那高高的笔架山。如今读了爷爷写的书，才知道那高高的笔架山有着那么多的故事，令我好奇。那清清的白镐河流水长长，流过柳州，流过梧州，流到广州，流进大海，这小小的白镐河居然也是中国三大水系之———珠江的源头之一，令我自豪。

覃宇锟

2019年2月寒假于柳州家中